外国语言文学核心概念与关键术语丛书

庄智象◎总主编

句法学
100核心概念与关键术语

熊仲儒◎编著

清华大学出版社
北京

内容简介

本书选择当代句法学领域中的核心概念（30个）和关键术语（70个），对核心概念进行了较为详尽的描述，并采用英语、汉语等实例阐释说明；描述这些核心概念的来源、发展演变及其在当代主流句法学中的所指；描述关键术语在当代句法学中的所指，以及相关概念与术语间的关联，通过这些关联勾勒出当代句法学的基本面貌。本书用通俗的语言展示句法学的学习脉络和核心要义，旨在帮助学习者更好地掌握句法学的核心概念和关键术语。本书适用于对句法学有兴趣的本科生、研究生和相关领域的科研人员。

版权所有，侵权必究。举报：010-62782989，beiqinquan@tup.tsinghua.edu.cn。

图书在版编目（CIP）数据

句法学100核心概念与关键术语 / 熊仲儒编著．
北京：清华大学出版社，2025.4. --（外国语言文学核心概念与关键术语丛书）. --ISBN 978-7-302-69016-0

Ⅰ. H043

中国国家版本馆CIP数据核字第202558D9G6号

策划编辑：郝建华
责任编辑：杨文娟
封面设计：李伯骥
责任校对：王凤芝
责任印制：曹婉颖

出版发行：清华大学出版社
网　　址：https://www.tup.com.cn, https://www.wqxuetang.com
地　　址：北京清华大学学研大厦A座　邮　编：100084
社 总 机：010-83470000　邮　购：010-62786544
投稿与读者服务：010-62776969, c-service@tup.tsinghua.edu.cn
质量反馈：010-62772015, zhiliang@tup.tsinghua.edu.cn

印 装 者：三河市春园印刷有限公司
经　　销：全国新华书店
开　　本：155mm×230mm　印　张：29.25　字　数：431千字
版　　次：2025年6月第1版　印　次：2025年6月第1次印刷
定　　价：128.00元

产品编号：093965-01

总　序

何谓"概念"?《现代汉语词典》(第7版)的定义是:"概念:思维的基本形式之一,反映客观事物的一般的、本质的特征。"人类在认识世界的过程中,把所感觉到的事物的共同特点提取出来,加以概括,就成为"概念"。例如,从白雪、白马、白纸等事物里提取出它们的共同特点,就得出"白"的概念。《辞海》(第7版)给出的定义是:"概念:反映对象的特有属性的思维方式。"人们通过实践,从对象的许多属性中,提取出其特有属性,进而获得"概念"。概念的形成,标志着人的认识已从感性认识上升到理性认识。概念都有内涵和外延,内涵和外延是互相联系、互相制约的。概念不是永恒不变,而是随着社会历史和人类认识的发展而变化的。权威工具书将"概念"定义为"反映事物本质特征,从感性或实践中概括、抽象而成"。《牛津高阶英汉双解词典》(第9版)中 concept 的释义是:"concept: an idea or a principle that is connected with sth. abstract(概念/观念:一个与抽象事物相关的观念或原则); ~(of sth.) the concept of social class(社会等级的概念); concept such as 'civilization' and 'government'(诸如"文明"和"政府"的概念)。"《新牛津英汉双解大词典》(第2版)对 concept 词条的界定是:"concept: (Philosophy) an idea or thought which corresponds to some distinct entity or class of entities, or to its essential features, or determines the application of a term (especially a predicate), and thus plays a part in the use of reason or language [思想/概念:(哲学)一种观念或思想,与某一特定的实体或一类实体或其本质特征相对应,或决定术语(尤其是谓词)的使用,从而在理性或语言的使用中发挥作用]。"权威工具书同样界定和强调概念是从事物属性中抽象出来的理念、本质、观念、思想等。

何谓"术语"?《现代汉语词典》(第7版)就该词条的解释是:"术语:某一学科中的专门用语。"《辞海》(第7版)给出的定义是:"术语:各门学科中的专门用语。"每一术语都有严格规定的意义,如政治经济学中的"商品""商品生产",化学中的"分子""分子式"等。《牛津高阶英汉双解词典》(第9版)中 term 的释义是:"term: a word or phrase used as the name of sth., especially one connected with a particular type of language(词语;术语;措辞);a technical/legal/scientific, etc. term(技术、法律、科学等术语)。" terminology 的释义是:"terminology: the set of technical word or expressions used in a particular subject [(某学科的)术语,如 medical terminology 医学术语]。"《新牛津英汉双语大词典》(第2版)中 term 的释义是:"term: a word or phrase used to describe a thing or to express a concept, especially in a particular kind of language or branch of study(专门名词,名称,术语);the musical term 'leitmotiv'(音乐术语'主导主题');a term of abuse(辱骂用语;恶语)。" terminology 的解释是:"terminology: the body of terms used with a particular technical application in a subject of study, theory, profession, etc.(术语);the terminology of semiotics(符号学术语);specialized terminologies for higher education(高等教育的专门术语)。"

上述四种权威工具书对"概念"和"术语"的界定、描述和释义以及给出的例证,简要阐明了其内涵要义,界定了"概念"与"术语"的范畴和区别。当然,"概念"还涉及名称、内涵、外延、分类、具体与抽

总序

象等,"术语"也涉及专业性、科学性、单义性和系统性等方面,因而其地位和功能只有在具体某一专业的整个概念系统中才能加以规定,但基本上可以清晰解释本丛书所涉及的核心概念和关键术语的内涵要义等内容。

从上述的定义界定或描述中,我们不难认识和理解,概念和术语在任何一门学科中,无论是自然科学学科还是人文社会科学学科,都扮演着重要的角色,在任何专业领域都起着至关重要的作用。它们不仅是学科知识的基石,也是专业交流的基础。概念和术语的内涵和外延是否界定清晰,描写、阐述是否充分、到位,对学科建设和专业发展关系重大。清晰界定学科和专业的核心概念和关键术语,能更好地帮助我们构建知识体系,明确学科研究对象、研究范围和研究方法,为学科建设和发展提供理论支撑;在专业发展、学术研究、学术规范、学术交流与合作中,为构建共同语言和话语标准、规范和体系,顺畅高效开展各类学术交流活动发挥积极的重要作用。无论是外国语言研究、外国文学研究、翻译研究还是比较文学与跨文化研究、国别与区域研究,厘清、界定核心概念和关键术语有利于更好地推进学科建设、专业发展、学术研究、人才培养、学术交流和国际合作,对于研究生的培养、学术(位)论文的写作与发表而言尤其重要。有鉴于此,我们策划、组织编写了"外国语言文学核心概念与关键术语丛书"。

本丛书聚焦外国语言学、外国文学、翻译学、比较文学与跨文化研究、国别和区域研究等领域的重点和要点,筛选出各领域最具代表性的 100 核心概念与关键术语,其中核心概念 30 个,关键术语 70 个,并予以阐释,以专业、权威又通俗易懂的语言呈现各领域的脉络和核心要义,帮助读者提纲挈领地抓住学习重点和要点。读懂、读通 100 核心概念与关键术语便能抓住并基本掌握各领域的核心要义,为深度学习打下扎实基础。

句法学
核心概念与关键术语

本丛书的核心概念与关键术语词目按汉语拼音编排,用汉语行文。核心概念30个,每个核心概念的篇幅2000—5000字,包括"导语""定义"(含义)、"功能""方法""讨论""参考文献"等,既充分发挥导学、概览作用,又能为学习者的深度学习提供指向性的学习路径。关键术语70个,以学习、了解和阐释该学科要义最不可或缺的术语作为选录标准,每条术语篇幅约500字,为学习者提供最清晰的术语释义,为学习者阅读和理解相关文献奠定基础。为方便查阅,书后还提供核心概念与关键术语的附录,采用英—汉、汉—英对照的方式,按英语字母顺序或汉语拼音顺序排列。本丛书的读者对象是外国语言文学和相关专业的本科生、研究生、教师和研究人员以及对该学科和专业感兴趣的其他人员。

本丛书的策划、组织和编写得到了全国外语界相关领域的专家、学者的大力支持和热情帮助。他们或自己撰稿,或带领团队创作,或帮助推荐、遴选作者,保证了丛书的时代性、科学性、系统性和权威性。不少作者为本丛书的出版牺牲了很多个人时间,放弃了休闲娱乐,付出了诸多辛劳。清华大学出版社的领导对本丛书的出版给予了极大的支持,外语分社的领导为丛书的策划、组稿、编审校工作付出了积极的努力并做了大量的默默无闻的工作。上海时代教育出版研究中心为本丛书的研发、调研、组织和协调做了许多工作。在此向他们一并表示衷心的感谢和深深的敬意!

囿于水平和时间,本丛书难免存在疏漏和差错,敬请各位读者批评、指正,以期不断完善。

庄智象
2024 年 4 月

前　言

句法学研究的是句子及其组成部分的结构，以及生成句子及其组成部分的规则或原则系统。句子及其组成部分构成大大小小的不同级阶（rank）的句法单位，小的句法单位按照一定的规则或原则组成大的句法单位，表现出一定的句法结构和结构关系。在描述句法的时候，需要一些概念和术语。核心概念，是该学科的各种理论流派都会使用的重要概念，也是初学者常常碰到的概念。关键术语是与核心概念相关的术语。

一、核心概念的选取

本书选取了六组核心概念，共计 30 个。这六组核心概念分别是：句法单位、语法关系、配列方式、句法结构、句法操作、词库。这六组概念的关联是：小的句法单位通过句法操作，变成大的句法单位；在句法操作中，句法单位会遵循一定的配列方式，构成一定的语法关系，展现一定的结构属性；最小的句法单位登录在词库中。

分组	核心概念
句法单位	句子、子句、短语、词
	语素
	附缀词
	构式
语法关系	主语、附加语、补足语
	话题、焦点
	语义角色
	格

（续表）

分组	核心概念
配列方式	语序
	一致、管辖、约束
结构	结构
	递归性、向心性
	核心
操作	合并
	移位
词库	论元、选择、词类
	功能范畴、致使、被动

　　跟句法单位相关的核心概念有七个。"句子、子句、短语、词"是公认的句法单位，它们构成级阶，级阶高的单位由一个或多个级阶低的单位构成。句子由一个或多个子句构成，子句由一个或多个短语构成，短语由一个或多个词构成。"语素"一般当作词法单位，属于形态学（morphology）的内容，但生成语法自创立之初就将作为语素中的屈折词缀视为句法计算的单位，并有与之相关的词缀跳转规则，近年来分布式形态学（Distributed Morphology）更是将语素纳入句法计算的基本单位，所以在句法中有必要介绍语素。"构式"，是一个传统的术语，一般将它看作有内部组织的语言型式，本身就包括句子、子句、短语与合成词，但构式语法（Construction Grammar）将语素也看作构式。构式已成为语法单位的代名词。黏附形式可以是词缀，也可以是词，这里介绍具有词身份的黏附形式——附缀词，附缀词在语法分析中会造成句法结构与语音结构的括号悖论（bracketing paradox）。

　　跟语法关系相关的核心概念有七个。"主语、附加语、补足语"是基本的语法关系，附加语包括定语与状语，补足语包括宾语与其他各种补足语。传统语法中的附加语跟生成语法中的附加语不完全对应。"话题、焦点"，本是语用概念，但随着制图理论（cartographic approach）

前言

的发展，它们已经变成了句法概念，有特定的句法位置或跟特定的功能范畴有一致关系。"格"本是形态，是主语与宾语等语法关系的标记，在生成语法中，它也是句法理论的重要模块。"语义角色"本是语义概念，但它跟主语与宾语等语法关系很密切，也跟格相关，与之相关的题元理论在生成语法中也是非常重要的理论模块。此外，语义角色、话题与格在主语的识别或定义上也发挥着重要作用。

跟配列方式相关的核心概念有四个。配列方式，是 Bloomfield（1933）[1]提出的术语，包括变音、变调、语序与选择。选择需要考虑一致，一致包括谐和、管辖与互指。谐和跟一致与约束相关，互指也跟一致相关，管辖跟格现象相关。我们选择了"语序"以及跟"选择"相关的"一致、约束、管辖"这四个概念。

跟句法结构相关的核心概念有四个。跟结构相关的概念，首先是"结构"本身，其次是结构的属性，如向心性、递归性与层次性等。层次性是结构的本质属性，向心性是对结构的分类或限制，递归性是对结构的反复嵌套或结构规则的反复运用。"核心"是向心性引申出的重要概念，如果结构具有向心性，则会将结构的诸多属性归结为核心的特征。递归性原是部分结构或规则的反复运用，随着合并操作的提出，递归成了语言的基本属性。凡是合并，皆涉递归。

跟句法操作相关的核心概念有两个。句法最基本的操作是组合，Chomsky（1995）将其分成"合并"与"移位"[2]，后来进一步将合并与移位统一为"合并"，为描述方便，他将合并与移位分别称为外部合并与内部合并[3]。移位在传统语法中作为变换的一种手段，关联不同的构式；在转换生成语法中作为转换的一种手段，关联不同层次的结构或推导的不同阶段。

1　Bloomfield, L. 1933. *Language*. New York: Holt.

2　Chomsky, N. 1995. *The Minimalist Program*. Cambridge: MIT Press.

3　Chomsky, N. 2004. Beyond explanatory adequacy. In A. Belletti (Ed.), *Structures and Beyond: The Cartography of Syntactic Structures*. Oxford: Oxford University Press.

跟词库相关的核心概念有六个。词库会登录词项的"词类、论元结构、范畴选择、语义选择"等信息。在生成语法中，词类中的功能范畴的作用非常重要，它决定着语言间的变异。"致使"与"被动"跟论元结构相关，一方面起着改变论元结构的作用，如增价与减价；另一方面对应于相关的词项，如致使范畴与被动范畴。

二、关键术语的选取

关键术语选取的思路顺着核心概念而来。关键术语分五组，共计70个。这五组关键术语分别是：句法范畴、语义解释、句法操作、句法结构、句法限制。这五组关键术语与核心概念的六组不完全对应。句法范畴大体属于句法单位的内容，句法限制也属于句法操作的内容，但它是对句法操作的限制，语义解释部分对应于词库与语法关系中的内容。

分组	关键术语
句法范畴	范畴、范畴特征、子范畴化、例外格标记动词
	轻动词、情状体、视点体、语态、中动语态、逆被动语态涉用语态、系词、情态、时制、限定性、标补范畴
	及物性参数
	零形式、空范畴
语义解释	价、主价语、谓词、控制理论
	照应语、照应
	辖域、算子、变量
	有定性、类指、特指
句法操作	省略、并列、内嵌、并列缩减
	核查、提升、融合、复制、易位
	重新分析
句法结构	句法、树形图、参数设置、成分
	成分统制
	论元位置、非论元位置

前言

（续表）

分组	关键术语
句法结构	语法关系、同位语、旁语、谓语、修饰
	限定短语、wh-子句、连动式、分裂句
句法限制	语链、空范畴原则、层阶、优先限制、邻接限制、最后一招限制
	强/弱特征、（不）可解释性特征
	投射原则、扩展的投射原则、数据集、包含限制
	语法性

跟句法范畴相关的术语 19 个。"范畴"特指词、短语的类型，学界也译作"语类"，为了避免跟词类对立，我们直接译为"范畴"；"范畴特征"是将词的"范畴"分解为特征；"子范畴化"是对词的范畴作下位区分。"例外格标记动词"是一种特殊的动词，是对补足语子句中的主语指派受格的动词。这四个术语主要跟词类相关。"轻动词、情状体、视点体、语态、中动语态、逆被动语态、涉用语态、系词、情态、时制、限定性、标补范畴"等，都是扩展词汇范畴的功能范畴，或是这样的功能范畴的相关属性。例如，时制与限定性都与时制范畴相关，情状体与轻动词的属性相关。"及物性参数"是功能语法提出的概念，也与轻动词的属性相关。"零形式、空范畴"是没有语音实现的范畴。

跟语义解释相关的术语 12 个。"价、主价语、谓词、控制理论"都是与论元相关的概念，"照应语、照应"是与代词解释相关的概念，"辖域、算子、变量"是与量化或准量化相关的概念，"有定性、类指、特指"是与指称性相关的概念。

跟句法操作相关的术语 10 个。"并列"与"内嵌"是最为基本的扩展操作（expansion），属添加操作；"省略"与"并列缩减"属于缩减操作（reduction），属删除操作。"提升、融合、易位"都属于移位操作，"核查"是对特征的核查操作，"复制"是与"移位"相关的操作。"重新分析"是历时语法中产生范畴与改变结构的操作。

跟句法结构相关的术语 16 个。"句法"是句法学中的基本概念，涉及结构及其规则。"树形图"是结构表征的手段。"参数设置"是与结构相关的参数的设置。"成分"是树形图中根节点的女儿及其后代。"成分统制"是树形图中姐妹节点之间的关系或一个姐妹节点与另一个姐妹节点的后代节点之间的关系。"论元位置"与"非论元位置"是树形图中特定的句法位置。"语法关系"是树形图中成分的功能角色，如主语、宾语、指示语、补足语等。"同位语、旁语、谓语"与"修饰"都是特定的语法关系。"限定短语、wh- 子句、连动式、分裂句"是一些特殊构式的名称：限定短语是一种名词性短语，wh- 子句是以 wh- 词或 wh- 成分开头的从属子句，连动式是动词连用的格式，分裂句是表征排除焦点的特殊格式。

跟句法限制相关的术语 13 个。"语链、空范畴原则、层阶、优先限制、邻接限制、最后一招限制，强 / 弱特征、（不）可解释性特征"等都跟移位操作相关。"投射原则、扩展的投射原则"跟合并操作相关。"数据集、包含限制"跟合并与移位都有关。"语法性"也是对句法的限制，它要求生成的句子必须合乎语法规则、原则或相关限制。

本书中选取的 100 个核心概念与关键术语，尽管不能覆盖句法学的全部内容，但大体上能够反映句法学的基本面貌。在描述和诠释相关概念的时候，我们尽可能地从结构主义语法一直讲到生成语法的最新看法，虽然也会谈及传统语法的观念，但篇幅不大，因为这毕竟不是词源学的考证。此外，我们尽可能地用实例进行说明，这样做主要是为了方便读者理解。大多数的实例和解释，对于一般的句法学者来说都是熟悉的，所以我们没有特别地指出每一处的来源，特别是例句上的来源。我们也尽可能选用比较流行的汉语译名，尽管部分译名可能比较小众，但也是我们在反复斟酌后做出的选择。

本书的编写得到国家社科基金项目"汉英名词与动词互转的生成语法研究"（编号：21BYY047）与"基于汉语特征的多元语法理论探索（多卷本）"（编号：20&ZD297）的资助。我的硕士生逯新、侯雨婷及博士生郭霞、刘星宇、王雷宏、段张涛等也做了很多整理工作，谨此致谢。本书的编写也参考了大量论著，谨向论著作者和出版机构表示感

前言

谢。最后,感谢上海时代教育出版研究中心和清华大学出版社外语分社的大力支持和协助,感谢杨文娟编辑的出色编辑,使得本书如期出版。由于时间紧迫,书中难免有疏漏和不尽如人意之处,欢迎广大读者批评指正。

熊仲儒
2025 年 5 月

缩略表

一、转写缩略符号

缩略符号	英语解释	汉语解释
1	first person	第一人称
2	second person	第二人称
3	third person	第三人称
A	transitive subject function	及物动词的主语
ABL	ablative	离格
ABS	absolutive	通格
ACC	accusative	受格
AOR	aorist	不定过去时制
AP	antipassive	逆被动
APPL	applicative	涉用
ART	article	冠词
ASP	aspect marker	时体标记
CL	noun class marker	名词类别标记
CLASS	classifier	量词
CONN	connective	连词
CONSTR	construct state	构式状态

（续表）

缩略符号	英语解释	汉语解释
COP	copula	系词
DAT	dative	与格
DEM	demonstrative	指示词
ERG	ergative	作格
F	feminine	阴性
FUT	future	未来时
GEN	genitive	属格
GER	gerund	动名词
IMPF	imperfect	非完成体
IMPT	imperative	祈使
IND	indicative	直陈式
INDEF	indefinite	无定
INF	infinitive	非限定
INSTR	instrumental	工具
INT	interrogative	疑问
INV	inverse	逆反
ITER	iterative	重复
LOC	locative	处所
M	masculine	阳性
MID	middle	中动
N	neuter	中性
N/A	nominative/accusative neuter	主格/受格中和
NEG	negation	否定

（续表）

缩略符号	英语解释	汉语解释
NOM	nominative	主格
O	transitive object function	及物动词的宾语
OBJ	direct object	直接宾语
OBL	oblique	旁格；旁语
OBV	obviative	另指
PART	participle	分词
PASS	passive	被动
PAST	past tense	过去时
PERF	perfect	完成体
PL	plural	复数
POSS	possessive	领有
PRET	preterite	过去式
PROX	Proximate	近指
PRS	present	现在时
PTC	particle	小品词／助词
REFL	reflexive	反身代词
REL	relative	关系标记词
S	intransitive subject function	不及物动词的主语
SG	singular	单数
ST	stative	静态
SUBJ	subject	主语
TOP	topic	话题

二、范畴标签缩略符号

'	bar	中间投射
√	root	词根
a	light adjective	轻形容词
A	adjective	形容词
Adv	adverb	副词
Appl	applicative	涉用范畴
Aux	auxiliary	助动词
Bec	become	达成范畴
C	complementizer	标补范畴
Caus	cause	致使范畴
Cl	classfier	量词
D	determiner	定式范畴
Deg	degree	量度范畴
EA	external argument	外部论元
ec	empty category	空范畴
Fin	finite	限定范畴
Foc	focus	焦点范畴
Force	force	语势范畴
I	inflection	屈折范畴
IA	internal argument	内部论元
Mod	modal	情态范畴
n	light noun	轻名词
N	noun	名词

（续表）

Num	numeral	数词
P	phrase	短语
P	preposition	介词
Pass	passive	被动范畴
S	sentence	句子
T	tense	时制范畴
Top	topic	话题范畴
v	light verb	轻动词
V	verb	动词
Voice	voice	语态范畴

注：每种范畴后都可以加 P，构成相应的短语，如 AP，A 是形容词，P 是短语，AP 为形容词短语。其他依此推理。

三、技术符号

∅	zero	零形式
=	clitic boundary	附缀词边界
-	morpheme boundary	语素边界
#	word boundary	词的边界
*	ungrammatical form	不合法的句子
?	deviant form	语法异常的句子
$	semantic representation	语义表达式

目 录

核心概念篇 ································· 1

被动 ····································· 2

补足语 ·································· 13

词 ······································ 24

词类 ···································· 33

递归或递归性 ···························· 42

短语 ···································· 49

附加语 ·································· 59

附缀词 ·································· 72

格 ······································ 82

功能范畴 ································ 92

构式 ··································· 104

管辖 ··································· 114

合并 ··································· 124

核心 ··································· 136

话题 ··································· 146

焦点 ··································· 156

结构 ··································· 167

句子 ··································· 177

xix

句法学
100 核心概念与关键术语

论元 …………………………………………… 187
向心性 ………………………………………… 197
选择 …………………………………………… 208
一致 …………………………………………… 218
移位 …………………………………………… 228
语素 …………………………………………… 239
语序 …………………………………………… 248
语义角色 ……………………………………… 259
约束 …………………………………………… 269
致使式 ………………………………………… 281
主语 …………………………………………… 292
子句 …………………………………………… 303

关键术语篇 …………………………………… 315

wh- 子句 ……………………………………… 316
（不）可解释性特征 ………………………… 317
包含限制 ……………………………………… 318
变量 …………………………………………… 319
标补范畴 ……………………………………… 321
并列 …………………………………………… 322
并列缩减 ……………………………………… 323
参数设置 ……………………………………… 325
层阶 …………………………………………… 326
成分 …………………………………………… 327
成分统制 ……………………………………… 329

目录

重新分析	330
范畴	331
范畴特征	332
非论元位置	333
分裂句	334
复制	336
核查	337
及物性参数	338
价	339
句法	340
空范畴	341
空范畴原则	343
控制理论	344
扩展的投射原则	345
类指	347
例外格标记动词	348
连动式	350
邻接限制	351
零形式	352
论元位置	353
内嵌	354
逆被动语态	356
旁语、旁格	357
强/弱特征	359
轻动词	360

情态	361
情状体	362
融合	364
涉用语态	365
省略	366
时制	367
视点体	368
树形图	369
数据集	371
算子	372
特指	373
提升	375
同位语	376
投射原则	377
谓词	378
谓语	380
系词	381
辖域	383
限定短语	384
限定性	385
修饰	386
易位	388
优先限制	389
有定性	390
语法关系	391

语法性……………………………………………………………392
语链………………………………………………………………394
语态………………………………………………………………395
照应………………………………………………………………396
照应语……………………………………………………………398
中动语态…………………………………………………………399
主价语……………………………………………………………400
子范畴化…………………………………………………………401
最后一招限制……………………………………………………402

附录……………………………………………………………**405**
英—汉术语对照…………………………………………………405
汉—英术语对照…………………………………………………423

核心概念篇

被动　　　　　　　　　　　　　　　　PASSIVE

passive 是被动语态（passive voice）。含有被动语态的句子（sentence）叫被动句（passive sentence），含有被动语态的句式（sentence construction）叫被动句式（passive construction）。单个 passive 既可以指被动语态，也可以指被动句与被动句式。被动句式常简称为被动句或被动式，相应的，passive construction 也可译为被动句或被动式。被动语态会改变核心论元（core argument）的语法功能（grammatical function），如内部论元（internal argument）作主语（subject），外部论元（external argument）被贬抑。被动语态是减价手段，即及物动词在主动句（active construction）中为二价、三价，而在被动句中只有一价、二价。被动语态既涉及语法关系（grammatical relation）的改变，也涉及动词（verb）配价（valency）的改变。该概念主要用于解释论元结构（argument structure）的变化与语法关系的改变。

߷ 被动的定义

被动语态是指句子或子句（clause）中动词的一种形式，其主语一般是动词的逻辑宾语，在语义上通常是动词的受事（patient）。带有主动语态（active voice）的句子为主动句，带有被动语态的句子为被动句。在英语中，及物动词有主动语态和被动语态，被动语态采用"be + 动词的被动分词"的形式。例如：

（1）a. The police captured the thieves.
　　　b. The thieves were captured (by the police).

（1a）为主动句，取主动语态，其中动词为及物动词，既有主语又有宾语；（1b）为被动句，取被动语态，其中动词变成了不及物动词，只有主语，没有宾语。

英语被动句有如下属性：第一，被动句的主语在主动句中充当宾语；

第二，被动句中的动词有特殊的形式，如"be + -en"（Whaley，1997）。在系统功能语言学（Systemic Functional Linguistics）中，主动是无标记的术语，没有显性标记；被动是有标记的术语，有显性标记，如英语中的"be...-v-en"（Matthiessen et al., 2010）。在功能语法（Functional Grammar）中，被动句被定义为对应主动句中的施事（agent）去话题化，而另一论元（argument）通过默认的方式成为话题的句子。这种属性跟句式的话语交际功能（communicative function）有关，如 Keenan（1985）将被动看作前景操作（foregrounding operation），即突显某个通常不被突显的成分（Whaley，1997）。前景操作的背后有两个假设：第一，主动句没有特别的交际功能，它只是说话人的常规选择，被动句在语用上有标记，它以非典型的方式叙述信息；第二，句子的主语具有话题性（topicality），即句中述题（comment）所关涉（aboutness）的对象。在主动句中，主语通常是施事；被动句将非施事选为主语，跟主动句不同，非施事主语进入注意的前景（the foreground of attention）。主语只有一个，施事在被动句中不能被选作主语，或者不出现，或者作为背景（background）出现，如由介词（preposition，P）"by"引进。简言之，就是为了让非施事成为前景信息（foregrounded information），而让施事成为背景信息（backgrounded information），成为句子的边缘成分，由介词引进；动词采用特殊的形式，也是为了提醒听话人注意现在正在使用语用上的有标记的策略。出现施事的被动句叫施事被动句（agentive passive）或长被句（long passive）；不出现施事的被动句叫无施被动句（agentless passive）或短被句（short passive）。如果强调施事，可以用长被句，出现于动词之后的施事为尾焦点（end focus）。在语境中，采用短被句有多种原因：一是不用说，也无须强调动作的实施者；二是无法说，说话人心目中并没有动作的实施者；三是不能说，说出来可能影响人际关系。

✕ 被动句的属性

Siewierska（2005）认为被动句应该具备以下五种属性：第一，对立于其他句式，如主动句；第二，主动句中的主语对应于被动句中的非强制性的旁语（oblique），或在被动句中没有显性的表达；第三，被动句的主语，如果有的话，它对应于主动句的直接宾语（direct object）；第四，相对于主动句而言，被动句在语用上更受限；第五，被动句的动词有特定的形态标记。

根据这五种属性，Siewierska（2005）认为有的语言没有被动句，在其373种样本中，没有被动句的语言达211种之多，有被动句的语言只有162种。Siewierska（2005）认为斯瓦希里语（Swahili）的被动句是典型的被动句。例如：

（2）a. Hamisi　　　　a-li-pik-a　　　　　　chakula.
　　　Hamisi　　　　3SG-PAST-cook-IND　　food
　　　'Hamisi cooked the/some food.'
　　b. chakula　　　ki-li-pik-w-a　　　　　（na　　Hamisi）.
　　　food　　　　3SG-PAST-cook-PASS-IND　by　　Hamisi
　　　'The food was cooked (by Hamisi).'

（2a）是主动句，（2b）是被动句；（2a）中的主语"Hamisi"在（2b）中可以出现，也可以不出现，出现时要借助于介词"na"；（2b）中的主语"chakula"对应于（2a）中的直接宾语；相对于（2a），（2b）在语用上更受限；（2b）中的动词有形态上的标记，如"w"。按照Siewierska（2005）所列的五种属性，英语也有被动句。（1b）有对应的主动句（1a）；（1a）中的主语在（1b）中可以出现，也可以不出现，出现时要借助于"by"；（1b）中的主语对应于（1a）中的直接宾语；相对于（1a），（1b）在语用上更受限；（1b）中的动词有形态上的标记，如"-en"。除了助动词（auxiliary verb，Aux）之外，斯瓦希里语的被动句和英语的被动句基本相同。从形态上讲，斯瓦希里语的被动句属于综合型被动句（synthetic passive）；英语属于分析型被动句（analytical passive），它采用"be...-en"形式，即借用助动词，如（2b）中的英语译文"was"。

按照Siewierska（2005）所列的五种属性，新几内亚的澳图语（Awtuw）没有被动句。Siewierska（2005）也认为这种语言并无被动句。

例如：

(3) a. rey　　　　æye　　　　rokra-kay.
　　　 3SG.M　　 food　　　 cook-PERF
　　　 'He has cooked food.'
　　b. æye　　　　rokra-kay.
　　　 food　　　 cook-PERF
　　　 'Someone has cooked food.'

这里的主要原因是（3b）与（3a）中的动词在形态上并无差别。（3b）只表现出被动句的部分属性，而不是全部属性，所以不算被动句。再如：

(4) a. The door was opened.
　　b. The door opened.
　　c. John opened the door.

（4a）为被动句，因为它具有被动句的五项属性。（4b）的表现虽然跟（4a）差不多，但（4b）不是被动句，虽然它有对应的主动句（4c），它的主语是对应主动句的宾语，对应主动句的主语没有实现，也有特殊的语用要求，但没有被动形式。（4b）不是被动句的原因还在于它的施事不能通过"by"引进，而只能通过"from"引进。例如：

(5) a. The window cracked from the pressure.
　　b. *The window cracked from John / the book.
(6) a. Eva died from cancer.
　　b. *Eva died from John / the book.

被动句中的施事需要由"by"引进，而不能由"from"引进。例如：

(7) The pressure cracked the window.
　　a. *The window cracked by the pressure.
　　b. The window was cracked by the pressure.
　　b. *The window was cracked from the pressure.

Siewierska（2005）认为逆反句（inverse construction）也不能处理为被

动句。例如：

(8) a. sēkih-ēw　　　nāpēw　　　atim-wa.
　　　scare-DIR　　　man.PROX　 dog-OBV
　　　'The man scares the dog.'

　　b. sēkih-ik　　　 nāpēw-a　　 atim.
　　　scare-INV　　　man-OBV　　dog.PROX
　　　'The man scares the dog.'

(8)是平原克里语（Plains Cree）。(8a)中"nāpēw"在话题（topic）上具有突显性，"atim-wa"在话题上不够突显，(8b)中对应论元在话题性上正好相反。

Siewierska（2005）所列举的属性太苛刻。Tallerman（2020）指出，被动句中的动词可以有形态上的标记，也可以没有，可通过别的方式标记。威尔士语中的被动句，其动词没有形态上的改变，但可用助动词标记。例如：

(9) a. Eglurodd　　y　　darlithydd　　y　　sefyllfa.
　　　explain.PAST　the　lecturer　　　the　situation
　　　'The lecturer explained the situation.'

　　b. Cafodd　y　sefyllfa ei egluro (gan　y　darlithydd).
　　　get.PAST　the　situation its explain.INF by　the lecturer
　　　'The situation was explained (by the lecturer).'
　　　(Literally, 'The situation got its explaining by the lecturer.')

(9b)中的动词没有带形态标记，句首是助动词。从跨语言来看，被动句中的助动词通常是"be""become""get""receive"等。

日语中的被动句，其动词带被动标记，而无需借助于助动词，这叫形态被动句（morphological passive）。例如：

(10) a. Neko-ga　　sakana-o　tabeta.
　　　cat- SUBJ　 fish-OBJ　eat.PAST
　　　'The cat ate the fish.'

b. Sakana-ga　　　　neko-ni　　　tabe-rare-ta.
　 fish-SUBJ　　　　cat-DAT　　　eat-PASS-PAST
　 'The fish was eaten by the cat.'

如果严格地根据 Siewierska（2005）所列举的属性，则汉语中的被字句也算不上被动句，因为它只有被动句的四种属性。例如：

（11）a. 张三打碎了玻璃。
　　　 b. 玻璃 [被张三] 打碎了。

（11b）与（11a）可以称得上是对立的句式；（11a）的主语"张三"在（11b）中由"被"引进，作旁语；（11a）的宾语"玻璃"在（11b）中作主语；（11b）具有特定的语用价值，如主动句的宾语在被动句中具有话题性。汉语被字句中的动词并没有形态标记，请对照（11b）与（11a）。按理，（11b）算不上被动句。尽管汉语的被字句并不具有被动句的全部属性，但 Siewierska（2005：436）仍旧将其考虑作被动句。如果把形态作为最重要的参项，那不仅是汉语，所有的孤立语都没有被动句。

☙ 被动的类型差异

被动的类型差异在于被动范畴的差异，即被动范畴是采用黏附形式（bound form）还是采用独立形式（independent form），还是别的形式。如果不考虑这一点，就会将具有独立形式的被动范畴的语言当作没有被动句的语言。英语、日语的被动范畴是黏附形式，附在动词之后；威尔士语、汉语的被动范畴为独立形式。

（12）a. Sakana-ga　neko-ni　tabe-rare-ta.
　　　 b. [$_{TP}$[Sakana-ga$_1$][$_{T'}$[$_{PassP}$[$_{vP}$[neko-ni][$_{vP}$[$_{VP}$[t_1][$_v$ tabe]][$_v$]]]][$_{Pass}$ -rare]][$_T$ -ta]]]

（12a）的诠释请参见（10b），（12b）是个简单图示，按照日语是核心在后（head-final）的语言来画的，其中 Pass 标记被动范畴。被动范畴"rare"具有黏附性（boundedness）；内部论元"Sakana-ga"移位为主语，并获得主格（nominative case）；外部论元"neko-ni"被贬抑为附加语（adjunct），并为与格（dative case）。

（13）a. The fish was eaten by the cat.
　　　b. [$_{TP}$[the fish$_1$][$_{T'}$[$_T$ was][$_{PassP}$[$_{Pass}$ -en][$_{vP}$[$_{v'}$[$_v$][$_{VP}$[eat][t_1]]]][$_{PP}$ by the cat]]]]

这是按照核心在前（head-initial）画的。被动范畴"-en"具有黏附性，吸引动词跟它融合（incorporation）；内部论元移位为主语；外部论元"the cat"被贬抑，由介词"by"引进，作附加语。

（14）a. 鱼被猫吃了。
　　　b. [$_{TP}$[鱼$_1$][$_{T'}$ [$_T$][$_{PassP}$[$_{Pass}$ 被][$_{vP}$[猫][$_{v'}$ [$_v$][$_{VP}$[$_V$ 吃][t_1]]]]]]]

这也是按照核心在前画的，但忽略了一些无关细节，如"了"的处理，请参见（18）。被动范畴"被"具有独立性，不吸引动词跟它融合；内部论元"鱼"移位为主语；外部论元"猫"可能没有被贬抑，仍然留在"被"的后边，做 vP 的内部主语。

一种语言有没有被动句，主要是看它有没有被动范畴。至于该被动范畴有没有跟动词融合，这不重要。有没有融合，跟被动范畴的词缀属性有关，即有无黏附性。

被动句中核心论元的语法功能的改变，跟被动范畴所扩展的轻动词（light verb, v）有关。具有完整 phi 特征集的轻动词 v*，即健全的 v，可引进外部论元；具有不完整 phi 特征集的轻动词 v，即有缺陷的 v，不能引进外部论元。例如：

（15）a. T … [$_{vP}$[$_{DP}$ the cat][$_{v'}$[v*][$_{VP}$ [$_V$ eat][$_{DP}$ the fish]]]]
　　　b. T … [$_{vP}$[$_{vP}$[$_{v'}$[$_v$][$_{VP}$[$_V$ eat][$_{DP}$ the fish]]]][$_{PP}$ by the cat]]

（15a）中的"the fish"可以跟 v* 一致操作（Agree）并得到宾格（objective case）。一致操作也译为"协约操作"，取"协商约定"之义。（15b）中的"the fish"在跟 v 协约操作之后，得不到宾格。

8

Collins（2005）也指出：Chomsky（2001）认为 v*（带完整论元结构的 v）是强层阶（strong phase）的核心，对 Chomsky 而言，被动句与非受格动词句中的 v 不是强层阶核心，因为它们缺乏外部论元。所以，对英语的被动句而言，(15b) 会接着受被动范畴 Pass 扩展，英语中的被动语素常标记为 "-en"，如（13）。（13）中的 "eat" 通过核心移位（head movement）之后跟被动语素 "-en" 融合，生成被动动词（passive verb）"eaten"。在英语中，被动动词可能具有形容词（adjective，A）的属性，这使得它不能充当谓语（predicate），得借助于系词（copula）才能充当谓语；也有一种可能，就是英语中的动词不能多次跟有语音的功能范畴（functional category）融合，为了让另一成分跟时制语素融合，就借助了系词。在系词扩展之后，接着受时制范畴（tense，T）扩展，如过去时制。为了简单起见，我们直接将 "was" 放在 T 的下方。在（13）中，T 有完整的 phi 特征集，可以跟有同样特征的 "the fish" 进行协约操作，T 为 "the fish" 的格特征定为主格，"the fish" 为 T 的 EPP（Extended Projection Principle, EPP）特征而移位。从（13）可以看出英语被动句有如下属性：第一，外部论元被贬抑，或不出现，或作附加语；第二，内部论元移位，作句子的主语；第三，动词后附被动形态；第四，动词受有缺陷的轻动词扩展。

在管辖与约束理论（Government and Binding Theory）中，由于没有轻动词这样的概念，人们会认为被动语素在被动句中发挥着极大的作用，如既吸收动词指派宾格的能力，又吸收指派外部题元角色的能力。直接宾语得不到动词所指派的格，所以移位到 IP/TP 的指示语（specifier）位置；到了 IP/TP 的指示语位置后，也不会得到动词指派的外部题元角色，不违反题元准则（theta criterion）。我们在这里将外部论元的贬抑与内部论元的移位（movement）都归结为轻动词的不健全，而这种不健全的轻动词正好受被动语素的扩展。

即使被动范畴所扩展的轻动词跟主动句中的轻动词完全相同，也会因为操作的原因而有不同。Collins（2005）认为英语被动句中的轻动词与主动句中的轻动词相同，都很健全，都能够选择外部论元。

（16）a. The fish was eaten by the cat.

　　　b. [TP[α][T'[T][PassP[β][Pass'[Pass by][vP[DP the cat][v'[v][PartP[γ][Part'[Part -en][vP[v eat][DP the fish]]]]]]]]]]]

他让 PartP 移位到 PassP 的指示语位置，即 β 位置，然后让"the fish"在 PartP 中移位到 γ 位置，接着从 γ 位置移位到 TP 的指示语位置，即 α 位置。本来 v 是健全的，它能够引进外部论元，但由于 PartP 从 v 的补足语（complement）位置移出之后，"the fish"的格特征就没法得到 v 的协约操作，所以会在跟 T 协约操作时，移到 T 的指示语位置。"the cat"的格由"by"核查（checking）。这个健全的 v 在主动句与被动句中起的作用不全相同。例如：

（17）a. 主动语态：

v	为外部论元指派题元
v	核查受格

b. 被动语态：

v	为外部论元指派题元
Pass [by]	核查受格

不考虑一些细节，汉语也可以采用类似的推导。例如：

（18）a. 鱼被猫吃了。

　　　b. [TP[α][T'[T][PassP[β][Pass'[Pass 被][vP[DP 猫][v'[v][PartP[γ][Part'[Part -了][vP[v 吃][DP 鱼]]]]]]]]]]]

Collins（2005）让英语中的 PartP 移位到 β 位置，主要是让"by + 外部论元"居后。汉语中的"被猫"不在动词之后，所以 PartP 无须整体移位。如果每个核心都有 EPP 特征，则"鱼"会依次移位到 TP 的指示语位置。(18) 是 (14) 的细节展示。

对于汉语的被字句有无被动化，学界有不同的看法。熊仲儒（2003）指派了类似于（18）的结构，Huang（1999）则根据管辖与约束理论中"tough-移位"进行分析。"tough-移位"是根据其中的主要谓词命名的，其中的主要谓词（primary predicate）是"tough""easy"等。例如：

(19) a. John is tough to please.
　　 b. For someone it is tough to please John.
　　 c. It is tough to please John.
　　 d. *John$_1$ is tough to please t_1.

(19a) 中的"John"在语义上似乎跟"please"关联，如 (19b-c)，但不能分析为 (19d)，否则会违反约束原则 A，因为 t_1 在局部语域（local domain）中得不到约束；"John"也没有移位的动机，因为"please"能够指派格。所以 Chomsky（1981）建议采用空算子移位（null operator movement）。例如：

(20) John$_i$ is [tough [$_{CP}$ OP$_i$ [PRO to please t_i]]]

OP 代表算子（operator），常实现于宾语论元的位置，可称为"空算子"；PRO 是由 pronoun 改写而来的，常实现于主语论元的位置，可称为"大代语"，是相对于"小代语"而言。"小代语"记为 pro。空算子为了获得解读，需要移位到子句句首。在 (20) 中，空算子从"please"的宾语位置移到子句句首，跟"tough"构成复杂谓词（complex predicate），"John"由该复杂谓词指派题元。Huang（1999）为汉语被字句指派了类似的结构（structure）。例如：

(21) 鱼$_1$ 被 [OP$_1$ 猫吃了 t_1]

✦ 小结

被动语态，是谓语动词（predicator）受被动范畴扩展的语态。被动句是谓语动词受被动范畴扩展的句子。被动范畴可以是黏附形式，也可以是独立形式。在英语等语言中，被动范畴实现为黏附形式，会跟动词融合，表现为动词带有被动形态；在汉语等语言中，被动范畴实现为独立形式，不跟动词融合，表现为动词不带被动形态。所以从被动形态来看，汉语的"被"字句是不是被动句，会存在争议。在英语等语言中，

11

被动范畴扩展的轻动词可能 phi 特征集不完整，这使得动词的内部论元只能移位到主语位置以获得时制范畴授予的主格，并使得动词的外部论元不能出现于 vP 的指示语位置，即被贬抑。在汉语等语言中，被动范畴，如"被"，所扩展的轻动词其 phi 特征集完整，使得汉语的外部论元可以出现于 vP 的指示语位置，即未被贬抑，它的出现与否跟能说、不能说、不想说、不便说等外部因素有关，也使得内部论元在原位可以获得格，这使得"被"字句中动词的内部论元可以不移位，也可以移位。英语中的被动范畴也可能跟汉语相同，只是因为发生了不同的操作而有不同，请比较（16）与（18）。

参考文献

熊仲儒. 2003. 汉语被动句句法结构分析. 当代语言学，(3): 206–221.

Chomsky, N. 1981. *Lectures on Government and Binding*. Dordrecht: Foris.

Chomsky, N. 2001. Derivation by phase. In M. Kenstowicz (Ed.), *Ken Hale: A Life in Language*. Cambridge: MIT Press, 1–52.

Collins, C. 2005. A smuggling approach to the passive in English. *Lingua*, (8): 81–120.

Huang, J. 1999. Chinese passives in comparative perspective. *Tsinghua Journal of Chinese Studies*, (29): 423–509.

Keenan, E. L. 1985. Passive in the world's languages. In T. Shopen (Ed.), *Language Typology and Syntactic Description, Vol. 1: Clause Structure*. Cambridge: Cambridge University Press, 242–281.

Matthiessen, M., Teruya, K. & Lam, M. 2010. *Key Terms in Systemic Functional Linguistics*. London: Continuum.

Siewierska, A. 2005. Passive constructions. In M. Haspelmath, D. Gil & B. Comrie (Eds.), *The World Atlas of Language Structures*. Oxford: Oxford University Press, 434–437.

Tallerman, M. 2020. *Understanding Syntax*. London & New York: Routledge.

Whaley, L. J. 1997. *Introduction to Typology: The Unity and Diversity of Language*. London: Sage.

补足语　　　　　　　　　　COMPLEMENT

补足语（complement）指具有补足意义或补足结构的成分（constituent）。结构（construction）中缺乏补足语，会造成意义不完整，或结构不完整。在传统语法中，主要是指动词（verb）后边跟宾语（object）相对的成分，分主语补足语（subject complement）与宾语补足语（object complement）两种。后来的生成语法扩大了补足语的范围，凡核心姐妹节点的成分都是核心的补足语，它不仅包括传统的补足语，也包括宾语，还包括其他核心的补足语。动词的宾语是动词的名词性补足语和子句性补足语（clausal complement），前者带有宾格（objective case），在被动（passive）时，只有名词性补足语会移位为主语（subject）。宾语通常用格标记（case marker）和被动化进行识别，这样识别出来的宾语是名词性补足语。该概念主要用于描写谓词（predicate）的结构与语义，并用来解释相关的句法行为。

✑ 补足语的传统定义

补足语是句子（sentence）或子句结构的一个主要成分，传统上与"补足"一个动词表示的动作有关。按最宽泛的理解，补足语的范围非常广，包括谓语（predicate）中除动词之外的所有必需成分（Crystal，2008）。例如：

（1）a. She kicked the ball.
　　　b. She was in the garden.

（1a）中的"the ball"起补足"kick"的作用，（1b）中的"in the garden"起补足"was"的作用，这些成分如果不存在，句子就不合乎语法或不够完整。

有些文献中对补足语的定义较狭窄，只指接在系词（copula）之后起"补足"作用的结构（Crystal，2008）。按这种分析法，（1a）中的

"the ball"就只能分析为宾语，而不能分析作补足语；（1b）中的"in the garden"才是补足语。再如：

（2）a. His ideas are crazy.
　　　b. She is a doctor.
　　　c. Everyone felt tired.
　　　d. The wedding seemed a quiet affair.

（2a-b）中的系词是 be，（2c-d）中的系词是 be 之外的词，它们的补足语或为形容词性短语或为名词性短语，这里的补足语在语义上指向主语，又叫主语补足语。跟主语补足语相对的是宾语补足语。例如：

（3）She called me a fool.

（3）中的"a fool"是宾语补足语，起补足宾语"me"的作用。

Nesfield（1898）认为，除了不及物动词中的系词之外，及物动词中的使役动词（factive verb）也需要补足语。例如：

（4）a. He put the school into good order.
　　　b. That grief drove him mad.
　　　c. They made him laugh.

主语补足语在语义上描述动词的主语，跟主语构成述谓关系。系词的补足语，因跟主语能够构成述谓关系，所以也被称为述语或表语，述语与表语实际上就是谓语。"表述""述谓"相关，"表""述""谓"在汉语都跟"说"相关，在英语都是"predicate"。例如：

（5）a. He[1] seems [to be mad][1].
　　　b. She[1] is [a doctor][1].

（5a）中的"to be mad"是"seems"的补足语，（5b）中的"a doctor"是"is"的补足语，它们都描述动词的主语，跟主语同标，为主语补足语。

（6）a. She called me[1] [a fool][1].
　　　b. That grief drove him[1] [mad][1].

（6a）中的"a fool"是"call"的补足语，（6b）中的"mad"是"drive"的补足语，它们都描述动词的宾语，跟宾语同标，为宾语补足语。

　　黎锦熙（1924）认为汉语系词（同动词）所带的是补足语，此外，他还认为一些兼语句中的动词所带的也是补足语。例如：

（7）a. 鸟[1]是[动物][1]。
　　 b. 工人请我[1][报告][1]。
　　 c. 工人推举张同志[1][作代表][1]。
　　 d. 工人赞同我的话[1][公正][1]。

（7a）中的补足语为主语补足语，（7b-d）中的补足语是宾语补足语。

　　汉语中的各种补语都可看作补足语，Chao（1968）用的也是"complement"。例如：

（8）a. 他跑得气喘吁吁。
　　 b. 他[1]跑得[PRO[1] 气喘吁吁]
（9）a. 这段山路跑得他气喘吁吁。
　　 b. 这段山路跑得他[1][PRO[1] 气喘吁吁]

（8）中的"PRO[1] 气喘吁吁"为"跑得"的补足语，因为其中的空范畴（empty category）PRO 跟主语同标，所以为主语补足语。（9）中的"PRO[1] 气喘吁吁"也是"跑得"的补足语，因为其中的 PRO 与宾语同标，所以为宾语补足语。（8）中的补语在语义上指向主语，其中 PRO 受主语控制；（9）中的补语在语义上指向宾语，其中 PRO 受宾语控制。

☙ 生成语法中的补足语

　　在生成语法中，补足语是核心（head）的姐妹成分，这种核心可以是动词，也可以是介词（preposition）、名词（noun, N）、形容词（adjective）等；补足语，也包括宾语。例如：

(10) a. close [the door]
   b. after [dinner]
   c. good [at physics]
   d. loss [of face]

（10a）是动词短语（verb phrase，VP），其中的"the door"是动词"close"的补足语。（10b）是介词短语（prepositional phrase，PP），其中的"dinner"是介词"after"的补足语。（10c）是形容词短语（adjective phrase，AP），其中的"at physics"是形容词"good"的补足语。（10d）是名词短语（noun phrase，NP），其中的"of face"是名词"loss"的补足语。

补足语，属于核心的选择性属性。核心有没有补足语，关键是看它选没选补足语。选了补足语，就有补足语，补足语的范畴属性，也跟核心的选择（selection）有关，为范畴选择（c-selection）。例如：

(11) a. We found the party [extremely enjoyable]
   b. They've made him [chief steward]
   c. We believe [that he ran that way]
   d. I'm very fond [of spiders]
   e. We've been given permission [to wear them]

（11a）中的"extremely enjoyable"是"found"的补足语，这是形容词短语。（11b）中的"chief steward"是"made"的补足语，这是名词短语。（11c）中的"that he ran that way"是"believe"的补足语，这是限定子句（finite clause）。（11d）中的"of spiders"是"fond"的补足语，这是介词短语。（11e）中的"to wear them"是"permission"的补足语，这是非限定子句（nonfinite clause）。

在英语中，补足语在核心之后，补足语的句法语义属性由核心决定。像助动词"will"，它会要求其补足语为动词短语，并且该动词短语的核心为动词原形。例如：

（12）a. He will [go]
　　　b. *He will [going]

（12a）中的"go"满足"will"的要求，是合适的补足语；（12b）中的"going"不满足"will"的要求，不是合适的补足语。这在生成语法中用范畴选择规定。例如：

（13）will：[+____VP$_{原形}$]

（13）是说"will"在范畴（category）上选择动词短语，并且要求其中的动词为原形形式，所以（12a）合法，而（12b）不合法。

核心除了从范畴上规定其补足语之外，还会从语义上规定其补足语。语义上的规定为语义选择（s-selection）。例如：

（14）a. Kill him.
　　　b. *Kill the table.

"kill"要求其补足语为客体（theme），"him"可以充当"kill"的客体，而"the table"不能。例如：

（15）kill：(agent, theme$_{animate}$)

（15）是说，"kill"对所选择的成分有要求，一个是施事（agent），一个是客体。客体是在承受动作行为之后，性质、状态、位置、数量等发生了变化的个体，它可以是有生命的，也可以没有生命。通过百科知识，我们知道"kill"的客体必须是有生命的。这种生命性的要求我们可以标注在 theme 之后，也可以设为百科知识而不单独标注。

在生成语法中，不仅动词的宾语是动词的补足语，也不仅系词与使役动词有补足语，凡姐妹节点有成分的核心都有补足语。例如：

（16）[$_{NumP}$[$_{Num}$ 一][$_{ClP}$[$_{Cl}$ 个][$_{NP}$[$_{N}$ 人]]]]

就（16）而言，"个人"是"一"的补足语，"人"是"个"的补足语。再如：

17

（17）a. What are you saying?
　　　b. That we are trying to help you.

（17b）可指派如下的结构：

（18）[CP[C that][TP[we][T'[T are][VP[V trying][TP[PRO][T'[T to][VP[V help][you]]]]]]]]

根据姐妹节点的成分为核心的补足语，可得：

（19）a. "that" 的补足语是 "we are trying to help you"；
　　　b. "are" 的补足语是 "trying to help you"；
　　　c. "trying" 的补足语是 "to help you"；
　　　d. "to" 的补足语是 "help you"；
　　　e. "help" 的补足语是 "you"。

生成语法的补足语的范围比传统语法要宽得多。

⌘ 宾语

宾语，从语义上说，通常跟动作的接受者（recipient）或目标（goal）相关，如 "the cat bit the dog" 中的 "the dog"，"the teacher gave the girl a letter" 中的 "the girl" 与 "a letter"，它们都是动作的目标，或接受者；从形式上说，在主格－受格语言（nominative-accusative language）中，直接宾语（direct object）可带受格（accusative case）标记，间接宾语（indirect object）带与格标记。

受事（patient）是动作的承受者，受事直接宾语（patient direct object）是由受事充当的直接宾语。例如：

（20）a. Jill smashed [my car]
　　　b. Dorothy threw [her coat] on the floor
　　　c. Timothy folded [the clothes]
　　　d. The plaintiff destroyed [the evidence]

Berk（1999）称受事为"垃圾桶范畴"（garbage can category），这个名称很形象，是指当一个宾语的语义角色（semantic role）不知道如何归类时，可称之为受事。如"Kim read the novel"中的"the novel"算作受事，就是这么来的。

感事（experiencer）是有某种心理状态的个体，感事直接宾语（experiencer direct object）是由感事充当的直接宾语。例如：

（21）a. Annie annoyed [her siblings]
　　　b. Dad calmed [the baby]
（22）a. That novel bothered [my students]
　　　b. The vandalism saddened [everyone]

主语是施事还是致事，不重要，只要宾语在主语的作用下出现某种心理状态，该宾语就具有感事角色。在某种意义上讲，感事也是受事，也受动词所描述的活动影响。

成事是活动的成品，先是不存在的，动作之后才出现，成事直接宾语（created direct object）是由成事充当的直接宾语。例如：

（23）a. Agatha lost [my novel]
　　　b. The kids broke [the statue]
（24）a. Lynn is painting [a landscape]
　　　b. The kids are carving [a statue]

（23）中的宾语是受事，（24）中的宾语是成事。

处所直接宾语（locative direct object）是由处所（locative）充当的直接宾语，处所一般是由介词引进的，处所直接宾语没有由介词引进，例如：

（25）a. Sir Edmund climbed [Mt. Everest]
　　　b. Diana swam [the English Channel]

在生成语法中，宾语也是补足语。Radford（2009）将宾语定义为及物性成分的补足语。例如：

(26) a. help me
　　　b. for me

(26a)中的"me"是动词"help"的宾语,(26b)中的"me"是介词"for"的宾语。这里的动词和介词都有及物性。"me"在英语中是第一人称单数代词(pronoun)的受格形式。在主格-受格语言中,宾语带有受格,所以,宾语是带有受格的补足语。

宾语有直接宾语与间接宾语之分。直接宾语属于及物动词的内部论元(internal argument),在主格-受格语言中能够得到受格的成分。在动词只有直接宾语而没有间接宾语的情形下,直接宾语通常可简称为"宾语"。例如:

(27) Paul eats [pasta]

(27)中的"pasta"是动词"eat"的内部论元,在句法中充当"eat"的补足语,并获得受格,为"eat"的直接宾语。

在主格-受格语言中,直接宾语通常以受格为标志,当句子由主动语态(active voice)变成被动语态(passive voice)时,直接宾语可以成为句子的主语。例如:

(28) a. Everybody saw me.
　　　b. I was seen by everybody.

(28a)中的"me"是"see"的补足语,为受格形式,充当"see"的直接宾语。(28b)中的"I"本是"see"的内部论元,也投射在"see"的补足语位置,但因被动化而移位,获得主格(nominative case)形式,是句子的主语。

英语的格形态比较稀少,只有代词有格形式。有些语言的格形态比较丰富,直接宾语会有受格标记。在有些语言中,有些直接宾语有受格标记,有些直接宾语没有受格标记。直接宾语带不带受格标记,通常取决于它的有定性(definiteness)和/或生命度。如土耳其语,其无定宾语的受格通常没有标记,而有定宾语的受格会以 -i(或 -I)结尾为标记。例如:

（29）a. bir   defter   aldı.
　　　 a   copybook buy: PAST.3SG
　　　 'He bought a copybook.'
　　　b. defter-i   aldı.
　　　 copybook-ACC   buy: PAST.3SG
　　　 'He bought the copybook.'
（30）a. ekmek   yedı.
　　　 bread   eat: PAST.3SG
　　　 'He ate (some) bread.'
　　　b. kadIn-In   ekmeg-ini   yedı.
　　　 woman-GEN   bread-POSS3SG.ACC   eat: PAST.3SG
　　　 'He ate the woman's bread.'

（29a）的宾语为无定宾语，没有受格标记，（29b）的宾语为有定宾语，有受格标记。（30）也是如此。

在以西班牙语和罗马尼亚语为代表的各种罗曼语族中，有生命的（主要是人）直接宾语用介词标记（西班牙语为 a，罗马尼亚语为 pe），无生命的直接宾语则不用介词标记。例如：

（31）a. estoy buscando a mi amigo.
　　　 'I am looking for my friend.'
　　　b. estoy buscando mi coche.
　　　 'I am looking for my car.'

（31）是西班牙语的例子。（31a）中的宾语"mi amigo"为有生命的人，带介词"a"，这可看作受格标记；（31b）中的宾语"mi coche"为无生命的物，不带受格标记。如果有生命的宾语为无指或无定情形，它们偶尔也可以不带介词。

间接宾语是给予、告诉等三价动词除主语和直接宾语外的第三个论元（argument），在有格的语言中，间接宾语通常用与格（dative case）形式。因此，有时用"与格"来代替"间接宾语"。间接宾语大多指人。例如：

21

（32）Paul gave Susan a present.

（32）中的"Susan"是间接宾语。它是（33）通过与格转换（dative shift）推导出来的。例如：

（33）Paul gave a present to Susan.

在（33）中，间接宾语本来带有介词"to"，通过与格转换，它被移到直接宾语前面，并且不再带介词"to"。跟直接宾语一样，英语中的间接宾语也可以被动化（passivized）。

（34）Susan was given a present by Paul.

像（33）中的"Susan"在很多描写语法书中也被称为间接宾语。有人还会将介词"to"与"for"后边的名词短语都称为间接宾语。例如：

（35）a. John wrote to [Mary]
b. John went to [London]
c. John bought a piano for [Mary]

Miller（2011）认为（35）中介词后的 NP 不是间接宾语。

间接宾语是带有与格标记的补足语。但在英语中，代词在直接宾语和间接宾语位置都取受格形式。例如：

（36）She gave him them.

从格标记的角度来看，带受格的补足语是直接宾语，带与格的补足语是间接宾语。由于名词性成分才需要格，所以，宾语是名词性补足语。例如：

（37）a. He said nothing.
b. He said [that he was tired]

理论上，只有（37a）中的"nothing"才是"said"的宾语，而（37b）中的"that he was tired"只是"said"的补足语，而不是它的宾语。但在传统语法中，子句性补足语也是宾语，如（37b）中的"that he was tired"常被称为宾语从句。

宾语是及物性成分的名词性补足语与子句性补足语。子句性补足语，在生成语法的早期也曾被处理为名词短语。例如：

（38）He said [$_{NP}$[$_N$ it][$_S$ he was tired]]

（37b）是在（38）的基础上通常插入"that"与删除"it"转换而来。

✖ 小结

补足语有不同的定义，最宽泛的补足语实际上就是动词的论元，包括主语、宾语等成分；较窄的补足语是主语与宾语之外的补足动词的成分，包括主语补足语与宾语补足语。在生成语法中，补足语是核心的姐妹成分，不仅包括主语补足语与宾语补足语，也包括宾语。宾语是名词性补足语与子句性补足语。宾语可以有各种语义角色，而不仅仅是受事，可分直接宾语与间接宾语，分别跟受格和与格系联。子句一般没有格标记，可能也没有格特征，但传统语法都倾向于将它处理为宾语。

参考文献

黎锦熙. 1924/2007. 新著国语文法. 长沙：湖南教育出版社.

Berk, L. 1999. *English Syntax: From Word to Discourse.* Oxford: Oxford University Press.

Chao, Y. R. 1968. *A Grammar of Spoken Chinese.* Berkeley: University of California Press.

Crystal, D. 2008. *A Dictionary of Linguistics and Phonetics* (6th ed.). Oxford: Blackwell.

Miller, J. 2011. *A Critical Introduction to Syntax.* London: Continaum.

Nesfield, J. 1898. *English Grammar: Past and Present.* New York: MacMillan.

Radford, A. 2009. *An Introduction to English Sentence Structure.* Cambridge: Cambridge University Press.

词　　　　　　　　　　　　　　　　　WORD

　　词（word）有正字法上的词（orthographic word）、音系词（phonological word）、词典词（dictionary word）与语法词（morphosyntactic word），它们交叉但不重合。语法中的词是介于语素（morpheme）和短语（phrase）之间的语法单位，通常被认为是句法（syntax）中的最小单位。Aronoff & Fudeman（2011）指出，尽管"词"有各种定义，但没有哪一种定义可以让人完全满意，他们最后还是用 Bloomfield（1933）的"最小的自由形式"来定义词。该概念主要用于语法描写。

❀ 词的定义

　　Bloomfield（1993）给出的词的定义是"最小的自由形式"。句法单位都是自由形式，但只有"最小的自由形式"为词。能单说的语言形式是自由形式，不能单说的语言形式为黏附形式（bound form）。例如：

（1）a. John
　　　b. run
　　　c. running
　　　d. Johnny
　　　e. John run
　　　f. -ing

（1a-e）都是自由形式，（1f）是黏附形式；（1a-d）都是最小的自由形式，所以（1a-d）都是词；（1e）与（1f）都不是词。是不是最小的自由形式，看它的直接成分（immediate constituent）是不是自由形式。例如：

（2）a. act, John, hat, actor, actors, John's, the Mayor of London's
　　　b. John's hat, the Mayor of London's hat

(2a)是最小的自由形式，而(2b)不是最小的自由形式。(2a)中例子的直接成分并不全是自由形式，如(2a)中的"John's"等，其直接成分分别是"John"与"'s"，后者是黏附形式，因此"John's"是最小自由形式。(2a)中的"act""hat"没有直接成分，它们本身就是最小的自由形式。(2b)中例子的直接成分也都是自由形式，如"John's""the Mayor of London's"和"hat"都是自由的。

(3) a. twenty
    b. eighth
    c. twenty-eighth

(3c)是最小的自由形式。"twenty-eighth"由自由形式"twenty-eight"与黏附形式"-th"组成，而不是由"twenty"与"eighth"组成。对最小的自由形式而言，词的判断是不管长度的，像"twenty-eighth"虽然包含两个词，但也是最小的自由形式，只能算一个词；再如"the Mayor of London's"，虽然包含四个词，但也是最小的自由形式，也只能算一个词。

❑ 词的识别

根据最小的自由形式确定词，有一定的困难，主要体现在两方面：一是词和黏附形式的区分；二是短语和词的区分。为此，Bloomfield（1933）提出了一些辅助性方法。

一是类比法，主要解决黏附形式的身份问题。"the"有黏附性（boundedness），有人称之为附缀词（clitic）。尽管"the"很少单说，但它在英语中跟作为句子自由出现的形式"this"和"that"起着差不多相同的作用，由"this"和"that"推出"the"也是词。再如：

(4) a. John's ready.
    b. I'm hungry.
    c. Don't!

尽管 "'s" "'m" "n't" 在英语中都是不能单说的，但它们都可以看作单说形式 "is" "am" "not" 的变体，所以也必须识别为词。"the" "'s" "'m" "n't" 在英语中都具有附缀词属性。有些黏附形式由于没有可类比的自由形式，Bloomfield（1933）将其确认为词缀（affix），并将它构成的最小自由形式确认为词。例如，将"John's hat"中的"John's"确认为一个词，同样，"the boy's" "the king of England's" "the man I saw yesterday's"等也被确认为一个词。

二是隔开法，主要解决复合词与短语的区分问题。Bloomfield（1933：232）认为词不能被其他形式隔开。例如：

（5）black—I should say, bluish-black—bird

（5）可以用来说明"black bird"是短语。Bloomfield（1933）认为，不能以同样的方式隔开复合词"blackbird"。最简单的隔开，就是停顿。所以，Hockett（1958）认为可以用停顿的方法确定词，即请说话人慢慢地、仔细地重复说一段话，可能要不止一遍地重复，才有把握得到最大数目的停顿。有时也会在人为的干预下，在更多的点上停顿。例如（6c）：

（6）a. John treats his older sisters very nicely.
　　b. John # treats # his # older # sisters # very # nicely
　　c. John # treats # his # old # -er # sisters # very # nicely
　　d. John # treats # his older # sisters # very nicely

根据（6b）可以得到7个词；根据（6c），则是8个词；根据（6d），则是5个词。Hockett（1958）说，词是句子中以前后两个可能的停顿为界的任何片段，（6）中包含7个词。不论（6）发成一个大音段还是几个大音段，词的数目不变。他的理由是词是按可能的停顿定的，而不是按发出时的实际停顿定的。按可能的停顿来说，如果停顿因为某种不可控的原因，如突然咳嗽或被人打断，语音被迫停顿在了词的中间，那么当继续说的时候，要从词的开头说，如（7b）；而不能从词的中间停顿处接着说，如（7c）。

(7) a. 我#是#老师
　　b. 我是老——老师
　　c. *我是老——师

许多形式处在黏附形式与词之间或词与短语之间的边界线上，哪些形式可以单说，哪些形式不可以单说，是没有办法进行硬性规定的。所以，Bloomfield（1933）指出，这些辅助方法，没有一条是能够不折不扣地加以应用的。

朱德熙（1982）将词定义为"最小的能够独立活动的有意义的语言成分"。如果把"能够独立活动"理解为能够单独成句，那么他的定义就与 Bloomfield（1933）的相同，即词是"最小的自由形式"。而面临的问题也跟 Bloomfield（1933）相同：一是绝大部分汉语虚词都是黏附形式，这些黏附形式是不是词？二是最小自由形式的组合（combination），如"铁路""白菜""牛肉""小看""大学"是不是词？如果把"能够独立活动"理解为"语言成分活动能力的强弱"，则会因为活动能力的强弱的相对性而没有办法规定自由替换达到什么程度才算获得了词的资格。如果把"能够独立活动"理解为"可扩展"，则也会存在一些复杂的问题。

ᛯ 词形、词位与词项

Bloomfield（1933）将词定义为最小的自由形式。根据该定义，下面的各种形式都是词。例如：

(8) a. boy　　　boys
　　b. check　　checks　　checking　　checked
　　c. big　　　bigger　　biggest

但在传统教学中，我们有时会把这些形式称为词的不同形式。后来的学者把 Bloomfield（1933）识别出来的可以当作词的成分（constituent）称为词形（word-form）。

27

词形在书写上是正字法的词，在语音上是音系词（phonological word）。尽管如此，正字法的词和音系词还是不同的。正字法的词是两端带有空格的书写形式，音系词是读作单个单位的语音形式。"ice cream"，在正字法上是两个词，在语音上是一个词；"dog"与"dogs"在正字法上各自都是词，在语音上各自也都是词（Trask, 2007）。所以，词形是具体意义上的词，指物理上可定义的单位，即书写时以空格作边界（boundary）、在语音上以停顿作边界，书写有书写上的词形，语音有语音上的词形。相对而言，语音上的词形识别要困难些。（8a）有两个词形，（8b）有四个词形，（8c）有三个词形。

词位（lexeme）是词典词，是抽象意义上的词，指处于一组显然是同一单位不同变体底层的公因子。（8a）中的两个词形有共同的意义，所以它们为同一单位的不同变体，即为一个词位，该词位可记作 BOY。（8b）中的 4 个词形也有共同的意义，所以它们也为同一单位的不同变体，即为 1 个词位，该词位可记作 CHECK。（8c）中的三个词形也有共同的意义，所以它们也为同一单位的不同变体，即为一个词位，该词位可记作 BIG。为方便起见，词位也可以用小写字母，如 boy、check 与 big。在大多数语言中，词典都是按照词位进行编写的，通常采用小写形式。

词位是词形的集合，词形是词位的成员或变体。每个词形都属于一个词位，属于相同词位的不同词形表达不同的语法功能（grammatical function），但具有相同的核心概念。词形的实例（token）为词例（word-token）。例如：

（9）Lexemes can be thought of as sets of word-forms, and every word-form belongs to one lexeme.

（9）中有 16 个词例；15 个词形，其中"of"出现了两次；13 个词位，其中"lexemes"与"lexeme"属于同一个词位。

结构主义（structuralism）语言学中的词大致对应于词形，生成语法中的词大致对应于词位。生成语法将相当于词位的成分称为词项（lexical item），即词库（lexicon）中的项目（item）。词项跟词位是不同的概念。Chomsky（1965）中既用"word"，也用"lexical item"，但在索引中只有前者，没有后者；Chomsky（1981）和Chomsky（1995）的索引都只有"lexical item"，没有"word"。词库类似于词典，词位是词典词，词项除了词典词之外还有习语与形态词缀，当然也包括轻动词（light verb）、轻名词（light noun）等功能语素（functional morpheme）。简言之，词项不仅仅是词典/词库中的词。词库储存的是词项的语音、语义和句法信息，这些信息都以特征标记，放在"[.]"中。所以，词项是词库项目的特征复杂体（complex）。例如：

(10) a. John walks.
　　 b. [$_{TP}$[$_T$ -s][$_{vP}$[John][$_{v'}$[$_v$][$_{VP}$[$_v$ walk]]]]]

(10b) 是个简单的图示，该图示表明"walk"是个词项（也可记作WALK），"-s"是另一词项（也可记作-s）。这两个词项会通过词缀沉降或核心移位（head movement）进行融合（incorporation），变成一个词，即具体的词形（"walks"）。代表词的词项，Chomsky在其著作中也称为词。(10)中的词项有"-s""John""walk"与零形式（zero）的v。句法终端，如果都视为词，则"-s""John""walk"与零形式的v也都是词。如果非屈折形式的句法终端为词，则"John""walk"与零形式的v是词。如果有语音的非屈折形式的句法终端为词，则"John""walk"是词。

(8a) 在正字法上是两个词，在语音上也是两个词，是两个不同的词形，也是两个不同的语法词（grammatical word），但它们是一个词位；从生成语法角度看，它们至少是由两个词项融合而成，一个是BOY，一个是数语素（如-s），BOY跟单数语素生成"boy"，跟复数语素生成"boys"。对于紧缩形式"hasn't"，Trask（2007）认为它在正字法上与在语音上都是一个词，但为两个词项（"have"与"not"）、两个语法词。从生成语法来看，它至少有三个词项，其中一个是时制语素。时制语素跟HAVE作用，生成"has"，"n't"依附于"has"得到"hasn't"，"n't"是附缀词或屈折词缀。

∞ 词汇完整性假设

Bloomfield（1933）注意到复合词内部不能被隔开，这实际上就是说词具有凝固性、完整性。Huang（1984）等提出的词汇完整性假设（Lexical Integrity Hypothesis）与短语禁止限制（No Phrase Constraint），就是强调词的凝固性，即规定短语平面的规则不能作用于词内部的成分，简单地说，就是禁止词内出现短语或句法操作。

第一，并列缩减（coordination reduction）不能作用于词内成分。例如：

（11）a. 火车和汽车
　　　b. *[火和汽]车
（12）a. New York or New Orleans
　　　b. *New [York or Orleans]

第二，语义解释规则可忽视词内成分。例如：

（13）一块绿色的黑板

第三，约束规则不影响词内成分。例如：

（14）a. All Bloomfiledians like Bloomfield/*him.
　　　b. *那边来了一辆马ᵢ车，它ᵢ浑身的毛都是白的。

第四，词内成分不能移位。例如：

（15）我喜欢吃白菜。
　　　a. 白菜，我喜欢吃。
　　　b. *菜，我喜欢吃白。

第五，词内成分不能单独被修饰。例如：

（16）a. 很黑　　*很黑板
　　　b. 一块板　*黑一块板

词汇完整性假设，不仅可以将"火车""汽车""New York""New

30

Orleans""黑板""Bloomfiledians""马车""白菜"等识别为词,也能将一些被看作短语的成分识别为词。例如:

(17) a. 很白　　*很白纸
　　　b. 一张纸　*白一张纸
(18) 很饱　　　*吃很饱

(17a)中的"白纸"与(18)中的"吃饱"在汉语学界通常认为是短语,但根据词汇完整性假设,它们都是词。有些人认为它们是短语的,也是采用测试得出来的,如能插入"的"与"得",这种测试是扩展法。例如:

(19) a. 白纸
　　　b. 白的纸
(20) a. 吃饱
　　　b. 吃得饱

对词汇完整性假设来说,(19)与(20)的扩展测试无效,因为"的"与"得"都不是对其中的某个成分进行扩展。我们如果对其中的成分进行扩展,会发现两者不同。例如:

(21) a. *很白纸
　　　b. 很白的纸
(22) a. *吃很饱
　　　b. 吃得很饱

"白纸"中的"白"不能受"很"修饰,所以"白纸"可能是词;"白的纸"中的"白"可以受"很"修饰,所以"白的纸"一定不是词。"吃饱"中的"饱"不能受"很"修饰,所以"吃饱"可能是词;"吃得饱"中的"饱"可以受"很"修饰,所以"吃得饱"一定不是词。"白的纸""吃得饱"跟"白纸""吃饱"之间没有扩展关系,"的"没有单独对"白"和"纸"进行扩展,"得"也没有单独对"吃"和"饱"进行扩展。

要对词内成分进行操作,就是对词内成分添加从属成分(dependent)[主语(subject)、补足语(complement)、修饰语(modifier)]与并列成分。例如,"吃的"与"吃头",它们都是最小的自由形式,"的"与"头"

都是黏附形式，按 Bloomfield（1933）的标准，"吃的"与"吃头"都是词。但根据词汇完整性假设，"吃的"与"吃头"并不相同。例如：

（23）a. 张三吃　　张三吃的　　*张三吃头
　　　b. 吃螃蟹　　吃螃蟹的　　*吃螃蟹头
　　　c. 经常吃　　经常吃的　　*经常吃头

"吃的"中的"吃"可以添加主语"张三"、宾语"螃蟹"与状语"经常"，而"吃头"中的"吃"不能添加主语"张三"、宾语"螃蟹"与状语"经常"。所以，"吃的"是短语，而"吃头"是词。

词汇完整性假设和朱德熙（1982）所说的扩展，都认为词具有完整性，不同在于：前者要求对词内的成分进行操作；后者可对词内的成分进行操作，也可不针对任一成分进行额外操作，如添加不充当任何语法关系（grammatical relation）的"的""得"等。朱德熙（1982）曾说："扩展法的实质是根据语言成分结合的紧密程度来确定词和非词的界限。这种方法运用起来也存在一些复杂的问题。这里不能细说。"

∽ 小结

词的定义比较难下，国外学者通常采纳 Bloomfield（1933）的看法，将它看作最小的自由形式，国内学者在此基础上将词看作最小的能够独立活动的有意义的语言成分。这种定义会将直觉上不是词的符号序列当作词，所以包括 Bloomfield 在内的一些学者会提出一些辅助性测试手段，如类比法、隔开法等。为了关联不同的词形，学者们还提出类似于音位的概念——词位。词形是词位的变体，词位是词形的集合。在生成语法中，还有一个词项的概念。词项是词库中的项目，它包括词位、屈折词缀（inflectional affix）与习语等。词项是句法计算的单位，在句法上表现为终端符号，理论上没有任何句法规则可以作用于终端符号内部的成分，所以有词汇完整性假设。终端符号，不全是词项，也有由核心移位产生的融合，这种融合现象属于句法构词（word formation）。

参考文献

朱德熙. 1982. 语法讲义. 北京：商务印书馆.

Aronoff, M. & Fudeman, K. 2011. *What Is Morphology?* Oxford: Wiley-Blackwell.

Bloomfield, L. 1933. *Language*. New York: Holt.

Chomsky, N. 1965. *Aspects of the Theory of Syntax*. Cambridge: MIT Press.

Chomsky, N. 1981. *Lectures on Government and Binding*. Dordrecht: Foris.

Chomsky, N. 1995. *The Minimalist Program*. Cambridge: MIT Press.

Hockett, C. 1958. *A Course in Modern Linguistics*. New York: Macmillan.

Huang, J. 1984. Phrase structure, lexical integrity, and Chinese compounds. *Journal of Chinese Language Teachers Association*, (19): 53–78.

Trask, R. L. 2007. *Language and Linguistics: The Key Concepts*. London & New York: Routledge.

词类　　WORD CLASS

词类（word class）是谈及语句结构必不可少的"道具"。不管是哪种语言的语法，都会涉及词类。根据结构（construction）的向心性（endocentricity），核心（head）的词类会决定其所在短语（phrase）的类别；根据范畴选择，核心会对补足语（complement）的类别有选择（selection）上的要求。从这个角度看，在合并（merge）的开始，短语的分布（distribution）会受其核心的词类的影响。该概念主要用于语法描写和语法规则的建构。

❧ 词类的定义

词类是词（word）的语法性质的分类。语法性质表现在语义、形态与句法（syntax）三个方面。所以词类的划分一般遵循三项标准：语义标准（semantic criterion）、形态标准（morphological criterion）与句法标准（syntactic criterion）。同一词类的词在语义、形态与句法这三方面都有共同属性。语义标准，是特定词类的词所倾向表达的意义类别；形态标准，是特定词类的词所倾向负载的黏附语素（bound morpheme）的种类，包括派生词缀（derivational affix）与屈折词缀（inflectional affix）；句法标准，是特定词类的词所倾向占据的典型位置。Leech et al.（1982）将这三项标准分别称为意义标准（meaning）、形式标准（form）与功能标准（function）。功能标准最重要，其次是形式标准，再次是意义标准。

1. 语义标准

名词（noun）一般指示实体（entity），如人或物，包括个体与事物等；动词一般指示活动行为、心理感觉、存现状态等；形容词（adjective）一般指示实体的属性；副词（adverb）指示活动（activity）、感觉与状态（state）的属性。需要注意的是，同一词类内部成员的语义并不完全相同，像difficulty、truth、likelihood虽是名词，但并不指示实体；像give someone a push 中的 push 与 have a run 中的 run，虽是名词，但也像动词一样指示活动。再如：

（1）a. Mice like cheese.
　　　b. Mice are fond of cheese.

"like"与"fond"表义相近，但前者是动词，后者是形容词。对此，有的学者认为词类是原型（prototype）范畴，是人们根据词与词之间在语法性质上的种种相似性概括出来的，如原型名词具有时间（time）上的稳定性，而原型动词不具有时间上的稳定性等。然而，Whaley（1997）认为时间稳定性（time-stability）并不好应用。

2. 形态标准

名词可以有数与格（case）等标记，如（2）；动词有数、人称、语态（voice）、时体（aspect）、时制（tense）、语气（mood）等标记，如（3）；形容词通常有比较级与最高级等标记，如（4）。

（2）a. books、chairs、doctors
　　　b. John's、(the) man's
（3）a. arrived、melted、hopped
　　　b. arriving、melting、hopping
　　　c. arrives、melts、hops
（4）a. taller、faster、smarter
　　　b. tallest、fastest、smartest

需要注意的是，形态标准对内也不都有一致性，有些形容词没有比较级、最高级的后缀（suffix），有些名词没有复数标记。例如：

（5）a. *intelligenter、*beautifulest
　　　b. *moistures、*braveries、*knowledges

此外，形态标准也不能应用于所有语言，因为有些语言并不使用派生词缀或屈折词缀指示数、时制与量度等信息。

相对而言，句法标准会更可靠些。英语的名词前边可以出现限定词（D），动词前边可以出现助动词（Aux），形容词前边可以出现量度词（Deg）。名词的前边不会有助动词；动词前边不会有限定词，也不会有量度词。例如：

（6）a. a car、the wheat
　　　b. has gone、will stay
　　　c. very rich、too big
（7）a. *will destruction
　　　b. *the destroy
　　　c. *very arrive

核心概念篇

35

3. 句法标准

句法标准，也叫分布标准（distribution criterion）。我们先根据常识和经验设定一些句法槽（slot），即某种类别的词通常出现的地方，然后把难以决定的词放进去进行测试。例如：

（8）Ari wanted to ＿＿＿＿.
（9）Ari wanted to relax/depart/compete.
（10）a. *Ari wanted to relaxation/departure/competition.
　　　b. *Ari wanted to underneath/overhead.
　　　c. *Ari wanted to energetic/thoughtful/green/sad.

（8）-（10）是 Tallerman（2020）的例子。（8）是动词的典型句法槽，所以（9）中划线的词是动词，（10）中划线的词就有可能不是动词，因为它不能进入该句法槽，除非有别的非词类的原因阻止它们进入该句法槽，否则我们就可以放心地认定（10）中划线的词不是动词。（10a）中划线的词表面看来跟（9）中划线的词都属于活动，但属于不同的词类。

✿ 常见的词类

词类可分为词汇范畴（lexical category）和功能范畴（functional category）。词汇范畴包括名词、动词、形容词与介词（preposition），功能范畴是扩展这些范畴（category）的范畴，如轻名词、轻动词（light verb）、轻形容词（light adjective，a）、轻介词（light preposition，p）、屈折范畴（inflection，I）、时制范畴、限定范畴（determiner，D）、标补范畴（complementizer，C）等。功能范畴可以有语音形式，也可以没有。词类还可以分为实义词（content word）与功能词（function word），这主要是从有无实在意义上进行区分的。实义词有实在的意义；功能词没有实在的意义，只有语法意义，与之相关的名称还有形式词（form word）、语法词（grammatical word）、函子（functor）、空词（empty word）。名词、动词、形容词与部分副词为实义词；部分副词、介词与其他词类为功能词。词类还可以分为开放类和封闭类，这主要是从词项

(lexical item)的数目上说的。开放类随着社会、经济、文化的发展而不断丰富，新词不断出现，旧词不断消失或获得新义，因而词项数目可以不断增加；封闭类的数目有限，比较稳定，很少增加。名词与动词是开放类，形容词在英语等语言中是开放类，而在另一些语言中是封闭类，如豪萨语（Hausa）只有12个形容词。

1. 名词

从形态上说，名词有phi特征集［性（gender）、数、人称］和格特征，在屈折语言中可带性标记、数标记与格标记（case marker）等。从分布上说，通常充当谓词（predicate）的论元（argument），常充当句子（sentence）的主语（subject）、宾语（object），也是名词短语（noun phrase）的核心，会受到相关定语（attribute）的修饰（modification），这些定语可以分布在名词之前或之后。从意义上说，是时间上最稳定的概念，典型的名词表示实体或事物（thing），如具体的物体或生物，并且有指称。从语用上说，名词可以是定指，也可以是不定指。在一些语言中，这一特征反映在名词需要与冠词（article，Art）共现表达定指或不定指。名词分普通名词和专有名词。专有名词包括个人名称、城市和国家名称、特定地标名称等，它不同于普通名词，因为它们有独特的指称功能。普通名词可以分为具体名词（如"table""book"）和抽象名词（如"love""departure"）、可数名词（如"book""boy"）和不可数名词（如"milk""water"）、有生命名词（如"boy""mother"）和无生命名词（如"table""stone"）等。汉语的名词可以受数量短语修饰，但不能受副词修饰。需要注意的是，对同类词而言，标准不一定具有普遍性，像复数标记就不能应用于不可数名词，只是在极端的情况下才能应用于专有名词。如果坚持标准"对内具有普遍性，对外具有排他性"，就可以将不可数名词与专有名词从名词中独立出来，不过真正这样处理的人很少。

2. 动词

从形态上说，可以承担时制、时体、情态（modality）、语态和一致（agreement）等屈折信息。从分布上说，通常充当子句（clause）的谓语（predicate）或谓语中心。从意义上说，表示时间进程中最不稳定的概念。典型的动词表示活动、过程（process）或状态。从话语分析来看，动词规定言者关于名词所陈述的内容，类似于述题（comment）的功能。动词根据价（valency）可以分为一价动词、二价动词与三价动词等；根据词汇体（lexical aspect），可分为状态动词（如"know""love"）或活动动词（如"walk""sleep""smoke"）等。汉语的动词是能带宾语或不能受"很"修饰的谓词。

3. 形容词

从形态上说，能承担与名词部分相同的屈折信息，在英语中可以加"-ly"构成副词、加"-er""-est"构成比较级与最高级、加前缀"un-"构成否定义。从分布上说，通常充当谓语或谓语中心，或用作名词的定语，既能作定语又能作谓语的形容词是典型形容词，但有些形容词只能作定语，如"outright""utter""chief""former"，有些形容词只能作谓语，如"unwell""loath""asleep"。从意义上说，形容词通常表示属性或状态，相关的属性或状态在时间稳定性上不确定或容易变化。定语形容词（attributive adjective）表达永恒属性，谓语形容词（predicative adjective）表达非永恒属性。根据能否受量度范畴（degree，Deg）修饰，形容词可分为绝对形容词与相对形容词。形容词会表达以下属性：年龄（如"小""老""young""old"）、维度（如"大""小""高""短""长""big""little""tall""short""long"）、评价（如"好""坏""good""bad"）、颜色（如"黑""白""红""black""white""red"）、物理特征（如"硬""重""平滑""hard""heavy""smooth"）、形状（如"圆""方""round""square"）、人类习性（如"嫉妒""高兴""聪明""机警""jealous""happy""clever""wary"）、速度（如"快""慢""迅速""fast""slow""quick"）。汉语的形容词是不能带宾语且能受"很"修饰的谓词。

4. 副词

副词的词类地位，在学界不是普遍认可的，它是一个"包罗万象"的类别，任何具有语义内容但又明显不是名词、动词、形容词的词，一

核心概念篇

般都会放在副词这个类里（Payne, 1997）。从分布上讲，副词修饰动词、形容词和其他副词。从语义上讲，副词的类型很多，也很复杂。例如：

（1）话语指向的副词，如 frankly、honestly、briefly；

（2）评价副词，如 (un)fortunately、mysteriously、ragically、appropriately、significantly；

（3）示证副词，如 obviously、clearly、evidently、allegedly；

（4）情态副词，如 probably、certainly、possibly、maybe、definitely、necessarily、perhaps；

（5）施事指向副词，如 wisely、intelligently、bravely、stupidly；

（6）心智态度副词，如 calmly、willingly、enthusiastically；

（7）方式副词，如 fast、well、carefully、dramatically、resentfully；

（8）地点副词，如 here、elsewhere、overhead；

（9）时间副词，如 tomorrow、often、rarely、never；

（10）程度副词，如 so、very。

5. 介词

一般以名词或代词（pronoun）作补足语，并且表示与补足语名词之间的语法关系（grammatical relation）或语义角色（semantic role）。例如"to me"中的"to"是间接宾语（indirect object）标记，"in the box"中的"in"表示方位。preposition 译为"介词"，主要是突显其介引功能，字面上可译为"前置词"，因为它们出现在名词和代词之前，就像在英语和大多数其他印欧语系语言中一样，汉语中的相关词也是"前置词"。然而，有一些语言有后置词（postposition），如土耳其语中的"kiz ile"，表示"跟女孩"，"ile"类似"跟"，起介引功能，处于名词之后。可以用"附置词"（adposition）这个术语概括前置词和后置词。

39

6. 限定词

限定词（determiner，D）是以各种方式限定或规定名词的词。限定词有不同类型，如冠词、指示形容词（demonstrative adjective）、量化词（quantifier）等。冠词在一些语言中表示名词的有定性（definiteness），如"the cat"的有定（definite）与"a cat"的无定。指示形容词也叫指示词（demonstrative，Dem），如"this""that""these""those"。量化词，简称量词，如"some""many""a few""each""every"。数词（numeral）也可以用作限定范畴，如"two books"。

7. 数词

数词（numeral），表示数字。尽管数字是无限的，但语言学中的数词是一个封闭的类，因为语言的形成通常表现出一些递归性（recursivity）的形式，如"twenty""twenty one""thirty""thirty one"等。几乎所有的语言都有数词，但是数词的多少及其细化程度不同。

8. 量词

量词（classifier），是在某些语言中发现的词汇项，如汉语和日语。量词的本质是分类词，其使用由名词本身或计量方式决定，有别于简称为"量词"的量化词，如"三名学生"中的"名"是对"人"的分类，它用于人被计数时。英语中平行的表达是使用计量词（measure word），如"two bottles of beer"中的"bottle"与"ten heads of cattle"中的"head"。

9. 代词

代词，具有与名词短语相同的分布性质，但没有词汇意义，可以承担性、数、格等屈折信息。它们的指称或者由它们所代表的名词［称为先行语（antecedent）］表示，为照应（anaphora）用法；或者由语言之外的因素决定，如指称话语之外的个体为指示用法。指示词，有情境用法（situational use），指示情境中的个体；有语篇用法（textual use），照应上文的事件或陈述；有示踪用法（tracking use），照应上文的言谈对象；有认同用法（recognitional use），把辨识性较弱的对象当作共享知识引进，所指示的个体既不在上下文中，也不在现场语境中。

10. 助动词

助动词（auxiliary verb），是一种动词，它携带着语法信息。英语助动词在疑问句（interrogative sentence）中可出现于句首，在否定句中可后附"n't"，可出现于附加问句（tag question）中，限定的助动词可带屈折标记，如语气、时制、时体与语态等标记，不同类型的助动词可以共现。英语中常用的助动词有"have""be""shall""will""may""do""can""ought""must"等。对于助动词在复合动词中是主要动词的修饰成分还是核心成分，如"can come"是偏正结构（attributive construction）还是动宾结构，也有不同的说法。在英语疑问句中，助动词可以提到主语之前，这要求助动词为核心。

11. 系词

系词（copula），是没有多少语义内容的连系词（linking word），联系主语（subject）与谓语，该谓语在国内一般译为表语，有时也叫补足语。英语中的系词主要是"be"，如"John is a teacher."，以及其他有类似功能的词，如"She feels angry.""That looks nice."中的"feel""look"等。

12. 连词

连词（conjunction），是将词、短语或句子连接起来的词，包含几种类型：并列式（coordinative）、从属式（subordinative）、句子连接式（sentence connector）等。并列式连词的功能是连接两个具有相同句法地位的句法单位，并且这两个句法单位连接起来共同构建一个功能相同的句法单位，像"and""or""but"等。从属式连词的功能是标记给定子句的从属地位，像"if""because""when""unless"等。连接式连词的功能是连接句子，并指明它们在语篇中的地位，常被处理为副词，像"however""indeed""moreover""thus"等。

✂ 小结

词类是词的语法性质的分类，语法性质表现在语义、形态与句法三个方面。所以词类的划分一般遵循三项标准：语义标准、形态标准与句法标准。相对而言，句法标准最为可靠。词类可分词汇范畴与功能范畴、实义词与功能词、开放类与封闭类等。具体来说，有名词、动词、形容词、副词、介词、限定词、数词、量词、助动词、系词与连词等。词类是语法描写的重要手段。需要注意的是，不同的语言可以具有不同的词类体系，如汉语有语气词，而英语没有语气词。

参考文献

Leech, G. N., Deuchar, M. & Hoogenraad, R. 1982. *English Grammar for Today: A New Introduction*. London: MacMillan.

Payne, T. 1997. *Describing Morphosyntax: A Guide for Field Linguists*. Cambridge: Cambridge University Press.

Tallerman, M. 2020. *Understanding Syntax*. London & New York: Routledge.

Whaley, J. 1997. *Introduction to Typology: The Unity of Diversity of Language*. Thousand Oaks: Sage.

递归或递归性
RECURSION OR RECURSIVITY

语言学中的递归思想，据说可以回溯到 Humboldt 的 "有限手段的无限使用"。Chomsky（1956：116）指出，如果语法没有递归步骤（recursive steps），将会惊人地复杂，但如果有递归机制（recursive devices），它会产生无限数量的句子。递归（recursion），最直白的说法就是重复（iteration），即在生成句子的过程中反复使用同一规则。最近对递归有一些新的看法，如认为递归对人类心智和语言官能（language faculty）来说都是独一无二的，是人类语言所具有的唯一人类属性，本质上构成人类先天的语言官能，所有的人类语言皆具有递归性（recursivity）（Hauser et al., 2002）。这些看法大概可以浓缩成"Interfaces + Recursion = Language"，即语言就是满足接口要求的最简递归系统。递归是语言的一种特性，它让说话人使用有限的规则创造出无限数量和无限长度的句子或短语（phrase）来。该概念主要用于解释语言的创造性和结构（structure）的定义。

⌘ 递归的定义

递归是数学中的术语，是以有限元素为基础，通过反复使用某种规则生成集合中的元素。例如，由所有自然数组成的集合，即 N={0, 1, 2, 3, …}。我们可以采用以下方式生成：

（1）a. 0 是自然数；
　　　b. 如果 x 是自然数，则 x+1 也是自然数；
　　　c. 其他的都不是自然数。

（1a）是基础，（1b）是递归，（1c）是限制。（1a）规定 0 是自然数中的元素。由于（1b）可以反复使用，我们就可以从 0 中推出 1，从 1 中推出 2，从 2 中推出 3，以至无穷。（1c）是说，除了由（1a）和（1b）生成的元素是自然数外，其他的都不是自然数。每一种人类自然语言都有一个共同的特点，即它都有无穷多的句子。从这一特点可以推出，无论是句子的生成还是句子的解释都必须采用递归的方法。

语言学从数学中借用了"递归"，用来指同一规则的重复使用与同一结构的层层嵌套。例如：

（2）a. VP → Adjunction + VP
　　　b. 英俊 [$_{VP}$ 每天下午 [$_{VP}$ 都 [$_{VP}$ 认真 [$_{VP}$ 学习句法学]]]]

（2）中有状中结构的嵌套。一个状中结构嵌套到另一个状中结构中，是状中结构规则的反复使用，所以为递归。

（3）a. S → NP + V + S
b. [s 张三说 [s 你知道 [s 李四说 [s 王五干过这件事]]]]

（3）中有主谓结构（predicative construction）的嵌套。一个主谓结构嵌套到另一个主谓结构中，是主谓结构规则的反复使用，所以为递归。

从结构的角度看，递归是将某种类型的结构反复内嵌（embedding）于同一类型的结构或另一类型的结构中去。如果嵌在同一类型的结构里，则为连续性递归，如（2）是状中结构嵌在状中结构中；如果嵌在另一类型的结构里，则为非连续性递归，如（3）是主谓结构嵌在动宾结构中，然后动宾结构再嵌在主谓结构中。从规则的角度看，递归将自始至终地或间隔地重复某种规则。如果从初始结构开始，自始至终重复运用同一条语法规则，则为连续性递归；如果间隔地重复使用同一条语法规则，则为非连续性递归。

根据嵌套的方向，可以将递归分成左递归（left-recursion）、右递归（right-recursion）与内递归（center-recursion）三种。例如：

（4）[NP [NP [NP [NP John's] sister's] dog's] bone] was found in the yard
（5）[s This is the car [s that hit the boy [s who crossed the street]]]
（6）[s The mouse [s the cat [s the dog chased] bit] ran]

递归方向是基于从属操作（subordination）中的嵌套方向得出的，（4）中的定中结构嵌在结构的左侧，所以为左递归；（5）中的定语子句（attributive clause）嵌在结构的右侧，所以为右递归；（6）中的定语子句嵌在主语（subject）与谓语（predicate）的中间，所以为内递归。汉语中左递归、右递归、内递归的例子如下：

（7）张三的父亲的父亲的父亲
（8）白色的长长的崭新的衬衫
（9）批评骂吃肉骨头的狗的人

（7）中嵌套的定语（attribute）在左侧，为左递归，也叫左分枝（left-branching）。（8）中嵌套的定中结构在右侧，为右递归，也叫右分枝（right-branching）。（9）中嵌套的动宾结构在中间，为内递归，也叫中间分枝（mid-branching）。一般而言，内递归会拉长核心（head）和它的依存短语的词汇核心的距离，如（9）中"批评"和"人"会随着内递归的复杂性而增大距离，造成理解上的困难，因此，通常会避免使用复杂的内递归。

✑ 递归性的表达

Crystal（2008）把递归性当作生成语言学的术语，他认为递归是指生成句子时能重复应用的规则，或指这样生成的结构，也指以这类规则为特点的语言。Chomsky（1957）认为，每一种有限状态语言（finite state language）都是一种终端语言（terminal language），但是有些终端语言却不是有限状态语言。如英语，如果它不是有限状态语言，则基于有限状态语言的马尔科夫过程在生成能力上会受限。Chomsky 举了并列结构（coordinate construction）的例子：

（10）a. If S_1, then S_2.
　　　b. Either S_3, or S_4.
　　　c. The man who said that S_5, is arriving today.

这种结构的"，"两边具有依存性（dependent-existence），如"if... then""either... or""man... is"，从 S_1 到 S_5，每个子句（clause）都可以嵌套具有依存关系（dependency relation）的两个子句。例如：

（11）a. If, either the man who said that S_5, is arriving today, or S_4, then S_2.
　　　b. If [$_{S1}$ [either [$_{S3}$[the man who said that S_5, is arriving today]], or S_4]], then S_2

这种结构理论上可以无限嵌套下去，即我们可以无限制地重复使用（10）中的规则。

在语言运用中，我们可以武断地规定递归的次数，如不能超过 n 次（n 为某个固定数值）。这样做可以使英语变成一个有限状态语言，也能为英语编写一部有限状态语法，如用一份表把句子都开列上去。这种表本质上就是一种琐碎的有限状态语法，但 Chomky（1957）指出，这种语法会复杂到没有什么用处或者没有什么意思的地步。生成语法为了把描写语言的方法加以简化，才假设语言是无限的。为了抓住语言的无限性，只能重复使用有限的规则。所以 Chomsky（1957）指出，如果一种语法没有递归机制，那么它就会极其复杂；有了递归机制，就会生成无限数量的短语和句子。

(12) a. a book
　　　b. a book on the table
　　　c. a book on the table near the bookcase
　　　d. a book on the table near the bookcase in the office

(13) a. It's the right answer
　　　b. I think it's the right answer
　　　c. You know I think it's the right answer
　　　d. Harry says you know I think it's the right answer

(12b–d) 是名词短语 NP 中反复出现 NP，它是反复使用短语结构规则"NP → NP + PP"造成的，该规则的重写符号"→"的两边都有 NP。这是直接递归，其基本图示为"A → A + B"。但从另一角度看，又是间接递归。介词短语规则为"PP → P + NP"，它跟名词短语规则"NP → NP + PP"配合使用，这使得 NP 可以间隔性反复出现。这是间接递归，其基本图示是"A → B + C，B → A + D"。例如：

(14) a. NP → NP + PP
　　　b. PP → P + NP

(14b) 中的 NP 内嵌于 (14a) 中"→"左侧的 NP，这是一种非连续性递归。例如：

(15) [NP a book on [NP the table near [NP the bookcase in [NP the office]]]]

（15）中 NP 内嵌于 NP。"a book on the table near the bookcase in the office"是个名词短语，以"(a) book"为中心语（head），受介词短语"on the table near the bookcase in the office"修饰；"the table near the bookcase in the office"也是名词短语，以"(the) table"为中心语，受介词短语"near the bookcase in the office"修饰；"the bookcase in the office"又是一个名词短语，以"(the) bookcase"为中心语，受介词短语"in the office"修饰。这里层层嵌套，可以无限地循环下去，如名词短语"the office"可以接着受介词短语修饰。

不仅名词短语有嵌套，其他短语也可以嵌套。如果（14）从介词短语 PP 出发，会发现介词短语内嵌于介词短语。

（16）a. PP → P + NP
　　　b. NP → NP + PP

（16b）中的 PP 内嵌于（16a）中"→"左侧的 PP。例如：

（17）a book [$_{PP}$ on the table [$_{PP}$ near the bookcase [$_{PP}$ in the office]]]

（13b–d）是 S 中反复出现 S，它是反复使用短语结构规则"S → NP VP"与"VP → V S"造成的。"S → NP VP"与"VP → V S"可推出"S → NP V S"，该规则的重写符号"→"的两边都有 S。这也是间接递归。例如：

（18）[$_S$ Harry says [$_S$ you know [$_S$ I think [$_S$ it's the right answer]]]]

（18）中 S 内嵌于 S。如果（18）从动词短语 VP 出发，会发现动词短语（verb phrase）内嵌于动词短语。例如：

（19）Harry [$_{VP}$ says you [$_{VP}$ know I [$_{VP}$ think it [$_{VP}$ is the right answer]]]]

在生成语法的早期，用短语结构规则表达递归性。到了管辖与约束理论（Government and Binding Theory）之后，用 X'- 结构表达递归性，即反复使用 X'- 结构生成 D- 结构（D-structure）。到了最简方案（Minimalist Program）之后，则通过反复使用合并（merge）生成句法体（syntactic object）。任何一个组合性的句法体都是通过递归生成的。例如：

(20) a. 词项是句法体。
　　　b. K = {γ, {α, β}}，其中 α 与 β 是句法体，γ 是句法体 K 的标记。

(20a) 是基础，(20b) 是递归。在基础中，词项（lexical item）是特征的复杂体（complex），如"the"与"book"，它们代表各自的特征集。根据 (20b) 可得：

(21) K={the, {the, book}}

(21) 得出新的句法体"the book"，其中"the"是其标记，也可记作 DP。(21) 就应用了 (20) 中的递归规则。在管辖与约束理论中"the book"可表达为：

(22) a. the book
　　　b. [$_{DP}$[$_{D'}$[$_D$ the][$_{NP}$[$_{N'}$[$_N$ book]]]]]

(22) 反复使用了 X'- 结构，也就应用了递归。但在短语结构语法中，"the book"不能体现递归性。例如：

(23) a. the book
　　　b. [$_{NP}$[$_D$ the][$_N$ book]]

(23) 看不出某个规则或结构的反复使用。

✂ 小结

　　递归指同一规则的重复使用或同一结构的层层嵌套。根据嵌套的方向，可以将递归分成左递归、右递归与内递归三种。递归可以用 "A → ...A..." 这样的规则表达，它表示结构体中含有同类的结构体。如果某个节点（node）的女儿节点跟其同类，则为直接递归；如果某个节点的女儿节点的后代跟其同类，则为间接递归。递归也可以用 "K={α, β}"这样的规则表达，它表示句法体合并生成新的句法体，这里不强调新的句法体与生成它的句法体在范畴上是否相同。新的定义，使得递归成为语言的基本属性，每一步推导都在应用递归操作。

参考文献

Chomsky, N. 1956. Three models for the description of language. *IRE Transactions on Information Theory*, (3): 113–124.

Chomsky, N. 1957. *Syntactic Structures*. The Hague: Mouton de Gruyter.

Chomsky, N. 1995. *The Minimalist Program*. Cambridge: MIT Press.

Crystal, D. 2008. *A Dictionary of Linguistics and Phonetics* (6th ed.). Oxford: Blackwell.

Hauser, D., Chomsky, N. & Fitch, T. 2002. The faculty of language: What is it, who has it, and how did it evolve? *Science*, (298): 1569–1579.

短语　　PHRASE

人们对短语（phrase）的认识有个过程，为区别于子句（clause），短语最初不能是主谓结构（predicative construction）。Nesfield（1898：2）把短语定义为有意义但又没有完整意义的由词构成的组合体。强调没有完整意义，主要是为了区别于句子，他把句子定义为有完整意义的由词构成的组合体。Nesfield还将主谓结构排斥在短语之外，如认为短语中不能包含谓语（predicate），这主要是区别于子句。Bloomfield（1933）等将主谓结构考虑作短语，这是一次认识上的飞跃。到生成语法之后，又出现一次新的飞跃，即单个的词也能构成短语。Leech（2006）指出，句子是由一个或多个子句构成，子句是由一个或多个短语构成，短语由一个或多个词构成，词是由一个或多个语素（morpheme）构成。该概念主要用于结构描写（structural description）。

☙ 短语的定义

国外的传统语言学认为，短语是介于词与子句之间的语法单位，它既不能是词，又不能是子句（Crystal，2008）。所以，短语被定义为包含两个或两个以上的词且不具备子句所特有的主谓结构的语法单位。这个定义有两层意思：首先，短语必须是一组词；其次，短语不能是子句或者说不能具有主谓结构。例如：

（1）a. John eats artichokes
　　　b. John
　　　c. eats artichokes

（1a）为主谓结构，是子句，不是短语。（1b）是单个的词，不是一组词，不是短语。（1c）是短语，它是由两个词组成的语法单位，并且没有主谓关系。

Bloomfield（1933）认为一个自由形式全部由两个或两个以上较小的自由形式所组成，就是短语。该定义不排斥主谓结构为短语。例如：

（2）a. poor John
　　　b. John ran away
　　　c. yes, sir

其中的（2b），在传统语法中属于子句，在 Bloomfield（1933）中为短语。沿着"较小的自由形式"往下走，就是"最小的自由形式"。"最小的自由形式"，对 Bloomfield（1933）而言，就是词。所以，Hockett（1958）直接将短语定义为"两个或两个以上的词构成的形式"。根据这个定义，主谓结构可以是短语，而"the Mayor of Boston's"却不是短语，黏附形式（bound form）不是词，在短语"the Mayor of Boston"跟黏附形式"'s"组合以后，得到的只能是词，而不能是短语。汉语学者会将"老师的""北京市长的"等看作短语("的"字短语),原因是"的"在汉语中被处理为词,尽管它是黏附形式。

汉语学者不设子句这一级语法单位,而是直接将汉语短语看作介于词与句子之间的语法单位。汉语的短语不是词,又不能是句子。所以,汉语短语是包含两个或两个以上的词且无句调的语法单位。无句调,使短语区别于句子;两个或两个以上的词,使短语区别于词。例如:

(3) a. 张三吃了苹果。
b. 张三吃了苹果
c. 吃了苹果
d. 张三

(3a)是句子,不是短语。(3b)没有句调,在书面语上没有句号等,是短语。(3c)是一组词构成的具有动宾关系的语法单位,为短语。(3d)是单个的词,不是短语。

综上,短语就是两个或两个以上的词所组成的有别于句子(和子句)的语法单位。如果在短语与句子之间设子句这一层,就将主谓型的语法单位(子句)排除于短语之外;如果不设子句,就将带句调的语法单位(句子)排除于短语之外。

❸ 生成语法中的短语

在生成语法中,"短语"这个术语的用途较广,分析初始阶段的一般描写和相关的分析单位都要用到它。例如:

(4) a. S → NP + VP
b. NP → D + N
c. VP → Verb + NP
d. D → the
e. N → man, ball, etc.
f. Verb → hit, took, etc.

51

（4）是短语结构语法，（4a）是句子这一级语法单位，（4b-c）是短语这一级语法单位，（4d-f）是词这一级语法单位，没有设置子句这一级语法单位。据此，可以刻画相应的句法结构（syntactic structure）。例如：

(5) the man hit the ball

(6) [s[NP[D the][N man]][VP[Verb hit][NP [D the][N ball]]]]

（6）是（5）的结构（structure），（6）不仅含有（5）中所有的词项（lexical item），还有各词项的范畴信息，以及它们的组合（combination）及相应的组合体的范畴信息，还有其他信息，如主语（subject）、谓语等语法关系（grammatical relation），如动词（verb）与相关成分（constituent）之间的选择信息。其中的名词短语（noun phrase）与动词短语（verb phrase）也能反映 Bloomfield（1933）与 Hockett（1958）等关于短语的看法，即短语是由两个或两个以上的词构成的形式：第一个名词短语由"the"与"man"两个词构成，第二个名词短语由"the"与"ball"两个词构成，动词短语由"hit"与"the""ball"三个词构成。

需要注意的是，（4）只是英语短语结构语法的片段，这种规则系统还可以扩容与修改。例如：

(7) a. S   →   NP + VP
    b. NP   →   D + N | N
    c. VP   →   Verb + NP | Verb
    d. D   →   the
    e. N   →   man, ball, John, Mary, etc.
    f. Verb →   hit, took, laughs, sings, etc.

（7b-c）表明，短语可以由一个词构成。例如：

(8) [s [NP[N Mary]][VP[verb sings]]]

从（8）来看，"Mary"既是名词又是名词短语，"sings"既是动词又是动词短语。

这是生成语法跟结构主义（structuralism）语法的第一个不同点，

即短语可以由单个的词构成，而不必由一组词构成。早先的短语跟词组（word group）有关，所以强调短语是一组词，学者们也通常会将"phrase"译作"词组"。Leech（2006）将短语定义为"由一个或一个以上的词构成的能够组成句子的语法单位"，该定义将一个词也视为短语。

（7）中的"S"是短语结构语法的开端符号（initial symbol），可以把它看作"句子"，但如果广泛地考察英语，会发现"S"也可以是"子句"。例如：

（9）They doubt [that you will go]

（9）中"you will go"为从属子句（subordinate clause），从短语结构语法来看，它也是"S"。所以"S"这个符号，既表示句子，又表示子句。

后来，生成语法为突显结构的向心性（endocentricity），将句子与子句都改为短语形式。例如：

（10）a. S = IP
　　　b. S' = CP

（10a）是说句子是以 I 为核心（head）的 IP，（10b）是说子句是以 C 为核心的 CP。例如：

（11）a. They doubt [that you will go]
　　　b. [IP[DP they][I'[I][VP[V'[V doubt][CP[C'[C that][IP you will go]]]]]]]

这是生成语法跟其他语法的第二个不同点，即句子与子句都是短语。在句法层面，生成语法只有两级语法单位：词与短语；在结构主义语法中有三级语法单位：词、短语与句子，子句也是短语；在西方传统的语法中有四级语法单位：词、短语、子句与句子。

在生成语法中，词汇范畴（lexical category）和功能范畴（functional category）都能投射成短语。词汇范畴，包括名词（noun）、动词、形容词（adjective）和副词（adverb），所投射的词汇短语具有语义内容；功能范畴，包括标补范畴（complementizer）、屈折范畴（inflection）和限定范畴（determiner，D）等，所投射的功能短语不具有实在的语义

53

内容。词汇短语和功能短语，有动词短语、名词短语、标补短语、屈折短语、限定短语（determiner phrase，DP）等。如果某一短语只实现了核心成分，而其他成分没有实现，它就会表现为一个词。例如：

（12）a. Mary sings.
　　　b. [_IP[_NP[_N'[_N Mary]]][_I'[_I][_VP[_V'[_V sings]]]]]

（12）中的"Mary"为名词短语的核心，它没有实现其他成分，所以这个名词短语就由一个词构成；"sings"为动词短语的核心，它也没有实现其他成分，所以这个动词短语也是由一个词构成。（12）本是个句子，但在生成语法中被处理为短语，即以屈折范畴为核心的屈折短语。

生成语法跟其他语法有三点不同：第一，短语可以是一个词；第二，句子也是短语；第三，所有的短语都具有向心性。

短语可以定义为"XP → … X …"。如果除了 X，其他成分都没有实现，则短语 XP 表现为一个词；如果除了 X 之外，还实现了其他成分，则短语 XP 表现为一组词；如果没有实现显性的语音成分，则短语 XP 表现为空范畴（empty category）。在短语 XP 中，除了 X 是词之外，其他的内部成分皆为短语。例如：

（13）a. [_VP[_V 吃][_NP 一个苹果]]
　　　b. [_VP[_V 吃][_NP[_N 苹果]]]

（13a）是动词短语，"吃"是该短语的核心，为词；另一成分"一个苹果"，为短语。（13b）也是动词短语，"吃"是该短语的核心，为词；另一成分"苹果"虽表现为词，但也是短语。

○3 主要的短语类型

对"XP → … X …"而言，短语的类型依其中的 X 的类型而定，X 是名词、动词、形容词、介词（preposition），则相应的短语 XP 为名词短语、动词短语、形容词短语（adjective phrase）、介词短语（prepositional phrase）。

名词短语是以名词或代词（pronoun）为核心的短语，充当主语、宾语（object）、系词（copula）的补足语（complement）或介词的补足语等，表示时间（time）的名词短语如"last week"等还可以充当状语（adverbial）。名词短语的结构可以简单地表示为：

（14）(determiner[s]) + (modifier[s]) + head + (modifier[s])

"(.)"表示成分的可选性，理论上名词短语可以只由一个名词构成。例如：

（15）I love her/music/animals

名词短语的成分有限定词（determiner）、数词（numeral）、属格成分（genitive）/领有者（possessor）、形容词定语、关系子句（relative clause）、量词（classifier）和核心名词（governing noun）等。核心名词是被所有其他成分修饰的名词。英语中的名词短语常常包含限定词，特别是定冠词（article）(the)与不定冠词（a/an），对于单数可数名词来说，限定词是强制性的，如果没有限定词，就不合法，除非有别的手段补救。例如：

（16）a. [the] dog
　　　b. [a] dog
　　　c. [those] dogs
　　　d. [those] [three] [big] [black] dogs [that are always barking at me]
　　　e. *I saw [animal]

英语名词短语内部的定语（attribute）可以分布于核心名词的前后。为构造复杂的名词短语，可以在核心名词之前或之后添加附加语（adjunct）。单个的形容词在充当修饰语（modifier）的时候通常位于核心名词之前，介词短语、关系子句等在充当修饰语时通常位于核心名词之后。例如：

（17）a. a [hungry] child
　　　b. [Russian] [folk] music
　　　c. these [lively] [young] animals
（18）a. the music [of Beethoven]
　　　b. the music [that I love best]
　　　c. the music [of Beethoven] [that I love best]

55

动词短语（verb phrase）是包含一个或多个动词的短语，它可以只有一个主要动词（main verb），主要动词前边还可以出现一个或多个助动词（auxiliary verb），此外，也可以只出现助动词，这是被删除的动词短语（elliptical verb phrase）(Leech, 2006)。动词短语可以简单地表示为：

（19）Tense (+ modal)(+ perfect)(+ progressive)(+ passive) + V

（19）是比较古老的看法，即将短语看作词的序列（sequence）(Trask, 1996)。Chomsky (1957) 曾将（19）中的类似序列看作复杂动词，记作 Verb，如 "Verb → Aux + V"。在（19）中，有两个词项是必须出现的，一个是 Tense，一个是 V，前者提供了时制信息，后者提供了词汇内容。Tense 使得助动词和动词一样都能带上屈折词缀（inflectional affix），表达主谓的一致性与时制信息。助动词没有词汇内容，不体现句子表达的主要概念关系、状态（state）与活动（activity）等，只能表达诸如时制（tense）、时体（aspect）或情态（modality）之类的辅助信息，有些只起协助作用，如 "do"。在构句的时候，动词短语中的时制是必须出现的，它和动词融合在一起。例如：

（20）a. Tense + must: must
　　　b. Tense + have: has/have/had
　　　c. Tense + be: am/is/are/was/were
　　　d. Tense + write: write(s)/wrote

（19）中的成分可以全部出现，也可以部分出现，但要遵守相应的次序。例如：

（21）a. must have been being eaten
　　　b. Tense + must +[have -en] + [be -ing] + [be -en] + eat
　　　c. Tense + Modal + Perfect + Progressive + Passive + Verb

（22）a. must eat
　　　b. must be eaten
　　　c. must have been eaten
　　　d. must have been being eaten

动词短语可以是限定式，也可以是非限定式（nonfinite）。在限定式动词短语中，第一个动词或唯一的动词是限定动词（finite verb），后边如果还有其他动词，则都用非限定式；在非限定式动词短语中，所有的动词，不管是主要动词（main verb）还是助动词，都用非限定式，如"eaten" "to eat" "having been eaten"等。限定动词会标记时制，它会跟动词的论元（argument）在性（gender）、数、人称上保持一致，尽管不一定有显性的形态，如"I/you/we/they sing"中的"sing"与"We must leave"中的"must"都是限定动词，但无形态表现。英语中的非限定动词是光杆形式，即没有形态表现，通常出现在"Kim must ____ (that)"与"He needs to ____ (that)"的句法槽（slot）中。法语的非限定动词有一些特殊的标记，如"-er" "-ir" "-re"等。

现在的很多语法学派，都把动词的宾语、补足语及其修饰语囊括进动词短语，差不多等同于谓语（Leech，2006）。动词短语可以内嵌（embedding）在另一个动词短语之内。例如：

（23）The results [VP should [VP have [VP been [VP fed into Professor Lang's computer]]]]

"[…]"中的成分都是动词短语，其中的每个动词短语都以相应的动词为核心。

形容词短语是以形容词为核心的短语，最简单的形容词短语就是只含有一个形容词的短语，形容词短语可以通过增加修饰语而变得复杂。例如：

（24）a. The meeting was [noisy]
　　　b. The meeting was [very/too noisy]

形容词短语也可以通过在后边增加修饰语或补足语而变得更加复杂。例如：

（25）a. too poor [to feed themselves]
　　　b. too early [for breakfast]
　　　c. useful [enough]

57

d. funnier [than the last show]
　　e. colder [than I can remember]

形容词短语通常充当补足语，或为主语补足语（subject complement），或为宾语补足语（object complement）。例如：

（26）a. The meeting was [too long]
　　　b. I found the meeting [too long]

介词短语是包含介词与名词短语的短语，它可以充当名词短语的修饰语，也可以充当动词短语的修饰语。例如：

（27）a. the oldest member [of my family]
　　　b. The train will start its journey [at midnight]
　　　c. It will leave [from platform four]

❧ 小结

在传统语法中，短语是介于词与子句之间的语法单位，它不能是单个的词，也不能是主谓结构，所以通常会把短语定义为包含两个或两个以上的词且不具备子句所特有的主谓结构的语法单位。如果将短语视为词与句子之间的语法单位，则可将短语定义为包含两个或两个以上的词且无句调的语法单位。这时候，子句也是短语。生成语法采用的是规则系统，如"XP → … X…"，单个的词也可以算作短语，所以短语可定义为由一个或一个以上的词构成的能够组成句子的语法单位；如果考虑向心性，即将"XP → … X…"进行推广，则句子也是短语。短语可根据其核心的范畴命名，如名词短语、动词短语、形容词短语与介词短语等。

参考文献

Bloomfield, L. 1933. *Language*. New York: Holt.

Chomsky, N. 1957. *Syntactic Structures*. The Hague: Mouton de Gruyter.

Crystal, D. 2008. *A Dictionary of Linguistics and Phonetics* (6th ed.). Oxford: Blackwell.

Hockett, C. 1958. *A Course in Modern Linguistics*. New York: Macmillan.

Leech, G. 2006. *A Glossary of English Grammar*. Edinburgh: Edinburgh University Press.

Nesfield, J. 1898. *English Grammar: Past* and *Present*. New York: MacMillan.

Trask, R. C. 1996. *A Dictionary of Grammatical Terms in Linguistics*. London & New York: Routledge.

附加语　　ADJUNCT

附加语（adjunct）是传统语法的术语，包括定语（attribute）与状语（adverbial）等（Aarts et al., 2014）。黎锦熙（1924/2007）提到形容性附加语与副词性附加语，它们分别对应于定语与状语。生成语法中的附加语也包括定语与状语，但不完全对应于传统语法中的定语与状语。有些学者用附加语仅指状语。该概念主要用于语法关系（grammatical relation）的描写和语法行为的解释。

○ 附加语的定义

附加语是指扩展子句（clause）或短语（phrase）的词（word）、短语或子句，具有可选性，从意义来说，属于第二位，包括呼语（vocative）与修饰名词（noun）的形容词（adjective）（Aarts et al., 2014）。呼语一般处理为定语、状语之外的独立语，修饰名词的形容词一般处理为定语。这实际上是将状语、定语与呼语都处理为附加语。Crystal（2008）的附加语也包括定语与状语，是结构（construction）中可选的、属于第二位的成分（element），删除之后不会影响剩余成分的结构同一性

(structural identity), 最明显的例子是状语。例如：

(1) a. John kicked the ball [yesterday]
b. John kicked the ball.
c. *John kicked yesterday.

(1a)中的"yesterday"是附加语，可以删除，如(1b)。(1a)中的"the ball"是"kick"的论元(argument)，在英语中不能删除，如(1c)。

附加语也叫修饰语(modifier)。修饰语是可选成分，不是核心(head)的必需成分，如"great ideas"中的定语"great"与"She skillfully repaired the mechanism."中的状语"skillfully"(Brown & Miller, 2013)。Bussmann(1996)说，修饰语从句法(syntax)和语义两个方面规定或决定中心语(head)的语义，如"long book"，其中"book"是中心语，"long"是描述"book"的修饰语；句法上，由修饰语和中心语构成的成分跟中心语有着相同的形类(form class)，为向心结构(endocentric construction)。修饰语可以在中心语的前边，也可以在中心语的后面。

Luraghi & Parodi(2008)的"adjunct"只指状语。Halliday & Matthiessen(2004)的"adjunct"也只指状语，他们将附加语定义作句子(sentence)中不能充当主语(subject)的成分。Quirk et al.(1985)的"adjunct"的范围更窄，仅指动词短语(verb phrase)的状语，可译为"附加状语"。Bussmann(1996)的附加语指定语，包括冠词(article)、代词(pronoun)、关系子句(relative clause)与属性成分，他认为附加语不是语法上需要的成分。在生成语法中，附加语是指示语(specifier)、补足语(complement)与核心之外的成分，包括状语与定语等。例如：

(2) a. this beautiful expensive red scarf
b. [$_{N''}$[this][$_{N'}$[beautiful][$_{N'}$[expensive][$_{N'}$[red][$_{N}$ scarf]]]]]

(3) a. will eat a souvlaki in Athens tomorrow
b. [$_{V''}$[will][$_{V'}$[$_{V'}$[$_{V'}$[$_{V}$ eat][$_{NP}$ a souvlaki]][$_{PP}$ in Athens]][$_{Adv}$ tomorrow]]]

（2）-（3）是 van Valin（2004）基于早期的生成语法指派的两个结构，其中的"N''"对应于 NP，"V''"对应于 VP。在（2）中，"beautiful" "expensive" "red"都是附加语，但限定词"this"不是附加语。在（3）中"in Athens"与"tomorrow"都是附加语，而助动词"will"不是附加语。附加语不是由它所修饰的 NP 或 VP 所选择的，它们的范畴也不是由中心语的核心所决定的。在句法理论（syntactic theory）中，需要通过嫁接操作（adjunction）引入附加语。嫁接操作是将一个成分附在另一个成分上构成一个更大的同类的成分，所以，附加语附在成分上，不改变其身份与类型，附在 NP 上还是 NP，附加在 N' 上还是 N'，附在 VP 上还是 VP，附加在 V' 上还是 V'。这种附加（adjunction），理论上是无限的，体现规则的递归性（recursivity）。

✍ 谓词性成分的附加语：状语

状语是谓词性成分的附加语或修饰语，可以由副词短语、介词短语（prepositional phrase）、名词短语（noun phrase）与状语子句（adverbial clause）等充任，表达时间（time）、处所（locative）、方式、目的（purpose）与目标（goal）等不同语义。状语不是谓词（predicate）的论元，也不是核心，属于外围成分（periphery），为句子或子句所描述的事件或事态提供额外信息，具有可选性，删除之后不改变原有句子或子句的语义关系（semantic relation）与结构关系。例如：

（4）a. [Samantha] stroked [the kitten] (on her lap)
　　b. [The kitten] purred (with pleasure)
　　c. (On Wednesday) [Samantha] gave [the kitten] [a ball of yarn]

（4）中 [.] 部分为动词的论元，(.) 部分为状语。

Quirk et al.（1985）将状语分为附加状语（adjunct）、外加状语（disjunct）与联加状语（conjunct）等。附加状语是动词短语的修饰语，表示动词短语所指情境的状况；外加状语是句子的修饰语，评价句子中所说内容的语体或形式，或评述其内容所表达的说话人态度。附加状语作为句内成分，可以像主语、宾语（object）一样用于分裂句（cleft sentence），而外加状语不能用于分裂句。例如：

（5）Hilda helped Tony [because of his injury]
   a. It was Hilda that helped Tony because of his injury.
   b. It was Tony that Hilda helped because of his injury.
   c. It was [because of his injury] that Hilda helped Tony.

（6）a. Your son is not, [in all frankness], succeeding in his present job.
   b. *It is [in all frankness] that your son is not succeeding in his present job.

联加状语所传递的信息跟句子的命题（proposition）内容无关，主要是帮助听话人理解它跟上下文之间的关联，也能表达说话人的态度。例如：

（7）a. I started cooking late. [In addition], I wasted a lot of time looking for a pan.
   b. The food is terrible; [nonetheless] you have to attend the conference.
   c. You must read this book, [otherwise] you won't pass the exam.

联加状语，从语法关系上看是状语，从词类（word class）上看可视为副词（adverb）。Chao（1968）将类似用法的汉语词视为状语连词（adverbial conjunction），如"你来我就走"中的"就"。他认为"就"一方面修饰"走"，另一方面又连接后续子句。

在系统功能语法中，附加状语、外加状语与联加状语分别为经验附加语（experiential adjunct）、人际附加语（interpersonal adjunct）与语篇附加语（textual adjunct）。人们也用话语标记（discourse marker）或话语小品词（discourse particle）代替外加状语或联加状语。话语标记或话语小品词，可处理为独立语与状语。前者跟子句不构成整体结构，后者跟后边的子句构成状中结构。这些成分是可选的，但会经常用到，主要起社会互动（social interaction）和语篇组织（discourse organization）的作用。例如：

（8）a. [Surely] you're not inviting her?
　　b. You're not coming? [So] you've found something more interesting to do?
　　c. You suddenly have a report to write. [In other words], you can't be bothered to come and see us.
　　d. You've a reason for their decision. [Indeed], I think you're quite right.
　　e. Can we go round to Kenneth's? [Well], only for half an hour.
　　f. Are you going to invite him? [Oh], I don't think so.

（8a）指示说话人对命题的态度，（8b）起语篇关联作用，（8c）起语篇解释作用，（8d）起赞同作用，（8e）指示反预期的作用，（8f）表示不愿意赞同。

在英语中，动词的后边可以出现介词短语，其中有的介词短语充当的是补足语，有的介词短语充当的是附加语。例如：

（9）a. He will work [at the job]
　　b. He laughed [at the clown]
（10）a. He will work [at the office]
　　 b. He laughed [at ten o'clock]

（9）中的介词短语充当的是补足语，（10）中的介词短语充当的是附加语。为区别补足语与附加语，Radford（1988）提出以下测试手段。

第一，被动化测试。补足语中的 NP 可以被动化，而附加语中的 NP 不能被动化，例如：

（11）a. This job needs to be worked at by an expert.
　　 b. The clown was laughed at by everyone.

（12）a. *This office is worked at by everyone.
　　　b. *Ten o'clock was laughed at by everyone.

第二，语序测试。比起附加语，核心跟补足语更贴近。在动词与补足语中间插入附加语句子会不合法，但在补足语后边添加附加语不影响语法性（grammaticalness/grammaticality）。例如：

（13）a. *He worked [at the office] [at the job]
　　　b. *He laughed [at ten o'clock] [at the clown]
（14）a. He worked [at the job] [at the office]
　　　b. He laughed [at the clown] [at ten o'clock]

汉语的介词短语可以出现在动词的两侧，一般认为出现在前边的为状语，出现在后边的为补语。例如：

（15）a. 在芜湖住　　　　　　b. 住在芜湖

（15b）中的"在"已和动词融合（incorporation），后边可以出现"了"。例如：

（16）住在了芜湖

这里的融合是经由核心移位（head movement）造成的，核心移位的前提是核心的毗邻（adjacency）与成分统制（c-command），成分统制要求（15b）中的"在芜湖"出现在"住"的姐妹节点，为"住"的补足语。

英语的附加语可以出现在动词之后，也可以出现在动词之前，分别叫右嫁接（right-adjunction）与左嫁接（left-adjunction）。例如：

（17）a. [$_{VP}$[$_{VP}$ recede] miraculously]
　　　b. [$_{VP}$ miraculously [$_{VP}$ recede]]
（18）a. They will carefully analyze the financial situation of the company later on.
　　　b. They will later on carefully analyze the financial situation of the company.

c. They will analyze the financial situation of the company carefully later on.

（17a）中的状语在动词之后，（17b）中的状语在动词之前；（18）中有两个状语，它们有不同的句法位置。状语的位置跟语义有关。

话语指向的状语跟语用、言语行为相关，通常出现在句首，但有时也会出现在限定性助动词的前后，指示说话人的表达方式，可加"I say..."进行诠释。例如：

（19）a. Frankly, she (frankly) would (frankly) never be caught dead in an SUV.
b. Briefly, their solution (?briefly) was (*briefly) to tighten the frame and readjust the cylinder.
c. Honestly, why would (*honestly) the management try to do such a thing?

评价性状语（evaluative adverbial）与认知性状语（epistemic adverbial）都是指向说话人的状语，跟说话人的态度有关，认知性状语表达说话人对命题的真值的态度，评价性状语表达说话人对命题的评价所持的态度。一般来说，评价性状语在认知性状语之前。例如：

（20）a. Albert unfortunately has probably/obviously bought defective batteries.
b. *Albert probably/obviously has unfortunately bought defective batteries.

主语指向的状语是说话人对主语属性的评价或是对主语心智态度的描述，通常在说话人指向的状语之后、在否定词之前，如（21）；在有标记的语境中它可以在否定词之后，如（22a），（22a）可诠释为（22b）：

（21）a. The winners of the competition {cleverly, bravely, stupidly} didn't use ropes.
b. *The winners of the competition didn't {cleverly, bravely, stupidly} use ropes.

（22）a. From year to year, the winners didn't (always) {cleverly, bravely, stupidly} use ropes.

b. It is not the case that the winners always were {clever, brave, stupid} to use ropes.

很多方式状语跟句子层面的状语同形，在语序（word order）上，方式状语出现在所有句子层面的状语之后。例如：

（23）a. Karen {unfortunately/stupidly/obviously} tightly gripped the knife in her wrong hand.

b. *Karen tightly {unfortunately/stupidly/obviously} gripped the knife in her wrong hand.

方式状语可以出现在动词之前，也可以出现在动词之后；比方式状语高的其他副词性状语只能在动词之前。例如：

（24）a. Karen {unfortunately/stupidly/obviously/tightly} gripped the knife.

b. *Karen gripped the knife {unfortunately/stupidly/obviously}.

c. Karen gripped the knife tightly.

功能性状语（functional adverbial）跟时间、数量与信息结构等有关。跟时间相关的状语包括点时间状语（point-time adverbial），如"now""yesterday""on Friday""next week"等名词性短语与介词短语，相对时间状语（relative-time adverbial），如"already""still"，与时段状语（duration adverbial），如"five minutes"，只有副词性状语在动词之前。例如：

（25）a. She has bought bagels {now / previously / already / on a Friday / today}.

b. She has {now / previously / already / *on a Friday / *today} bought bagels.

跟数量相关的状语。例如：

（26）a. My brother {always/sometimes/occasionally/rarely} can resist a new video game.

　　　b. Francine {generally/habitually} buys her coffee whole-bean.

　　　c. The committee {very much / really / so} appreciates what you've done.

跟信息结构相关的状语。例如：

（27）a. <u>Only</u> members are admitted.

　　　b. They buy newspapers <u>only</u> on Sundays.

　　　c. Maggie <u>only</u> buys sushi at restaurants.

　　　d. She could have been <u>even</u> quieter than she was.

　　　e. Sam has <u>even</u> tried to find water with a dowsing rod.

汉语的"只""就"等跟信息结构相关，具有排他性，如"我只/就买了三本书"就会排斥其他物品的购买或其书本的数量，如"只/就我买了三本书"就会排斥"我"之外的人。

传统语法中的状语和生成语法中的附加语不完全重合，传统语法中的状语可以是谓词性短语的附加语，也可以是其他成分。像程度副词，在量度短语假设中就是 DegP 的核心，但在传统语法中却是状语。

⌘ 名词性成分的附加语：定语

定语是名词性成分的附加语或修饰语。Bussmann（1996）将定语定义为修饰名词性中心语的依存成分。定语在修饰名词性成分时与状语在修饰动词性成分时，具有平行性。例如：

（28）a. He probably quickly left.

　　　b. his probable quick departure

（29）a. He probably completely changed his mind.

　　　b. his probable complete change of mind

67

Bussmann（1996）将"the"等限定词处理为定语，从附加语的属性来说，可能有点问题，因为"the"不像其他的附加语那样可以删除。例如：

(30) a. The king of England opened Parliament.
　　 b. *King of England opened Parliament.
(31) a. They crowned the king of England yesterday.
　　 b. *They crowned king of England yesterday.

其次，附加语可以不断堆叠（iterate），但"the"不能堆叠。例如：

(32) a. *the this king of England
　　 b. *the our king of England

(32a)大概可以从语义上进行解释，但(32b)不能从语义上解释，因为同义的成分如果采用别种形式是可以成立的。例如：

(33) a. *a my book
　　 b. a book of mine
(34) a. *this your tie
　　 b. this tie of yours

所以，Radford（1988）认为英语禁止多重限定词是句法原因而非仅仅语义原因，他根据当时的研究将限定词处理为名词短语的指示语，现在一般将其处理为限定短语（determiner phrase）的核心。例如：

(35) a. [NP[D the][N'[king of England]]]
　　 b. [DP[D the][NP king of England]]

这两种处理都没有将英语名词短语中的限定词处理为定语。

名词短语中也有附加语与补足语之分，附加语不是核心名词的论元，而补足语是核心名词的论元。例如：

(36) a. a student of physics
　　 b. a student with long hair

"physics"是"student"的论元,"long hair"不是"student"的论元,前者为补足语,后者为附加语。在名词短语中不好用删除法测试论元与非论元。例如:

(37) a. a student of physics with long hair
b. a student with long hair
c. a student of physics
d. a student

在(37)中,附加语/非论元与补足语/论元都可以删除。为测试名词短语中的论元,人们会借助于对应的动词。例如:

(38) a. He is a student of physics.
b. He is studying physics.
(39) a. He is a student with long hair.
b. He is studying long hair.

(38a)可以诠释为(38b),但(39a)不能诠释为(39b)。此外,还有其他的一些测试。

第一,语序上,补足语比附加语更靠近核心名词。例如:

(40) a. *a student with long hair of physics
b. a student of physics with long hair

第二,堆叠上,附加语可以堆叠,补足语不可以堆叠。例如:

(41) a. a student with long hair with short arms
b. *a student of physics of chemistry

第三,并列(coordination)上,附加语可以跟附加语并列,补足语可以跟补足语并列,但附加语跟补足语不能并列。例如:

(42) a. a student of physics and of chemistry
b. a student with long hair and with short arms

（43）a. *a student of physics and with long hair
　　　b. *a student with long hair and of physics

汉语中的名词短语一般被称为定中结构，但定语内部是有差别的，如为附加语与补足语。Huang（2016）为分辨名词短语内部的附加语与补足语提出了一些测试手段，这里列举几条。

第一，语序上，补足语比附加语更靠近核心名词。

（44）a. [我们正在考虑] 的（那个）[要不要扩大招生] 的问题
　　　b. *[要不要扩大招生] 的（那个）[我们正在考虑] 的问题

第二，堆叠上，附加语可以堆叠，补足语不能堆叠。

（45）a. [他发出来的] [令人害怕的] 声音
　　　b. *[他弹钢琴的] [我拉小提琴的] 声音

第三，并列上，同类型的可以并列，不同类型的不能并列。补足语可以跟补足语并列，附加语可以跟附加语并列，但补足语跟附加语不能并列。

（46）a. [$_{NC}$ 张三弹钢琴] 跟 [$_{NC}$ 李四吹口哨] 的声音
　　　b. [$_{RC}$ 张三所发出来] 跟 [$_{RC}$ 李四所听到] 的声音
　　　c. *[$_{RC}$ 张三所听到的] 跟 [$_{NC}$ 李四吹口哨的] 声音

传统语法中的定语和生成语法中的附加语不完全重合，传统语法中的定语可以是名词性短语的附加语，也可以是名词的补足语，还可以是名词性短语的指示语和核心。像限定范畴（determiner，D），在限定短语假设（DP Hypothesis）中，就是 DP 的核心，但在传统语法中却是定语。

⌘ 小结

附加语是修饰名词性短语与谓词性短语或子句上的成分，如定语与状语，其删除通常不影响句法。定语是修饰名词性短语的成分，状语是修饰谓词性短语或子句的成分。因为它们不改变所修饰成分的身份，所以，定语也可定义为名词性短语内部的修饰语，状语也可定义为谓词性短语内部或子句内部的修饰语。生成语法的附加语是附加在短语上不改变其身份与范畴的成分，比传统语法中的定语与状语的范围要窄些。传统语法中的定语在生成语法中除了作附加语之外，还可以作句法核心、指示语与补足语；传统语法的状语在生成语法中除了作附加语之外，还可以作句法核心与补足语等。

参考文献

黎锦熙. 1924/2007. 新著国语文法. 长沙：湖南教育出版社.

Aarts, B., Chalker, S. & Weiner, E. 2014. *The Oxford Dictionary of English Grammar*. Oxford: Oxford University Press.

Brown, K. & Miller, J. 2013. *The Cambridge Dictionary of Linguistics*. Cambridge: Cambridge University Press.

Bussmann, H. 1996. *Routledge Dictionary of Language and Linguistics*. London & New York: Routledge.

Chao, Y. R. 1968. *A Grammar of Spoken Chinese*. Berkeley: University of California Press.

Crystal, D. 2008. *A Dictionary of Linguistics and Phonetics* (6th ed.). Oxford: Blackwell.

Halliday, M. & Matthiessen, C. 2004. *An Introduction to Functional Grammar*. London: Hodder Arnold.

Huang, J. 2016. The syntax and semantics of prenominals: Construction or composition? *Language and Linguistics*, (17): 431–475.

Luraghi, S. & Parodi, C. 2008. *Key Terms in Syntax and Syntactic Theory*. London: Continuum.

Quirk, R., Greenbaum, S., Leech, G. & Svartvik, J. 1985. *A Comprehensive Grammar of the English Language*. London: Longman.

Radford, A. 1988. *Transformational Grammar: A First Course*. Cambridge: Cambridge University Press.

van Valin, R. 2004. *An Introduction to Syntax*. Cambridge: Cambridge University Press.

附缀词　　　　　　　　　　　　　　　　CLITIC

附缀词（clitic）是一种"附着形式"，Luraghi & Parodi（2008）视之为词项（lexical item）或短语词缀（phrasal affix），Crystal（2008）认为它在形式上像词（word），其原因是它不能单独成为一个正常话段，而是在结构上依附于结构（construction）中相邻的词。Trask（1996）认为 clitic 介于词与词缀（affix）之间，原因跟 Crystal（2008）差不多。Crystal 与 Trask 等的词是 Bloomfield 意义上的词，即最小的自由形式。所以，clitic 可译作中性（gender）的"附着形式"或"附缀"。附着形式有两种，一是附着于词，二是附着于短语。这里的短语可以是单个词构成的短语，也可以是子句（clause）或句子（sentence）形式的短语。为区别于词缀，我们将 clitic 译为附缀词。该概念主要用来解释黏附形式（bound form）的复杂性。

✧ 附缀词的定义

附缀词是一种不带重音的词项，它依附于相邻的成分（item）构成语音单位（Luraghi & Parodi, 2008）。附缀词所依附的成分为其宿主。附缀词在短语或子句层面起作用，但在语音上依附于宿主。例如：

(1) a. I'll help.
　　b. I'd like to see you.
　　c. You've done it.
　　d. Mary'll help.
　　e. The man next door'd like to see you.
　　f. Mary and Richard've arrived.
　　g. I'm a teacher.

(1) 中助动词（auxiliary verb）的紧缩形式都被称为附缀词。在句法（syntax）上，它们跟后边的短语构成更大的短语；在语音上，它们依

72

附于前边的宿主。

Crystal（2008）等认为英语、法语等语言中的冠词（article）也可称为附缀词。英语中的冠词"the"与"a"，在通常语境中不能单独使用，如果不依附于其他形式，则不能进入正常话语，此外，它也作用于后边的短语，跟后边的短语构成更大的短语，如限定短语（determiner phrase）。

附缀词的语法身份是词，在语音上不带重音或读轻声，具有依附性。根据依附方向，附缀词可分为前附词（proclitic）和后附词（enclitic）。前附词是依附于后边宿主的附缀词，在宿主的前边；后附词是依附于前边宿主的附缀词，在宿主的后边。(1)中助动词的紧缩形式可视为后附词，"the"可视为前附词。汉语中的助词"的"，语气词"吧""呢""吗""啊"，方位词"上""下"等为后附词，助词"所"为前附词。

在现代罗曼语族中，附缀代词可以是前附词，也可以是后附词。为前附词还是后附词，取决于它们所附的动词（verb）的语气（mood）。例如：

（2）a. mi　　　　stava　　　　　　guardando.
　　　　me　　　　stay: 3SG.IMPF　　look: GER
　　　　'S/he was looking at me.'
　　　b. guardami!
　　　　look: 2SG.IMPT+me
　　　　'Look at me!'

（2）是意大利语的例子，其中的"mi"为附缀代词，在（2a）和（2b）中分别是前附词和后附词。"mi"的位置由其语音状态（phonological status）决定，与附缀词"mi"相应的重音形式"me"会出现在另一个位置。例如：

（3）stava　　　　　　　　guardando　　　me.
　　　stay:3SG.IMPF　　　look:GER　　　　me
　　　'S/he was looking at me.'

（3）也是意大利语的例子，其中的"me"有重音形式，不是附缀词。在（2a）和（2b）中，前附词和后附词是由动词的语气决定的。在罗曼语族的早期阶段，附缀词具有较高的自由度，可以放在同类型的动词形式之前或之后。在中世纪的罗曼语族中，当动词处于句内位置时，附缀词可以出现在动词之前或之后，但当动词在句首时，附缀词必须跟在动词后面（即后附词）。

意大利语的附缀代词是动词的论元（argument），处于动词短语内部，依附于动词，与动词一起构成一个成分，但并不是所有的语言都是这样的。在某些语言中，附缀词并不一定与它们在句法上所属的成分或任何特定类型的成分相关联。相反，它们总是出现在句子的特定位置，而不考虑相邻位置的成分。这就是第二位置附缀词（P2 clitic）的情况，也被称为瓦克纳格尔（Wackernagel）附缀词。如赫梯语：

（4）piran　　=ma　=at　　　=mu　ᵐᴰXXX.ᴰU-as DUMU ᵐzida
Before CONN 3SG.N/A 1SG.OBL A: NOM child Z.
maniyahhiskit
administrate: 3SG.PRET.ITER
'Before me Armadatta, the son of Zida, had administrated it.'

在（4）中，位于起始位置的单词是副词"piran（before）"，在这里起介词的作用。它是三个附缀词的宿主：转折连词"=ma"和代词"=at（it）""=mu（me）"。"=at（it）"是动词"maniyahhiskit"的直接宾语，"=mu（me）"是"piran"的宾语。"=mu（me）"以"piran"为宿主，仅仅只是因为位置。

附缀词的宿主可分为语音宿主（phonological host）和结构宿主（structural host）。语音宿主是与之构成语音单位的词或成分，而结构宿主是与之构成句法单位的成分。在（4）中，虽然"at"的结构宿主是动词"maniyahhiskit"，但它的语音宿主是副词"piran"。在意大利语的附缀代词中，结构宿主和语音宿主必须一致。在赫梯语中，附缀代词往往不需要一致性。请注意，在（4）中，连词"ma"和代词"at"拥有相同的语音宿主，即副词"piran"，但它们的结构宿主不同。附缀代词的结构宿主是动词，连词（conjunction）的结构宿主是整个句子。连词位于句子边界（boundary），所以句子不仅是它的结构宿主，而且也是它的语音宿主。

意大利语和赫梯语的附缀词都有特殊的放置规则（placement rule），但这不代表所有的附缀词情况。英语的非强调代词一般不带重音，依附在动词上。例如：

(5) I saw him.

在（5）中，如果代词"him"没有特别强调，则该词不具有独立的重音，而与动词"saw"构成语音单位。在这种情况下，"him"也可以被认为是一个附缀词，与意大利语和赫梯语相比，英语具有相似的重音代词的分布（distribution），但是没有特殊的放置规则。

罗曼语族的附缀词和瓦克纳格尔附缀词一样，在相应的重音形式词的分布上并不相同，并经历如上述例子所示的特殊放置规则。基于这个原因，这种附缀词被称为特殊附缀词。

☙ 词缀与附缀词的区别

Bloomfield将词定义为"最小的自由形式"。这有两种情形比较难判定，一是由两个自由形式构成的合成词如何处理的问题，二是自由形式跟黏附形式组合的问题。前者，Bloomfield（1933）根据可能的停顿进行判断，如"blackbird"；后者，Bloomfield（1933）一概处理为词。例如，"John's hat"中，"John's"是自由形式，而又不是由两个自由形式构成的，只能整体被处理成词；此外，诸如"the boy's""the king of England's""the man I saw yesterday's"也都只能处理成词，其中"'s"为简单形式（simple form），即语素（morpheme），因具黏附性（boundedness），为词缀。

汉语的句子可以以依附的语气词结尾，这意味着汉语的句子与"呢""吗""吧""啊"等组成的只能是词。日语情况类同，所以Bloch

（1946）在讲日语的语法时指出："如果一个形式的直接成分（immediate constituent）是以一个短语或几个词为一方，以一个不能单独作为一个停顿群的成分为另一方，那么后者是一个词。"根据这种理论，就可以将"呢""吗""吧""啊"等分析为词，"the boy's"中的"'s"也可以分析为词，因为它们附在短语上。汉语中的"着""了""过"等跟时体（aspect）相关，可以分析为词缀；像"books"中的"-s"、"worked"中的"-ed"、"taller"中的"-er"等也是词缀。Zwicky & Pullum（1983）将"-s""-ed""-er"等分析为屈折词缀（inflectional affix）。

词缀附着于词，附缀词附着于短语。Zwicky & Pullum（1983）列举了附缀词和词缀的若干区别，其中的词缀，主要是就屈折词缀而言的。

第一，附缀词对其宿主只有很低程度的选择，而词缀对其宿主有很高程度的选择（selection）。

（6）a. The person I was talking to's going to be angry with me.
　　　b. The ball you hit's just broken my dining room window.
　　　c. Any answer not entirely right's going to be marked as an error.
　　　d. The drive home tonight's been really easy.

（6）以"is"与"has"的紧缩形式"'s"为例进行说明，它可以依附于介词、动词、形容词（adjective）与副词等，这表明它对宿主的范畴（category）没有特别的选择。屈折词缀有程度很高的选择，如复数标记附于名词（noun），过去时制附于动词，比较级形态附于形容词与副词。

第二，带词缀的词比起宿主+附缀词的组合更容易有偶然的或聚合性的空缺。这主要是说屈折词缀，他们举的是动词过去分词的不规则形式，如"stride"的过去分词为"stridden"。它不是后附词缀"ed"，属偶然性空缺；而对于附缀词来说，不能空缺，因为它受句法规则支配。

第三，带词缀的词在句法形态上比起宿主+附缀词的组合更特异。这主要是说附缀词不影响宿主的句法形态，而词缀会影响宿主的句法形态，他们举的还是屈折词缀的例子，如"slept""thought""went"等。

第四，带词缀的词在意义上比起宿主 + 附缀词的组合更特异。附缀词不改变意义，词缀有可能改变。他们举的例子是"most"，说它在俚语中发展出"best"的意义，如"Frankie Avalon is the most"。

第五，带词缀的词可受句法规则的影响，而宿主 + 附缀词的组合不能受句法规则的影响。这主要是说没有任何句法规则能将助动词"'s"与"'ve"跟宿主处理为一个整体，而屈折词缀跟宿主构成整体是句法规则作用的结果。

第六，附缀词可以依附在包含附缀词的成分上，而词缀不可以依附在包含附缀的成分上。"'ve"是附缀词，"n't"为屈折词缀，两者表现不同。例如：

（7）a. I'd've done it if you'd asked me.
　　　b. *I'dn't be doing this unless I had to.

从句法的角度看，附在短语上的是附缀词，附在词上的是屈折词缀。附在短语上的附缀词跟毗邻的韵核构成黏附组（clitic group），所以附缀词的宿主可以是各种各样的范畴，即表现出程度很低的选择。据此，属格（genitive case）标记"'s"也是附缀词。例如：

（8）a. [Bill]'s taste in wallpaper is appalling.
　　　b. [The man in the hall]'s taste in wallpaper is appalling.
　　　c. [Every man I know]'s taste in wallpaper is appalling.
　　　d. [That brother-in-law of mine that I was telling you about]'s taste in wallpaper is appalling.
　　　e. Even [that attractive young man who is trying to flirt with you]'s taste in wallpaper is appalling.

英语的属格标记"'s"为限定范畴（determiner，D），具有附缀词的属性，会依附于专有名词、普通名词、动词、介词、代词等宿主上。句法上，它跟宿主不能构成句法体。例如：

（9）[$_{DP}$[who][$_{D'}$[$_D$'s][book]]]

这是Chomsky（1995）为"whose book"所指派的结构。尽管"'s"依附于"who"，两者不可以作为一个整体进行移位（movement），这就是Zwicky & Pullum（1983）所说的句法规则不能作用于附缀词及其宿主，从（9）来说，就是"whose"不是一个句法体（syntactic object）。Chomsky（1995）指出，因为"whose"根本不是句法体，所以它不能移位。汉语也是如此。例如：

（10）[_{DP}[张三][_{D'} [_D 的][书]]]

"的"既是功能范畴（functional category），又是附缀词。在句法上，它跟"书"构成句法体；在语音上，它依附于"张三"，给人的感觉是"张三"和"的"构成一个整体，但实际上不是。例如：

（11）a. 他撕了张三的书。
　　　b. 书，他撕了张三的____。
　　　c. *张三，他撕了____的书。

英语的"'s"与汉语的"的"都是后附词。熊仲儒（2008）曾指出汉语中的"的"等后附词强制性地左向依附，是因为轻声的缘故，即"轻声的功能范畴强制性地左向依附"。

赵元任对词和短语的区分很严格，他不会将单个的词视为短语，所以，赵元任（1979：354）认为"他的书"中的"的"是后缀（suffix），"他看的书"中的"的"是词，为助词。如果将词也视为短语的话，则"他的书"与"他看的书"中的"的"都是词，都是限定范畴附缀词。朱德熙（1982）将这两种"的"都视为助词。

☙ 附缀词的范畴

如果存在屈折词缀与附缀词的区分，则屈折词缀实为跟核心融合（incorporation）的功能范畴，附缀词是不跟核心融合的功能词（function word），包括介词。

屈折词缀会吸引核心［词干（stem）］向它核心移位（head

movement），并与它融合，这种操作不改变词干的基本意义，而是为词干所表达的概念提供诸如语态（voice）、时体、情态（modality）、时制（tense）、语气等方面的补充信息。英语中的复数标记"s"、过去时标记"ed"、比较级标记"er"等都可以分析为屈折词缀。复数标记，按照Borer（2005），类似于汉语中的量词（classifier），是扩展名词的功能范畴；时制范畴是公认的扩展动词的功能范畴；比较级标记，按照Corver（1997）等，是扩展形容词的功能范畴。它们都能吸引相关的核心移位。

附缀词，不激发核心移位。它左向依附，为后附词；它右向依附，为前附词。像"的"与"'s"为后附词；"the"为前附词。Muysken（2008）指出附缀词是功能词，但不是所有的功能词都是附缀词。

汉语中轻声的功能范畴或为屈折词缀，激发相应的核心移位，如"着""了""过""得"等；或为附缀词，强制性地激发短语移位，如语气词"吗""呢""吧""了"，结构助词"的"，方位词"上""下""里"等。轻声的功能范畴都强制性地左向依附；非轻声的功能范畴可以左向依附，也可以右向依附（熊仲儒，2008）。

附缀词也可以发生句法移位。例如：

(12) Mario lo= vuole leggere.
　　　Mario it wants to.read
　　　'Mario wants to read it'

(12) 是意大利语中的附缀词攀爬（clitic climbing）现象，这种现象可以有各种分析，其中有一种，就是移位。例如：

(13) Mario lo$_1$= vuole leggere t_1

汉语中也有类似的现象，如"所写的文章"中的"所"（熊仲儒、郭立萍，2016）。其简单图示如下：

(14) a. 所写
　　　b. [$_{CliP}$[所 $_1$][$_{Cli'}$ [$_{Cli}$][…[$_{vP}$[$_v$ 写]][t_1]]]]]

（14）中的"所"为限定范畴，做"写"的宾语，像（12-13）中的"lo"一样前移。"所"具有依附性，依附于右向的"写"，为前附词。Chomsky（1995：148）曾假定法语中充当宾语的附缀词短语移到 AgrP 的指示语位置。现在 Agr 系统已经取消，所以我们假定一功能范畴 Cli，如附缀范畴。

介词也是附缀词。Hayes（1989）认为有描写内容的词构成韵核，没有描写内容的词依附于韵核。介词是没有描写内容的词，所以它只能依附于韵核。例如：

（15）a. [s[NP he] [VP [V' kept it] [PP in a large jar]]]
　　　b. [C he kept it] [C in a large] [C jar]

"kept" "large"与"jar"是有描写内容的词，为韵核。"it" "in"与"a"是介于韵核 kept 与 large 之间的附缀词，它们不同的依附方向就是由"共享范畴成员资格的数目限制"规定的。从（15a）可知，"it"与"kept"比"it"与"large"多受一个 V' 支配（dominance），即"it"与"kept"共享的范畴成员资格数目多，所以"it"左向依附于"kept"，如（15b）。"in"与"large"比"in"与"kept"多受一个 PP 支配，所以"in"右向依附于"large"；同样，"a"也只能右向依附于"large"，如(15b)。所以，附缀词是各种功能词，或者说介词与功能范畴。需要注意的是，依附是语音行为，如果通过核心移位跟另一核心融合，就不是依附了。"跑到（南京）"中的"到"，虽是介词，但它已与"跑"融合，这时候它就不是附缀词了。除了介词可以与动词融合之外，动词形容词也可以与动词融合，如"吃饱了"中的"饱"，它也跟"吃"融合，但不是附缀词。

✆ 小结

附缀词是一种不带重音的词项，它依附于相邻的成分构成语音单位，通常是功能词，包括各种功能范畴与介词。所依附的成分为它的宿主，附缀词对宿主的范畴没有特别的要求。宿主中包含韵核，韵核是单个实义词（content word），韵核的后边或前边可以依附多个附缀词。附缀词，是词，而非词缀。词缀是词内成分，它可能是通过词法规则进入词内，也可能是通过句法规则进入词内，后者也是功能词。附缀词不是词内成分，它或是以短语为补足语（complement）的功能词，或是以词的身份充当短语的功能词。作为核心，如果它强制性左向依附，就会激发其补足语或补足语的一部分移到它的指示语位置；作为短语，或在原位依附，或发生附缀词攀爬现象。附缀词可根据依附的方向分为前附词与后附词。

参考文献

熊仲儒. 2008. 语音结构与名词短语内部功能范畴的句法位置. 中国语文,（6）: 523–534.

熊仲儒, 郭立萍. 2016. 所字短语的句法分析. 语言科学,（5）: 474–487.

赵元任. 1979. 汉语口语语法. 吕叔湘译. 北京: 商务印书馆.

朱德熙. 1982. 语法讲义. 北京: 商务印书馆.

Bloch, B. 1946. Studies in Japanese II: Syntax. *Language,* (22): 200–248.

Bloomfield, L. 1933. *Language.* New York: Holt.

Borer, H. 2005. *Structuring Sense: Vol. 1. In Name Only.* Oxford: Oxford University Press.

Chomsky, N. 1995. *The Minimalist Program.* Cambridge: MIT Press.

Corver, N. 1997. Much-support as a last resort. *Linguistic Inquiry,* (28): 119–164.

Crystal, D. 2008. *A Dictionary of Linguistics and Phonetics* (6th ed.). Oxford: Blackwell.

Hayes, B. 1989. The prosodic hierarchy in meter. In P. Kiparsky & G. Youmans (Eds.), *Rhythm and Meter.* Orlando: Academic Press, 201–260.

Luraghi, S. & Parodi, C. 2008. *Key Terms in Syntax and Syntactic Theory.* London: Continuum.

Muysken, P. 2008. *Functional Categories*. Cambridge: Cambridge University Press.

Trask, R. L. 1996. *A Dictionary of Grammatical Terms in Linguistics*. London & New York: Routledge.

Zwicky, A. & Pullum, K. 1983. Cliticization vs. inflection: English n't. *Language*, (59): 502–513.

格　　　　　　　　　　　　　　　　　　　　　　　　　　CASE

　　格（case）标记主语（subject）、宾语（object）等语法关系（grammatical relation），跟句法（syntax）直接相关。主要的格有主格（nominative case）与受格（accusative case）、作格（ergative case）与通格（absolutive case），受格也叫宾格（objective case）。"作"与"受"在汉语中语义上相对，如自"作"自"受"，所以 ergative case 与 accusative case 分别译为"作格"与"受格"，带作格标记的短语不全是动词的施事（agent）。语言类型学与生成语法都重视格，生成语法更将格定为抽象格（abstract Case），这意味着没有形态的语言也可以从格的角度进行研究。该概念主要用于语法关系的确定，也可用来解释名词性成分（constituent）的句法分布。

☙ 格的定义

　　格是标记主语、宾语等语法功能（grammatical function）的语法范畴。常见的格有主格与受格、作格与通格等。在主格–受格语言（nominative-accusative language）中，主格是标记及物动词的主语与不及物动词的主语的语法范畴，受格是标记及物动词的宾语的语法范畴。英语只有代词（pronoun）有格形式。例如：

（1）a. She/*her loves apples.
　　 b. John saw her/*she.

（2）a. We/*us don't grow that kind of apple.
　　 b. John saw us/*we.

（1）中的"she"是主格形式，"her"是受格形式，前者可以出现于主语位置，后者可以出现于宾语位置。（2）中的"we"是主格形式，"us"是受格形式，前者可以出现于主语位置，后者可以出现于宾语位置。英语名词性成分没有格形式。例如：

（3）a. My cousin kissed his little girl.
　　 b. His little girl kissed my cousin.

"my cousin"可以出现于（3a）中的主语位置，也可以出现于（3b）中的宾语位置，形式没有变化。"his little girl"也是这样。

汉语缺乏格标记（case marker），所以，代词与名词性成分在主语位置上或宾语位置上都无形式区分。例如：

（4）a. 他喜欢邻村的姑娘。
　　 b. 邻村的姑娘喜欢他。

（5）a. 那个小伙子喜欢邻村的姑娘。
　　 b. 邻村的姑娘喜欢那个小伙子。

在（4）中，"他"不管作主语还是作宾语，都没有形态上的标记。在（4）-（5）中，"邻村的姑娘"不管作主语还是作宾语，也都没有任何形态上的标记。

土耳其语、拉丁语、德语、芬兰语、俄语、波兰语等语言格标记比较丰富。以下是拉丁语的例子，不及物动词与及物动词的主语都有主格标记，及物动词的宾语有受格标记。例如：

（6）　Puella　　　　　　　　veni-t.
　　　 girl. NOM　　　　　　come-PRS.3SG
　　　 'The girl_(S) comes.'

（7）a. Puella　　　　　　puer-um　　　　audi-t.
　　　　girl. NOM　　　　boy-ACC　　　　hear- PRS.3SG
　　　　'The girl(A) hears the boy(O).'
　　　b. Puer-um　　　　　puella　　　　　audi-t.
　　　　boy-ACC　　　　　girl. NOM　　　hear-PRS.3SG
　　　　'The girl(A) hears the boy(O).'

（6）中的"puella"是主格，充当不及物动词的主语。（7）中的"puella"也是主格，充当及物动词的主语，"puer-um"是受格，充当及物动词的宾语。拉丁语因为格标记丰富，主语带主格标记，宾语带受格标记，这使得拉丁语的语序（word order）相对灵活，如（7a）中的主语出现在宾语之前，（7b）中的主语出现在宾语之后。

（8）a. Der　　　　　Hund　　　sah　　　den　　　　　Vogel.
　　　　the. NOM　　dog　　　　saw　　　the. ACC　　　bird
　　　　'The dog saw the bird.'
　　　b. Den　　　　Vogel　　　sah　　　der　　　　　Hund.
　　　　the. ACC　　bird　　　　saw　　　the. NOM　　　dog
　　　　'The dog saw the bird.'

（8）是德语的例子，主语与宾语都有格标记，语序也比较灵活，（8a）中的主语在动词之前，（8b）中的主语在动词之后。

　　　格标记的是整个名词性短语的语法功能。在有格标记的语言中，格通常表现在名词（noun）、代词、形容词（adjective）与限定词（determiner, D）上。拉丁语的格形式通常出现在名词短语（noun phrase）中的名词与形容词上，德语的格形式通常出现在名词短语中的限定词与形容词上。例如：

（9）a. reks　　　　　　gladi-um　　　　point.
　　　　king. NOM　　　sword-ACC　　　put-down
　　　　'The king put down the sword.'
　　　b. reks　　　　　　magn-um　　　　gladi-um　　　　point.
　　　　king. NOM　　　big-ACC　　　　sword-ACC　　　put-down
　　　　'The king put down the big sword.'

（9）是拉丁语的例子，（9a）中的宾语"gladi-um"带受格后缀，（9b）中修饰"gladi-um"的形容词"magn-um"也带受格后缀。

(10) a. Der   gross-e   Hund   knurrte.
       the. NOM   big-NOM   dog   growled
       'The big dog growled.'
    b. Der   gross-e   Hund   biss
       the. NOM   big-NOM   dog   bit
       den   klein-en   Mann
       the. ACC   small-ACC   man
       'The big dog bit the small man.'

（10）是德语的例子，限定词与形容词都有格形式。

作格是作格–通格语言（ergative-absolutive larguage）中标记及物动词主语的语法范畴，通常有显性的格标记；通格是作格–通格语言中标记不及物动词主语与及物动词宾语的语法范畴，通常没有格标记（Dixon，1994）。例如：

(11) a. ŋuma   banaga-n^{y}u.
       Father+ABS   return-NONFUT
       'Father$_{(S)}$ returned.'
    b. ŋuma   yabu-ŋgu   bura-n.
       father + ABS   mother-ERG   see-NONFUT
       'mother$_{(A)}$ saw father$_{(O)}$.'

（11）是迪尔巴尔语（Dyirbal）。（11a）中的"ŋuma"是通格，充当不及物动词的主语。（11b）中的"ŋuma"是通格，充当及物动词的宾语，"yabu-ŋgu"是作格，充当及物动词的主语。

除了主格、受格与作格、通格之外，还有属格（genitive case）、与格（dative case）、离格（ablative case）、处所格（locative case）、工具格（instrumental case）与呼格（vocative case）等。主格、受格与作格、通格为直接格（direct case），所有其他的格都为旁格（oblique case）。

○ 类型学中的格对齐

"对齐"（alignment）是类型学的术语，指不及物动词的主语、及物动词的主语和及物动词的宾语的格标记方式。对齐的类型有受格对齐（accusative alignment）、作格对齐（ergative alignment）与动态对齐。这三类对齐可如下表示（Dixon，1994）：

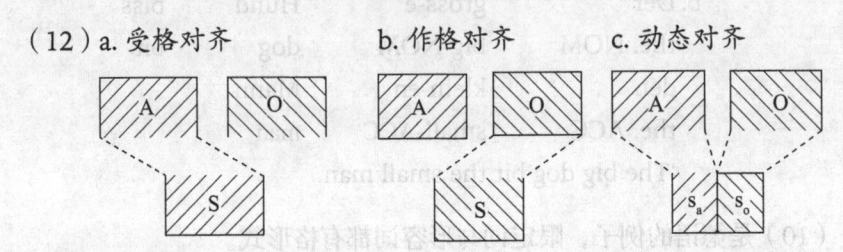

（12）a. 受格对齐　　　　b. 作格对齐　　　　c. 动态对齐

在（12a）中，A 与 S 对齐，这是主格－受格语言的编码模式；在（12b）中，O 与 S 对齐，这是作格－通格语言的编码模式；在（12c）中，A 与 S_a 对齐，O 与 S_o 对齐。其中的 A、S、O 分别是及物动词的主语、不及物动词的主语、及物动词的宾语。

第一种类型的对齐是受格对齐，即在主格－受格语言中，及物动词的主语和不及物动词的主语采用的是主格，而及物动词的直接宾语（direct object）采用的是受格，如英语，请参见（1）-（3）。第二种类型的对齐是作格对齐（ergative alignment），即在作格－通格语言中，不及物动词的主语和及物动词的宾语采用的是通格，而及物动词的主语采用的是作格，如迪尔巴尔语，请参见（11）。作格标记的是及物动词的主语，主语可以由各种语义角色（semantic role）充当，所以作格所对应的语义角色也可以多种多样，而不限于施事。例如：

（13）a. pit'íi-nm　　　　pee-cicéqe-ce　　　　　　titwatíi-ne.
　　　　girl-ERG　　　　3/3-be.interested-IMPF　　story-OBJ
　　　'The girl is interested in the story.'

　　　b. púu-ye-sitk-en'-ye　　　　　　　　　wéeyux　hopóop-nim.
　　　　3/3-quickly-entangle-APPL: AFF-PERF　leg　　　moss-ERG
　　　'The moss entangled her legs.'

```
    c. hahatyan-óo-sa                    'icewe'íis-nim       háatya-nm.
       be.windy-APPL: AFF-IMPF           cold-ERG             wind-ERG
       'Cold wind is blowing towards me.'
    d. piswée-m                 'iníi-ne              pee-tqilikéece-ye.
       rock-ERG                 house-OBJ             3/3-fall.on-PERF
       'A rock fell on the house.'
```

（13）是 Deal（2010）的语料，他用这些语料试图说明作格不是施事的格。在（13a）中，"pit'íi-nm" 为感事（experiencer）；在（13b）中，"hopóop-nim" 是非施事性致事（non-agentive causer）；在（13c）中，"'icewe'íis-nim háatya-nm" 是自然力（natural force）；在（13d）中，"piswée-m" 是受事（patient）。它们语义角色虽然不同，但都是作格。

第三种类型的对齐是动态对齐或动静态对齐（active-stative alignment）。动态对齐是指某些不及物动词的主语跟及物动词的主语在格上相同，而另一些不及物动词的主语跟及物动词的宾语在格上相同。动态对齐表现的是不及物动词的分裂现象（split-intransitivity），跟动词的语义有关，也跟主语的自主力或控制力的程度有关，即主语对动词的动作有多大控制力，有多少自主力。不及物动词的不同意义，会导致其主语有不同的句法行为。动态对齐现象，可被称为不及物动词的分裂现象。像 "run" "swim" "retire" "resign" 等自主动词，其主语在语义上通常是施事，对动作有控制，对行为有意愿。像 "blush" "vomit" "fall" "die" 等非自主动词，其主语在语义上通常是动作的承受者而不是启动者，对动作没有控制力。不过需要注意的是，同样意义的词在不同的语言中有不同的表现，如 "sneeze" 在有些语言中是自主动词，如拉科塔语（Lakhota）；在有些语言中则是非自主动词，如波莫语（Pomo）。

巴西的哇乌拉语（Waurá）有动态对齐模式，其及物性子句的基本语序（basic word order）是 "A+V+O"。动词有一个代词前缀跟其主语同指，例如：

（14）yanumaka   inuka   p-itsupalu.
　　　jaguar   3SG:kill   2SG.POSS-daughter
　　　'The jaguar killed your daughter.'

哇乌拉语有两类不及物动词，一类不及物动词的主语跟及物动词的主语一样，也是位于动词前面，动词也带有跟主语同指（coreference）的代词前缀，如（15）；另一类不及物动词的主语跟及物动词的宾语一样，位于动词后面，动词没带跟主语同指的代词前缀，如（16）。

（15）wekihi   katumala –pai.
　　　owner   3SG:work –ST
　　　'The owner worked.'
（16）usitya   ikísii.
　　　catch.fire   thatch
　　　'The thatch caught fire.'

（15）中的不及物动词的主语与（14）中及物动词的主语属于同一类，都在动词之前，动词都带有跟主语同指的代词前缀。（16）中的不及物动词的主语跟（14）中及物动词的宾语属于同一类，都在动词之后，动词都没带跟主语同指的代词前缀。（15）中的动词可视为非作格动词（unergative verb），（16）中的动词可视为非受格动词（unaccusative verb）。

␃ 生成语法中的格理论

　　管辖与约束理论（Government and Binding Theory）中处理抽象格的理论模块，其核心内容是向有语音形式的名词性成分指派格。它包括抽象格、格过滤限制（Case filter）和可见性限制（visibility condition）。在管辖与约束理论中，抽象格是普遍语法的一部分。所有语言，包括那些没有形态格标记的语言，如汉语、英语或爱尔兰语，都被认为具有抽象格。抽象格有两种：结构格和固有格。格过滤限制是说"每个有语音形式的名词性短语都必须有格"，有语音形式的名词性短语若无格，则所在句子不合语法（Chomsky，1981：49）。

核心概念篇

动词向其名词性补足语（complement）指派受格，介词（preposition）向其名词性补足语指派旁格，限定性的屈折范畴向句子的主语指派主格。格可以有形态标记，也可以没有形态标记。能指派格的成分必须管辖被赋予格的成分。结构格的指派（assignment）不考虑题元关系（thematic relation）。例如：

（17）a. He hit the ball.
b. [IP[he][I'[I][VP[V hit][DP the ball]]]]

（17）中的"the ball"由动词"hit"指派受格，"he"由屈折范畴 I 指派主格。

（18）a. *it seems [Susan to be here]
b. *I am proud [Bill to be here]
（19）a. it seems [that Susan is here]
b. I am proud [that Bill is here]

在（18）中，从属子句中的 I 是非限定性的屈折范畴，不能指派主格，所以"Susan"与"Bill"在从属子句中得不到格，这导致句子不合法。在（19）中，从属子句中的 I 是限定性的屈折范畴，能够指派格，所以"Susan"与"Bill"在从属子句中可以得到格，句子合法。

（20）a. Susan seems [t to be here]
b. I am proud [PRO to be here]

在（20a）中，从属子句中的 I 是非限定的屈折范畴，不能指派格，所以"Susan"只能移位到主句的主语位置；在主句的主语位置，它得到主句的限定性屈折范畴 I 所指派的格。在（20b）中，从属子句中的 I 是非限定的屈折范畴，不能指派格，只能填入无语音形式的 PRO。

固有格的指派要考虑题元关系，指派固有格成分一要管辖名词性成分，二要能给该名词性成分指派题元角色。名词和形容词虽然不能指派结构格，但可以指派固有格，英语中"of"可以视为固有格的形态句法标记。

89

（21）a. *I am proud my students.
　　　b. I am proud of my students.
（22）a. *John's criticism the theory
　　　b. John's criticism of the theory

（21）中的"proud"是形容词，"my students"是其内部论元（internal argument），它不能为内部论元指派结构格；（22）中的"criticism"是名词，"the theory"是其内部论元，它也不能为内部论元指派结构格。在（21）-（22）中，"proud"与"criticism"可以分别为"my students"与"the theory"指派固有格，"of"是固有格的标记。

（23）a. *my proof *John* to be here
　　　b. *my proof of *John* to be here

在（23）中，"proof"的论元是"John to be here"，而非"John"，所以，"proof"不能为"John"指派题元，也就不能为"John"指派固有格。即使插入"of"，短语也不能合法。

　　格过滤限制可以排除任何没有指派抽象格的名词性短语，但是它不能解释名词性短语为什么需要格。可见性限制（visibility condition）就是来回答名词性短语为什么需要格，它将格标记和题元标记关联起来，即一个句法成分必须被格标记，才能被题元标记。用 Chomsky（1995）的话说，就是"一个语链（chain），如果它包含格位置，则对题元标记而言是可见的"。谓词（predicate）只能向可见的名词性成分指派题元角色，名词性成分为了可见（visible），就必须被指派抽象格。可见性限制也适用于逻辑形式（logical form, LF）层。例如：

（24）He hit the ball.

在"the ball"与"he"获得抽象格之后，分配给"the ball"的受事角色与"he"的施事角色在 LF 层才可见。

（25）a. I met the man [OP$_i$ that Mary believed t_i to be a genius]
　　　b. *I met the man [OP$_i$ that it was believed t_i to be a genius]

(25)中的 OP 为空算子。它虽然没有语音形式,但也是名词性短语。(25a)中的 OP 可以获得"believe"所指派的例外格(exceptional Case),所以它的题元角色可见,符合可见性限制;(25b)中的"believe"被动化了,不能为 OP 指派例外格,OP 得不到格,所以它的题元角色不可见,违反了可见性限制。

(26) a. [it is rare [PRO$_i$ to be elected t_i in these circumstances]]
  b. *[it is rare [PRO$_i$ to seem to t_i that the problems are insoluble]]

(26)中 PRO 为大代语也是名词性短语,也需要格,Chomsky(1995)假设它获得的是空格(null Case),空格跟主格、受格相同,都是结构格。(26a)中的 PRO 可以获得非限定性屈折范畴 I 所指派的空格,符合可见性限制;(26b)的 PRO 来源于"to"的补足语位置,可由"to"指派结构格,如"旁格",但不是空格,这是格冲突,PRO 要空格,而介词"to"不能指派空格。

  目前,在生成语法中,跟格相关的理论化为"一致操作"(agree),即由有完整 phi 特征集的 T 与 v 分别为名词性短语的格特征定为主格与受格。对于作格 - 通格系统,大多学者建议让 T 指派通格,让 v 向外部论元(external argument)指派作格,作格为固有格,因为外部论元的题元角色也由 v 指派;对于不及物动词,不管它有没有外部论元,都由 T 指派通格(Baker & Bobaljik, 2017)。这样处理的缘故在于:通格类似于主格,如果主格由 T 指派,则通格也应由 T 指派,为避免外部论元进行干涉,故让其获得固有格,请参见(11)。Baker(2014)不认为作格为固有格,他提出依存格理论(dependent case theory),即如果同一层阶(phase)有两个论元(argument),其中 NP$_1$ 成分统制(c-command)NP$_2$,除非 NP$_2$ 已标记有格,否则为 NP$_1$ 标记为作格。

☾ 小结

  格是标记主语、宾语等语法功能的语法范畴,跟管辖相关,管辖是一种要求,如动词要求主语取主格,宾语取宾格/受格。在主格 - 受格语言中，及物动词的外部论元（A）与不及物动词的唯一论元（S）获得主格，及物动词的内部论元（O）获得受格；在作格–通格语言中，及物动词的内部论元（O）与不及物动词的唯一论元（S）获得通格，及物动词的外部论元（A）获得作格。有些语言体现出动态对齐模式。格在生成语法中也很重要，它决定名词性短语的分布（distribution），核心内容包括抽象格、格过滤限制和可见性限制等。目前生成语法采用一致操作对格特征进行定值和删除（deletion）。

参考文献

Baker, M. 2014. On dependent ergative case (in Shipibo) and its derivation by phase. *Linguistic Inquiry*, (45): 341–379.

Baker, M. & Bobaljik, J. 2017. On inherent and dependent theories of ergative case. In J. Coon, D. Massam & L. Travis (Eds.), *The Oxford Handbook of Ergativity*. Oxford: Oxford University Press, 111–134.

Chomsky, N. 1981. *Lectures on Government and Binding*. Dordrecht: Foris.

Chomsky, N. 1995. *The Minimalist Program*. Cambridge: MIT Press.

Deal, R. 2010. Ergative case and the transitive subject: A view from Nez Perce. *Natural Language and Linguistic Theory*, (28): 73–120.

Dixon, R. M. W. 1994. *Ergativity*. Cambridge: Cambridge University Press.

功能范畴　　FUNCTIONAL CATEGORY

功能范畴（functional category）大体对应于功能词（function word）或语法词（grammatical word），缺乏具体的词汇内容，但带有跟语法相关的信息，像冠词"the"与"a"跟有定性（definiteness）相关，像"to"与时制词缀"-ed""-s"跟限定性（finite）相关。像介词

(preposition),虽然也没有词汇内容,但在生成语法中却属于词汇范畴(lexical category),而非功能范畴。该概念主要用来解释不同语言的差异和特定语言内部的句法语义属性。

○3 功能范畴的定义

功能范畴是扩展词汇范畴的范畴。在生成语法的早期,像限定范畴(determiner)与助动词(auxiliary verb)等功能范畴作用有限,Jackendoff(1977: 32)称之为次要范畴(minor category),但自20世纪80年代中后期之后,学界愈发重视功能范畴,其作用甚至盖过了词汇范畴。例如:

(1) [$_{CP}$[C][$_{IP}$[I][$_{VP}$[V]]]]

(1)中C与I为功能范畴,分别为标补范畴(complementizer)与屈折范畴;V为词汇范畴,即动词(verb)。Stowell(1981)曾用如下材料证明C和I为句法核心。例如:

(2) a. The children believe that/*whether it will snow.
　　 b. The children prefer for it to snow.
　　 c. The children wonder whether/*that it will snow.

生成语法假定选择性具有局域性(locality),动词选择非疑问子句作补足语(complement),实际上就是要求其补足语的核心(head)具有非疑问特征;动词选择疑问子句作补足语,实际上就是要求其补足语的核心具有疑问特征。"that""for"是非疑问特征的C,符合"believe""prefer"的要求;"whether""if"是疑问特征的C,符合"wonder"的选择性要求。选择(selection)的局域性能证明C是核心。类似的例子也能证明I是核心,C选择限定子句(finite clause)作补足语,实际上就是要求其补足语的核心具有限定性;C选择非限定子句作补足语,实际上就是要求其补足语的核心具有非限定性。"will"具有限定性,符合"that""whether"的选择性要求;"to"具有非限定性,符合"for"的选择性要求。现在一般将"whether"看作C的指示语。

Abney（1987）发现 D 跟 C 或 V 一样，也是选择者（selector）。D 是限定范畴。动词可以强制性选择补足语，也可以可选性选择补足语，限定范畴也是如此。例如：

（3）a. The children wore *(costumes).
　　　b. The children sang (a song).
（4）a. The *(child) was tired.
　　　b. That (song) amused the children.

限定范畴充当核心的进一步证据是核心移位（head movement），核心能够移进选择它的核心中。例如：

（5）a. a (clever) man (*clever)
　　　b. a (good) person (*good)
　　　c. someone clever
　　　d. everything good

（5 a–b）中的形容词（adjective）只能在名词（noun）之前，而（5 c–d）中的形容词只能出现在短语（phrase）的后边。Abney（1987）假定 D 为核心，以 NP 为补足语，然后 NP 的核心可移位到 D，使得本来在前的形容词出现在结构（structure）的后边。例如：

（6）a. [$_{DP}$[$_{D'}$[$_D$ some][$_{NP}$[$_{AP}$ clever][$_{NP}$[$_{N'}$[$_N$ one]]]]]]
　　　b. [$_{DP}$[$_{D'}$[$_D$ some -one][$_{NP}$[$_{AP}$ clever][$_{NP}$[$_{N'}$[$_N$ ~~one~~]]]]]]

Abney（1987）基于 20 世纪 80 年代对 C、I 的认识，对功能范畴的特征作了如下总结：

（7）a. 是封闭的类。
　　　b. 只选择一个补足语，如 C 选择 IP，I 选择 VP，D 选择 NP。
　　　c. 通常不能跟其补足语分离。
　　　d. 在语音或形态上具有依存性，或为词缀（affix），或为附缀词，甚至为零成分。
　　　e. 缺乏描写性内容，通常通过语法或关系特征对其补足语的解释作贡献。

（7b）与（7d）等对后来的轻动词（light verb）不适用。轻动词可以选择指示语（specifier），甚至可以是独立的词项（lexical item）。

Grimshaw（2000）引进扩展投射（extended projection），如 V 被 I 扩展，I 被 C 扩展，N 被 D 扩展等，扩展投射共享范畴特征（categorial feature）。例如：

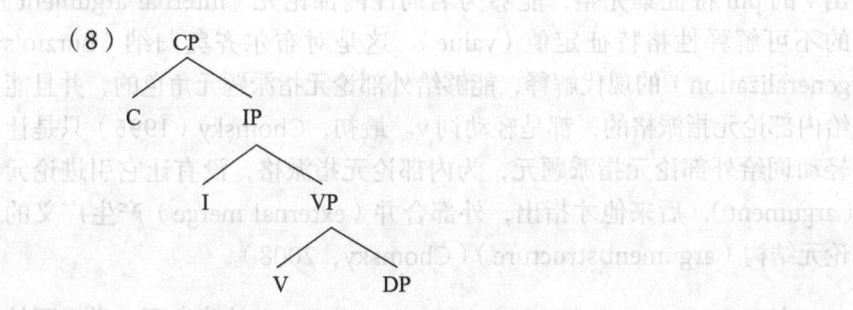

（8）
```
        CP
       /  \
      C    IP
          /  \
         I    VP
             /  \
            V    DP
```

V、I 与 C 共享的范畴特征是 V 的特征，如 [verbal]，V 的 F 值为 0，如 {F0}，所以 V 的范畴特征可记为 [verbal]{F0}；I 直接扩展 V，其 F 值为 1，如 {F1}，所以 I 的范畴特征可记为 [verbal]{F1}；C 直接扩展 I，其 F 值为 2，如 {F2}，所以 C 的范畴特征可记为 [verbal]{F2}。F0，实际上就是说它是词汇范畴，Fn 中的 n 大于等于 1，就是功能范畴。所以，熊仲儒（2004）将功能范畴定义为扩展词汇范畴的范畴（category）。I、C 属于句子层面的功能范畴。

❸ 动词短语中的功能范畴

Chomsky（1995）为动词设置了一个扩展它的轻动词。这个轻动词的设立，一方面是为满足合并（merge）的双分枝要求而必须设立的，因为双宾结构中有两个宾语（object），要化为双分枝结构（binary-branching）并保持两个宾语间的不对称性，就需要像 Larson（1988）那样设置 V-VP 结构；另一方面，为了剥离没有语义贡献的一致范畴 Agr，也必须引进一个能够取代 Agr 并有语义的成分。Chomsky 选择了轻动词，双宾结构自动改为 v-VP 结构，v 取代了 Agr_0 的宾格（objective case）核查（checking）功能，v 在语义上能够为外部论元（external argument）指派施事（agent）或致事角色。在这种理论的驱动下，单宾结构中也需要引进轻动词：

（9）… [$_{vP}$[EA][$_{v'}$[v][$_{VP}$[V][IA]]]]

EA 表示外部论元，IA 表示内部论元。Chomsky（2000，2001）指出 v 的 phi 特征集完整，能够为名词性内部论元（internal argument）的不可解释性格特征定值（value）。这是对布尔齐奥归纳（Burzio's generalization）的现代解释，能够给外部论元指派题元角色的，并且能给内部论元指派格的，都是轻动词 v。最初，Chomsky（1995）只是让轻动词给外部论元指派题元，为内部论元指派格，没有让它引进论元（argument），后来他才指出，外部合并（external merge）产生广义的论元结构（argument structure）（Chomsky，2008）。

在 Hale & Keyser（1993）与 Kratzer（1996）的启发下，学界开始从功能范畴（轻动词）的角度探讨论元的引进。Kratzer 认可外部论元不是动词的真正论元的说法，所以她让 Voice 引进外部论元。Pylkkänen（2008）在 Kratzer（1996）的基础上进一步提出 Appl，让它引进非真正的内部论元，即常说的非核心论元（non-core argument）。例如：

（10）a. The ice melted.
　　　b. John melted the ice.
　　　c. John melted me some ice.

（10）中 "John" 是外部论元，"the ice" 是内部论元，"me" 是非核心论元。内部论元由动词选择，外部论元由 Voice 引进，非核心论元由 Appl 引进。例如：

（11）…[$_{VoiceP}$[John][$_{Voice'}$[Voice][$_{ApplP}$[me][$_{Appl'}$[Appl][$_{VP}$[melt][some ice]]]]]]

有些学者基于事件情状（situation）设置功能范畴，如 Ramchand（2008）为动词设置了 init、proc 与 res 三种功能范畴。例如：

核心概念篇

（12）a. Ariel painted the house red.
　　b. [$_{initP}$ [Ariel] [$_{init'}$ [$_{init}$paint] [$_{procP}$[the house] [$_{proc'}$[$_{Proc}$<paint>] [$_{resP}$[<the house>][$_{res'}$[$_{res}$ φ$_π$] [$_{AP}$ red]]]]]]]

在（12）中，所有的论元都是由功能范畴所引进。熊仲儒（2004）提出"功能范畴假设"，该假设也认为所有的论元都由功能范畴引进，包括内部论元。例如：

（13）a. 张三把衣服洗干净了。
　　b. [$_{CausP}$[张三] [$_{Caus'}$ [$_{Caus}$ 把] [$_{BecP}$[衣服$_1$] [$_{Bec'}$ [$_{Bec}$] [$_{VP}$[$_{aP}$ Pro$_1$ 干净] [$_V$ 洗]]]]]]

在（13）中，"张三"由 Caus 引进，"衣服"与"Pro 干净"由 Bec 引进。Caus 与 Bec，可称为致使范畴与达成范畴。

　　之所以要引进功能范畴考察论元结构，是因为同一词项可以进入不同的构式（construction），而构式在生成语法的原则与参数语法中又不能作为独立存在的理论构件。所以学者们采用功能范畴研究论元结构，因为它依赖于 v-VP 构型，所以也称为构式论（constructionist approach），以别于早先的投射论（projectionist approach）。投射论是假定动词、名词、形容词等谓词（predicate）在词库（lexicon）中被登录了论元结构、题元角色等信息，然后通过投射原则（projection principle）把这些词库信息投射到句法结构（syntactic structure）中去。随着研究的深入，人们发现外部论元并非动词的真正论元，所以也就提出了以轻动词短语为基础的构式论。构式论有别于构式语法（Construction Grammar），前者强调推导，后者强调不可预测。对构式论而言，动词的论元结构是外部合并之后的结果。换言之，在这种理论中，动词、名词、形容词、介词本是没有论元结构的，参加句法计算之后，功能范畴为它们引进了论元，才得到论元结构。

　　扩展动词的功能范畴，其命名有两种路径，一是根据题元进行命名，如 Pylkkänen（2008）与 Bowers（2010）等；二是根据事件情状命名，如熊仲儒（2004）、Ramchand（2008）与邓思颖（2010）等。Appl 是涉用范畴，它可以分解为 Appl$_{Ben}$、Appl$_{Instr}$、Appl$_{Loc}$、Appl$_{To}$、Appl$_{From}$ 等，

分别引进益事（benefactive）、工具（instrument）、处所（locative）、接受者（recipient）、来源（source）等。事件情状，也叫词汇体（lexical aspect）或情状体（situation aspect），反映的是情状内在时间（time）的语义结构，如活动（activity）、状态（state）、完成（accomplishment）、完结（achievement）等，邓思颖（2010）等用 do 反映活动，用 be 反映状态，用 cause 与 become 反映完成，用 become 反映完结。词汇体在哪个语言层面得到编码存在争议。从核心移位来看，动词可以跟各功能范畴融合（incorporation），所以词汇体应该是融合后的动词的语义属性；从论元选择来看，词汇体又反映了包括论元在内的整个 v-VP 构型的属性。例如：

（14）张三吃食堂。
    a. [$_{VoiceP}$[张三][$_{Voice'}$ [$_{Voice}$][$_{ApplP}$[食堂][$_{Appl'}$ [$_{Appl}$][$_{VP}$[$_{V}$ 吃]]]]]]
    b. [$_{ApplP}$[张三][$_{Appl'}$ [$_{Appl}$ Loc][$_{VP}$[$_{V}$ 吃][食堂]]]]
    c. [$_{DoP}$[张三][$_{Do'}$ [$_{Do}$][$_{VP}$[$_{V}$ 吃][食堂]]]]
    d. [$_{vP}$[张三][$_{v'}$ [$_{v}$][$_{VP}$[$_{V}$ 吃][食堂]]]]

（14a）是根据 Pylkkänen（2008）指派的结构，它需要回答"吃"的内部论元如何被贬抑。（14b–d）的指派（assignment）原理相同，都不认为动词本身有论元，差别在于：（14b）按广义题元设置的功能范畴，为表义更明显可直接标为 App$_{Loc}$；（14c）是根据事件情状设置的功能范畴，表达的是活动；（14d）直接设置轻动词，不论它本身的意义。

ꔷ 名词短语中的功能范畴

    名词短语（noun phrase），一般把它看作以名词为核心的短语，在名词短语内部除了名词之外，其他成分都是它的修饰语（modifier）。生成语法的早期，也基本上是按照这种模式定义名词短语。例如：

    （15）NP → ... N ...

到了 20 世纪 70 年代，生成语法根据早期的 X'- 结构将限定词（determiner）、属格成分（genitive）等处理为名词短语的指示语。例如：

（16）a. the analysis of the problem
　　　b. John's analysis of the problem
　　　c. [NP the/John's [N' [N analysis] [PP of the problem]]]

按（16c）的分析，"the/John's"与"of the problem"都不是"analysis"的定语（attribute），而分别是它的指示语与补足语。

到了20世纪80年代之后，人们开始重视结构的封闭性。Bloomfield（1933）已经关注到结构的封闭性，他注意到"this milk""this fresh milk"虽然都是向心结构（endocentric construction），但它们跟其中心语（head）的功能并不相同。例如：

（17）a. this good sweet fresh milk
　　　b. *good sweet this fresh milk

他的结论是"this fresh milk"已经部分封闭了（partially closed），部分封闭，是因为它外边还可以加"all"，如"all this fresh milk"，加了"all"以后，就完全封闭了，外边就不能再加修饰语。20世纪80年代以后，人们认识到功能投射封闭词汇投射，即DP封闭NP。换言之，就是"this fresh milk"有两层，"this"是整个DP的核心，"milk"是NP的核心。

在D到N之间，可能还有很多功能范畴，Li（1999）认为有Num与Cl。例如：

（18）[DP [D] [NumP [Spec] [Num' [Num] [NP … N …]]]
（19）[DP [D] [NumP [Spec] [Num' [Num] [ClP [Cl] [NP … N …]]]]
（20）a. student-s　　　　学生—们
　　　b. four student-s　　四个学生（*—们）

Li认为"-s"与"们"在Num位置，"four"与"四"在NumP的指示语位置，"个"在Cl位置，所以，（20a）通过核心移位，很容易生成，（20b）中的英语例子也容易生成，汉语则因为"个"位于核心位置，而阻止"学生"向"们"核心移位。

李亚非（2015）认为Li（1999）的分析有缺陷，即"们"不是不能跟量词共现，在有些结构中，"们"之所以排斥量词，是因为"们"要求数量的模糊性。例如：

（21）a. 那些（个）新员工（们）正在开会。
　　　b. 十几名本科的孩子（们）能有什么高深的问题？

所以，李亚非建议采用（18）这样的结构，把整个数量结构放在NumP的指示语位置，并且假定D、Num与N都核心在后（head-final）。熊仲儒（2017）建议英语和汉语都采用（19）进行分析，不同于Li的是，熊仲儒认为英语的复数标记和汉语的量词都在Cl位置，是基于量词与复数互相排斥设置的；英汉语的数词都在Num位置，是基于概数"把"可激发量词核心移位设置的，如"个把"等。"们"不是类似于"-s"的复数，它的位置可能很高。例如：

（22）[新来的学生和要退休的老师]们

（22）中"们"不仅管"老师"也管"学生"，这意味着向"们"的移位（movement）不是核心移位，而是短语移位，即移到"们"的指示语位置。

❀ 形容词短语中的功能范畴

形容词短语（adjective phrase），一般把它看作以形容词为核心的短语，其他成分都是它的状语（adverbial）。20世纪70年代，生成语法采用X'-图示之后开始出现一些变化，如将量度成分处理为形容词短语的指示语。例如：

（23）a. John is [$_{AP}$ [$_{DegP}$ (far) too] [$_{A'}$ proud of Mary]]
　　　b. John is [$_{AP}$ [$_{AP}$ [$_{DegP}$ (far) more t_i] [$_{A'}$ proud of Mary]] [than Bill is]$_i$]
　　　c. John is [$_{AP}$ extremely [$_{A'}$ proud of Mary]]
　　　d. that fence is [$_{AP}$ ten feet [$_{A'}$ high]]

后来形容词短语的研究也类似于名词短语，如设置量度范畴，让它扩展形容词短语。例如：

(24) [DegP Spec [Deg' [Deg] [AP Spec [A' [A][YP]]]]]

Corver（1990）认为形容词还会受到其他功能范畴的扩展，如量化范畴，这主要是为了解释量度范畴与量化范畴的共现。Deg 与 Q 分别表示量度范畴与量化范畴。例如：

(25) a. Fred was [so utterly confused that he fell off the podium]
b. [How very long] he can stay under water!

(26) a. [DegP [Deg' [Deg so] [QP [Q' [Q utterly] [AP confused]]]]]
b. [DegP [Deg' [Deg how] [QP [Q' [Q very] [AP long]]]]]

将量度范畴设置为扩展形容词的功能范畴，可以通过核心移位方便地解释形容词后边的比较级形态。例如：

(27) a. tall-er
b. [DegP[Deg –er][QP[Q][AP[A tall]]]

不管"-er"是在 Deg 位置，还是 Q 位置，都可以很方便地激发"tall"核心移位并生成"taller"。

熊仲儒（2016）也为汉语设置了量度范畴，并认为量度范畴可以为形容词选择度量。例如：

(28) a. 这根绳子有三米长。
b. 这根绳子长三米。
c. [AccP[ ][Acc' [Acc（有）][DegP[三米][Deg' [Deg][aP[这根绳子][a' [a] [AP[A 长]]]]]]]]

当（28）中的 Acc 实现为"有"时，会阻止"长"进一步移位，"长"落在度量"三米"之后，最后得到（28a）；当 Acc 没有语音实现时，会吸引"长"移位到 Acc，"长"落在度量之前，最后得到（28b）。汉语差比句中的形容词也受量度范畴等扩展（熊仲儒，2007）。例如：

(29) a. 这根绳子比那根绳子长三米。
b. 这根绳子长那根绳子三米。

c. [TargetP[][Target'[Target（比）[ComP[那根绳子][Com'[Com][DegP[三米][Deg'[Deg[aP[这根绳子][a'[a][AP[长]]]]]]]]]]]

（28）–（29）中，都是 a 选择客体（theme），Deg 选择度量，（29）中的 Com 选择比较基准。通过相关的核心移位和短语移位，得到相关的句子，（29a）与（29b）的不同在于 Target 是否实现为"比"。

○ 小结

生成语法中有"博雷尔－乔姆斯基猜想（Borer-Chomsky Conjecture）"，该猜想将语言中参数的变异（variation）归结为功能范畴的特征（Baker, 2008）。所以 20 世纪 80 年代中后期以后，功能范畴的作用越来越重要，功能范畴的设置也越来越多，有轻动词的分裂、屈折范畴的分裂、标补范畴的分裂等，与之相关的有制图理论（cartographic approach）、分布式形态学（Distributed Morphology）、层阶理论等，这些研究尽管视点不同，但概无例外地重视功能范畴在语言中的作用。功能范畴是扩展词汇范畴的范畴，动词短语中最重要的功能范畴是轻动词，它选择论元、指派题元、核查宾语的格特征；名词短语中最重要的功能范畴是限定范畴，它使得名词性短语有指称义，本来名词、动词、形容词都是谓词，但因限定范畴的作用使其通常指称事物；形容词短语中最重要的功能范畴是量度范畴，它使形容词表现出量度特征。其他的功能范畴也很重要，各自发挥着重要作用。

参考文献

邓思颖. 2010. 形式汉语句法学. 上海：上海教育出版社.

李亚非. 2015. 也谈汉语名词短语的内部结构. 中国语文,（2）：99–104.

熊仲儒. 2004. 现代汉语中的致使句式. 合肥：安徽大学出版社.

熊仲儒. 2007. 现代汉语与方言中差比句的句法结构分析. 语言暨语言学,（4）：1043–1063.

熊仲儒. 2016. 汉语量度有字句的句法分析. 语言教学与研究，(4)：46-55.

熊仲儒. 2017. 英汉名词短语的对比研究. 北京：科学出版社.

Abney, S. 1987. *The English Noun Phrase in Its Sentential Aspect*. Doctoral dissertation, Massachusetts Institute of Technology.

Baker, M. 2008. *The Syntax of Agreement and Concord*. Cambridge: Cambridge University Press.

Bloomfield, L. 1933. *Language*. New York: Holt.

Bowers, J. 2010. *Arguments as Relations*. Cambridge: MIT Press.

Chomsky, N. 1995. *The Minimalist Program*. Cambridge: MIT Press.

Chomsky, N. 2000. Minimalist inquiries: the framework. In R. Martin, D. Michaels & J. Uriagereka (Eds.), *Step by Step: Essays on Minimalist Syntax in Honor of Howard Lasnik*. Cambridge: MIT Press., 89–156.

Chomsky, N. 2001. Derivation by Phase. In M. Kenstowicz (Ed.), *Ken Hale: A Life in Language*. Cambridge: MIT Press, 1–52.

Chomsky, N. 2008. On phases. In F. Robert, C. Otero & M. Zubizarreta (Eds.), *Foundational Issues in Linguistic Theory: Essays in Honor of Jean-Roger Vergnaud*. Cambridge: MIT Press, 133–166.

Corver, N. 1990. *The Syntax of Left Branch Extractions*. Doctoral dissertation, Tilburg University.

Corver, N. 2013. Lexical categories and (extended) projection. In M. den Dikken (Ed.), *The Cambridge Handbook of Generative Syntax*. Cambridge: Cambridge University Press, 353–424.

Grimshaw, J. 2000. Locality and extended projection. In P. Coopmans, M. Everaert & J. Grimshaw (Eds.), *Lexical Specification and Insertion*. Amsterdam: John Benjamins, 115–133.

Hale, K. & Keyser, S. 1993. On argument structure and the lexical expression of syntactic relations. In K. Hale & S. Keyser (Eds.), *The View from Building 20: Essays in Linguistics in Honor of Sylvain Bromberger*. Cambridge: MIT Press, 53–109.

Jackendoff, R. 1977. *X-bar Syntax: A Study of Phrase Structure*. Cambridge: MIT Press.

Kratzer, A. 1996. Severing the external argument from its verb. In J. Rooryck & L. Zaring (Eds.), *Phrase Structure and the Lexicon*. Dordrecht: Kluwer Academic Publishers, 109–137.

Larson, R. 1988. On the double object construction. *Linguistic Inquiry*, (19), 335–391.

Li, A. 1999. Plurality in a classifier language. *Journal of East Asian Linguistics*, (8): 75–99.

Pylkkänen, L. 2008. *Introducing Arguments*. Cambridge: MIT Press.

Ramchand, G. 2008. *Verb Meaning and the Lexicon: A First-phase Syntax*. Cambridge: Cambridge University Press.

Stowell, T. 1981. *Origins of Phrase Structure*. Doctoral dissertation, MIT.

构式　　　　　　　　　CONSTRUCTION

construction，是construct的名化形式，表示构建。在语言学中，一般认为大的单位是由小的单位通过某种方式构建而成，如句子（sentence）、短语（phrase）、词（word）等语法单位都是由一系列语素（morpheme）通过一组规则构建而成。构式指构造较大语法单位的过程，特指构造的结果。传统语法学家发现特定构式的特征在语言研究中起着非常重要的作用，在生成语法的早期，构式仍然保持中心地位，所有规则与限制的建立都跟具体构式相关。进入原则参数语法之后，"构式"的地位受到生成语法学家的质疑。20世纪80年代后期以后，构式语法（Construction Grammar）则以构式为基点展开语法的相关研究。construction早先大多译为"结构"。该概念主要用来具体地刻画句法规则和补救词汇主义的局限性。

⌘ 构式的传统定义

构式指有内部组织的语法单位的型式（pattern）。句子有句子的型式，句子的型式为句型（sentence pattern），如果侧重其局部特点，可将句子的型式称为句式（sentence construction）。句式是按照句子的局部特点划分的句子类型，例如汉语中的把字句、被字句等，英语中的被动句（passive construction）、双宾句等。被动句、双宾句是传统说法。凸显的是其局部特征，如被动语态与两个宾语，所以可分别对应于 passive construction 与 double object construction，当然也可以用 clause 与 sentence 代替 construction。不管是带 sentence、clause 还是 construction，都可译为被动句与双宾句。短语有短语的型式，短语的型式有其结构类型与功能类型，短语的结构类型有主谓短语、动宾短语等，短语的功能类型有动词短语（verb phrase）、名词短语（noun phrase）等。词有词的型式，词的型式也有结构类型与功能类型，前者有主谓式、动宾式等，后者有名词（noun）、动词（verb）等。

Hockett（1958: 164）将构式定义作"用特定的形类（form class）作直接成分（immediate constituent）构造特定形类的组合形式（composite form）的一种型式"。简言之，构式就是有内部组织的语法单位的型式。

（1）a. She | can.
　　　b. She | can go.
　　　c. The man on the corner | should like potatoes.
（2）构式分析

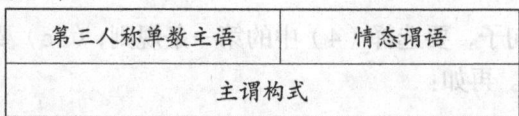

第三人称单数主语	情态谓语
主谓构式	

（1）是构式的具体实例（token），（2）是构式的类型及其直接成分的类型。（2）是说（1）是由第三人称单数主语（third person singular subject）与情态谓语（modal predicate）组合成的主谓构式（predication），第三人称单数主语与情态谓语是该主谓构式的直接成分。形类识别非常重要。如果把"I"同"she""he""it"放在一起，或者把"likes potatoes"同"can""can go""should like potatoes"放在一起，那么描写就会为了指明例外而复杂起来。

在生成语法的初期，为了描写构式，Chomsky（1957）采用的是短语结构规则（phrase structure rule）。按照他的短语结构规则，（1b）可指派如下结构：

（3）[$_{Sentence}$[$_{NP}$[$_{Pron}$ she]][$_{VP}$[$_{Verb}$[$_{Aux}$[$_C$ S][$_M$ can]][$_V$ go]]]]

（3）中的 Sentence 代表 Hockett（1958）的主谓构式，NP 代表 Hockett（1958）的主语，VP 代表 Hockett（1958）的谓语（predicate）。C 是 concord 的首字母，代表主语与谓语动词（predicator）之间的谐和或者说一致（agreement），在主语为第三人称单数，时制（tense）为非过去时制的时候，C 实现为"S"。"S"为词缀（affix），会跳转到"can"上，最后在形态音位规则的作用下，"can + S"语音实现为"can"。Hockett（1958）要求区分形类，这主要是因为主语对谓语动词的形式有选择，生成语法也是通过语境设置选择 C 的形式，其语境设置需要考虑主语是单数还是复数，时制是过去时制还是非过去时制。

在生成语法中，构式跟规则（rule）是同义词。每种构式都会有特定的规则。例如：

（4）C → { S   主语为单数时
           Φ   主语为复数时
           past }

（1a–b）中的句子，要选择（4）中的第一条规则；（1c）要选择（4）中的第三条规则。再如：

（5）They like potatoes.

（5）中的主语是复数形式，它的生成需要选择（4）中的第二条规则。

早期的生成语法沿用（4）这样的思路，建立丰富的规则系统。普遍语法为可允许的规则系统提供格式（format），格式的具体例示

106

（instantiation）就构成了具体的语言。每种语言都是丰富而复杂的规则系统，即规则系统跟特定的构式与特定的语言相关。例如，在英语中用于构成动词短语、被动式或关系子句（relative clause）的规则就是属于这一语言的这些构式。跨构式和跨语言的相似性来自规则系统中格式的属性。进入原则参数语法之后，Chomsky（1986：151）用原则取代了规则，他说："于是，我们所知的语言就是一种含有参数的原则系统，它还包括一些例外的情况。也就是说，我们所知的并不是传统意义上的规则系统，事实上这种意义上的规则在语言学理论中是没有地位的。"Chomsky（1995）认为，在句法学（syntactics）中，根本不存在具体语言的规则，也不存在特定的构式规则。在他看来，语言不是规则系统，而是对一个不变的普遍语法原则系统中的参数所作的一组说明。Chomsky（1995：170）指出：近期的原则参数方法，与传统的生成语法有着根本的不同，它朝着最简设计（minimalist design）不断迈进，普遍语法提供了固定的原则系统与有限的被赋值的参数的有限阵列。具体语言的规则可以归为对这些参数值的选择（selection）。语法构式（grammatical construction）的概念被取消了，而且具体构式的规则也一同被取消了。像动词短语、关系子句以及被动句这样的构式只是作为分类学上的构想物而得以保留，相关现象可以通过普遍语法的原则和被设置的参数值的交互作用进行解释。

○ 构式在构式语法中的定义

构式，学界一直都在研究，但20世纪80年代之后，Chomsky的生成语法因理论转向而取消了构式的语法地位，不再依据具体的构式设置规则。尽管如此，随着人们对语义特征和语用特征的研究兴趣不断增长，具体句型的独特特征也重新受到重视（Goldberg，1995）。Goldberg（1995）指出：（Chomsky的生成语法）需要独立于构式的原则，但在实际上又必须承认构式的独特特征，为调和二者之间的矛盾，所有构式具有的独特特征都被归结于个别词项（lexical item），词条（lexical entry）成了所有独特性的最后避难所。这说的是Chomsky语法分立词项的事实。例如：

(6) a. Bill watered the tulips.
　　 b. Bill watered the tulips flat.
(7) a. water: agent [theme]
　　 b. water: agent [theme r-state]

(6)中的"water"有两种用法,一是带直接宾语(direct object),二是除了带直接宾语之外还带结果补语。Carrier & Randall(1992)认为词库(lexicon)中得有两个关于"water"的词条,如(7)。构式语法认为这样不好,所以Goldberg(1995)指出:个别词项提供大量的信息,这一点毫无疑问,但完全以一词汇为基础的或自下而上的研究方法不能解释英语中的所有语料,具体的语义结构和与其相关的形式表达必须被看作是独立于词项而存在的构式。换言之,除了词项之外,还必须考虑构式。她将构式定义为:

(8) C是一个构式,当且仅当,C是一个形式—意义的偶对 <F_i, S_i>,且C的形式(F_i)或意义(S_i)的某些方面不能从C的构成成分或其他先前已有的构式中得到完全预测。(Goldberg, 1995:4)

(9) 任何语言型式(linguistic pattern),只要其形式或功能的某个方面不能从其成分或业已建立的其他构式中完全预测出来,它就应该被视为构式。此外,即使有些语言型式是可以充分预测的,只要它们的出现频率足够高,也仍然被作为构式而存储。(Goldberg, 2006:5)

(8)强调的是不可预测性,(9)有些松动,将高频的可预测的语言型式也看作构式。从不可预测性来讲,语素也必须是构式。这跟传统的看法不同,结构主义(structuralism)语言学与生成语法中的构式,都不包括语素,因为语素没有内部组织。(9)对构式的识别,除了语素之外,其他跟传统的看法基本相同。以下是Goldberg(2006:5)所列举的构式:

(10) a. 语素,如pre-、-ing。
　　　b. 词,如avocado、anaconda、and。
　　　c. 复杂词,如daredevil、shoo-in。

d. 部分被填充的复杂词，如 [N-s]（名词的复数形式）。
e. 完全被填充的习语，如 going great guns、give the Devil his due。
f. 部分被填充的习语，如 jog <someone's> memory、send <someone> to the cleaners。
g. 共变条件句，如 The X-er the Y-er（the more you think about it, the less you understand）。
h. 双宾句，如 Subj V Obj$_1$ Obj$_2$（he gave her a fish taco; he baked her a muffin）。
i. 被动句，如 Subj aux VP$_{pp}$ (PP$_{by}$)（the armadillo was hit by a car）。

（10a–c）中的语素与词，（10e–f）中的习语，在生成语法的词库中都是作为列举对象，其他条目都不是列举对象。（10）中的各个条目在构式语法中都是列举对象。再如：

（11）What did Liza buy Zach?

（12）a. Liza、buy、Zach、what、do 等构式
　　　b. 双及物构式
　　　c. 疑问构式
　　　d. 主语—助动词倒置构式
　　　e. VP 构式
　　　f. NP 构式

（12）是（11）所包含的各种构式（Goldberg, 2006: 10）。

有了构式这样的理论构件之后，就不需要为（6）中的"water"分立两个不同的词条，它们的差异可归结为不同的构式，即（6a）中的"water"进入了单宾构式，（6b）中的"water"进入了及物性结果构式。

（13）单宾构式

语义	活动	<施事	受事>
	|	|	|
	谓词	<	>
	↓	↓	↓
句法	动词	主语	宾语

109

(14) 及物性结果构式

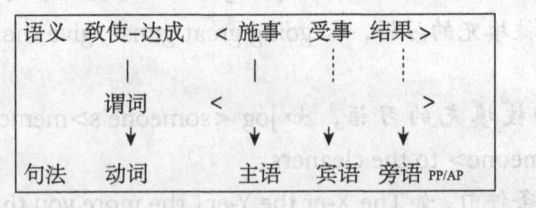

语义	致使-达成	< 施事	受事	结果 >
	|	|	|	⋮
	谓词	<		>
句法	动词	主语	宾语	旁语 PP/AP

对"water"而言，只需要登录（7a）这样的词条即可。二元的"water"进入二元的单宾构式，如（13），生成（6a），进入三元的及物性结果构式，如（14），生成（6b）。

将构式视为语法基本单位的语法学是构式语法。在构式语法中，构式是形式—意义的偶对。像及物性结果构式，其形式是"[主语 + 动词 + 宾语 + 旁语（oblique）]"，其意义是"x 致使 y 达成 z"，x 对应于主语论元、y 对应于宾语论元，z 对应于旁语。

☙ 特异性

特异性（idiosyncratic property）就是某个成分（constituent）具有不可预测的属性。像词的语音与语义就属于词的特异性，它们的结合属于索绪尔的任意性，不可预测，所以需要列在词库中的词条里，此外，词的一些句法属性也属于词的特异性。所以，Chomsky（1995）以"book"为例说："book"在词条中被编码的一个特异属性是声音与意义之间的关系，词条还会列出或蕴涵"book"具有范畴特征（categorial feature）信息。有些属性是可以预测的，就不能列在词条里。Chomsky（1995）说，词条不应标出"book"的格（case）和 phi 特征集 [性（gender）、数、人称特征]，因为这两种特征可根据"book"的范畴进行推导；也不应标出可以预测的元音和结尾辅音交互作用的结果；另外，也不应标出"book"可以用于指称某个既是抽象又是具体的物体，例如在"the book that I'm writing will weigh 5 pounds"这一表达式中的"book"。简言之，就是能够预测的属性，在其词条中不需要标出来；不能预测的属性，在其词条中需要标出来。在生成语法的早期有很多信息不可预测，需要通过相应的规则系统进行规定，但在原则参数语法中，只需要规定相应的词库信息，（12 b–f）中的其他信息都可以通过原则与参数进行预测。例如：

(15) a. What did Liza buy Zach?
b. [$_{CP}$[what$_1$][$_{C'}$[$_C$ did][$_{TP}$ Liza buy Zach t_1]]]

主语与助动词（auxiliary verb）的倒置，是因为英语的 C 具有强的词缀特征（affixal feature），它会吸引相关的核心进行核心移位（head movement），但由于（15）中没有相关的助动词，所以最后借助 do- 协助；疑问句（interrogative sentence），是因为英语中的"what"具有强的 wh- 特征，它需要 C 对其进行核查（checking），相应的 C 需要 Q 特征；双及物构式，是因为"buy"在词库中可能规定了三个论元（argument）。Goldberg（2006）之所以设置疑问构式与主语—助动词倒置构式，是因为他们排斥生成语法中的转换手段；之所以设置双及物构式，是因为（15）中的"buy"不仅可以出现于双及物构式，也可以出现于单宾构式或别的构式，为了"避免不合情理的动词意义"，他们假定构式参与句法计算。例如：

(16) a. He sneezed the napkin off the table.
b. She baked him a cake.
c. Dan talked himself blue in the face.

为了解释（16）中的各句，词汇语义理论认为不及物动词"sneeze"实际上有带三个论元的意义，即"X 通过打喷嚏致使 Y 移向 Z"；"bake"也有带三个论元的意义，即"X 有意致使 Y 领有 Z"；"talk"也有带三个论元的意义，即"X 通过说话致使 Y 变成 Z"。Goldberg（1995）认为这三种解读应该归结于不同的构式，即由构式提供论元，不必因为"sneeze""bake"与"talk"可以出现在这些构式中而专门为它们设定一个特别的意义。也就是说，（16）中的致使位移、有意转移与致使结果等解读是不可预测的，需要登录于构式。生成语法的近期研究认为这些解读都来自功能范畴（functional category），对构式来说，是可以预测的。例如：

(17) a. [CausP[he][Caus'[Caus][BecP[the napkin][Bec'[Bec][VP[V sneezed][PP off the table]]]]]]

b. [CausP[she][Caus'[Caus][HaveP[him][Have'[Have][VP[V baked][DP a cake]]]]]]

c. [CausP[Dan][Caus'[Caus][BecP[himself][Bec'[Bec][VP[V talked][AP blue in the face]]]]]]

Caus 与 Bec 分别表示致使与变化的意义，Have 表示领有的意义。像（17a）表示他致使纸巾发生位置变化，如离开桌子；（17b）表示她致使他领有一块蛋糕；（17c）表示丹致使自己发生状态的变化，如面红耳赤。用（17）这样的方式推断构式的意义，对（17）而言，动词是一元动词还是二元动词、三元动词，已经不太重要了，因为动词的论元实际上是由扩展它的功能范畴所选择。构式的语义可由功能范畴的语义进行预测。

Goldberg（1995）指出 20 世纪 80 年代的语法理论都以动词为中心，认为动词决定着与之共现的补足语（complement）的数量与类型，但像"kick"这样的普通动词至少可以出现在 8 个不同的论元结构（argument structure）中。例如：

(18) a. Pat kicked the ball.

b. Pat kicked Bob black and blue.

c. Pat kicked the football into the stadium.

d. Pat kicked at the football.

e. Pat kicked his foot against the chair.

f. Pat kicked Bob the football.

g. The horse kicks.

h. Pat kicked his way out of the operating room.

Goldberg（1995）认为，过去的那些理论会不可避免地出现了循环论证，即某个动词是 n 元谓词，因而有 n 个补足语当且仅当该动词有 n 个补足语；而采用构式方法研究论元结构可以避免这样的循环论证，即不是每当遇到一个新的句法构型（syntactic configuration）时，便要为动词设定一个新的意义，然后再用该意义来解释句法构型的存在。不管是早期生成语法,还是近期的生成语法,应该都不存在循环论证,如早期的生成语法,它不仅用选择性限制(selectional restriction)规定论元的数目,而且用子范畴化规则(subcategorization rule)规定补足语及动词—补足语构型。

生成语法跟构式语法对不可预测性或特异性有着不同的理解,前者尽可能扩大可预测的范围,所以只认为语素、词与习语的部分属性具有不可预测性;后者尽可能扩大不可预测的范围,所以还会认为短语与句子的部分属性具有不可预测性。

➣ 小结

传统意义上的构式是有内部组织的语言型式,可以只强调型式本身,也可以强调型式的内部组织。强调内部组织时,构式就跟结构同义。构式语法中的构式是语言型式,没有内部结构的语素也是构式。构式语法早先强调构式的"不可预测性",是想让构式起到"词"一样的列举作用,但会造成构式识别上的困局,所以现在强调"高频"。

参考文献

Carrier, J. & Randall, J. 1992. The argument structure and syntactic structure of resultatives. *Linguistic Inquiry*, (23): 173–234.

Chomsky, N. 1957. *Syntactic Structures*. The Hague: Mouton de Gruyter.

Chomsky, N. 1986. *Knowledge of Language: Its Nature, Origin and Use*. New York: Praeger.

Chomsky, N. 1995. *The Minimalist Program*. Cambridge: MIT Press.

Goldberg, A. 1995. *Constructions: A Construction Grammar Approach to Argument Structure*. Chicago: The University of Chicago Press.

Goldberg, A. 2006. *Constructions at Work: The Nature of Generalization in Language*. Oxford: Oxford University Press

Hockett, C. 1958. *A Course in Modern Linguistics*. New York: Macmillan.

管辖 GOVERNMENT

government 跟政府、管理、支配等有关，在语言学中常译作"管辖"。以前有人说 Chomsky 热衷于政治，所以选了 government 这个术语。其实这个术语在 Nesfield（1898）的著作中就有，其来源可能更早。Bloomfield（1933）认为，管辖就是一种要求（demand），如动词要求主语采用主格（nominative case）、宾语采用宾格（objective case），主语要求宾语用代词语（pronoun）还是照应语（anaphor）等。这种要求在生成语法中也由管辖这一术语继承下来。该概念主要用来解释格（case）、约束（binding）及与之相关的空语类分布（distribution）。

☞ 管辖的定义

管辖在 Bloomfield（1933）中属于形式选择，即选择主格还是宾格，选择代词语还是反身代词。例如：

(1) a. I know
　　b. watch me
　　c. beside me

Bloomfield（1933）指出，在"I（he、she、they、we）"和"me（him、her、them、us）"两种形式之间进行选择，是依据形式的位置而定的，这个"I"类出现在施事（agent）位置上，这个"me"类出现在动作—受事结构中的受事（patient）位置上和在轴心—关系结构中的轴心位置上。换言之，就是主格出现在限定子句（finite clause）的主语位置，受格（accusative case）出现在动词与介词（preposition）的补足语（complement）位置。这里有核心（head）对从属成分（dependent）形式的选择问题。这种选择类型被称为管辖（government）。这不是谐和关系（concord），是因为只有名词性成分的单方面变化，而动词与介词没有变化。

Bloomfield（1933）还指出，事物的同一性（identity）和非同一性在许多语言里是利用类似于管辖关系的选择特征来区分的。例如：

（2）a. He washed him.
　　　b. He washed himself.

在英语里，当施事和受事不是同一人时，就用（2a）；但当他们是同一个时，就用（2b）。

对（1b-c）来说，管辖就是核心与补足语的关系；对（1a）来说，管辖就是核心跟主语的关系。如何让核心精准管辖某个成分（constituent）并让它能获得合适的格形式，是管辖与约束理论（Government and Binding Theory）初期需要考虑的内容。

✐ 生成语法中的管辖

在管辖与约束理论中，管辖是基本的语法关系（grammatical relation），格的指派（assignment）跟管辖有关，约束理论（binding theory）中的局部语域（local domain）也跟管辖有关。管辖的定义很多，这里介绍Chomsky（1995）的定义：

（3）α 管辖 β，如果 α 成分统制 β，并且没有阻止 α 成分统制 β 的语障（barrier）。

（4）语障
　　　α 为语障，当且仅当：
　　　a. α 是最大投射，并且
　　　b. α 不是补足语。

"α 不是补足语"指出补足语不构成语障，这意味着附加语（adjunct）会构成语障。语障中的成分不能提取。例如：

（5）a. I wonder which book [John told the students [β that [they should read *t*]]]
　　　b. ??I wonder which book [John met [someone [β who read *t*]]]

c. *I wonder how [John met [someone [$_\beta$ who [fixed the car t]]]]
   d. ??I wonder which book [John left New York [$_\beta$ before he read t]]
   e. *I wonder how [John left New York [$_\beta$ before he fixed the car t]]

（5a）中的 β 为"told"的补足语，不构成语障，所以，"which book"可以从 β 中提取。（5b-c）中的 β 为关系子句（relative clause），（5d-e）中的 β 为状语子句（adverbial clause），都构成语障，所以，其中的"which book"与"how"都不能从 β 中提取。（5b）与（5c）、（5d）与（5e）有差别，反映了论元（argument）与附加语的不对称性。（5b-e）的不合法，都跟空范畴原则（Empty Category Principle，ECP）有关，在早先可看作是对孤岛限制的违反。定语（attribute）就是构成复杂名词短语的关系子句，如（5b-c）中的 β；状语（adverbial）就是修饰动词和形容词（adjective）的状语子句，如（5d-e）中的 β。它们分别构成复杂名词短语孤岛（complex NP island）与附加语孤岛（adjunct island）。再如：

（6）复杂名词短语孤岛：不能从复杂名词短语中进行提取
   a. *the girl who$_i$ you bought [the books that criticize t_i]
   b. *that girl$_i$, you bought [the books that criticize t_i]
（7）附加语孤岛：不能从附加语子句中进行提取
   a. *the girl who$_i$ you got jealous [because I praised t_i]
   b. *that girl$_i$, you got jealous [because I praised t_i]

复杂名词短语孤岛也可归结为对邻接限制（subjacency condition）的违反，附加语孤岛限制也可归结为对提取域限制（condition on extraction domain）的违反。

Chomsky（1995）曾用附缀词（clitic）的提取说明主句的主语会构成语障，而补足语中的主语不构成语障，前者中的附缀词不能移位，后者的附缀词可以移位。例如：

（8）a. *pro* ne-ho visto [molti t]
      I of. them-have seen many
      'I have seen many of them.'

116

b. *[molti *t*]　ne-sono　intelligenti]
　　many of.　them-are　intelligent

（8a）中"molti ne"在补足语位置，不构成语障，所以其中的"ne"可以提取；（8b）中的"molti ne"在主语位置，构成语障，所以其中的"ne"不能提取。

（9）a. *pro* ritengo [_α[molti　ne]　intelligenti]
　　　　I believe　　 many of.them intelligent
　　b. ne-ritengo　　[[molti *t*]　intelligenti]
　　　 of.them-I.believe many　　 intelligent
　　'I believe many of them (to be)　intelligent.'

（9a）是（9b）的 D-结构。"ritengo"的补足语 α 是个小句（small clause），"molti ne"是该小句的主语，其中的 ne 可以提取，如（9b）。

语障不是充当补足语的短语（phrase），但为了解释补足语中主语位置成分的提取，如（9b）中"ne"的移位（movement），Chomsky（1995）将补足语中的指示语（specifier）也排除在语障之外。所以，他认为，如果 XP 是核心 H 的补足语或 H 的补足语中的指示语，则 XP 就不是语障。例如：

（10）a. [_{HP}[H][XP]]
　　 b. [_{HP}[H][_{hP=α}[XP][_{h'}[h]...]]]

（10）中的 XP 都不是语障，它在（10a）中为 H 的补足语，在（10b）中为 H 的补足语 hP 的指示语。核心不是短语，按照（4）中的定义，（10b）中的 h 自然也不是语障。也就是说，（10b）中的 XP 与 h 都不是语障。Chomsky（1995）也指出，如果 α 是核心 H 的补足语，则 α 的女儿节点（指示语及其核心）都不是语障。核心不是语障，意味着核心中的成分可以提取，如核心移位（head movement）。

117

☙ 管辖的应用

管辖在管辖与约束理论中是基础性的概念，有很多应用，如格的指派、PRO 的分布、语迹（trace）的允准等。

管辖的第一个应用：决定格的指派。在格理论（Case theory）中，只有 NP 跟 V 有管辖关系，动词才会向 NP 指派格。如果管辖关系没有得到满足，就不能指派格。例如：

（11）a. we found the book
　　　b. we found [$_{AP}$ the book incomprehensible]
（12）a. we found [$_{CP}$ that [$_{IP}$ the book was incomprehensible]]
　　　b. we found the answer [α when the book arrived]

（11a）中"the book"为"found"的补足语，（11b）中的"the book"为"found"的补足语的主语，两种情况下都没有语障阻止"found"管辖"the book"，所以，"found"可以管辖"the book"，并可以向"the book"指派格。（12a）中"found"的补足语是 CP，"the book"不处于"found"的补足语的指示语位置，所以"found"不能管辖"the book"，也就不能向"the book"指派格；（12b）中的 α 为状语，是语障，所以"found"不能管辖"the book"，也就不能向"the book"指派格。因此，（12）中"the book"只能靠别的方式获得格，如由所在子句中的限定性的屈折范畴 I 指派格。

一个成分能不能得到格，在格理论中，跟它能不能得到管辖有关。管辖有三种情况，一是核心对补足语的管辖，如（11a）；二是核心对补足语的指示语的管辖，如（11b）；三是限定的 I 对其指示语的管辖，如（12）中 IP 中的 I。在非限定子句中，"the book"如果得不到主句中动词的管辖，就会得不到格。例如：

（13）a. *we tried [$_{CP}$ e [$_{IP}$ the book to win a prize]]
　　　b. *we found John [α when the book to arrive]

（13a）中的"the book"不在 CP 的指示语位置，所以"tried"管辖不了"the book";（13b）有语障 α ，所以"found"也管辖不了"the book"。

管辖的第二个应用：决定 PRO 的分布。PRO 不能出现于受管辖的位置，这是 Chomsky（1995）的 PRO 定理。例如：

（14）a. *we found PRO

b. *we found [$_{AP}$ PRO incomprehensible]

PRO 所在的位置在（14）中能够得到动词"found"的管辖，而且该动词可以向它指派格，所以，PRO 不能出现于该位置。即使管辖者（governor）不能指派格，PRO 也不能出现于受管辖的位置。例如：

（15）a. *they expressed the belief [$_{IP}$ PRO to be intelligent]

b. *we expected [there to be found PRO]

c. *it was believed [PRO to be intelligent]

d. *it seems [PRO to be intelligent]

PRO 在（15a）中受名词"belief"管辖，在（15c）中受被动动词"believed"的管辖，尽管名词"belief"与被动动词"believed"都不能指派格，但仍被禁止。（15b）与（15d），也是如此。

（15a）中的 PRO 不能作任意解，也不能受"they"的控制；（15b）中的 PRO 也不能作任意解，也不受"we"控制。（15c–d）中的 PRO 也不能作任意解，其中的"it"只能理解为移位而来的名词短语（noun phrase），其语迹落在子句的主语位置。例如：

（16）a. it$_1$ was believed [t_1 to be intelligent]

d. it$_1$ seems [t_1 to be intelligent]

标补范畴 C 比较特殊，不管是零形式（zero）还是有语音实现，其表现都跟其他核心不同。例如：

（17）we decided [$_{CP}$ e [$_{IP}$ PRO to leave at noon]]

PRO 在（17）中虽然不能受"decided"的管辖，但却可以受 C 的管辖，因为它在 C 的补足语 IP 的指示语位置。这说明，C 管辖的位置并不禁止 PRO。对 PRO 而言，管辖是非常严格的，不能受词汇核心的管辖，如（14）-（15）；可以受 C 的管辖，但 C 并不严格管辖 PRO，如（17）；非限定的 I 对其指示语位置的 PRO 没有管辖，如（17）。说 C 不严格管辖 PRO 与非限定的 I 不管辖 PRO，其目的就是让 PRO 能够出现在非限定子句的主语位置。

管辖的第三个应用：允准语迹的存在。语迹要受到严格管辖（proper government），这也是空范畴原则的要求。例如：

（18）a. the book was found t
b. the book was found [$_{AP}$ t incomprehensible]
c. the book was believed [t to be incomprehensible]
d. the book seems [t to be incomprehensible]

（19）a. *the book was found [$_{CP}$ that [$_{IP}$ t was incomprehensible]]
b. *the book was tried [$_{CP}$ e [$_{IP}$ t to win a prize]]

（18）中语迹都能得到动词的管辖，或在动词的补足语位置，或在动词补足语的指示语位置。（19）中语迹都得不到动词的管辖，中间设了个 C，使得它们都不在动词补足语的指示语位置。

一般来说，核心允准语迹，这是空范畴原则中核心管辖的内容。不过作为核心的 C 有些特殊。

第一，标补范畴 C 不能允准其补足语的语迹。例如：

（20）a. [$_{VP}$ admit that he was wrong], John never will t_{VP}
b. [the claim t_{CP}] was made [$_{CP}$ that John was wrong]
c. *[$_{IP}$ Bill will visit tomorrow], I think [that t_{IP}]

VP 是 will 的补足语，CP 是 claim 的补足语，都能很自由地移位，但 IP 不能移位，后者是 C 的补足语，如（20c）。

第二，标补范畴 C 也不能允准补足语中指示语（主语）的语迹。例如：

（21）*Who did you say [$_{CP}$ that [$_{IP}$ *t* left yesterday]]

尽管（21）中的 C 管辖语迹，但其先行语（antecedent）的提取却被禁止。（21）也被称为 that-trace 效应。再如：

（22）a. *John was decided [$_{CP}$ *e* [$_{IP}$ *t* to leave at noon]]
b. *John is important [$_{CP}$ (for) [$_{IP}$ *t* to leave at noon]]

（22a）中 C 是零形式，（22b）中的 C 是"for"，两者都不能允准其补足语 IP 中的主语的语迹。可见标补范畴不管有无语音形式，都不允准其补足语中主语的语迹。

为什么说（22a）中"decide"的补足语是 CP 而非 IP 呢？如果（22a）中"decide"的补足语是 IP，则"decide"会管辖 IP 及其女儿节点，如（22a）中的"John"就会受到"decide"的管辖，并会为"John"指派格；在"decide"被动化之后，"John"就会为获得格而移位，按理，（22a）就会合法。由（22a）不合法可以推知，在主动句（active construction）中有成分干涉了"John"与"decide"之间的管辖关系，如 C。例如：

（23）a. *We decided [$_{CP}$ *e* [$_{IP}$ John to leave at noon]]
b. We decided [$_{CP}$ *e* [$_{IP}$ PRO to leave at noon]]

（23a）中的 e 在主要动词（main verb）与从属子句主语之间起干涉作用，其结果是"John"不能从主要动词"decide"那儿获得格。（23b）中的 e 也在主要动词与从属子句主语之间起干涉作用，使得"decide"不能管辖从属子句的主语，C 也不禁止其补足语的主语为 PRO，所以 PRO 可被允准，即在（23b）中，"decide"并不管辖 PRO，C 也不能严格管辖 PRO。换言之，C 起干涉作用，但并非严格管辖者（proper governor），不能允准语迹，但不禁止 PRO。

第三，标补范畴 C 在语障关系上也不同于其他核心。一般的核心常常使得其补足语及补足语的女儿节点（指示语与核心）不构成语障，即核心的补足语及其子女节点不是语障。作为核心的 C 却与此不同，C 的补足语及其指示语是语障。

严格管辖者被限制为具有词汇特征的核心，如词汇范畴（lexical category）与动词的屈折特征或其他特征，只有严格管辖者才能使得其补足语免为语障。例如：

（24） V ＞ I ＞ C

C 不是严格管辖者，根据空范畴原则中的核心管辖，其补足语中的指示语是不能移位的，如 that-trace 效应。但在 C 没有语音实现的时候，其补足语限定子句的主语是可以移位的。例如：

（25）Who did you say [$_{CP}$ e [$_{IP}$ t left yesterday]]

（25）中限定子句的主语位置上的"who"是可以移位的。零形式的 C 不是严格管辖者，理论上，它仍然不能允准 t。为了解释（25）的合法性，Chomsky（1995）建议让"who"先移到从属子句 C 的指示语位置，后再移到主句 C 的指示语位置。例如：

（26）Who did you say [$_{CP}$ t' e [$_{IP}$ t left yesterday]]

在（26）中，t' 与 e 建立指示语—核心关系，这种关系为一致关系（agreement）。这种一致关系赋予了 e 允准 t 的特征。简言之，空 C，即 e 本来是不能允准 t 的，但 t' 可以让 e 允准 t。这个是否靠得住，还需研究。附加语的移位没有 that- 语迹效应（that-trace effect）。例如：

（27）Why do you think [(that) John left t]

Lasnik & Saito（1984）建议：根据投射原则（projection principle），论元的语迹必须在 S-结构（S-structure）中被允准，而附加语的语迹可在 LF 层中被允准。据此，（27）可以合法。Chomsky（1995）认为其机理跟（26）相同，因为在 LF 层中语义空洞的"that"需被消除（erasure），其构型跟（26）相同。例如：

（28）Why do you think [t' (that) [John left t]]

（28）中的语迹仍由核心管辖，即在 LF 层 t' 让核心 C 管辖 t。

在最简方案（Minimalist Program）中，乔姆斯基取消了管辖这一重要概念。格理论由核查（checking）或后期的一致操作（Agree）解决；PRO 跟非限定的时制范畴有关，并由其赋予空格（null Case）；语迹的允准可以归结为完全解释原则（full interpretation principle）和其他原则。例如：

（29）*John T is believed [that t T is happy]

"John"在（29）的从属子句中已经核查了各种不可解释性特征（uninterpretable feature），如果它强制性地移到主句的主语位置，则主句的 T 的不可解释性特征得不到核查，这就造成了句子（sentence）的不合法。

⌘ 小结

管辖是传统语法中的一种一致关系，表示一个成分对另一成分在形式上的要求，主要是格与代词（pronoun）形式，这两样在生成语法的管辖与约束理论中都被继承下来了，由管辖指派格，由管辖范畴（governing category）（局部语域）决定约束。在 Chomsky（1981）的结构构型中，主语很容易受屈折范畴管辖，宾语也很容易受词汇核心 V、P 等管辖，但获得例外格（exceptional Case）的名词短语不受任何核心管辖，正因为如此，才被命名为例外格。Chomsky（1986，1995）引进语障之后重新定义管辖，这时候，获得例外格的名词短语才可以受到 V 的管辖。即使这样，格的指派也是非常复杂的，V 向补足语或补足语的指示语指派格，I 向指示语指派格。Chomsky（1995）放弃了管辖这一概念，因为他找到了新的更为统一的指派（核查）方式。管辖在管辖与约束理论中是非常重要的概念，格、PRO、语迹、约束等都与之相关。

参考文献

Bloomfield, L. 1933. *Language*. New York: Holt.

Chomsky, N. 1981. *Lectures on Government and Binding*. Dordrecht: Foris.

Chomsky, N. 1986. *Barriers*. Cambridge: MIT Press.

Chomsky, N. 1995. *The Minimalist Program*. Cambridge: MIT Press.

Lasnik, H. & Saito, M. 1984. On the nature of proper government. *Linguistic Inquiry*, (15), 235–89.

Nesfield, J. 1898. *English Grammar: Past and Present*. New York: MacMillan.

合并　　　　　　　　　　　　　　　　　　MERGE

句法（syntax）是将词（word）组合成句子（sentence）。这种组合（combination），实际上就是合并（merge）。但因为最简方案（Minimalist Program）继承了管辖与约束理论（Government and Binding Theory）的操作方式，所以一开始将合并局限于结构（structure）之外的成分（constituent）的组合操作，而将结构内部的成分的组合称为移位（movement）。后来，Chomsky将这两种操作都称为合并，前者为外部合并（external merge），后者为内部合并（internal merge），这实际上就是回到了组合。合并，就是将两个句法体（syntactic object）组合成一个更大的句法体的操作。该概念主要用于句子和短语（phrase）的生成。

☙ 合并的定义

合并，是将两个句法体组合成一个新的句法体的操作。其中的"句法体"，可采用递归（recursion）定义：

（1）句法体：
    a. 词项是句法体；
    b. α 与 β 是句法体，它们的组合 {α, β} 也是句法体。

（1a）是基础，（1b）是递归。合并是一种递归性（recursivity）操作。在合并的时候，首先选择词项（lexical item）这样的句法体，如"张三""喜欢""李四"，通过合并可以得到"张三喜欢""喜欢李四""李四张三喜欢""张三喜欢李四"这些句法体。合并得到的句法体可以记作：

（2）a. {张三, 喜欢}
    b. {喜欢, 李四}
    c. {李四, {张三, 喜欢}}
    d. {张三, {喜欢, 李四}}

（2）采用的是集合表达法，其初衷是不管合并的顺序，Chomsky（1995）认为语序（word order）是语音现象，在句法部分不需要管。（2a-b）没用完所选择的词项，（2c-d）用完了所选择的词项。只有用完所选择的词项才可以进入拼读操作（spell out），拼读操作对推导式进行分离，分别把跟语音相关和跟语义相关的结构推送到语音形式（phonetic form，PF）层和逻辑形式（logical form，LF）层，PF 层和 LF 层的输出必须满足外部的接口限制。在汉语中表达"张三喜欢李四"这个意义的时候，（2c）不能顺利输出，（2d）可以顺利输出。换言之，只有（2d）是汉语中合法的句法体。这是因为每个词项都是具有特征的复杂体（complex），假如这三个词项的语义分别如下：

（3）a. 喜欢$^$：λxλy 喜欢 (y, x)
    b. 张三$^$：张三
    c. 李四$^$：李四

根据相关的语义规则，则（2c）与（2d）的语义计算分别如下：

（4）a. {张三, 喜欢}$^$
      = λxλy 喜欢 (y, x)(张三)
      = λy 喜欢 (y, 张三)

b. {李四, {张三, 喜欢}}$^$
      = λy 喜欢 (y, 张三)(李四)
      = 喜欢 (李四, 张三)
(5) a. {喜欢, 李四}$^$
      = λxλy 喜欢 (y, x)(李四)
      = λy 喜欢 (y, 李四)
    b. {张三, {喜欢, 李四}}$^$
      = λy 喜欢 (y, 李四)(张三)
      = 喜欢 (张三, 李四)

根据语义计算的结果，可以知道句法体（2c）表达的是"李四喜欢张三"的意思，如（4）；（2d）表达的是"张三喜欢李四"的意思，如（5）。"李四，张三喜欢"的合并过程如下：

（6）a. "李四"与"喜欢"合并，得到新的句法体"{李四, 喜欢}"。
　　　b. a中新的句法体跟"张三"合并，得到一新的句法体"{张三, {李四, 喜欢}}"。
　　　c. 复制"李四"然后跟b中新的句法体合并，得到"{李四, {张三, {李四, 喜欢}}}"。
　　　d. 删除c中外部合并的"李四"。

（6）是大致的合并过程，可简单表达成（7）：

（7）
　　　李四　张三　李四　喜欢

（6）-（7）是否正确，跟合并操作的定义无关，而是由其他的理论模块决定。（6）-（7）中的"李四"有两次合并，第一次是外部合并，第二次是内部合并。从合并的结果来看，合并遵守一定的限制，如最先跟动词（verb）外部合并的成分为受事（patient），最后参与外部合并的成分是施事（agent）。这反映着句法结构（syntactic structure）与题元结构（thematic structure）之间的关系，如 Baker（1988）的"题元指派一致性假设"（uniformity of theta assignment hypothesis）。当然，合并需不需要题元指派一致性假设，是另外一回事。合并可以简单地定义作：

（8）合并就是将句法体 α 与 β 组合起来，形成新的句法体 {α, β} 的操作，即：合并（α, β）= {α, β}。

合并的定义要求两两合并，即双分枝结构（binary-branching）。这也叫双分枝原则（binarity principle），它要求结构呈双分枝性。例如：

（9）a.　　　　　　　　　　　　　　b. *
　　　张三　喜欢　自己　　　　　　　　张三　喜欢　自己

从构型上来讲，（9a）符合合并的定义，因为它是双分枝结构；（9b）不符合合并的定义，因为它是三分枝结构。从约束理论（binding theory）来看，也只有（9a）正确，（9b）不正确，因为（9b）中"张三"与"自己"互相成分统制（c-command），如果它们同指（coreference），则意味着"张三"可以受"自己"约束，这就会违反约束原则C。

∞ 合并中的词项

"张三喜欢自己"，如果采用"眼见为实"的研究路径，则会认为它涉及"张三""喜欢""自己"这三个词项，其合并过程可图示为（9a）。生成语法认为所有的名词性成分都会有不可解释的格特征，需要相关的功能范畴（functional category）经由一致操作（Agree）为其不可解释的特征定值（value）并删除，如主格值要由T定值，宾格值要由v定值，所以"张三喜欢李四"至少涉及五个词项。例如：

（10）{张三，喜欢，自己，T，v}

其中的一种合并结果如下：

（11）
　　　张三　T　张三　v　喜欢　自己

对于（10）而言，v 可以为"自己"的格特征定为宾格（objective case），T 可以为"张三"的格特征定为主格（nominative case）。内部可能还有其他的一些操作，如"张三"复制（copy）并内部合并，这可能是因为 T 还有不可解释的 EPP 特征。v 与 T 可以为"自己"与"张三"的格特征定值，在生成语法看来，是因为它们有完整的 phi 特征集。一个功能范畴的 phi 特征集，可能是本身就具有的，也可能是别的成分给它的。Chomsky（2008）假定 T 的 phi 特征集继承于 C。所以要生成"张三喜欢自己"，仅凭（10）中的词项还是不够的，它还需要选择词项 C。例如：

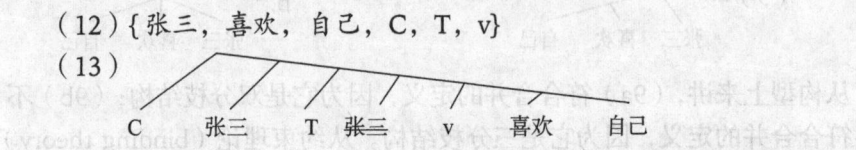

（12）{张三，喜欢，自己，C，T，v}
（13）

```
         C    张三    T    张三    v    喜欢    自己
```

（13）是用来推导"张三喜欢自己"的结构，比（9a）复杂多了。这种复杂性，是理论使然。此外，从解释上也说得通。C 跟句子的类型等信息相关，它可以标记"张三喜欢自己"是陈述句（declarative sentence）；T 跟时制（tense）相关，它可以标记"张三喜欢自己"的时间信息；v 跟事件情状（situation）相关，"张三喜欢自己"有一定的情状，如表示状态（state）等，这可由 v 进行说明。对（13）与（9a），不能简单地从复杂性方面进行评价。

在具体计算的时候，有些词项可能会被多次选择，需要数据集（numeration）为之计数。数据集中的词项与其选择（selection）的次数构成偶对形式，如（LI，i），也可以简单地标成下标。例如：

（14）{李四$_1$，说$_1$，张三$_1$，喜欢$_1$，自己$_1$，C$_2$，T$_2$，v$_2$}

"李四"带下标"1"，表示它被选择 1 次，"C"带下标"2"，表示它被选择 2 次。在合并的时候，这些词项要用完。（13）不是（14）合并的结果，（14）合并的结果如下：

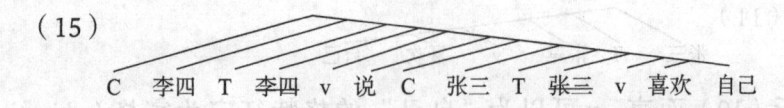

（15）

```
     C  李四  T  李四  v  说  C  张三  T  张三  v  喜欢  自己
```

（15）中的"李四"与"张三"也出现了 2 次，但这是复制的结果。

128

数据集是评价推导经济性的根据。两个推导式只有当它们的数据集相同时，才可以评价经济性，用来比较经济性的数据集叫参照集（reference set）。例如：

(16) a. N_1 = { 张三$_1$，喜欢$_1$，自己$_1$ }
　　　b. N_2 = { 张三$_1$，喜欢$_1$，自己$_1$，T_1，v_1 }

(16)中有两种不同的数据集，它们的合并结果分别是(9a)与(13)，表面看起来，(9a)的推导很"经济"，(13)的推导很"复杂"。但实际上，这种比较无效，不同的参照集不能比较推导的经济性。例如：

(17) N={ there$_1$, T_1, seems$_1$, to$_1$, be$_1$, someone$_1$, in$_1$, the$_1$, room$_1$ }
(18) a. there T seems ~~there~~ to be someone in the room
　　　b. There seems to be someone in the room.
(19) a. *There seems someone to ~~someone~~ be in the room
　　　b. *There seems someone to be in the room.

(18b)与(19b)的数据集都是(17)，所以(17)可以作为评价经济性的参照集。(18b)是由(18a)推导而来，(19b)是由(19a)推导而来，两者的差别在于合并（外部合并）优先还是移位（内部合并）优先，(18a)优先合并"there"，(19a)是优先移位"someone"。优先合并的(18)合法。所以，Chomsky（1995）认为移位的代价比合并高。

(20) N ={ T_1, seems$_1$, to$_1$, be$_1$, someone$_1$, in$_1$, the$_1$, room$_1$ }
(21) a. someone seems ~~someone~~ to ~~someone~~ be in the room
　　　b. Someone seems to be in the room.

尽管(21a)中的"someone"一直在移位，但它却合法，而采用合并策略的(19)却不合法。(21)的参照集是(20)，(19)的参照集是(17)，两者不同，不能比较。

（22）a. There is a possibility that a man will be ~~a man~~ in the room
　　　b. There is a possibility that a man will be in the room.
　　　c. N={ there$_1$, T$_1$, is$_1$, a$_2$, possibility$_1$, that$_1$, man$_1$, will1, be$_1$, in$_1$, the$_1$, room$_1$ }

（22）很像（19），但（22）合法。为解释它们的对立，Chomsky（2000）将数据集改称词汇阵列（lexical array），阵列（array）在 Chomsky（1995）中已经存在，如指出阵列（至少）是数据集。Chomsky（2000）建议针对层阶（phase）设独立的词汇子阵列（separate lexical subarray）。（22b）的从属子句是层阶，所以需要从（22c）和（23a）中取出独立的词汇子阵列（SA）来。例如：

（23）a. LA ={ there$_1$, T$_1$, is$_1$, a$_2$, possibility$_1$, that$_1$, man$_1$, will$_1$, be$_1$, in$_1$, the$_1$, room$_1$ }
　　　b. SA = { that$_1$, a$_1$, man$_1$, will$_1$, be$_1$, in$_1$, the$_1$, room$_1$ }

在这个独立的层阶中，没有"there"，自然也就无法让"there"参与合并。（19）中的从属子句是非限定子句，算不上层阶，所以它没有独立的词汇子阵列，（18）跟（19）才会构成竞争关系，最后因合并优先于移位，而（18）获胜。

（24）A possibility is [$_{CP}$ that there will be a man in the room]

（24）跟（22b）的词汇阵列都是（22c），但两者并无竞争关系，这是因为两者的独立的词汇子阵列不同。例如：

（25）SA={ that$_1$, there$_1$, will$_1$, be$_1$, a$_1$, man$_1$, in$_1$, the$_1$, room$_1$ }

✑ 合并后的标签

合并操作针对两个句法体，它们或为两个词项，或为两个短语，或为一个词项一个短语。词项是句法最小的单位，可记作核心 X 与 Y，短语可记作 XP 与 YP。例如：

(26) a. γ = {X, YP}
　　 b. γ = {X, Y}
　　 c. γ = {XP, YP}

对于句法体的标签（label），Chomsky（2013）的建议是：（26a）以 X 为标签，可记作 XP；（26b）以 X 为标签，当且仅当 Y 没有标签。（26a）很简单，就是向心性（endocentricity）要求；（26b）是通过取消其中一个核心（head）的范畴（category），由另一核心提供标签，实际上就是一个功能核心（functional head）与一个没有范畴的词根（unlabeled lexical root）合并。例如：

(27) a. [n √book + n]
　　 b. [v √book + v]

（27）是"book"的名词用法与动词用法，分别由轻名词 n 与轻动词 v 决定。Chomsky（2013）指出动词可能是没有范畴的词根，扩展动词的轻动词 v 有两类，一类是针对非受格动词（unaccusative verb）与被动动词（passive verb）的 v，另一类是针对及物动词与非作格动词（unergative verb）的 v*。这种分类主要是针对 phi 特征集的完整与否。对专有名词，他认为其形式可能是"{D, {n, R}}"，D、n、R 分别是限定范畴（determiner）、轻名词与词根（root）。n 起着定类的作用，D 起着限定的作用，使之变成 DP。例如：

(28) 张三吃饭。

其中的"张三"，如果没有 n，就不能被识别为名词（noun）；根据（26a），如果"张三"仅是名词，跟"吃饭"这样的短语合并之后，就会被识别为核心，整个结构就会变成 NP。为了阻止"张三吃饭"变成名词短语（noun phrase），只能让"张三"变成短语，如限定短语 DP，然后采用（26c）计算（28）。

（26c）中的短语是对称的，在提供标签上会互不承让。Chomsky（2015）的解决办法是移出一个短语，以另一短语的标签为标签，或以它们共同的特征为标签。例如（29a）：

（29）a.
```
        <phi, phi>
        /        \
       DP         TP
                 /  \
                T    vP
                    /  \
                   D̶P̶   vP
                       /  \
                      v    VP
```

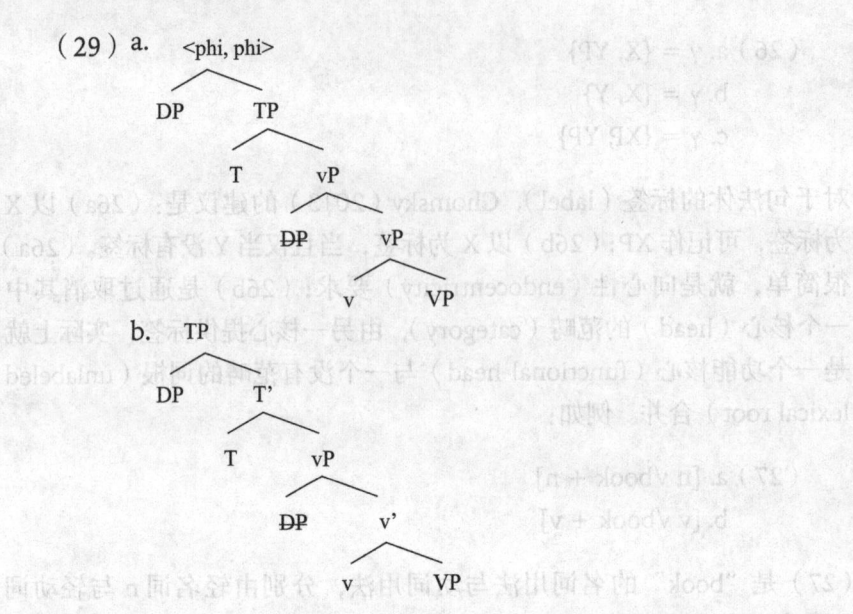

b.
```
         TP
        /  \
       DP   T'
           /  \
          T    vP
              /  \
             D̶P̶   v'
                 /  \
                v    VP
```

自底向上看，(29a) 除了 v 与 VP，第一个句法体是 {v, VP}，以 v 为标签得到 vP。第二个句法体是 {DP, vP}，因为两个都是短语，得不到合适的标签。为了得到标签，DP 需要移位并被删除，删除的 DP 不可见，所以仍为 vP。第三个句法体是 {T, vP}，以 T 为标签得到 TP。第四个句法体是 {DP, TP}，按理它像 {DP, vP} 一样不容易得到标签，但考虑到它们有匹配 (match) 的可进行一致操作的 phi 特征集，所以可标记为 <phi, phi>。注意，(29a) 没有采用 (29b) 那样的 X'-图示，这是因为 X'-图示在最简方案中已经被取消，因为它不符合包含限制 (inclusiveness condition)。Chomsky 的标签理论 (labeling theory) 有很多动因，其中非常重要的一条，就是要取消 EPP 特征，vP 中的主语 DP 上移到 TP 的主语位置，以前是假定 T 有不可解释的 EPP 特征；现在的假定是 DP 跟 vP 合并的句法体 {DP, vP} 需要标签。

接着说句子 (S) 的标签，(29) 中的 DP 具有完整的 phi 特征集，TP 也具有完整的 phi 特征集，所以它们合并以后的标签为 <phi, phi>。如果其中的一个成分的 phi 特征集不完整，而另一个成分的 phi 特征集完整，按理就得不到标签。例如：

(30) a. there T seems [α ~~there~~ [TP to be someone in the room]]
   b. There seems to be someone in the room.
(31) a. There seems [α someone [TP to ~~someone~~ be in the room]]
   b. *There seems someone to be in the room.

（30）中的 α 可以取得标签，如 TP；（31）中的 α 不能取得标签，因为"someone"的 phi 特征集完整，而 TP 的 phi 特征集不完整。没有标签，就不能获得完全解释，所以（31b）不合法。注意，（31b）在（19b）处是通过合并优先于移位解释的，这里则是通过标签解释的。

(32) a. *It is likely [α there [TP to be a man in the room]]
   b. *It seems [α there [TP to be a man in the room]]

"there"的 phi 特征集不完整，以"to"为核心的 TP 的 phi 特征集也不完整。（32）不合法，如果也要通过标签解释的话，则可认为由两个 phi 特征集不完整的短语构成的句法体没有标签。由此可见，两个短语构成的句法体，只有在特征相同且完整的情形下才有标签。

(33) a. There is a possibility that [α a man [TP will be [β ~~a man~~ in the room]]]
   b. There is a possibility that a man will be in the room.
(34) a. A possibility is that [α a man-there [TP will be [β ~~a man~~ in the room]]]
   b. A possibility is that there will be a man in the room.

（33a）中的"a man"移位之后，β 可以得到标签 PP。（34a）中如果没有"a man"移位，则不仅 β 没有标签，α 也会没有标签，但如果移位，α 与 β 都可以得到标签。"a man"移位，用 Chomsky（1995）的话说，就是因为"there"是 LF 层的词缀（affix）。标签用于语义解释，所以它是在 LF 层获得的，而不是在狭义句法中获得的。

在特指疑问句中，标补短语 CP 与疑问短语都有 Q 特征，由它们合并而成的句法体可标记为 <Q, Q>。例如：

(35) a. Which dog does Mary like?
　　　b. [<Q, Q> [Which dog] [CP [C does] Mary like]]

如果特征不相同，就不能获得标签，需要进一步移位。例如：

(36) a. In which Texas city did they think JFK was assassinated?
　　　b. [β In which Texas city [CP [C did] they think [α in which Texas city [CP C [JFK was assassinated in which Texas city]]]]]

从属子句的核心 C 没有 Q 特征，与之合并的"in which Texas city"有 Q 特征，两者没有共同的特征，所以 α 得不到合适的标签。移位到主句以后，因为主句的核心 C 有 Q 特征，所以 β 可以得到标签，如 <Q, Q>。

(37) a. They thought JFK was assassinated in which Texas city?
　　　b. *They thought [α in which Texas city [C [JFK was assassinated t]]]

(37a) 在特定场合可以说，但 (37b) 却不能说，Chomsky (2013) 认为这跟标签有关，(37b) 中的 α 得不到标签。

(38) They wondered [α in which Texas city [β C [JFK was assassinated]]]

(38) 的形式跟 (37b) 相同，但前者合法，因为前者中的 α 可以得到标签，如 <Q, Q>。

(39) a. Who do you think [α t [β C [we should talk [to t]]]]
　　　b. *Who do you think [α [to t] [β C [we should talk t]]]
　　　c. To whom do you think [α t [β C [we should talk t]]]

(39a) 中 α 的标签是 CP，(39c) 中 α 的标签也是 CP，(39b) 中的 α 得到的可能是错误的标签，如 PP，因为"to t"的标签为 P，它跟 β (=CP) 合并，会被识别为核心。Rizzi (2015) 认为 (39b) 中的 α 得不到标签，这是因为他仍然将"to t"看作 PP，所以 α 是 PP 和 CP 的组合，自然得不到标签。我们说"to t"的标签为 P，是因为"t"不可见。

∞ 小结

合并就是把两个句法体组合起来，传统语法也是如此，只是生成语法在合并时有一些限制，如双分枝限制。为了生成合法的句子，生成语法要求先将合并的词项选到数据集中，这主要是为建立参照集以方便比较推导是否经济。在最初合并的时候，Chomsky（1995）并不设置标签，但后来为了语义解释，Chomsky（2013，2015）等论著又重新引进标签并提出标签计算，如让核心决定标签，核心是有标签的词或功能核心；在无法决定标签的时候，诱发其中的一个成分移位，或以它们共同的完整特征作标签。标签理论，取消了中间投射（intermediate projection），也取消了向心性限制，移位不再是为了探针（probe）的 EPP 特征。

参考文献

Baker, M. 1988. *Incorporation: A Theory of Grammatical Function Changing*. Chicago: University of Chicago Press.

Chomsky, N. 1995. *The Minimalist Program*. Cambridge: MIT Press.

Chomsky, N. 2000. Minimalist inquiries: The framework. In R. Martin, D. Michaels & J. Uriagereka (Eds.), *Step by Step: Essays on Minimalist Syntax in Honor of Howard Lasnik*. Cambridge: MIT Press, 89–156.

Chomsky, N. 2008. On phases. In F. Robert, C. Otero & M. Zubizarreta (Eds.), *Foundational Issues in Linguistic Theory: Essays in Honor of Jean-Roger Vergnaud*. Cambridge: MIT Press, 133–166.

Chomsky, N. 2013. Problems of projection. *Lingua*, (130): 33–49.

Chomsky, N. 2015. Problems of projection: Extensions. In E. Domenico, C. Hamann & S. Matteini (Eds.), *Structures, Strategies and Beyond: Studies in Honour of Adriana Belletti*. Amsterdam: John Benjamins, 3–16.

Rizzi, L. 2015. Notes on labeling and subject positions. In E. Domenico, C. Hamann & S. Matteini (Eds.), *Structures, Strategies and Beyond: Studies in Honour of Adriana Belletti*. Amsterdam: John Benjamins, 17–46.

核心　　　　　　　　　　　　　　　　　　　　　　HEAD

Head 与 center 都是 Bloomfield（1933）提出的概念，袁家骅等（1980）将 head 译为"中心词"，将 center 译为"中心语"。这种译法可能弄反了，center 是词（word），应译为"中心词"；head 可以是词，也可以是短语（phrase），应译为"中心语"或"中心"。Jackendoff (1977) 建议用 X^0 与 X^{n-1} 两种方式定义 X^n 的 head，他认为这是对 Bloomfield 传统的继承，后来的学者大多只用 X^0 定义 head，强调 head 的原子性，所以 head 应译为"核心"。词法中的核心为语素（morpheme），句法（syntax）中的核心为词。该概念主要用来描写句法中与之共现的成分（constituent）及其位置和所带标记。

✑ 核心的定义

核心是决定所在结构（structure）的范畴（category）的成分。在生成语法的句法中，核心只能是词，它决定了所在结构的类别／范畴。在管辖与约束理论（Government and Binding Theory）中，短语是核心的投射，如动词短语 VP 是核心 V 的投射。依附于核心的成分被称为从属成分（dependent）。例如：

(1) a. [$_{NP}$ very bright [$_N$ sunflowers]]
　　b. [$_{VP}$[$_V$ overflowed] quite quickly]
　　c. [$_{AP}$ very [$_A$ bright]]
　　d. [$_{AdvP}$ quite [$_{Adv}$ quickly]]
　　e. [$_{PP}$[$_P$ inside] the house]

(1) 中的 N、V、A、Adv 与 P 是各自短语中核心的范畴，它决定着所在短语的范畴，如名词短语 NP、动词短语 VP、形容词短语 AP、副词短语 AdvP 与介词短语 PP。此外，核心还能决定整个短语的意义，如 (1a) 是关于 "sunflowers" 这种向日葵的描述，(1b) 是关于 "overflow"

这种漫溢行为的描述。核心还决定从属成分的一些形态特征，例如：

（2）a. ein　　　　schöner　　　　　　　　　Tag
　　　　a　　　　　beautiful: NOM.M.SG　　　day
　　　　'a beautiful day'
　　　b. [NP[D ein] [AP schöner] [N Tag]]

（2）是德语的例子，名词短语（noun phrase）的核心是"Tag"，该核心决定了修饰语"schöner"的主格（nominative case）、阳性和单数形态特征。

核心还选择与之共现的成分。在一些构式（construction）中，句法槽（slot）具有特殊的地位，因为填入该槽位的成分必须在词库（lexicon）中被登录，而其姐妹成分没有如此的限制。这就是子范畴选择的限制。如"give"，在词库中被要求它只能填入"＿＿ NP NP"或"＿＿ NP to + NP"的槽位，而"donate"只能填入"＿＿ NP to + NP"的槽位。跟子范畴选择相关的信息，目前叫范畴选择（c-selection）。例如：

（3）a. give Kim money
　　　b. give money to Kim
（4）a. *donate Kim money
　　　b. donate money to Kim

在句法中，核心是词。两个成分合并（merge）时，词为核心，短语为非核心。在"V + NP"中，V为核心；在"P + NP"中，P为核心；在"C + IP"中，C为核心。两个成分都是"词"时，其中一个是充当核心的词，另一个实为充当非核心的短语。如"D + N"，由于D与N都是词，核心确定会有困难。Zwicky（1985）从选择性的角度认为D为核心。例如：

（5）a. each penguin/*penguins/*sand
　　　b. many *penguin/penguins/*sand
　　　c. much *penguin/*penguins/sand

137

（5）中体现了选择性，即"each"只选择单数可数名词，"many"只选择复数可数名词，"much"只选择不可数名词。"each""many""much"是核心，剩余部分是非核心，非核心是以词的身份充当短语。例如：

(6) a. [$_{DP}$[$_D$ each][$_{NP}$[$_N$ penguin]]]
　　b. [$_{DP}$[$_D$ many] [$_{NP}$[$_N$ penguins]]]
　　c. [$_{DP}$[$_D$ much] [$_{NP}$[$_N$ sand]]]

○ 词汇核心

词汇核心是由词汇范畴（lexical category）充当的核心。词汇范畴包括名词（noun）、动词（verb）、形容词（adjective），甚至介词（preposition）。名词充当名词短语的词汇核心，两者所指的实体（entity）相同。如"computer man"，这是个名词短语，"man"和整个结构的所指相同，范畴也相同，所以"man"为核心；虽然"computer"和整个结构的范畴也相同，但两者所指不同，所以"computer"不是该结构的核心。"man"是词汇核心，投射出NP。"computer"是附加语（adjunct），附加在NP上。"that"是功能核心D，投射出DP。例如：

(7) [$_{DP}$[$_D$ that][$_{NP}$[computer][$_{NP}$[$_N$ man]]]]

动词充当动词短语（verb phrase）的词汇核心，它会和补足语（complement）组合，附加语可以附VP上。助动词（auxiliary verb）如"have""be""will"等是功能范畴（functional category）。例如：

(8) a. George will [have read the book completely]
　　b. [$_{IP}$[$_{DP}$ George][$_{I'}$[$_I$ will] [$_{AspP}$[$_{Asp}$ have][$_{VP}$[$_{VP}$[$_V$ read][$_{NP}$ the book]] [$_{AdvP}$ completely]]]]]

（8）中的动词"read"是VP的词汇核心，它决定着所在短语的范畴，"the book"是它的补足语，位于它的姐妹节点；"completely"是附加语，附加在VP上；"have"是时体助词，投射为AspP。

形容词是形容词短语（adjective phrase）的词汇核心，它会和补足语组合，附加语可以附在 AP 上，量度范畴是功能范畴。例如（9），其中"fond"是 AP 的词汇核心，它决定着所在结构的范畴：

（9）a. John isn't [that fond of Mary]
　　　b. [AP [A fond][PP of Mary]]

介词是介词短语（prepositional phrase）的词汇核心，它会和补足语组合，附加语可以附在 PP 上。例如（10），"on"是 PP 的词汇核心，它也决定着所在结构的范畴：

（10）a. put it [right on the top shelf]
　　　 b. [PP [P on][NP the top shelf]]

⋘ 核心与从属成分的标记

核心是决定所在结构的范畴的成分。Payne（1997）将核心定义为决定整个短语句法功能（syntactic function）的成分。这里的句法功能实际上就是范畴，如将附置词（adposition）认定为附置词短语的核心，他的理由是附置词能赋予附置词短语特定的句法性质，如没有附置词，该短语就会仅仅是个名词性的短语。Payne（1997）也将短语中核心之外的成分称为从属成分。从属成分跟核心之间的关系，叫依存关系（dependency relation）。依存关系有两种基本类型：管辖（government）关系和修饰关系。

在管辖关系中，从属成分是强制性的。管辖关系中的从属成分是论元（argument），是补足语，在有些语言中不能被删除（deletion）。例如：

（11）a. My brother came home at noon.
　　　 b. *My brother came home at.

（11）中的"at"是介词短语的核心，"noon"是它的补足语，受"at"管辖，具有强制性，不能删除。

139

句法学
核心概念与关键术语

在修饰关系中，从属成分是非强制性的。修饰关系中的从属成分是附加语，一般可以被删除。例如：

(12) a. She drove home slowly.
　　 b. She drove home.

(12)中的"slowly"是动词短语"drove home"的修饰语，该动词短语的核心是"drove"。修饰语具有非强制性，可以删除。

核心与从属成分间的依存关系，可以标记在核心上，也可以标记在从属成分上。据此，可以将语言分成核心标记语言（head marking language）与从属标记语言（dependent marking language）。这里的核心主要是词汇核心，从属成分就是词汇核心之外的成分。

从属标记语言，是将依存关系标记在从属成分（附加语与补足语）上的语言。核心标记语言，是将依存关系标记在词汇核心上的语言。例如：

(13) a. Mary's book
　　 b. the door of the house

(13a)中词汇核心是"book"，"Mary's"被看作它的从属成分，这里的依存关系是用后附词（enclitic）"'s"标记在从属成分上；(13b)中词汇核心是"door"，"of the house"被看作它的从属成分，这里的依存关系是用介词"of"标记在从属成分上。所以，英语被认为是一种从属标记语言。

(14) a　　　　tanító　　　　könyv-e
　　 the　　　teacher　　　book-POSS.3SG
　　 'the book of the teacher'

(14)是匈牙利语的例子，其中的词汇核心是"könyv"，该核心带有第三人称所有格标记"-e"，而从属成分"tanító"没有标记。所以，匈牙利语被认为是核心标记语言。

(15) pəne　　　　　ha　　　　　'ares
　　　face-CONSTR　the　　　　earth
　　　'the face of the earth'

（15）是古希伯来语的例子，其中的词汇核心是名词"pəne"，其正常形式是"panim"，依存关系通过重音转换（accent shift）编码在该核心上。

有些语言既可以在词汇核心上标记依存关系，也可以在从属成分上标记依存关系，它们被称为双重标记语言（double marking language）。例如：

(16) Ahmed-in　　　　hanım -ı
　　　Ahmed-GEN　　　wife-POSS.3SG
　　　'Ahmed's wife'

（16）是土耳其语的例子，其词汇核心是"hanım"，该核心带有所有格后缀"-ı"，从属成分是"Ahmed"，它的后边也有属格（genitive case）后缀"-in"。这是双重标记语言。

依存关系除修饰关系之外，还有管辖关系。在管辖关系中，依存关系的标记也可以落在动词的补足语上，如补足语带上格词缀或介词。例如：

(17) b-ərešit　　　　bara'　　　elohim　　　et
　　　in-beginning　create: PERF　God　　　OBJ
　　　ha-ššamaim　　wə　　　　et　　　　ha-'ares.
　　　the-heavens　　and　　　OBJ　　　the-earth
　　　'In the beginning God created the heavens and the earth.'

（17）是古希伯来语，该动词的补足语（宾语）是并列结构（coordinate construction），两个并列项（conjunct）都带有直接宾语（direct object）标记"et"。直接宾语是动词的从属成分。所以，古希伯来语是从属标记语言。

在管辖关系中，依存关系的标记也可以落在动词上，如动词带上词缀（affix）。例如：

141

（18）zuhaitz-a   ikusten   d-u-t.
　　　 tree-ART   see   3SG-have-1SG
　　　 'I see the tree.'

（18）是巴斯克语的例子，依存关系的标记落在动词上，标记主语（subject）和直接宾语的词缀都落在动词"u"上。所以，巴斯克语是核心标记语言。

零标记就是无论从属成分还是核心上，都没有显性的形态句法标记。汉语缺乏性（gender）、数、人称、格（case）、时制（tense）这样的屈折形式，无论是主语、宾语（object）还是谓语动词（predicator）都不会有标记形式。领属短语，像"张三的房子"，可以认为领属标记落在从属成分上，这是因为"的"为附缀词（clitic）。

✿ 核心参数

核心参数（head parameter），是指核心在其补足语的前边还是后边。英语被称为右分枝语言（right-branching language），所有的核心都在其补足语的前边，也称核心在前语言（head-initial language）；日语被称为左分枝语言（left branching language），所有的核心都在其补足语的后边，也称核心在后语言（head-final language）。核心与其补足语的语序（word order）决定于核心参数。

核心在前语言的语序：第一，动词位于它的宾语和各种补足语之前；第二，介词位于它的补足语之前；第三，标补范畴（complementizer）位于它的补足语之前。

核心在后语言的语序：第一，动词位于它的宾语和各种补足语之后；第二，介词位于它的补足语之后；第三，标补范畴位于它的补足语之后。

汉语有些特殊，核心为动词与介词的时候，都能在其补足语之前，如"吃饭""在北京"；但核心为标补范畴的时候，却在补足语之后，如

"你去南京吗"中的"吗"在补足语之后。

现在一般不用核心参数。Borer（1984）将所有的参数归结为词项（lexical item），特别是功能成分（functional element），这后来就演化为"博雷尔－乔姆斯基猜想（Borer-Chomsky Conjecture）"，即语法具有共性，变异（variation）只在功能范畴。相应的，核心参数就会取消。最先取消核心参数的是 Kayne（1994），他建立了线性对应公设（linear correspondence axiom），该公设认为普遍语序是核心在前（head-initial），而日本学者则认为核心在后（head-final）是普遍语序。熊仲儒（2001）在研究汉语的时候，提出"词汇核心在后，扩展它的功能核心（functional head）在前"的普遍语序。这三种语序中的某一种是不是普遍语序，尚需研究。按照 Biberauer et al.（2007）的"后盖后限制"（Final-over-Final Constraint），这三种语序都可以存在。"后盖后限制"是说，在同一扩展投射（extended projection）中核心在后的范畴只能以核心在后的短语为补足语。例如：

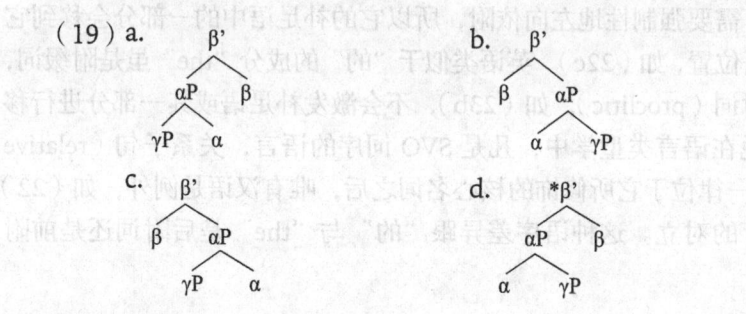

（19）a. β' b. β'
       αP β   β αP
       γP α   α γP

     c. β'   d. *β'
       β αP   αP β
         γP α   α γP

在这些图示中，β 扩展 α，只有（19d）不合法。（19a）反映的是"核心在后"的语序，（19b）反映的是"核心在前"的语序，（19c）反映的是"词汇核心在后，扩展它的功能核心在前"的语序。"你去南京吗"违反了"后盖后限制"，即表现为（19d）。为遵守"后盖后限制"，可认为"吗"与"去"不在同一扩展投射。熊仲儒（2003）认为（19c）是普遍语序。例如：

（20）a. 你会去南京吗？
      b. [CP[ ][C' [C 吗][TP 你会去南京]]]
      c. [CP[你会去南京][C' [C 吗][TP 你会去南京-]]]

（21）a. Will you go to Nanjing?
　　　b. [CP[ ][C'[C][TP you will go to Nanjing]]]
　　　c. [CP[ ][C'[C will₁][TP you t₁ go to Nanjing]]]

作为功能核心的"吗"本来核心在前，如（20b），但由于它是轻声的功能范畴，需要强制性地左向依附，所以它的补足语会移到它的指示语（specifier）位置供它依附，如（20c）。英语类似于"吗"的成分 C 没有语音形式，如（21b），它会激发核心"will"移位，如（21c）。

（22）a. 我喜欢的老师
　　　b. [DP[ ][D'[D 的][nP[老师₁][n'[n][TP 我喜欢 t₁]]]]]
　　　c. [DP 我喜欢 t₁][D'[D 的][nP[老师₁][n'[n][TP 我喜欢 t₁]]]]]
（23）a. the teacher that I like
　　　b. [DP[ ][D'[D the][nP[teacher₁][n'[n that][TP I like t₁]]]]]

作为功能核心的"的"本来核心在前，如（22b），但由于它是轻声的功能范畴，需要强制性地左向依附，所以它的补足语中的一部分会移到它的指示语位置，如（22c）。英语类似于"的"的成分"the"虽是附缀词，但为前附词（proclitic），如（23b），不会激发补足语或其一部分进行移位。据说在语言类型学中，凡是 SVO 词序的语言，关系子句（relative clause）一律位于它所修饰的核心名词之后，唯有汉语是例外，如（22）与（23）的对立。这种语序差异跟"的"与"the"是后附词还是前附词有关。

☙ 小结

核心决定所在成分的范畴及其分布（distribution），也选择一定的成分与之共现。决定所在短语的分布与选择一定的成分与之共现，都跟选择（selection）有关。前者是被动选择，即由别的核心的范畴选择规定；后者是主动选择，即由自身的范畴选择规定。Bloomfield（1933）在核心的判断上强调分布，在核心与从属成分具有修饰关系与并列关系时，跟当代语言学的判断差距不大；在核心与从属成分具有管辖关系时，跟当代语言学的判断差距很大。这是因为分布不仅仅跟选择有关，还跟省略（ellipsis）、格等有关。当代语言学只看一条标准，就是范畴，即决不决定所在短语的范畴。能决定所在短语范畴的原子成分是核心。核心标记、从属标记与核心参数等的核心，强调的是词汇范畴所充当的核心，而当代语言学更强调功能范畴所充当的核心。

参考文献

布龙菲尔德. 1980. 语言论. 袁家骅等译. 北京：商务印书馆.

熊仲儒. 2001. 自然语言的词序. 现代外语，(4): 372–386.

熊仲儒. 2003. "来着"的词汇特征. 语言科学，(2): 58–65.

Biberauer, T., Holmberg, A. & Roberts, I. 2007. Disharmonic word order systems and the final-over-final-constraint (FOFC). In A. Bisetto & F. Barbieri (Eds.), *Proceedings of the XXXIII Incontro di Grammatica Generativa*. Bologna: University of Bologna, 86–105.

Bloomfield, L. 1933. *Language*. New York: Holt.

Borer, H. 1984. *Parametric Syntax: Case Studies in Semitic and Romance Languages*. Dordrecht: Foris.

Jackendoff, R. 1977. *x-bar Syntax*. Cambridge: MIT Press.

Kayne, R. 1994. *The Antisymmetry of Syntax*. Cambridge: MIT Press.

Payne, T. 1997. *Describing Morphosyntax: A Guide for Field Linguists*. Cambridge: Cambridge University Press.

Zwicky, A. 1985. Heads. *Journal of Linguistics*, (21): 1–30.

话题　　TOPIC

　　话题（topic）是语用学和语法学中的一个重要概念。人们把句子分成述题（comment）与话题两个部分，常将话题跟话语结构（discourse structure）、交际意图（communicative intent）、交际动力（communicative dynamism）、功能句子视角（functional sentence perspective）等关联。赵元任（1979）、Hockett（1958）等结构主义（structuralism）语言学家也使用"话题"这一术语分析汉语。该概念主要用于语用与语法描写。

◎ 话题的定义

　　话题是子句（clause）或话语所要关涉（aboutness）的人、事、物，跟话题相对的概念是述题。述题是对所关涉的人、事、物的说明。说话题是子句所关涉的对象，是把话题当作子句层面的概念（clause-level notion），该定义相信每个子句或差不多每个子句都有一个话题；说话题是话语所关涉的对象，是把话题当作话语层面的概念（discourse-level notion），对该定义而言，话语中并非每个子句都会有话题。例如：

（1）a. 杯子被张三打碎了。
　　 b. 杯子，张三打碎了。
（2）a. 我昨天去了芜湖。
　　 b. 昨天我去了芜湖。
（3）a. 鱼，他只吃臭鳜鱼。
　　 b. 菜，他喜欢徽州菜。

（1）—（3）中句首画线部分都是话题，剩余部分是它的述题。（1）中的"杯子"是动词的受事，（1a）通过被动化提到句首，（1b）通过话题化提到句首。（2a）中的"我"是动词的施事（agent），也是其句法主语；（2b）中的"昨天"是动词的时间成分，本是状语（adverbial）。（3）中

核心概念篇

的"鱼"和"菜"跟"吃""喜欢"没有论元—谓词关系,是"悬垂话题"。这些成分(constituent)都通过关涉成为话题。Shyu(2014)认为"关涉"不好,她说"那些树,树身大"中的"那些树"不是述题关涉的对象,而只是起"框架设置"(framework-setting)的功能。Shyu(2014)是从"大"的角度来看的。从 Li & Thompson(1981)的表述来看,框架就是句子关涉的对象。Chafe(1976)的框架是从英语的角度看的,所以他会强调主要述谓结构(main predication)。在英语中,不管是时间、空间还是个体,都会跟主要述谓结构或主要谓词发生关联。汉语的话题或为双主语句的第一个主语,如"那些树,树身大"中的"那些树";或为由空位(gap)关联的话题,如(1b)中的"杯子";或为跟述题无空位关联的话题,如(3a)中的"鱼"。双主语句中的话题,跟主要谓词或主要的述谓结构关系不大。

话题是说话人言谈的出发点(point of departure),说话人一般会选择听话人熟悉的信息开场。所以,话题通常是已知信息,或为说话者与听话者共享的信息,听话人是不是真的知道该信息也不是特别重要,它可以是说话人假定听话人知道的信息。如(1a),说话人选择"杯子"作话题之前,说话人要知道有这么一个杯子,他/她也得假定听话人也知道该杯子。否则,(1a)就会让人有突兀的感觉。话题是旧信息或共享信息,述题就会是新信息或为听话人所不知道的信息。正因为如此,人们通常把话题视为旧信息或共享信息。

话题性(topicality)是一个梯度性(scale)的话语概念,该概念认为每个名词性参与者(nominal participant)都有一定程度的话题性,强弱差别跟其自身的特征和在语篇中提及的频率有关。一般来说,人类提及的可能性比非人类高,控制事件的实体(entity)提及的可能性比受控实体高,所以表示人类与能控制事件的实体更容易充当话题;言语行为参与者(第一人称与第二人称)在任何话语中都更容易提及,说话人或听话人可见的实体比其他实体在说话中更容易提及,已经提及的所指对象比其他对象更容易提及,所以容易提及的实体话题性更高。

很多学者都认同汉语是话题突显型(topic-prominent)语言的观点,

147

其中很重要的证据是照应（anaphora），汉语是话题照应，而不是主语照应。例如：

(4) a. 那块田$_1$，稻子$_2$长得很好，所以Ø$_{1/*2}$很值钱。
　　b. 老吴$_1$欠了我$_2$两百块钱，Ø$_{1/*2}$一直说Ø$_{1/*2}$没有钱还。

(4a)值钱的是"那块田"，而不是"稻子"；(4b)中"一直说"的是"老吴"而不是"我"，"没钱"的也是"老吴"而不是"我"，这属于零形照应（zero anaphora）。话题在这里起着子句系联（clause-linking）的功能。

在功能语法（Functional Grammar）中，主位（theme）与述位（rheme）相对，主位在信息传递上贡献最小，不如述位的贡献大。主位相当于话题。在英语中，主位可以和主语重合，也可以不重合。例如：

(5) a. [The man] is going.
　　b. [His hair] I can't stand.
　　c. [Smith] her name was.
　　d. [Under no condition] will he…

主位移到句首的操作，叫主位化，也叫话题化。这里的主位就是话题。Dik的功能语法认为主位和话题不同，他们认为话题在句法（syntax）上属于句子内部的成分，而主位是左置成分（left-dislocated constituent），在句法上属于句子的外部成分，如将(6)中的"as for Paris"分析为主位，而将"the Eiffel Tower"分析为话题。

(6) As for Paris, the Eiffel Tower is impressive.

☙ **话题的标记**

英语的话题有语调标志，Rizzi（1997）称之为"停顿语调"（comma intonation），而意大利语的话题有词汇上的显性标志。例如：

(7) a. [Il　gelato]　　l' ho　　　　mangiato　tutto io
　　　the ice cream　it have: 1SG　eaten　　　all　 I
　　　'The ice cream, I ate it up all by myself.'

    b. [Il   tuo   libro],   lo   ho   letto
       the   your   book   it   have:1SG read
       'Your book, I have read it.'

（7）是意大利语的例子，话题"il gelato""il tuo libro"为平常语调，它跟附于动词的附缀词"l(o)"共指。如果该话题留在宾语位置，该附缀词就不会出现。这有点类似于汉语中的"所"。例如：

   （8）这本书，我所写。

   日语的主语的标记为"ga"，宾语的标记为"o"，话题标记为"wa"。当"wa"被选用以后，它会遮盖掉（overlay）主语标记与宾语标记。例如：

   （9）a. taroo   ga   hon   o   katta.
         Taro   SUBJ   book   OBJ   bought
         'Taro bought a book.'
       b. taroo   wa   hon   o   kata.
         Taro   TOP   book   OBJ   bought
         'As for Taro, he bought a book.'
       c. hon   wa   taroo   ga   kata.
         book   TOP   Taro   SUBJ   bought
         'As for the book, Taro bought it.'

（9）是日语的例子，（9a）只有主宾语的标记，（9b）中的"wa"标记主语作了话题，（9c）标记宾语作了话题。日语的"wa"与汉语语气词是不是话题标记，也有一些争议。汉语学者认为汉语中的语气词可作话题的标记，如（10）中的"啊"与"呢"。

   （10）a. 这本书啊，我还没看完。
        b. 他呢，已经去了芜湖。

☙ 话题的位置

   话题在句首。跟话题位置相关的一个术语叫作"dislocation"，

"location"是位置,"dis-"是对其否定,说的是它不在原位,可译为"易位"(dislocation)。例如:

(11) a. <u>My father</u>, he likes Beethoven.
　　　b. <u>Beethoven</u>, now I enjoy his music.

(11a)中的"my father"与(11b)中的"Beethoven"都脱离原来的位置,易位在句首。这些易位在句首的成分,为话题。话题句(topicalization sentence)的规则如下(Payne,1997):

(12) S' → TOPIC S

(12)是说话题在 S 的左侧。该规则把话题看作子句层面的概念,在该规则中,话题是一个结构(structure)概念,而非语用概念或话语概念。Rizzi(1997)根据 X'-理论(X-bar theory)重新进行了表述。

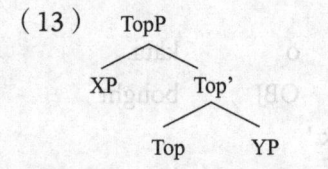

(13)
```
        TopP
       /    \
      XP    Top'
           /    \
         Top    YP
```

Top 是话题范畴,(13)是一个以 Top 为核心的短语结构,其指示语(specifier)XP 为话题,其补足语(complement)YP 为述题。简单地说,话题位于 XP 位置,或者说位于话题范畴的指示语位置。Rizzi(1997)认为句子的左边界可以有多个话题,但只能有一个焦点(focus),其图示如下:

(14) a. [$_{ForceP}$[Force][$_{TopP*}$[Top][$_{FocP}$[Foc][$_{TopP*}$[Top][$_{FinP}$[Fin][IP]]]]]]
　　　b. Force > Top* > Foc > Top* > Fin > I

在英语中,that 占据 Force 位置,for 占据 Fin 位置。Foc 是焦点范畴,只有一个,它的左边与右边可以有多个 Top。至于在具体的语言中它如何选择,可能有参数上的差异。例如:

(15) a. The play, I saw yesterday.
　　　b. 那部戏剧,我昨天看了。

（15）中的"I"与"我"，都是主语，占据于 T 的指示语位置。"the play"与"那部戏剧"在"I"与"我"之前，它们只能分析为话题或焦点。因为左边界有多个话题位置，也有一个焦点位置，所以，理论上（15）中的"I"与"我"也能成为话题与焦点。事实会不会如此，需要检验。例如：

（16）a. *I, the play saw yesterday.
b. 我，那部戏剧昨天看了。

"the play"与"那部戏剧"是（逻辑）宾语，它在动词左边，表明它在 TP 之上，或为话题，或为焦点。（16）表明，英语左边界可以有一个话题或焦点；汉语左边界可以有两个（或多个）话题或一个（或多个）话题与一个焦点。

（17）a. John saw the play yesterday.
b. Yesterday John saw the play.
c. The play John saw yesterday.

从话题的角度看，（17a）的话题是"John"，（17b）的话题是"yesterday"，（17c）的话题是"the play"，"John"在（17b）与（17c）中都不会是话题。这是因为英语左边界只允许一个话题，英语没有所谓的次话题。

（18）a. 张三昨天看了那部戏剧。
b. 昨天张三看了那部戏剧。
c. 那部戏剧张三昨天看了。

从话题的角度看，（18a）中的"张三"与"昨天"都是话题，分别为主话题与次话题；（18b）中的"昨天"与"张三"都是话题，分别是主话题与次话题；（18c）中的"那部戏剧""张三""昨天"都是话题，分别是主话题、次话题与次次话题。

主话题、次话题与次次话题是根据句法位置划分的。层级位置最高的话题为主话题，低于它的为次话题，低于次话题的为次次话题。这类似于大主语、小主语的说法。赵元任等学者将汉语的话题都称为主语，生成语法中的主语是跟时制范畴进行一致操作（Agree）的成分。在（18）

中，语法上的主语都是"张三"，因为"张三"是"看"的外部论元（external argument），需要跟时制范畴进行一致操作的成分。

Aarts et al.（2014）指出，话题/述题对应于主语/谓语（predicate），但话题也可以是其他的语法成分。例如：

(19) a. The land will be sold to the government.
　　 b. More buildings we do not want in this village.
　　 c. At Layhams Farm, it is now proposed to construct a ski slope.
　　 d. Recreational it may be, but no development could be more inappropriate.

（19a）中的话题是主语，（19b）中的话题是直接宾语（direct object），（19c）中的话题是状语，（19d）中的话题是主语补足语（subject complement）。由此可见，一个成分要成为话题，需移到 TopP 的指示语位置，即意味着发生非论元移位（A'-movement），理论上，短语（phrase）都可以发生非论元移位。

❀ 汉语的话题

汉语缺乏形态变化，为了描写汉语的语法体系，学者们创造性地将话题当作汉语的主语。赵元任（1979）指出，在汉语里，把主语、谓语当作话题与述题来看待，比较合适。朱德熙（1982: 96）也指出："说话的人选来作主语的是他最感兴趣的话题，谓语则是对于选定了的话题的陈述。通常说主语是话题，就是从表达的角度说的，至于说主语是施事、受事或与事，那是从语义的角度说的，二者也不能混同。"自 Li & Thompson（1976）之后，一般都认为汉语是话题突显型语言。赵元任将话题和述题引进汉语分析时，并没有赋予话题独立的句法地位，也没有给话题下句法上的定义，而是声明所谓话题和述题对他来说都只是语义的概念，主语和谓语才是句法概念。Li & Thompson（1981）明确表示不同意赵元任的说法，他们主张赋予话题同主语相仿的句法地位，即主语是主语，话题是话题，两者可以重合，也可以不重合。

LaPolla（2009）认为话题已经足够描写汉语，没有必要再设置一个主语。熊仲儒（2013）与 Bisang（2016）等认为汉语不仅有话题，也有主语。

第一，有定性（definiteness）。Bisang 认为话题的关涉性预设着可及性概念（accessible concept），即不能是无定成分，而主语可以具有无定性。例如：

（20）a. 我打碎了一个杯子。
　　　b. *一个杯子我打碎了。
　　　c. 一个杯子被我打碎了。
　　　d. 一个杯子打碎了。

"一个杯子"是无定成分，它可以在宾语位置，但不能在主语之前，如（20a）与（20b）的对立，但在（20c-d）中，它在句首。Bisang 的分析是，（20c-d）中的"一个杯子"是主语，而（20b）中的"一个杯子"是话题。他认为（20）表明汉语的话题与主语在句法上是有别的。熊仲儒（2008，2013）也是从有定性区分话题与主语的。（20b）中的"我"是外部论元，它首先为解决格（case）问题而成为主语，所以"一个杯子"只能在 TP/IP 之上，充当话题，作焦点时需对举，如"一个杯子我打碎了，另一个杯子还是好好的"；作话题时不满足指称要求。（20c）是被动化，其中的"一个杯子"或为了格或为了 T 的主语特征（EPP 特征）而跟 T 建立一致关系（agreement），因此它是主语。（20d）是肇始句式（inchoative construction），"一个杯子"也会跟 T 建立一致关系，因此它也是主语。主语可允许无定成分。

第二，关系化。只有主语可以关系化，而话题不能关系化，如熊仲儒（2013）援引的例子。

（21）a. 小说，我喜欢红楼梦。
　　　　*我喜欢红楼梦的小说
　　　b. 我喜欢红楼梦。
　　　　喜欢红楼梦的人

（21）中的"我"是"喜欢"的外部论元，为了自身的格和 T 的 EPP 特征，它需要跟 T 建立一致关系，所以"我"是主语，在主语左边的"小说"只能是话题。话题不能关系化，如(21a)；而主语可以关系化，如(21b)。

（22）a. *意外发生了的那些人
　　　b. 发生了意外的那些人

（22a）中的"意外"是主语，"那些人"或为话题，或跟"意外发生了"没有句法上的关系，不管哪一种情形，（22a）都不合法。（22b）中"意外"是"发生"的宾语，这意味着"那些人"是"发生"的主语，所以它可以关系化。

Bisang 认为，为全景性勾勒汉语的话题，需要区分两种话题：一种是句法上跟述题关联的话题；另一种是语义上或语用上跟述题关联的话题。前者他称之为英语式话题（English-style topic），后者他称之为汉语式话题（Chinese-style topic）。例如：

（23）a. 李林$_i$，我批评过 ø$_i$。
　　　b. 那场火，幸亏消防队来得快。

在（23a）中，话题跟零宾语同标。在（23b）中，话题在述题中没有相应的提取位置，语义上通过集合/成员、抽象/实例（token）、过程（process）/步骤、客体（theme）/属性、概括/实例等发生关联。在生成语法中，这两种话题分别是移位（movement）生成的话题与基础生成的话题（熊仲儒，2013）。

☙ 小结

话题是述题关涉的对象，是子句或话语所要谈论的人、事、物。在句法上，是跟话题范畴建立一致关系的成分，移到话题范畴的指示语位置，或本身就在话题范畴的指示语位置。相应的，话题可分为移位生成的话题与基础生成的话题，前者通过空位或复指代词跟述题发生关联，后者通过语义或语用跟述题发生关联。英语的话题在数量上可能为 1，汉语的话题在数量上没有太多的限制。话题有一定的标记。

参考文献

熊仲儒. 2008. 汉语中无定主语的允准条件. 安徽师范大学学报，（5）：541–548.

熊仲儒. 2013. 当代语法学教程. 北京：北京大学出版社.

赵元任. 1979. 汉语口语语法. 吕叔湘译. 北京：商务印书馆.

朱德熙. 1982. 语法讲义. 北京：商务印书馆.

Aarts, B., Chalker, S. & Weiner, E. 2014. *The Oxford Dictionary of English Grammar*. Oxford: Oxford University Press.

Bisang, W. 2016. Chinese syntax. In S. Chan (Ed.), *The Routledge Encyclopedia of the Chinese Language*. London & New York: Routledge, 354–376.

Chafe, W. 1976. Givenness, contrastiveness, definiteness, subjects and topics. In C. Li (Ed.), *Subject and Topic*. New York: Academic Press, 25–55.

Hockett, C. 1958. *A Course in Modern Linguistics*. New York: Macmillan.

LaPolla, J. 2009. Chinese as a topic-comment (not topic-prominent and not SVO) language. In J. Xing (Ed.), *Studies of Chinese Linguistics: Functional Approaches*. Hong Kong: Hong Kong University Press, 9–22.

Li, C. & Thompson, S. 1976. Subject and topic: A new typology of language. In C. Li (Ed.), *Subject and Topic*. New York: Academic Press, 459–89.

Li, C. & Thompson, S. 1981. *Mandarin Chinese: A Functional Reference Grammar*. Berkeley: University of California Press.

Payne, T. 1997. *Describing Morphosyntax: A Guide for Field Linguists*. Cambridge: Cambridge University Press.

Rizzi, L. 1997. The fine structure of the left periphery. In L. Haegeman (Ed.), *Elements of Grammar: Handbook of Generative Syntax*. Dordrecht: Foris, 281–338.

Shyu, S. 2014. Topic and focus. In J. Huang, A. Li & A. Simpson (Eds.), *The Handbook of Chinese Linguistics*. Oxford: Wiley-Blackwell.

焦点　　　　　　　　　　　　　　　　　　　　FOCUS

焦点（focus）像话题（topic）一样，通常被看作语用平面的概念。随着近年来句法学（syntactics）的发展，学者们开始把焦点也视为句法学的概念，并让它跟句法（syntax）上的焦点范畴建立一致关系（agreement）。焦点除了有语音上的表现之外，也有句法上的表现，或用特定的构式（construction），如分裂句（cleft sentence），或用特殊的语序（word order），如汉语中的 SOV 语序，或用相关的标记词，如汉语中的"是""连"等。该概念主要用来揭示成分（constituent）的语义与语用特性，为语序变化提供动因。

❍ 焦点的定义

焦点也叫焦点信息（focal information），是指句子中特别重要的信息，值得听话人注意的信息，它或是新信息，或是与其他信息形成对比的信息［对比焦点（contrastive focus）］，在语音上通常带有音高重音（pitch accent），在句法或词汇上会有一定的标记，如语序与标记词等。说话的时候，说话人通常会把已经交代过的已知信息包装成话题，把比较重要的新信息包装成焦点。

在一个句子中，焦点可以通过特指问句（wh-question）来确定，疑问代词是询问的焦点，针对疑问代词的回答也是焦点。例如：

(1) a. What happened?
　　b. [Billy pushed Johnny off the porch]$_F$
(2) a. What did Billy do?
　　b. He [pushed Johnny off the porch]$_F$.
(3) a. Who pushed Johnny off the porch?
　　b. [Billy]$_F$ pushed Johnny off the porch.
(4) a. Who did Billy push off the porch?
　　b. He pushed [Johnny]$_F$ off the porch.

（5）a. Where did Billy push Johnny?
　　　b. He pushed him [off the porch]_F.

（1b）整个句子对应于"what"，是句子焦点（sentence focus）。（2b）中的谓语（predicate）对应于"what"，是谓语焦点（predicate focus）。（3b）中是主语"Bill"对应于"who"，是主语焦点。（4b）中是宾语"Johnny"对应于"who"，是宾语焦点。（5b）中是处所"off the porch"对应于"where"，是处所焦点。

☙ 焦点的类型

根据焦点的所指范围可将焦点分为宽焦点（broad focus）与窄焦点（narrow focus）。宽焦点包括句子焦点与谓语焦点。句子焦点是以整个句子为焦点，主要用于报告新事件或引出新的个体，是以事件为中心（event-central）或以实体为中心（entity-central）的句子。这种句子没有话题，主语一般采用完全形式，不会删除（deletion），也不会采用代词（pronoun）；此外，主语也不会有话题标记。谓语焦点是与整个述题（comment）相对应的焦点，含谓语焦点的句子有话题与述题两部分，述题就是焦点，话题可以删除，可采用代词。窄焦点是全句或谓语之外的单一的成分，如主语、宾语、间接宾语（indirect object）、旁语（oblique）、附加语（adjunct）或谓词（predicate）等，其中论元（argument）成分为焦点时称论元焦点（argument focus）。（1）-（2）中的焦点是宽焦点，分别是句子焦点和谓语焦点，（3）-（5）中的焦点为窄焦点。

所有的焦点都是用来传递信息的，理论上，所有的焦点都是信息焦点（information focus）。（1）-（5）中的焦点都是信息焦点。一种常见的观点是：焦点就是新信息，非焦点是旧信息（given information）。但由于新信息的定义比较困难，Schwarzschild（1999）建议只提非焦点为旧信息，而不提焦点为新信息。

对比焦点，也称排除焦点（exclusive focus），是说话者头脑中有一个范围，从这个范围中挑出一个（或者几个）对象，排除其他对象。对比焦点涉及两个及以上的对比成分，在英语中往往只用重音来表示。例如：

（6）The teacher told [my mom]_F about my bad grade (not my dad).

（7）A: Who wants to marry John, Jane or Janet?
　　　B: [Janet]_F wants to marry John.

（6）中的"my mom"是对比焦点，它将"my dad"排除在外。（7）中"Janet"是对比焦点，它将"Jane"排除在外。在英语中，对比焦点通常采用分裂句表达。例如：

（8）It was [the teacher]_F who told my mom about my bad grade.

（8）中的焦点"the teacher"是对比焦点，它把老师之外的可选项排除了。排除焦点也叫穷尽焦点（exhaustive focus），排除焦点成分之外的选项，穷尽所列选项。例如：

（9）我只喝 [可乐]_F。

（9）中的"只"标记"可乐"为排除焦点，即排除了可乐之外的饮料，也可说它标记"可乐"为穷尽焦点，把我所喝的饮料穷尽了。

跟排除焦点相对的是包含焦点（inclusive focus），或称添加焦点（additive focus），英语用"even"标记，汉语用"连……都"标记。例如：

（10）a. The teacher told even [my mom]_F about my bad grade.
　　　 b. 我的差成绩，老师连 [我妈妈]_F 都告诉了。

（10）里的"my mom""我妈妈"是包含焦点，即包含我妈妈在内，老师还告诉其他人我的差成绩。包含焦点所提及的项目通常具有级差性，或处于级差的顶端，或处于级差的末端，像"too"标记的包含焦点不具有级差性。

信息焦点、排除焦点与包含焦点属不同的概念。信息焦点是每句中必有的，任何一句有效的话都需要传递新信息，而排除焦点与包含焦点不是必有的。排除焦点与包含焦点是相互排斥的，但它们跟信息焦点并不排斥。例如：

（11）A：你要喝什么？
　　　B：我喝[茶]$_F$，不喝咖啡。
（12）A：你连什么都喝？
　　　B：我连[茶]$_F$都喝。

（11）中的"茶"既是信息焦点，又是排除焦点。（12）中的"茶"既是信息焦点，又是包含焦点。

（13）A：你看见了什么？
　　　B：看见了[狗]$_F$。
　　　A：还看了什么？
　　　B：还看见了[猫]$_F$。

（13）中的"狗"只是信息焦点，告诉说话人新信息，或所求索的信息；"猫"既是信息焦点，也是包含焦点。广义的信息焦点是把排除焦点与包含焦点包括在内的各种焦点，排除焦点与包含焦点之外的焦点为狭义的信息焦点，狭义的信息焦点可称为常规焦点（normal focus）。信息流通常由旧到新，常规焦点是新信息，常靠近"句末"。排除焦点可以落在任何位置。例如：

（14）a. George loves [Martha]$_F$.
　　　b. [George]$_F$ loves Martha.

有人认为（14a）中的宾语既可以作对比焦点又可以作非对比焦点，而（14b）中的主语却只能作对比焦点。这实际上就是因为（14a）中"Martha"是落在句末的常规焦点，又通常作排除焦点（对比焦点）；（14b）中的"George"在主语位置，不常作常规焦点，除非在答句中，所以通常作排除焦点（对比焦点）。包含焦点，通常需要标记词。

Kiss（1998）将焦点分为认定焦点（identificational focus）与信息焦点。它们的对立如下：第一，认定焦点表达穷尽性认定，信息焦点标记其所携带的焦点具有非预设性；第二，某些类型的成分、全称量词与 also- 短语和 even- 短语不能作认定焦点，信息焦点对这些成分不排斥；第三，认定焦点有辖域（scope），约束辖域内的变量（variable），信息焦点无辖域，无变量可约束；第四，认定焦点移到功能范畴（functional category）的指示语（specifier）位置，信息焦点不涉及移位（movement）；第五，认定焦点通常是可算子移位的短语，而信息焦点可大可小，不一定是短语；第六，认定焦点可以堆叠（iterate），而信息焦点可以投射，即延展范围。这些对立主要是基于匈牙利语得出的。从这些对立来看，Kiss 的认定焦点实为排除焦点、穷尽焦点，信息焦点只是携带了新的信息。

有的学者还提到语义焦点（semantic focus）（Gundel，1994）。语义焦点不是焦点的类型，而是指影响句子真值的焦点。例如：

（15）a. [Mary]$_F$ always took John to the movies.
　　　b. Mary always took [John]$_F$ to the movies.
　　　c. Mary always took John [to the movies]$_F$.

（15）是焦点敏感结构，其中副词跟不同的焦点系联，会产生不同的真值条件。假如 Mary 总是带 John 去看电影，而她也带 Bill 去看电影，那么（15b）的真值为假，而（15c）还可以为真。（15）中的焦点实为排除焦点，（15a）排除"Mary"之外的人，（15b）排除"John"之外的人，（15c）排除"the movies"之外的场所。

○ 焦点的句法属性

在生成语法中，Chomsky（1970）认为句子的语义表达（semantic representation）应该分成预设（presupposition）与焦点两个部分。根据 Chomsky（1970），（17）是对（16a）的自然回答，同时也是对（16b）的证实。

（16）a. Is it [John]$_F$ who writes poetry?
　　　b. It isn't [John]$_F$ who writes poetry.

（17）No, it is [Bill]$_F$ who writes poetry.

在（16）中，句子的焦点是"John"，句子的预设是"someone writes poetry"。（16）的自然回答是（17），（17）的预设与（16）相同，（17）与（16）的区别仅在于焦点不同。注意，下句（18）不能作（16）的回答，因为（18）所表达的预设与（16）不相同。

（18）No, John writes only short [Stories]$_P$.

Rizzi（1997）认为焦点在句法中有特定的句法位置，他为之设置了焦点范畴，并认为焦点位于焦点范畴的指示语位置，预设位于焦点范畴的补足语（complement）位置。例如：

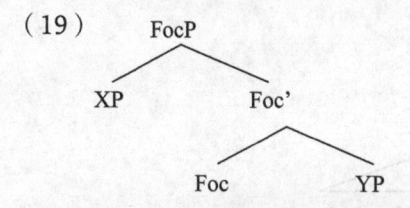

（19）

```
        FocP
       /    \
      XP    Foc'
           /    \
          Foc    YP
```

（19）中的 XP 为焦点，YP 为预设。像（16），作为焦点的"John"会在 XP 位置，作为预设的"who writes poetry"会在 YP 位置。但有的时候，焦点看起来并不在（19）中的 XP 位置，如（18），再如意大利语：

（20）Ho letto [IL TUO LIBRO] (, non il suo)
　　　'I read YOUR BOOK, not his'

对此，Rizzi（1997）认为，如果焦点一定要在 XP 位置的话，可假定它在 LF 层发生了隐性移位（covert movement）。他的证据是弱跨越效应（weak crossover effect）。例如：

（21）a. His$_i$ dog bit John$_i$.
　　　b. The woman who left him$_i$ loved John$_i$.
（22）a. *His$_i$ dog bit JOHN$_i$.
　　　b. *His$_i$ dog bit everyone$_i$.
　　　c. *Who$_i$ did his$_i$ dog bite?

（21）中的代词可以后指（cataphora），但（22）中的代词不能后指。（21）-（22）涉及代词与名词性成分的约束（binding）问题，所以会从约束的角度考察，如（21a）中的"his"没有成分统制（c-command）"John"，即"his"与"John"之间不构成约束关系；（21b）也是如此，其中的"him"跟"John"也没有约束关系。所以，（21）合法。（22a）表面上看来，跟（21a）相同，但（22a）不合法，这是因为（22a）中的"John"是焦点成分。焦点成分会发生移位，这就造成了（22a）中的弱跨越效应。"John"不能跨越与之同指（coreference）的"his"移位。例如：

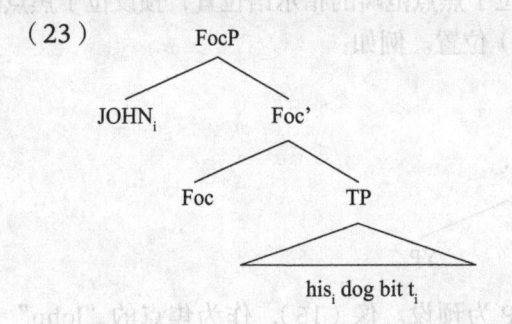

（23）

```
            FocP
           /    \
       JOHN_i   Foc'
               /    \
             Foc     TP
                    /  \
              his_i dog bit t_i
```

弱跨越效应是指：一个变量不可以成为出现在它左边的人称代词的先行语（antecedent）。（23）中 t 是变量，它左边的人称代词是"his"。

（22b）涉及量化移位，（22c）涉及 wh- 移位，它们都跟（22a）一样，存在弱跨越效应。不管是什么移位，在最简方案（Minimalist Program）中，都是最后一招（last resort）。焦点移位也是如此，它会尽可能地拖延（procrastinate）到 LF 层执行，只有迫不得已的时候，才会显性移位（overt movement）。Rizzi（1997）列举了焦点和话题的若干差别，现抄录如下：

第一，留不留同指的附缀代词。意大利语中话题会留下同指的附缀代词，如果话题化的是直接宾语（direct object），则留附缀代词是强制性的，而焦点化不能留同指的附缀代词。例如：

（24）a. Il tuo libro, lo ho comprato.
     'Your book, I bought it.'

b. *Il tuo libro, ho comprato t
　　　　'Your book, I bought.'
（25）a. * IL TUO LIBRO lo ho comprato (non il suo)
　　　　'YOUR BOOK I bought it (not his).'
　　　b. IL TUO LIBRO ho comprato t (non il suo)
　　　　'YOUR BOOK I bought (not his).'

这跟焦点具有量化属性有关，在（25）中，焦点成分必须约束句法变量，句法变量是非论元移位（A'-movement）之后产生的语迹（trace），（25b）中有句法变量，并受焦点成分约束；（25a）中没有句法变量，附缀代词是显性代词，不算句法变量，焦点成分的约束属性得不到满足，所以不合法。话题不是量化成分，（24b）中的语迹得不到合适的约束，（24a）的语迹是附缀代词的语迹。但（24b）在英语中合法，例如（26a）：

（26）a. Your book, I bought
　　　b. Your book, [OP [I bought t]]

Rizzi（1997）采用（26b）进行分析，即英语中的语迹也不是由话题约束，而是由 OP 约束。其证据就是话题不会引起弱跨越效应。例如：

（27）John$_i$ his$_i$ mother really likes t_i.

如果（27）中的"John"来自宾语位置，理论上应该有弱跨越效应，既然（27）没有弱跨越效应，这表明"John"可能就没有移位。（24a）与（26b）的差别是用同指的附缀代词还是空算子。

　　第二，有没有弱跨越效应。话题从不引起弱跨越效应，而焦点通常会引起弱跨越效应，虽然侦探起来有一定的困难。例如：

（28）Gianni$_j$, sua$_j$ madre lo$_j$ ha sempre apprezzato
　　　'Gianni, his mother always appreciated him.'
（29）?? GIANNI$_j$ sua$_j$ madre ha sempre apprezzato t_j (non Piero)
　　　'GIANNI his mother always appreciated, not Piero.'

这也跟焦点的量化属性有关，（29）中的焦点必须有所约束，所以它必须由语迹处移出,产生了弱跨越效应;(28)中的话题无所约束,它可以基础生成于话题位置。

第三,光杆量化成分上的差别。光杆的量化成分,就是内部不带名词性成分的量化短语,类似于"all""every"等,光杆量化成分可以焦点化,不能话题化。例如:

(30) a. *Nessuno, lo ho vi sto.
        'Noone, I saw him.'
     b. *Tutto , lo ho fatto.
        'Everything, I did it.'
(31) a. NESSUNO ho visto t.
        'NOONE I saw.'
     b. TUITO ho fatto t.
        'Everything I did.'

这也跟焦点的量化属性有关。量化成分不会是话题,如(30),但可以是焦点,如(31)。量化成分在逻辑形式层必须约束变量,而(30)中的附缀代词及其语迹都作不了它的变量,所以(30)不合法。(31)中的量化成分经历了移位,其语迹为变量,可受量化成分约束,所以合法。非光杆量化成分可以作话题。例如:

(32) a. Tutti i tuoi libri, li ho rimessi a posto.
        'All your books, I put them back.'
     b. Molti libri , Ii ho buttati via .
        'Many books, I threw them away.'

Rizzi(1997)的解释很简单,就是让量化词(quantifier)从名词性短语中移位。例如:

(33) Molti [ec libri] Top, [li ho buttati via]

量词从(33)中移出,留下空范畴(empty category),如"ec",量词可约束其中的变量。(30)似乎也可以做类似分析。例如:

（34）*Molto *ec* Top, [lo ho capito]
　　　'Much, I understood it.'

（34）中的 ec 处于 TopP 的指示语位置，为 A' 位置，不能作变量。（33）中的 ec 在名词短语（noun phrase）内部，可以作变量。

第四，是否有唯一性（uniqueness）要求。话题没有唯一性要求，一个子句（clause）可以有多个话题，但只有一个成分焦点化。话题和焦点可以共现，焦点居于话题之间。例如：

（35）Il libra, a Gianni, domani, glielo darò senz'altro
　　　'The book, to John, tomorrow, I'll give it to him for sure.'
（36）*A GIANNI IL LIBRO darò (non a Piero, l'articolo)
　　　'TO JOHN THE BOOK I'll give, not to Piero, the article.'
（37）A Gianni, QUESTO, domani, gli dovrete dire
　　　'To Gianni , THIS, tomorrow, you should tell him.'

Rizzi（1997）从焦点—预设的角度禁止了多个焦点，意思是说预设只能传递旧信息，如果某个焦点的预设，其内部还含有焦点，则该预设还有新信息。这会产生冲撞，所以他认为一个子句只能有一个焦点。他还认为没有哪种解释机制阻止述题中包含话题—述题结构，话题可以堆叠出现。

第五，能否跟 wh- 成分（wh-item）共现。话题可以跟 wh- 成分共现，通常按 Top-wh 语序，而焦点不能跟 wh- 成分共现。例如：

（38）a. A Gianni, che cosa gli hai detto?
　　　　'To Gianni, what did you tell him?'
　　　b. *Che cosa, a Gianni, gli hai detto?
　　　　'What, to Gianni, did you tell him?'
（39）a. *A GIANNI che cosa hai detto (, non a Piero)?
　　　　'TO GIANNI what did you tell (, not to Piero)?'
　　　b. *Che cosa A GIANNI hai detto (, non a Piero)?
　　　　'What TO GIANNI did you tell (, not to Piero)?'

⌘ 小结

焦点是指句子中特别重要的信息，或为新信息，或为与其他信息形成对比的信息，在语音上通常带有音高重音，在句法或词汇上会有一定的标记，如语序与标记词等。制图理论（cartographic approach）认为，焦点是跟焦点范畴发生一致关系（agree）的成分，该成分一般移到焦点范畴的指示语位置。焦点范畴可能只有一个，也可能在 TP 的两侧各有一个，Rizzi（1997）所列举的属性属于 TP 外的焦点。熊仲儒（2017）认为汉语的排除焦点在 TP 外部，包含焦点在 TP 内部。焦点成分跟话题成分有极大不同。

参考文献

熊仲儒. 2017. 连字句的制图分析. 现代外语，(4)：439–450.

Chomsky, N. 1970. Deep structure, surface structure and semantic interpretation. In R. Jakobson & S. Kawamoto (Eds.), *Studies in General and Oriental Linguistic*. Tokyo: TEC Philippines, 52–91.

Gundel, K. 1994. On different kinds of focus. In P. Bosch & R. van der Sandt (Eds.), *Focus: Linguistics, Cognitive, and Computational Perspectives*. Cambridge: Cambridge University Press, 293–305.

Kiss, É. 1998. Identificational focus versus information focus. *Language*, (74): 245–273.

Rizzi, L. 1997. The fine structure of the left periphery. In L. Haegeman (Ed.), *Elements of Grammar: Handbook of Generative Syntax*. Dordrecht: Foris, 281–338.

Schwarzschild, R. 1999. Giveness and optional focus. *Natural Language Semantics*, (7): 141–177.

结构　　　　　　　　　　　　　　STRUCTURE

自 Saussure 以来，大多学者采用结构主义（structuralism）的视角，将语言视为关系的体系；在此之前的 19 世纪，大多数学者以原子主义（atomisticism）的视角，将语言视为个体要素的汇集。所以，句法学（syntactics）中的结构（structure）常是关系的代名词，它表示句子与短语中各要素之间的组合关系（syntagmatic relation），即这些要素组合成句子或短语的方式，可参见 Trask（1996）和 Aarts et al.（2014）。在结构主义语言学中，通常采用直接成分分析法（immediate constituent analysis）去发现句子与短语中的构成要素；生成语法常使用短语结构规则（phrase structure rule）表达组合方式，并因此产生深层结构（deep structure）、表层结构（surface structure）等概念。该概念主要用于语法描写。

✧ 结构的定义

结构是要素的配列（arrangement）与要素之间的关系（Brown & Miller，2013）。structure 与 construction，两者都常被译为"结构"，本书将前者译为"结构"，后者译为"构式"。"结构"关注的是"构式"的内部要素及其关系，"构式"关注的是"结构"的整体。Bloomfield（1933）的 grammatical construction、syntactic construction、endocentric construction 与 exocentric construction 说的是"整体"。像 endocentric construction，实为"向心构式"。Crystal（2008）认为，"构式"的意思较具体，是构造的结果，即某种组合型式（pattern），其定义为一种语言的语法中有独立功能的单位序列，如"主语 + 动词 + 宾语"与"限定词 + 名词"等，前者可叫子句构式，后者可叫名词短语构式。构式更具体的意思是指一种构式类型的某一实例（token），即一个符号串，如"the + man + is + walking"。

句法学
100 核心概念与关键术语

每个构式（construction）都有内部结构，尽管构式语法（Construction Grammar）中也存在没有内部结构的构式，如语素（morpheme）。Bloomfield（1933）也提到 grammatical structure，他说词汇形式即使抽象地取其本身，也表现为有意义的语法结构。例如：

（1）a. poor John　　　A+N
　　 b. ran　　　　　　V+PAST
　　 c. run　　　　　　V+φ

（1）是 Bloomfield（1933）的例子，右边是我们的表达。（1a）是复杂形式，（1b）是有形态的语素，（1c）是没有形态的语素。从右边的表达来看，都有内部结构。

符号串中的符号有线条性（linearity），即一个符号前于（precede）另一个符号。符号串还有层次性（hierarchy），即大的符号串是由小的符号串构成，小的符号串又会由更小的符号串构成，由小到大一层一层地组合成短语或句子。例如：

（2）a. Edward has blown the whistle.
　　 b. Has Edward blown the whistle?

如果从线性上讲，会认为（2b）是由（2a）将第一个助动词（auxiliary verb）移到句首构成的，但这样会遭遇困难。例如：

（3）a. The guy that has blown the whistle has left the country.
　　 b. *Has the guy that blown the whistle has left the country?
　　 c. Has the guy that has blown the whistle left the country?

将（3a）中的第一个助动词移到句首，得到的是不合法的句子（3b）；而将第二个助动词移到句首，才能得到合法的句子（3c）。（2）-（3）的对比，是生成语法经常用来证明结构存在的证据。（2）-（3）表明句法操作依赖于结构，这叫结构依存性（structure dependence）。这表明有些符号串会组合成一个单位，并且会排斥另一些符号串跟它组合。例如：

（4）a. [Edward] [has [blown the whistle]]
　　　b. [The guy that has blown the whistle] [has [left [the country]]]

从（4）来看，是非疑问句实际上就是将谓语（predicate）中的第一个助动词移到主语之前，如（2b）与（3c），而（4）体现出结构的层次性。

☙ 结构主义的结构表达

结构主义语言学在分析一个句子或句法结构（syntactic structure）时，需要考虑句法构造的层次性，并按其构造层次逐层进行分析，在分析时，需要指出每一层面的直接成分（immediate constituent）。强调语言的层次性，并逐层指明每一构成层面的直接成分的分析方法，叫直接成分分析法，简称成分分析法。直接成分分析法最终得出的不能再分析的成分（constituent）叫作最终成分（ultimate constituent），即语素。例如：

（5）Edward has blown the whistle.

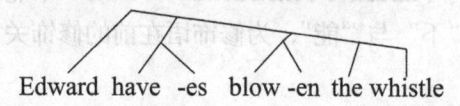

　　　　Edward　have　-es　blow　-en　the　whistle

其中"Edward has blown the whistle"的直接成分是"Edward"与"has blown the whistle"；"has blown the whistle"的直接成分是"has"与"blown the whistle"；"has"的直接成分是"have"与"-es"（现在时后缀）；"blown the whistle"的直接成分是"blown"与"the whistle"；"blown"的直接成分是"blow"与"-en"（过去分词后缀）；"the whistle"的直接成分是"the"与"whistle"。（5）表明句法结构不是单纯的线性序列，而是层级结构。

直接成分是指上位构式（superordinate construction）所切分出来的成分，并且该成分与该上位构式之间没有其他的上位构式。西方学者在分析直接成分时，一般不标记结构关系，但并非不能标记结构关系。例如：

169

（6）那个车我不能开

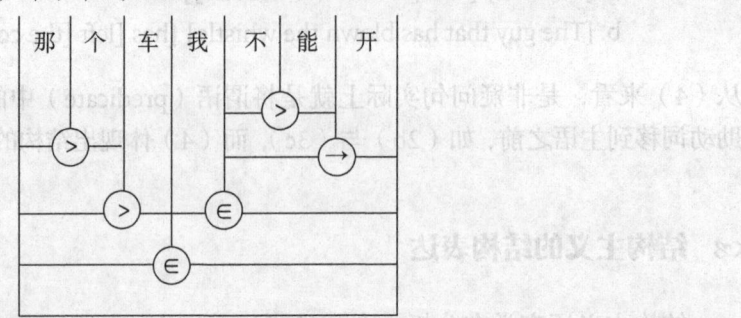

```
那  个  车  我  不  能  开
 >         →
    >     ∈
       ∈
```

（6）是 Hockett（1958）的分析图示。"那个车我不能开"作为上位构式，其直接成分是"那个车"与"我不能开"，为主谓关系或者说是话题—述题结构（∈）；"那个车"作为上位构式，其直接成分是"那个"与"车"，为修饰语（modifier）在前的修饰关系或者说是修饰结构（>）；"那个"作为上位构式，其直接成分为"那"与"个"，为修饰语在前的修饰关系。"我不能开"作为上位构式，其直接成分是"我"与"不能开"，为主谓关系；"不能开"作为上位构式，其直接成分为"不能"与"开"，为引导关系或者说是引导结构（directive construction）（→）；"不能"作为上位构式，其直接成分为"不"与"能"，为修饰语在前的修饰关系。英语也是如此分析。例如：

（7）She's singing a hymn / running the car.

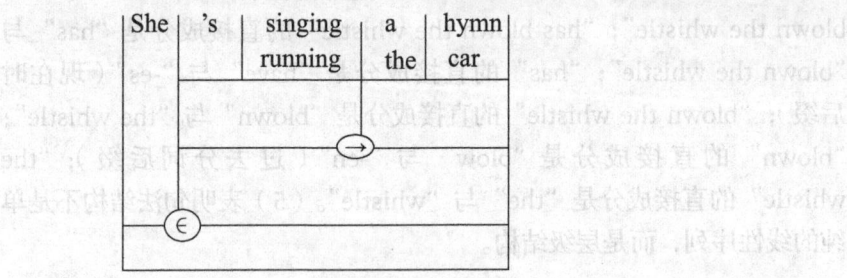

```
She  's  singing  a    hymn
         running  the  car
                  →
         ∈
```

（7）也是 Hockett（1958）的分析图示。"she"与"'s singing a hymn"为"she's singing a hymn"的直接成分，具有主谓关系；"'s singing"与"a hymn"为"'s singing a hymn"的直接成分，具有引导关系。

☙ 生成语法的结构表达

生成语法早期采用短语结构规则表征结构中各种成分之间的组合方式，包括层级关系和线性语序。例如：

（8）a. S → NP + Aux + VP
　　b. VP → V + NP + AdvP
　　c. AdvP → Deg + Adv
　　d. NP → D + N
　　e. D → the
　　f. N → girl, apples
　　g. Deg → very
　　h. Adv → fast
　　i. Aux → will
　　j. V → eat

（8a-d）反映的是组合关系，即结构规则；（8e-j）反映的是聚合关系（paradigmatic relation），后来独立为词库（lexicon）。根据（8）可以为（9）指派句法结构：

（9）The girl will eat the apples very fast.

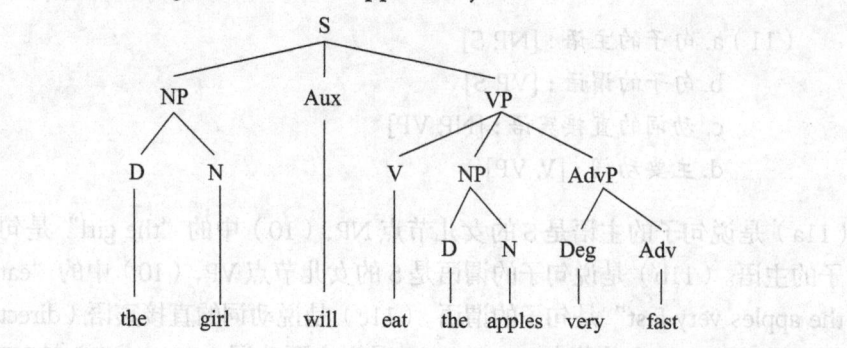

```
                    S
        ┌───────────┼───────────┐
        NP         Aux          VP
      ┌─┴─┐         │      ┌────┼────┐
      D   N         V      NP       AdvP
      │   │         │    ┌─┴─┐    ┌──┴──┐
                          D   N    Deg  Adv
      the girl       will eat the apples very fast
```

（9）中的结构图可称为短语标记（phrase marker）或树形图（tree diagram）。由（9）可知，S 的直接成分是"the girl""will"与"eat the apples very fast"，"the girl"的直接成分是"the"与"girl"，"eat the apples very fast"的直接成分是"eat""the apples""very fast"，"the

171

apples"的直接成分是"the"与"apples","very fast"的直接成分是"very"与"fast"。

短语结构规则是否充分,可通过多种方式进行评价,其中包括成分的测试。短语结构规则如果不充分,是可以修正的。根据成分测试(constituency test),可以为(9)重新指派结构。例如:

(10) The girl will eat the apples very fast.

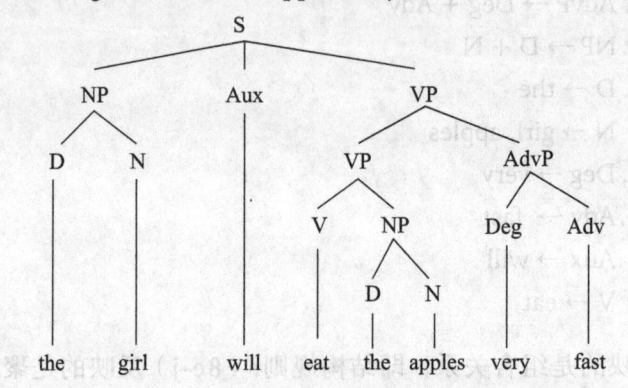

```
                    S
      ┌─────────────┼─────────────┐
      NP           Aux            VP
    ┌──┴──┐         │        ┌────┴────┐
    D     N         │        VP       AdvP
    │     │         │      ┌──┴──┐   ┌──┴──┐
    │     │         │      V    NP   Deg  Adv
    │     │         │      │  ┌─┴─┐   │    │
    │     │         │      │  D   N   │    │
   the  girl      will    eat the apples very fast
```

在(10)中,"the apples"不再是"eat the apples very fast"的直接成分,而是"eat the apples"的直接成分。结构关系可以通过结构进行定义(Chomsky, 1965),例如:

(11) a. 句子的主语:[NP, S]
　　　b. 句子的谓语:[VP, S]
　　　c. 动词的直接宾语:[NP, VP]
　　　d. 主要动词:[V, VP]

(11a)是说句子的主语是S的女儿节点NP,(10)中的"the girl"是句子的主语。(11b)是说句子的谓语是S的女儿节点VP,(10)中的"eat the apples very fast"是句子的谓语。(11c)是说动词的直接宾语(direct object)是VP的女儿节点NP,(11d)是说主要动词(main verb)是VP的女儿节点V,所以(10)中的"eat"是主要动词,"the apples"是它的宾语。这里所定义的主语是D-结构(D-structure)上的主语。(10)中的结构还可以采用X'-理论(X-bar theory)进行表征。例如:

（12）[IP[DP the girl][I'[I will][VP eat the apples very fast]]]

在（12）中，"will"不再是句子的直接成分，"will eat the apples very fast"才是句子 IP 的直接成分。

◎ 结构的表达层次

句子是音义结合体。生成语法的早期，让深层结构跟句子的语义关联，让表层结构跟句子的语音关联。后来，让音义都跟表层结构关联。为防止望文生义，深层结构被改为 D- 结构，表层结构被改为 S- 结构（S-structure）。

D- 结构编码句子中由谓词（predicate）的论元结构（argument structure）决定的基本题元关系（thematic relation），并遵循句法结构理论，如 X'- 理论等。例如：

（13）a. John ate the apples.
　　　b. [CP[ ][C'[C][IP[ ][I'[I][VP[John][V'[V ate][DP the apples]]]]]]]

动词 "eat" 在词库中有两个论元（argument），也有两个题元角色。在 D- 结构中，它会把客体（theme）指派给内部论元（internal argument），即宾语，把施事（agent）指派给外部论元（external argument），即主语。动词 "eat" 的句法投射遵守 X'- 理论。D- 结构的输出，就是转换部门的输入，转换将 D- 结构映射到 S- 结构，转换手段主要是移位（movement）。

在最简方案（Minimalist Program）之前的转换生成语法中，S- 结构代表了句子的表层句法结构，它通过一系列的转换规则跟 D- 结构发生关联。S- 结构是句子中的成分获得或核查其功能属性的表征层次，如格（case）、一致关系（agreement）和语序特征。因为移位的缘故，S- 结构和 D- 结构可以不一致。例如：

（14）What will you eat?
（15）a. [CP[ ][C'[C][IP[ ][I'[I will][VP[you][V'[V eat][what]]]]]]]
　　　b. [CP[what1][C'[C will2][IP[you3][I'[I t2][VP[t3][V'[V eat][t1]]]]]]]

（15a）是 D- 结构，动词指派题元角色，如将客体指派给内部论元，即宾语"what"，将施事指派给外部论元"you"。屈折短语 IP 的核心 I 承载将来时态标记"will"。（15b）是 S- 结构，其中有些成分发生了移位。移位是为了获得必要的语法特征和正确的语序（word order）。字母 t 代表语迹（trace）。每个语迹都通过标引（index）与移位成分关联，不同的下标显示不同的标引关系。（15b）中发生的是显性移位（overt movement）。在管辖与约束理论（Government and Binding Theory）中，显性移位发生在 D- 结构到 S- 结构的转换过程中，如"what"与"will"的移位等。

除了显性移位之外，还有隐性移位（covert movement）。在管辖与约束理论中，隐性移位是一种从 S- 结构到 LF 层的移位，没有语音上的表现。例如：

（16）Every boy loves a girl.
  a. [every boy$_1$ [a girl$_2$ [t_1 loves t_2]]]
  b. [a girl$_2$ [every boy$_1$ [t_1 loves t_2]]]

（16）有辖域歧义（scope ambiguity），既表示每个男孩都喜欢一个不同的女孩，如（16a），又表示有某个女孩为所有的男孩所喜欢，如（16b）。（16a-b）是量化提升（quantifier raising）。

（17）a. 张三买了什么？
  b. 什么$_1$ 张三买了 t_1？

（17a）中的疑问代词在表层结构中留在原位，而在逻辑形式层面移到了句首，如（17b）。（17）类似于（16），所以一般认为疑问代词有准量词（quasi quantifier）的属性。

（18）a. There is a man in the room.
  b. [a man]$_1$-there is t_1 in the room

（18）是虚主语替代（expletive replacement）的例子，其中的"there"是虚主语（expletive subject），没有语义，被称为 LF 层的词缀（affix），"a man"在 LF 层会移到"there"位置，并消除"there"。

（19）张三知道李四喜欢自己。
     a. 张三₁知道 [自己₁李四喜欢 t₁]
     b. 张三₁ [自己₁知道 李四喜欢 t₁]

"自己"为照应语（anaphor），它的先行语（antecedent）是"张三"，为了得到"张三"的约束，"自己"需要移位，有人认为它移位到子句（clause）的句首，如（19a），有人认为它移到主句的屈折范畴，如（19b）。这是照应语移位。

在管辖与约束理论中，逻辑形式层（LF）、语音形式层（PF）、D-结构和S-结构都是接口层。逻辑形式层作为句法表征的一个层次，受到投射原则（projection principle）和空范畴原则（empty category principle）等句法原则的制约。它包含了为句子指派语义解释所需的信息，一些研究者认为，约束理论（binding theory）应用于逻辑形式层。语音形式层提供语音信息，为句子指派语音解释。在最简方案中，PF 和 LF 是概念—意图系统（conceptual-intentional system）和发音—感知系统（articulatory-perceptual system）的输入。在最简方案中，语言的表征层次仅限于概念解释上必要的层次，PF 与 LF 是自然语言的必要层次，因为它们代表着语音和意义。D-结构和S-结构都被取消了。推导在进入语音形式层和逻辑形式层之前，强特征（strong feature）必须通过显性移位来核查（checking）；隐性移位用于核查弱特征（weak feature），弱特征成分可以拖延（procrastinate）到 LF 层才移位。例如，为核查英语中屈折范畴的弱的动词特征，动词可在 LF 层隐性移位到屈折范畴的位置。法语的屈折范畴具有强的动词特征，所以动词必须显性地移位到屈折范畴的位置。这就会造成英法两种语言中动词位置的差异。例如：

（20）a. John often eats apples.
     b. Jean mange souvent des pommes.

（20a）是英语的例子，（20b）是法语的例子。在（20a）中，动词经常跟在副词"often"后面，动词没有显性移位。在（20b）中，动词移到了副词"souvent"前面。这一设想是基于 Pollock（1989），他认为状语（adverbial）在所有语言的树形图中都有固定的位置。

∽ 小结

结构是构式内部要素的配列方式与要素之间的关系。结构主义语言学采用直接成分分析法分析构式，逐层找出各层的直接成分，直至找出最终成分，即语素。各层的直接成分就是构式内部的要素，配列方式主要是语序、选择（selection）、变音、变调，选择包括各种一致关系；要素间的关系，只管直接成分之间的关系，如主语与谓语的关系、动词与宾语的关系，附加语（adjunct）与中心语（head）的关系。生成语法采用规则或原则系统表达构式内部要素的配列方式与要素间的关系。跟结构主义语言学不同的是，生成语法除了具有结构主义语言学的短语结构规则之外，还有结构主义语言学所没有的转换规则，后者表达结构间依存关系（dependency relation），如D-结构、S-结构与LF层等的依存关系由转换沟通。中间层次取消以后，移位等转换操作还存在（Chomsky, 1995）。

参考文献

Aarts, B., Chalker, S. & Weiner, E. 2014. *The Oxford Dictionary of English Grammar*. Oxford: Oxford university Press.

Bloomfield, L. 1933. *Language*. New York: Holt.

Brown, K. & Miller, J. 2013. *The Cambridge Dictionary of Linguistics*. Cambridge: Cambridge University Press.

Chomsky, N. 1965. *Aspects of the Theory of Syntax*. Cambridge: MIT Press.

Chomsky, N. 1995. *The Minimalist Program*. Cambridge: MIT Press.

Crystal, D. 2008. *A Dictionary of Linguistics and Phonetics* (6th ed.). Oxford: Blackwell.

Hockett, C. 1958. *A Course in Modern Linguistics*. New York: Macmillan.

Pollock, J. 1989. Verb movement, Universal Grammar, and the Structure of IP. *Linguistic Inquiry*, (20): 365–424.

Trask, R. L. 1996. *A Dictionary of Grammatical Terms in Linguistics*. London & New York: Routledge.

句子 SENTENCE

　　Chomsky（1957）早先将语言看作句子（sentence）的集合。集合或采用列举法描述，或采用定义法描述，对一个可能的无限集而言，定义法是理想的描述方式。所以，研究语言实际上就是定义句子。定义需要"明晰"（explicit），"生成"（generative）与"明晰"是同义语。所以，Chomsky将其构建的语法称为生成语法。生成语法，就是以明晰与明确定义（well-defined）的方式向句子指派结构描写（structural description）的一系列规则（Chomsky，1965）。句子是研究的起点，对应于句子的符号是短语结构规则（phrase structure rule）的开端符号（initial symbol）。评价一种语法体系是否充分，就是看它产生的是句子还是非句（non-sentence）。该概念主要用于语法描写。

☙ 句子的定义

　　在语法单位的层级体系中，句子是最大的语法单位，Bloomfield（1933）将它定义为处于绝对位置（absolute position）的语言形式。一个语言形式要么包含在一个较大的语言形式之中，要么不包含在任何较大的（复合的）语言形式之中，即本身就是最大的语言形式。包含在另一较大的语言形式之中，说明它处在该语言形式的内部位置（included position），否则就说它是处于绝对位置。例如：

　　（1）a. John!
　　　　b. Poor John!
　　　　c. John ran away.
　　　　d. Poor John ran away.
　　　　e. When the dog barked, poor John ran away.

"John"在（1a）中处于绝对位置，在（1b–e）中处于内部位置，所以，它在（1a）中是句子，在（1b–e）中不是句子。"poor John"在（1b）

177

中处于绝对位置，在（1d–e）中处于内部位置，所以，它在（1b）中是句子，而在（1d–e）中不是句子。"John ran away"在（1c）中处于绝对位置，在（1d–e）中处于内部位置，所以，它在（1c）中是句子，在（1d–e）中不是句子。"poor John ran away"在（1d）中处于绝对位置，在（1e）中处于内部位置，所以它在（1d）中为句子，在（1e）中不是句子。一个语言形式是不是句子，主要是看它在绝对位置还是在内部位置。在绝对位置为句子，在内部位置就不是句子；它可以在一个话语中是句子，而在另一个话语中不是句子。

绝对位置的表征，就是停顿。赵元任（1979）指出，句子是两头被停顿限定的一截话语。这种停顿应理解为说话人有意做出的。如果一个可能成为句子的形式跟另外一个形式连结起来，中间没有停顿，那么它不再是一个句子，而那个更大的形式可能成为一个句子。（1a）中的"John"是句子，而（1b–e）中的"John"都不是句子。

（2）a. 我不知道。
　　b. 我不知道了。
　　c. 他不来。我不去。
　　d. 他不来我不去。

"我不知道"在（2a）中是一个句子，但是在（2b）中，它只是句子的一部分。"他不来"在（2c）中是一个句子，但在（2d）中，它只是句子的一部分。句子前后都有停顿，为独立的语言形式，处于绝对位置，不会通过任何语法结构把它融合到更大的语言形式中去，如（2c）中的"他不来。"与"我不去。"就是两个独立的句子。

句子是表示一个相对完整意义的语言片段，它具有一定的语调，是最小的表达单位；它前后有较大停顿，是最大的语法单位。早期的生成语法用"S→NP+VP"定义英语中的句子，即英语句子由NP与VP组成，并且NP前于VP。这个定义会遭遇一些反例，例如：

（3）a. [To prove that theorem] was difficult.
　　　b. [Proving that theorem] was difficult.

（3）中的"to prove that theorem"与"proving that theorem"看起来不像 NP，但 Chomsky（1957）认为它们是 NP，并认为其中的"to"与"-ing"起着将 VP 转换为 NP 的作用。生成语法允许零成分与转换规则，所以即使是"证明这个定理很困难"这样的汉语例句，也很难质疑"S → NP+VP"这个定义的合法性。"证明这个定理"在主语位置与谓语位置，表现也会有所不同，如在主语位置"证明"不能后附"着""了""过"等。X'- 理论（X-bar theory）提出之后，生成语法学界不再用"S → NP+VP"定义句子了，新的定义是：句子是以标补范畴 C 为核心的标补短语 CP。

✿ 句类

句类（sentence type），指句子的语气分类（mood classification）或功能分类（functional classification）。句子根据表达的语气（mood）或交际中的作用可分为陈述句（declarative sentence）、祈使句（imperative sentence）、感叹句（exclamatory sentence）与疑问句（interrogative sentence）等，这种分类有一定的形式表现。

陈述句是用来叙述或说明情况、带有陈述语调的句子。汉语陈述句的句尾可以带语气词"啊""呢""了""的"等，句末一般用句号。英语用点号煞尾。例如：

（4）a. John eats artichokes.
　　b. John doesn't eat artichokes.

（4a）是肯定句，带肯定语气（affirmative mood）；（4b）是否定句，带否定语气（negative mood）。陈述句可以为真，也可以为假。陈述句（4a）为真的条件是当且仅当它的否定句（4b）为假。

祈使句是要求、命令、禁止、建议、请求对方做某事或不做某事的句子。全句用降调，句末标点用句号或感叹号。祈使句的主语一般是第二人称，不过常常省略（ellipsis）。表示命令、禁止的祈使句语气较为急促简短，句末标点常用感叹号；表示建议、请求的祈使句语气则较为舒缓，句末标点用句号。例如：

179

（5）a. 快走！
　　　b. 你尝一尝。

英语的祈使句也是如此。例如：

（6）a. Eat your dinner!
　　　b. Don't eat your dinner.
（7）a. Rely chiefly on your own efforts.
　　　b. Do not rely much on the help of others.

（a）句带有命令（command）或建议语气（advice mood），（b）句带禁止语气（prohibition mood）。祈使句无所谓真假，如果我们用（6b）否定祈使句（6a），并不能证明（6b）为假，而是简单地给出一个不同的命令，原来是命令或建议对方去吃饭，现在则是禁止或阻止对方去吃饭。英语的祈使句由光杆非限定动词或非限定动词加补足语（complement）/宾语（object）等组成。例如：

（8）a. Come!
　　　b. Be good!
　　　c. You be good!

（6）是由非限定动词加宾语（名词性补足语）组成；（7）是由非限定动词加补足语组成；（8a）是由光杆的非限定动词组成，（8b）是由非限定动词加主语补足语（subject complement）组成，（8c）伴有第二人称代词。祈使句通常没有主语，但也算整句（full sentence）。

感叹句是用来表示强烈感情、带有感叹语气的句子。汉语感叹句中常用"真""多么""简直""太"等有强调作用的词语，句尾可以加语气词"啊"，句末标点用感叹号。例如：

（9）真好啊！

英语的情况相似。例如：

（10）a. How nice is this car!
　　　 b. What a foolish fellow you have seen!

疑问句是用来表示疑问、带有疑问语调的句子。句中可以用表示疑问的语气词、副词（adverb），句末标点符号一般用问号。根据结构形式特点和语义重点，可分为是非问句（yes-no question）、特指问句（wh-question）、选择问句（alternative question）、反复问句（A-not-A question）。

是非问句是让听话人选择"是"（yes）或"非"（no）进行回答的问句，也叫极性问句（polar interrogative），跟陈述句的差别在于语序（word order）和语调，如用升调并颠倒主语与助动词（auxiliary verb）。没有助动词时，需要借助形式助动词"do"。例如：

（11）a. You could wash the dishes.
　　　b. Could you wash the dishes?
（12）a. Sheila enjoyed the party.
　　　b. Did Sheila enjoy the party?

是非问句也可以不改变语序，而仅仅采用升调，说话人用这种是非问句希望获得肯定答案。例如：

（13）You enjoyed the party?

是非问句也可以有否定形式。例如：

（14）a. Couldn't you wash the dishes?
　　　b. Hasn't the clock been mended?

特指问句是以 wh- 成分（wh-item）为开头的问句，根据 wh- 成分进行回答，答案可以无数种，语序跟一般陈述句不同。例如：

（15）a. We can get John to help us.
　　　b. Who can we get ___ to help us?

不仅有主语与助动词倒置，也有 wh- 成分居首。只有当 wh- 成分是主语的时候，语序才不变。

（16）a. John could wash the dishes.
　　　b. Who could wash the dishes?

选择问句是说话人提供两种或多种可能答案供听话人选择回答的问句，用 or 连接，以降调结尾。例如：

（17）a. Is the kitten male or female?
　　　b. Would you like orange juice, grapefruit juice or tomato juice?

选择问句也可充当补足语子句。例如：

（18）a. They asked her whether/if the kitten was male or female.
　　　b. Maria wondered whether/if he was waving or drowning.

汉语中的是非问句一般用陈述句的结构，但句尾可以加上语气词"啊""吧""吗"，不用"呢"，全句带疑问语调。汉语中的特指问句用疑问代词或由疑问代词加其他词组成的短语（phrase）对具体的人、物、时间（time）、场所、方式、原因、工具（instrument）等提出疑问，没有显性的 wh- 移位，句尾可用语气词"呢""啊"，不用"吗""吧"，全句带疑问语调，发问者希望对方做出具体的回答。汉语中的选择问句，发问者提出两个或几个具体项目请对方选择，项目之间往往用"还是"连接，句尾可用语气词"呢""啊"，不用"吗""吧"，全句带疑问语调。选择问句在英语中的构造类似于是非问句，都是采用助动词－主语颠倒模式，在汉语中的构造类似于特指问句，都采用语气词"呢"。汉语反复问句又称"正反问句"，把谓语（predicate）的肯定形式和否定形式并列在一起作为选择（selection）的项目提出疑问，句尾可用语气词"啊""呢"，不用"吗""吧"，全句带疑问语调。从形式上看，反复问句像选择问句，提供正反两项供选择；从功能上看，反复问句像是非问句，要求作出肯定或否定的回答。

ᦂ **句型**

句型（sentence pattern）是句子的结构类型。汉语学者一般将句子

核心概念篇

分为单句和复句两大类型。其中单句又可分为主谓句和非主谓句（non-subject-predicate sentence），复句又可分为联合复句和偏正复句。国外由于强调子句（clause），会将句子分成简单句（simple sentence）、复杂句（complex sentence）与复合句（compound sentence）三种句型。简单的对应关系是：简单句与一部分含标补子句（complement clause）与定语子句（attributive clause）的复杂句为单句，复合句与另一部分含状语子句（adverbial clause）的复杂句为复句。

简单句是由一个独立子句（independent clause）构成的句子，复杂句是由主句和从属子句组成的句子，复合句是由几个并列子句组成的句子。例如：

（19）a. 那个没用。
　　　b. The snake bit the boy.
（20）a. 他说［那个没用］。
　　　b. Everyone knew [the snake bit the boy]
（21）a.［＿＿说那个没用］的人，已经走了。
　　　b. I saw the snake [that ＿＿ bit the boy]
（22）a. 你也不认得我，我也不认得你。
　　　b. Yoruba is spoken in Nigeria, and Wolof is spoken in Senegal.

（19）是简单句，内含一个子句。（20）-（21）是复杂句，内含两个子句。（20）的从属子句充当宾语，为宾语子句，或标补子句；（21）中的从属子句充当定语（attribute），为定语子句。（22）是复合句，由两个并列子句构成。

简单句，由一个子句构成，子句由主语与谓语组成，所以简单句可以分成主语与谓语两部分。根据必要的成分（constituent）及其句法功能，英语简单句的基本句型可描述如下（Radden & Dirven, 2007）：

（23）a. S P C_S:　　We are an average family.
　　　b. S P:　　　　None of us works.
　　　c. S P C_P:　　We live in Venice Beach.

183

d. S P O: We have three cars.
e. S P O C_O: Our friends consider us successful.
f. S P IO O: He is writing us enthusiastic letters.
g. S P O C_P: We have sent our son to Harvard.

S 是主语，O 是宾语，IO 是间接宾语（indirect object），P 是谓语动词（predicator），C_S 是主语补足语，C_P 是谓词补足语（predicate complement），C_O 是宾语补足语（object complement）。C_P 也有标为 A(djunct) 的，意味着它是强制性的附加语（adjunct）。

根据谓语类别，句子可以分为动词句（verbal sentence）与名词句（nominal sentence）。动词句指谓语包含动词（verb）或动词短语（verb phrase）的句子或子句。例如：

（24）John eats artichokes.

通常情况下，动词句有主语和谓语两部分，主语通常是 NP，谓语是 VP。简单句的谓语可以是限定动词（finite verb），也可以是限定动词带直接宾语（direct object），范畴为 VP。有些子句的谓语由一个非限定动词和宾语构成，其中非限定子句的主语没有显性表达。例如：

（25）Mary went to the store ø to buy a book.

名词句指谓语为名词短语（noun phrase）或形容词短语（adjective phrase）的句子或子句，谓语中可以包含系词（copula），也可以不包含系词。

（26）el   chocolate,   caliente
     the   chocolate   hot
     'Chocolate [must be] hot.'

（26）是西班牙语的例子，其中谓语没有系词。据 van Valin（2004：9），有的语言的名词（noun）、形容词（adjective）等充当谓语的时候，可以直接带上一致形态。

核心概念篇

动词句，在汉语中称为动词谓语句（verb-predicate sentence）。名词句在汉语中分为名词谓语句（nominal-predicate sentence）与形容词谓语句（adjective-predicate sentence）。名词谓语句是谓语由名词或名词性短语充当的句子，形容词谓语句是谓语由形容词或形容词性短语充当的句子。例如：

(27) a. 他昨天去北京了。
     b. 张三喜欢李四。
(28) a. 今天星期五。
     b. 这孩子高高的鼻梁。
(29) a. 今天很冷。
     b. 她房间干净得很。

有些句子，不是由子句构成的。这种句子可以称为非主谓句或零句（minor sentence），由主谓短语以外的词语实现的句子，或者说不是由子句构成的句子。Bloomfield（1933）认为零句有两种类型：一是完整式（completive）；二是感叹式（exclamatory）。完整式零句仅仅是补充说明一种情景的形式，即前一句中的言语、姿态，或仅仅是一件事物。例如：

(30) a. This one.   b. Gladly, if I can.
     c. With whom?   d. Drugs.

感叹式零句是在强烈的刺激下出现的。这类句子是由感叹词或不属于整句的正常形式所组成的，并且往往以并列结构（coordinate construction）表示出来。例如：

(31) a. Ouch, damn it!
     b. This way, please.

整句是包含主语与谓语的句子，包括祈使句。Bloomfield（1933）在解释整句时没有用主语—谓语或子句，而是用"惯用的句子形式"（favorite sentence-form）。他认为，当用一个惯用的句子形式来作为一个句子时，这就是个整句，而当任何其他的形式用来作为句子时，这就是零句。英语里有两种惯用的句子形式：一种是由施事—动作短语组成的；另一种是命令式。命令式实为祈使句，祈使句的主语是暗含的，为听话人，甚至可以出现，如（8c）。施事—动作短语实为子句，包括陈述句与疑问句。例如：

（32）a. John ran away.
　　　b. Who ran away?
　　　c. Did John ran away?

❦ 小结

句子，是处于绝对位置的语言形式，是两头被停顿限定的一截话语。句子的类型，有句类与句型。句类是从语气或功能的角度对句子的分类，是句子的语气类型或功能类型，包含陈述句、祈使句、感叹句与疑问句等。句型是从结构的角度对句子的分类，是句子的结构类型，包含整句与零句。整句可接着分为简单句、复杂句与复合句，简单句可接着分为动词句与名词句。整句与零句的差别是由不由子句构成。简单句与复杂句、复合句的差别是子句的数量。复杂句与复合句的差别是子句间的关系，即并列还是从属［内嵌（embedding）］。动词句与名词句的差别在于谓语部分的词汇核心是动词还是非动词。

参考文献

赵元任. 1979. 汉语口语语法. 吕叔湘译. 北京：商务印书馆.

Bloomfield, L. 1933. *Language*. New York: Holt.

Chomsky, N. 1957. *Syntactic Structures*. The Hague: Mouton de Gruyter.

Chomsky, N. 1965. *Aspects of the Theory of Syntax*. Cambridge: MIT Press.

Radden, G. & Dirven, R. 2007. *Cognitive English Grammar*. Amsterdam: John Benjamins.

van Valin, R. J. 2004. *An Introduction to Syntax*. Cambridge: Cambridge University Press.

核心概念篇

论元 ARGUMENT

argument 通常译作"论元",也有译作"变元""主目"或"主目语"的。论元是界定语法关系(grammatical relation)的重要概念,在判断主语(subject)、宾语(object)与附加语(adjunct)的时候要判断它是不是论元。所以,Payne(1997)指出,语法关系经常被看作不受语义和语用影响的语言结构层面上的论元与谓词(predicate)之间的关系。论元也是界定格(case)与跟格相关的语言类型的重要概念,一个语言中不及物动词的唯一论元是跟及物动词的外部论元(external argument)还是跟其内部论元(internal argument)表现相同,决定着它是主格-受格语言(nominative-accusative language)还是作格-通格语言(ergative-absolutive language)。论元也是句法(syntax)与语义接口的重要概念,一方面可用来限制语法的生成能力,另一方面可用来解释短语(phrase)与句子(sentence)的语义。该概念主要用于语法性(grammaticalness/grammaticality)的解释和语义的描写,是句法结构(syntactic structure)生成(generative)的基础。

❃ 论元的定义

论元是满足谓词需要的成分。谓词是跟论元相对的概念,对应于动词(verb)、形容词(adjective)、名词(noun)与介词(preposition)。每个谓词都有一定数目的论元要求。根据谓词需要的论元数目,可将谓词分为一元谓词(one-place predicate)、二元谓词(two-place predicate)或三元谓词(three-place predicate)。一元谓词表示论元的属性,如"张三聪明"中的"聪明"描述的是"张三"的属性;多元谓词表示论元间的关系,如"张三喜欢小美"中的"喜欢"表示"张三"与"小美"之间的关系。Luraghi & Parodi(2008)指出论元是使谓词的价(valency)达到饱和的成分。

187

从频次上讲，名词性成分是常见的论元，但论元的范畴（category）不限于名词性成分，也可以是介词短语（prepositional phrase）、子句（clause）、形容词短语（adjective phrase）等。例如：

（1）a. 张三游泳。
　　 b. 张三送了一本书给李四。
　　 c. 张三说李四明天来。
（2）The gardener watered the tulips flat.

（1a）中的"张三"是"游泳"的论元，为名词性成分。（1b）中的"给李四"是"送"的论元，为介词短语。（1c）中的"李四明天来"是"说"的论元，为子句。Carrier & Randall（1992）将（2）中的"flat"也看作"water"的论元，这是形容词短语充当论元的例子。

❄ 论元结构

论元结构（argument structure）是谓词所带论元的集合，可表达为"{x, y, z}"的形式，它反映着所带论元的数目。论元结构大致对应于价与谓词框架（predicate frame）等概念，也大致对应于朱德熙（1978）的"向"概念。

第一，动词。动词的论元结构是动词所需论元的数目。需要一个论元的动词为一元动词，为不及物动词，其唯一论元通常被选作主语，如（3）。

（3）a. Paul runs.
　　 b. The water boils.

需要两个论元的动词为二元动词，为及物动词，其两个论元分别被选作主语和直接宾语（direct object），如（4）。

（4）I bought a book.

需要三个论元的动词为三元动词，为双及物动词，其三个论元分别被选作主语、直接宾语和间接宾语（indirect object），如（5）。

核心概念篇

（5）My mom gave me a birthday present.

不需要论元的动词为零元动词。英语的句子强制性地需要主语，而零元动词没有论元可充当主语，所以需要插入虚成分（expletive）。例如：

（6）It rains.

（6）中的"it"是为满足英语句子的主语要求（或者说 T 的 EPP 特征）而插入的虚成分。

第二，名词。事件名词的论元结构与动词的论元结构具有平行性。例如：

（7）a. John destroyed the car.
　　 b. John's destruction of the car
（8）a. Poirot will analyse the data.
　　 b. Poirot's analysis of the data

不改变论元结构的形态操作，被称为继承（inheritance）（Crystal, 2008）。（7b）与（8b）中的名物化（nominalization），允许事件名词继承来源动词的论元结构。关系名词也有论元结构。例如：

（9）a. the father of the bride
　　 b. a part of the sentence
　　 c. the size of the house

"father"是表示亲属关系的名词，"part"是表示部分关系的名词，"size"是表示属性关系的名词，都是关系名词，都有论元。

英语名词与动词的差异在于论元实现的强制性，动词论元的实现具有强制性，名词论元的实现具有可选性。名词的主语论元常常可选，而动词的主语论元则必选，例如：

（10）a. John destroyed the car.
　　　b. *Destroyed the car.

189

(11) a. John's destruction of car
　　　b. the destruction of the car

同样，名词的宾语论元也常常可以省略（ellipsis），即使其对应动词的相同论元不能省略。例如：

(12) a. Poirot will analyse the data.
　　　b. *Poirot will analyse.
(13) a. Poirot's analysis of the data
　　　b. Poirot's analysis

名词的论元可以以属格成分（genitive）的形式实现在名词之前，如（14）；也可以以介词短语或标补子句（complement clause）的形式实现在名词之后，如（15）。

(14) a. the city's destruction
　　　b. the bride's father
(15) a. the destruction of the city
　　　b. the fact that the Romans destroyed the city

第三，形容词。形容词也有论元结构，其论元也常常是可选的，不像对应的动词。例如：

(16) a. John is envious.
　　　b. John is envious of his sister.
(17) a. John envies his sister.
　　　b. *John envies.

"envious"的论元结构可以记作"{x, (y)}"，这是说它的第二个论元具有可选性。

第四，介词。介词也有论元结构。例如：

(18) Peter is in London.
(19) the house between First Avenue and Madison

（18）中的"in"是二元介词，其论元分别是"Peter"与"London"，其论元结构可记作"{x, y}"。（19）中的"between"是三元介词，其论元分别是"the house""First Avenue"与"Madison"，其论元结构可记作"{x, y, z}"。

○3 论元的分类

生成语法常将论元分为内部论元与外部论元。这种分类反映的是论元在 D- 结构（D-structure）中的位置。Aarts et al.（2014）将外部论元与内部论元分别定义作位于动词短语（verb phrase）之外的论元，与位于动词短语之内的论元。有的谓词只有一个论元，该论元或为它的外部论元，或为它的内部论元；有的谓词有两个论元，分别为外部论元与内部论元；有的谓词有三个论元，有一个外部论元，两个内部论元。例如：

（20）a. The baby is crying.
　　　b. The ice melted.
　　　c. John bought a book.
　　　d. Mary sent Bill a postcard.

（20a）中的论元为动词"cry"的外部论元，该动词为非作格动词（unergative verb）。（20b）中的论元为动词"melt"的内部论元，该动词为非受格动词（unaccusative verb）。（20c）中的论元分别是动词"buy"的外部论元与内部论元，该动词为及物动词。（20d）中的论元分别是动词"send"的外部论元、间接内部论元与直接内部论元，该动词为双及物动词。

将论元分成内部论元与外部论元之后，就不能将论元结构表达成集合形式，而应将论元结构表示成其他形式。例如：

（21）a. cry: x
　　　b. melt: <x>

    c. buy: x, <y>
    d. send: x, <x, y>

（21）将内部论元标在尖括号内部，而将外部论元标在尖括号外部。类似的方法有很多，不过生成语法通常不标注内部论元与外部论元，因为范畴选择可限制论元实现的句法位置。例如：

（22）a. cry: {x}; [+____]
    b. melt: {x}; [+____NP]
    c. buy: {x, y}, [+____NP]
    d. send: {x, y, z};[+____NP, NP]

（22）有论元结构信息与范畴选择信息。（22a）显示"cry"的唯一论元为外部论元，（22b）显示"melt"的唯一论元为内部论元，（22c）显示"buy"的两个论元分别为外部论元与内部论元，（22d）显示"send"的三个论元中的一个为外部论元，其余两个为内部论元。（22a）与（22b）虽然都只有一个论元，但前者有外部论元，后者有内部论元，相应的动词分别被称为非作格动词与非受格动词。

内部论元是实现在动词补足语（complement）位置的论元，外部论元是实现在句子主语位置的论元。内部论元可以因为格的缘故而移位到句子主语位置。例如：

（23）a. The ice$_1$ melted t_1.
    b. The man$_1$ was killed t_1.
    c. The book$_1$ reads t_1 easily.

（23a）中的"melt"是非受格动词，不能指派格，其内部论元"the ice"移位作主语；（23b）中的"kill"是及物动词，本来有两个论元，但在被动句（passive construction）中，其外部论元被贬抑了，动词也失去了指派格的能力，所以内部论元"the man"会移位到句子主语位置；（23c）中的"read"是及物动词，本来也有两个论元，但在中动句（middle construction）中，其外部论元被贬抑，动词也失去了指派格的能力，所以内部论元"the book"也会移位到句子主语位置。

核心概念篇

名词性内部论元移位到句子主语位置，除了用格解释之外，也有用扩展的投射原则（extended projection principle，EPP）进行解释的，根据这个原则，一个句子必须有主语，所以当句子的主语位置没有外部论元时，名词性内部论元就会移位上去充当句子的主语。现在一般把扩展的投射原则化为时制范畴的 EPP 特征。

动词的论元是实现于句子主语与动词补足语位置的实义成分，所以，句子主语位置与动词补足语位置，通常被称为论元位置（A-position）。论元在论元位置会获得相应的题元角色。Crystal（2008）认为管辖与约束理论（Government and Binding Theory）中的论元可定义为"带有题元角色的成分"，就是从这个角度来说的。所以，论元也可以用题元角色进行标记，如"读"，它的两个论元可分别用施事（agent）与受事（patient）进行标记。例如：

(24) a. 读：{x, y}
　　 b. 读：{施事，受事}
　　 c. 读：{x, y}；[+____NP]；（施事，受事）

(24a) 是直接用变元标记论元，因为论元和变元都是对"argument"的翻译。(24b) 是用题元角色替换 (24a) 中的变元，题元角色是对论元的规定。(24c) 有三项内容，一是论元结构，它是说"读"有两个论元；二是范畴选择，它规定了"读"必须有补足语，并且该补足语必须是名词短语（noun phrase），也暗含了它有一个内部论元；三是语义选择，它规定它的两个论元必须分别获得施事与受事两种题元角色。

(24) 中的三种情形都可用来定义论元结构。论元结构是论元的集合，如 (24a)；论元结构是论元的题元角色的集合，如 (24b)；论元结构是论元集合、语义选择与范畴选择的复杂体（complex），如 (24c)。第一种定义反映论元的数目，第二种定义反映论元的数目与语义类型，第三种定义反映论元的数目与语义类型和范畴类型。第一种定义是本原，其他两种定义是附加限制，因为附加了题元，所以这种论元结构也可以称为题元结构（thematic structure）。

☙ 论元的引进

生成语法中的词库论（lexicalist approach）认为论元是谓词登录于词库（lexicon）的信息，然后投射到句法中去。所以，词库论也称投射论（projectionist approach）。词库论认为论元跟谓词有关，但事实上，句法中会有一些论元跟谓词并无多少关系。例如：

(25) Sally baked her sister a cake.

(25)中的"bake"通常被认为只有两个论元"{x, y}"，"Sally"与"a cake"是其论元的实现。理论上，"her sister"不应该出现在句法中，否则会违反题元准则（theta criterion），但事实并非如此。Goldberg（1995）认为"her sister"尽管不是动词的论元，但可由构式（construction）引进。为了引进"her sister"这样的非核心论元（non-core argument），并坚持句法的可推导性，Kratzer（1996）与Pylkkänen（2008）等提出让功能范畴（functional category）引进论元的思想，如让语态范畴（Voice）引进外部论元，让涉用范畴（Appl）引进内部非核心论元，让动词引进直接内部论元。让功能范畴为谓词引进论元，为构式论（constructionist approach）的思想。构式论不同于构式语法（Construction Grammar），即构式论认为论元是词项（lexical item）引进的，而非构式引进的。

在逻辑语义学中，动词可以有不同的语义表达（semantic representation）。因为论元是满足谓词需要的成分，而"需要"本是个非常模糊的概念，不管是主宾语，还是附加语，都可以说是满足谓词需要的成分。所以，具体谓词到底有多少个论元，需要依据句子确定。Davidson（1967）为了解决蕴涵关系，规定主宾语位置的成分为论元，并用事件论元关联各种附加语，如（26a）。为了进一步解决蕴涵关系，学界又做了进一步发展，如（26c）。

(26) a. $\lambda y. \lambda x. \lambda e.$ 买 (x, y, e)
  b. $\lambda x. \lambda e.$ 买 (x, e)
  c. $\lambda e.$ 买 (e)

e 代表事件论元。(26a)是戴维森事件语义学的思想，其中的"买"有两个参与者论元，分别是其中的 x 与 y；(26b)是部分新戴维森事件语义学的思想，其中的"买"只有一个参与者论元，为 x；(26c)是完整的新戴维森事件语义学的思想，其中的"买"没有参与者论元，只有事件论元。(26a)是词库论的语义学基础；(26b–c)是构式论的语义学基础。

Kratzer (1996) 与 Pylkkänen (2008) 等采用的是部分新戴维森事件语义学，除了动词的直接内部论元之外，其他的论元都是由功能范畴引进。熊仲儒 (2004) 与 Borer (2005) 等采用的是完整的新戴维森事件语义学，即假定所有的论元都是由功能范畴引进。相应的词库表达如下：

(27) a. 买：{x, y}
　　 b. 买：{x}
　　 c. 买：{ }/Φ

(27a)是说"买"有两个论元，(27b)是说"买"有一个论元，(27c)是说"买"没有论元，可表达为空集。(27)没有表达事件论元。

词库论认为谓词在词库中有论元结构，有些学者甚至把论元结构当作介于词库与 D-结构的一个中间层次。近年来，D-结构被取消了，词在词库中到底该有哪些信息，学界也在反思。谓词在词库中没有论元结构，是完整的新戴维森事件语义学的思想，也是生成语法中分布式形态学 (Distributed Morphology) 的理论主张。相应的，谓词的论元结构就只能在句法中产生。Chomsky (2008) 也认为，外部合并 (external merge) 产生广义的论元结构 (generalized argument structure)。所以，论元不再是满足词汇范畴 (lexical category) 所需要的实义成分，而是满足功能范畴所需要的实义成分。如果功能范畴的要求得不到满足，句子就会不合法。例如：

(28) a. John saw Mary.
　　 b. *John saw.

（29）a. I handed the baby a toy.
　　　 b. *I handed the baby.

（28b）与（29b）的不合法，在词库论中，是动词的论元结构没有得到完全实现；在构式论中，是功能范畴的选择性没有得到满足。如果相应的要求得到满足，句子就合法了，如（28a）与（29a）。

❧ 小结

论元是满足谓词需要的成分，通常是动词主宾语位置的有具体语义内容的名词性成分，名词、形容词等也有论元。现在通常认为论元是满足扩展谓词的功能范畴所需要的实义成分，是题元层（thematic layer）中居于指示语（specifier）与补足语位置的有具体语义内容的成分。从范畴上看，论元主要是名词性短语，但也可以是其他范畴的短语。构式论认为，词在词库中没有论元结构，它的论元结构是外部合并产生的结果，功能范畴在论元的选择（selection）与题元的指派（assignment）上起着重要作用。

参考文献

熊仲儒. 2004. 现代汉语中的致使句式. 合肥：安徽大学出版社.

朱德熙. 1978. "的"字结构和判断句. 中国语文，（1）：23–27.

Aarts, B., Chalker, S. & Weiner, E. 2014. *The Oxford Dictionary of English Grammar*. Oxford: Oxford University Press.

Borer, H. 2005. *Structuring Sense: Vol. 2. The Normal Course of Events*. Oxford: Oxford University Press.

Carrier, J. & Randall, J. 1992. The argument structure and syntactic structure of resultatives. *Linguistic Inquiry*, (23): 173–234.

Chomsky, N. 2008. On phases. In F. Robert, C. Otero & M. Zubizarreta (Eds.), *Foundational Issues in Linguistic Theory: Essays in Honor of Jean-Roger Vergnaud*. Cambridge: MIT Press, 133–166.

Crystal, D. 2008. *A Dictionary of Linguistics and Phonetics* (6th ed.). Oxford: Blackwell.

Davidson, D. 1967. The logical form of action sentences. In N. Resher (Ed.), *The Logic of Decision and Action*. Pittsburgh: University of Pittsburgh Press, 81–95.

Goldberg, A. 1995. Constructions: A Construction Grammar Approach to Argument Structure. Chicago: The University of Chicago Press.

Kratzer, A. 1996. Severing the external argument from its verb. In J. Rooryck & L. Zaring (Eds.), *Phrase Structure and the Lexicon*. Dordrecht: Kluwer Academic Publishers, 109–137.

Luraghi, S. & Parodi, C. 2008. *Key Terms in Syntax and Syntactic Theory*. London: Continuum.

Payne, T. 1997. *Describing Morphosyntax: A Guide for Field Linguists*. Cambridge: Cambridge University Press.

Pylkkänen, L. 2008. *Introducing Arguments*. Cambridge: MIT Press.

向心性　　ENDOCENTRICITY

美国结构主义（structuralism）语言学家 Bloomfield（1933）将结构分成向心结构（endocentric construction）与离心结构（exocentric construction），后来生成语法将向心性（endocentricity）作为结构的限制，并用 X'- 理论（X-bar theory）进行刻画。向心性在结构主义语言学中是分类理论，在生成语法中是限制理论。限制理论，意味着如果有更好的结构限制，向心性限制是可以放弃的。在两种向心性理论，都有术语 "head"，我们分别译为中心与核心，即结构主义语言学中的 head 为中心，生成语法中的 head 为核心。中心在句法（syntax）中可以是词（word），也可以是短语（phrase）；核心在句法中只能是词。该概念主要用于结构描写（structural description）与限制句法结构（syntactic structure）。

句法学
100 核心概念与关键术语

⊗ 结构主义向心性的定义

结构主义的向心性指整体结构与直接成分（immediate constituent）在分布（distribution）上是不是相同。整体结构与直接成分在分布上相同，则整体结构为向心结构；整体结构与直接成分在分布上不同，则整体结构为离心结构。这种分布标准（distribution criterion），Bloomfield（1933）用的是形类（form class）；整体结构，他用的是合成短语（resultant phrase）。在合成短语属于一个与任何直接成分的形类都不同的形类时，这个合成短语为离心结构。例如：

(1) a. John ran.
 b. in the house
 c. if John ran away
 d. than John

（1a）是主谓结构（predicative construction），（1b）是介词短语（prepositional phrase），（1c）是从属子句（subordinate clause），（1d）是从属短语，它们都是离心结构。像（1a），它是由名词"John"和动词"ran"组成，而合成短语既不是名词也不是动词，而是一个句子（sentence），句子跟名词与动词具有不同的功能和不同的分布，即形类不同。

在合成短语和一个（或多个）直接成分属于同一种形类时，这个短语为向心结构。向心结构被称为中心内置（internally headed）的结构。例如：

(2) a. poor John
 b. boys and girls

（2a）是定中结构，（2b）是并列结构（coordinate construction），它们都是向心结构。在（2a）中，"John"可以替代整个结构，即形类相同。定中结构也被称为从属向心结构（subordinative endocentric construction），定语（attribute）从属于中心。并列结构，也被称为并列向心结构（coordinative endocentric construction），两个中心并列。

198

作为向心结构的合成短语，和它的直接成分在形类上可以有细微的区别，如"Bill and John"是复数，而它的直接成分如"Bill"与"John"都是单数。忽略这种细微差别，主要是为了让合成短语和它的直接成分具有相同的分布。例如：

（3）a. Bill and John are clever.
　　　b. *Bill are clever.
　　　c. Bill is clever.

（3b）显示"Bill"跟"Bill and John"的分布不同，按理，"Bill and John"算不上向心结构，这是数上的差别；如果不考虑这种细微的差别，就可以认为"Bill and John"是向心结构，如（3c）。

向心结构中跟合成短语形类相同的成分（constituent），Bloomfield（1933）叫它中心（head），如果这个中心具有词的身份就为中心词（center）。例如：

（4）a. poor John
　　　b. all this fresh milk
　　　c. all this fresh bread and sweet butter

（4a）中的"John"是中心，也是中心词。（4b）中的"this fresh milk"是中心，但不是中心词，"milk"才是整个短语的中心词，"milk"也是整个短语的中心。（4c）中的"bread"与"butter"都是中心词。

对 Bloomfield（1933）而言，区分向心结构与离心结构，是为了找出中心词，最终目的是由词的句法形类推导出短语的句法形类，即由词类（word class）描写短语形类。如中心词为体词的短语，就是体词短语。即使是离心结构，最终也可以采用词类描写，如施事—动作短语（一种主谓结构），可认为它是由主格词语和限定性动词词语构成。这个表达很生硬，后来的生成语法用短语结构规则（phrase structure rule）才实现这种理想。

Hockett（1958）在 Bloomfield（1933）的基础上强调形类的相似度（similarity），道理在于中心/中心词跟短语之间会存在差别，如（3）。

此外，他还指出"相似"是指两者的出现权（privilege of occurrence）大致相同。出现，就是分布。英语中的向心结构包括并列结构与偏正结构（attributive construction），离心结构包括动宾结构、介词短语、从属连词结构组成的引导结构（directive construction）、系表结构（connective construction）与主谓结构。

朱德熙（1985）认为：汉语的向心结构有偏正结构（包括定中结构与状中结构）、并列结构、动宾结构与动补结构，离心结构有主谓结构与由虚词组成的句法结构（如介词结构，"的"字结构等）。英语与汉语在动宾结构上不同，主要是因为分布的缘故，英语的宾语（object）通常情况下不能省略（ellipsis）。

（5）a. I handed the baby a toy.
　　b. *I handed.
（6）a. 我送了他一杯牛奶。
　　b. 我送了。

向心性将句法结构分成向心结构与离心结构，所使用的标准是分布，所以同种类型的结构在不同的语言中可以归属不同，如动宾结构在汉语中为向心结构，而在英语中为离心结构。即使是同种结构在同一种语言中，也可能会归属不同，这主要看对分布"相似度"的处理。

○ 生成语法向心性的定义

生成语法的向心性指整体结构与直接成分在范畴（category）上相同。由范畴确定向心性，来自结构主义语言学家哈里斯（Harris，1951：276），他认为类型为"XY = X"的序列（sequence）为向心结构，"XY"中的 X 为该结构的核心。例如：

（7）a. S → NP + VP
　　b. NP → D + N
　　c. VP → V + NP

（7a）表明主谓结构是离心结构；（7b）表明名词短语（noun phrase）是向心结构，其中名词 N 为核心；（7c）表明动宾结构是向心结构，其中动词 V 为核心。

Lyons（1968：331）曾指出："N 和 NP 之间，V 和 VP 之间都存在一种必不可少的联系，对哪种语言都一样……NP 和 VP 不仅仅是帮助记忆的符号，而且是分别表示句法成分 NP 必定是名词性的，VP 必定是动词性的，因为两者分别以 N 和 V 作为其必需的主要成分。"他认为以下规则"不仅是有悖常情的，在理论上也是站不住的"。例如：

（8）a. NP → V + VP
　　 b. NP → V
　　 c. VP → D + N

但（8）这样的规则在短语结构规则时期，是没有办法阻止的。简言之，只要有（7a）这样的离心规则，就没有办法阻止（8）这样的离心规则。Lyons（1968）的直觉告诉我们，要阻止（8）这样的规则，就必须建立向心规则（endocentric rule）。例如：

（9）XP → … X …

XP 中的 X 是范畴，如动词、名词等；P 是身份，表示它是短语。（9）表示 X 类的短语（XP）中包含 X 类的词项（lexical item），XP 与 X 在范畴上相同，X 是 XP 的核心（head）。在句法中，核心决定着整个短语的范畴，即范畴 X 决定了整个短语为 XP。所以，核心是决定结构范畴的成分。动词短语（verb phrase）中的核心是动词，介词短语中的核心是介词（preposition），名词短语中的核心是名词。

X'- 理论，就是关于结构向心性的理论。在 X'- 理论中，所有的短语都有决定其范畴的核心，其中 X 表示"任何核心"，如 N、V、A、P、T、C、D 等。补足语（complement）与 X 结合形成 X'；附加语（adjunct）或附加在 X' 上，或附加在 XP 上；指示语（specifier）与 X' 结合，形成 XP。例如：

(10) a. X' → X YP
　　 b. X' → X' MP
　　 c. XP → ZP X'
　　 d. XP → MP XP

在（10）中，核心 X 为最小投射（minimal projection），X' 为中间投射（intermediate projection），XP 为最大投射（maximal projection）。最小投射是选自于词库（lexicon）的词项，最大投射是不再投射的句法体（syntactic object），中间投射是介于最小投射与最大投射之间的投射。（10）表示：

(11) a. 核心是 X，X 是各种词类。
　　 b. 核心及其补足语构成中间投射，如（10a）。
　　 c. 附加语附在中间投射或最大投射上，如（10b）与（10d）。
　　 d. 指示语跟中间投射构成最大投射，如（10c）。

X'-结构可以用来定义主语（subject）、宾语、状语（adverbial）与定语这样的语法关系（grammatical relation），如 X 的指示语是主语，X 的名词性补足语及其子句性补足语（clausal complement）为 X 的宾语，名词性 XP 的附加语是定语，动词性与形容词性 XP 的附加语是状语。主语跟指示语相关，宾语跟补足语相关，定语与状语跟附加语相关。这种定义是大致的，生成语法常用指示语、补足语与附加语等术语。在 X'-理论中，每个结构都有核心，核心可以有补足语与指示语，在句法中核心是词，附加语、补足语与指示语是短语。

○ 范畴间的平行性

X'- 理论的提出，本身不是为限制短语结构规则的，而是因为名词与动词之间的平行性。例如：

(12) a. John's proving the theorem
　　 b. the enemy's destroying the city

202

（13）a. John's proofs of the theorem
　　　b. the enemy's destruction of the city

（12）涉及动名词（gerundive nominal），（13）涉及派生名词（derived nominal），生成语法早期认为这里涉及名物化转换（nominalization transformation），相应的名词短语是由以下句子推导而来。例如：

（14）a. John proved the theorem.
　　　b. The enemy destroyed the city.

Chomsky（1970）反对转换分析，他采用词汇主义假设（lexicalist hypothesis），即词库论（lexicalist approach），认为派生名词应该在词库中处理。对于句子与名词短语、动词与名词的平行性，他是从结构、子范畴属性与语法关系等角度进行刻画的，其中最重要的就是 X'- 理论。例如：

（15）a. John's proofs of the theorem
　　　b. [$_{NP}$ John's [$_{N'}$ [$_N$ proofs] [of [$_{NP}$ the theorem]]]]
（16）a. John proved the theorem.
　　　b. [$_S$ John [$_{VP}$[$_{V'}$[$_V$ proved] [$_{NP}$ the theorem]]]]

这两个结构大致呈镜像，名词短语中的词汇核心与动词短语中的词汇核心在范畴选择上一致，都是名词短语"the theorem"，所选择的两个论元（argument）都分别充当补足语与指示语或主语。名词补足语中的"of"后来归结为格（case）的指派（assignment）。有些核心会范畴选择 PP 或 CP/S'。例如：

（17）a. [$_S$ John [$_{VP}$ [$_{V'}$[$_V$ relies] [$_{PP}$ on Mary]]]
　　　b. [$_{NP}$ John's [$_{N'}$ [$_N$ reliance] [$_{PP}$ on Mary]]
　　　c. [$_S$ John is [$_{AP}$ [$_{A'}$[$_A$ reliant] [$_{PP}$ on Mary]]]
（18）a. [$_S$ John [$_{V'}$[$_V$ claimed] [$_{CP/S'}$ that Bill was unhappy]]]
　　　b. [$_{NP}$ John's [$_{N'}$ [$_N$ claim] [$_{CP/S'}$ that Bill was unhappy]]]

需要注意的，（16）-（18）中的 S 仍然是离心结构，直到 Chomsky（1986），所有的结构才满足 X'- 理论。例如：

（19）[$_{CP}$[Spec][$_{C'}$[C][$_{IP}$[Spec][$_{I'}$[I][VP]]]]]

CP 是以 C 为核心的标补短语，IP 是以 I 为核心的屈折短语，VP 是以 V 为核心的动词短语。至此以后，生成语法中的所有短语都是向心结构。句法结构的核心为词。

最初是将功能性的词项及其投射当作核心的指示语。名词短语的指示语是限定词（determiner），动词短语的指示语是助动词（auxiliary verb），形容词短语（adjective phrase）与介词短语的指示语是量度词。例如：

（20）a. [$_{NP}$ the [$_{N'}$ reliance on his parents]]
b. [$_{VP}$ will [$_{V'}$ rely on his parents]]
c. [$_{AP}$ very [$_{A'}$ reliant on his parents]]
d. [$_{PP}$ right [$_{P'}$ above the door]]

后来的研究把这些功能性的词项处理为扩展词汇范畴（lexical category）的功能核心（functional head）。例如：

（21）a. [$_{DP}$ [$_{D}$ the] [$_{NP}$ reliance on his parents]]
b. [$_{ModP}$ [$_{Mod}$ will] [$_{VP}$ rely on his parents]]
c. [$_{DegP}$ [$_{Deg}$ very] [$_{AP}$ reliant on his parents]]
d. [$_{DegP}$ [$_{Deg}$ right] [$_{PP}$ above the door]]

（19）与（20）都是朝着将功能范畴（functional category）处理为句法核心的方向。

在生成语法的向心结构理论中，由于每种范畴都可以成为结构的核心，它们的投射基本相同，都是由最小投射到中间投射再到最大投射，都是将范畴选择的成分投射在补足语位置，如果论元结构（argument structure）里还有补足语以外的成分，则投射到指示语位置。所以，范畴间体现出平行性。动词和它对应的名词，因为具有相同的论元结构，所以它们之间的平行性特别严格，如（12）-（14）。Abney（1987）认为限定范畴与屈折范畴也具有平行性。例如：

（22）a. angute-t　　　　　kiputa-a-t
　　　　Man-ERG(PL)　　 buy-OM-SM
　　　　'the men bought it'
　　　b. angute-t　　　　　kuiga-t
　　　　man-ERG(PL)　　 river-SM
　　　　'the men's river'

（22）是尤皮克语（Yup'k）的例子，（22a）与（22b）中都有一个一致语素"-t"。这表明它们可能有一个共同构型，如果一致（agreement）在动词域中涉及指示语—核心的关系，则在名词域中也会涉及指示语—核心关系。例如：

（23）a. [IP angute-t [I' [I -t] [VP kiputa-a]]]
　　　b. [DP angute-t [D' [D -t] [NP kuiga]]]

限定短语假设（DP Hypothesis）为名词的投射提供了构型基础，（23b）通过 N 的核心移位（head movement）便可得到（22b）。

Abney（1987）将属格成分（genitive）像限定词一样处理为 DP 中的成分，属格成分在 DP 的指示语位置，而限定词在 D 位置，如（24）。Chomsky（1995）等建议将"'s"处理为 D，如（25）。

（24）[DP John's [D' [D] [NP analysis of the problem]]]
（25）[DP John [D' [D 's] [NP analysis of the problem]]]

根据动词短语内部主语假设（VP-internal subject hypothesis），和名词短语内部主语假设（NP-Internal Subject Hypothesis），我们可以为（15–16）指派以下结构。例如：

（26）a. [DP John [D' [D 's] [NP <John> proofs of the theorem]]]
　　　b. [IP John [I' [I –ed] [VP <John> prove the theorem]]]

（26）的表达可以体现名词性短语与句子之间的完全平行。

Abney（1987）是发现 DP 与 IP 之间有平行性，故将 D 跟 I 进行类比。Szabolcsi（1987，1994）基于匈牙利语认为 DP 跟 CP 有平行性。匈牙利语有两种领属名词短语，其中领属者或取主格或取与格（dative case），前者在限定词之后，后者在限定词之前。例如：

（27）a. a　　　　　　　Mari　　　　kalap-ja
　　　 the　　　　　　　Mari-NOM　　hat-POSS.3P.SG.
　　　b. Mari-nak　　　 a　　　　　 kalap-ja
　　　 Mari-DAT　　　 the　　　　　hat-3P.SG.
　　　'Mary's hat'

（27a）中的领属者不能移位，而（27b）中的领属者可以移位。例如：

（28）a. *[Mari]$_i$ Peter látta [$_{DP}$ a [t$_i$ kalap-já-t]] ?
　　　 Mari-NOM Peter saw　　　 the hat-POSS.3P.SG.-ACC
　　　 'Peter saw Mary's hat'
　　　b. [Mari-nak]$_i$ Peter látta [$_{DP}$ t'$_i$ a [t$_i$ kalap-já-t]] ?
　　　 Mari-DAT Peter saw　　　　 the hat- POSS.3P.SG.-ACC
　　　 'Peter saw Mary's hat'

从（28）来看，只有移到 DP 指示语位置的成分才能提取，这有点像从属子句中的成分在话题化时需要首先提到从属子句中 C 的指示语一样，所以会假定 D 类似于 C，在 D 与 N 之间再设一个类似于 I 的功能范畴，如 Agr。例如：

（29）[$_{DP}$ Spec [$_{D'}$ [D] [$_{AgrP}$ Spec [$_{Agr'}$ [Agr] [$_{NP}$ Spec [$_{N'}$[N]XP]]]]]]

✷ 小结

结构主义语言学是从分布上定义向心性的，当直接成分跟整体结构在分布上相同时，结构就具有了向心性，即为向心结构，反之则为离心结构。事实上，分布上的相同是很难达到的，所以 Hockett（1958）提出相似度。生成语法从范畴上定义向心性，即核心决定结构的范畴，每个结构都具有决定其范畴的核心，所以每个结构都具有向心性。向心性是对人类可能短语结构的限制，也能解释范畴间的平行性。如果有合适的限制，向心性限制也可以取消。

参考文献

朱德熙. 1985. 语法答问. 北京：商务印书馆.

Abney, S. 1987. *The English noun phrase in its sentential aspect*. Doctoral dissertation, MIT.

Bloomfield, L. 1933. *Language*. New York: Holt.

Chomsky, N. 1970. Remarks on nominalization. In R. Jacobs & P. Rosenbaum (Eds.), *Readings in English Transformational Grammar*. Waltham: Ginn, 184-221.

Chomsky, N. 1986. *Barriers*. Cambridge: MIT Press.

Chomsky, N. 1995. *The Minimalist Program*. Cambridge: MIT Press.

Harris, Z. 1951. *Methods in Structural Linguistics*. Chicago: University of Chicago Press.

Hockett, C. 1958. *A Course in Modern Linguistics*. New York: Macmillan.

Lyons, J. 1968. *Introduction to Theoretical Linguistics*. Cambridge: Cambridge University Press.

Szabolcsi, A. 1987. Functional categories in the noun phrase. In I. Kenesei (Ed.), *Approaches to Hungarian*, (2): 167-190.

Szabolcsi, A. 1994. The noun phrase. In F. Kiefer & K. E. Kiss (Eds.), *The Syntactic Structure of Hungarian*. New York: Academic Press, (27): 179-274.

选择　SELECTION

Bloomfield（1933）认为，在每一种语言中，各种形式的有意义的配列（arrangement）构成了这种语言的语法，配列方式有语序（word order）、变音（phonetic modification）、变调（modulation）与形式的选择（selection of forms）。配列方式的简单特征就是语法特征，语法特征的英语说法是 grammatical feature 与 taxeme，所以他在句法（syntax）一章重提语序、变音、变调与选择（selection）时，称之为 taxeme。taxeme 是 Bloomfield 造的词，没有比较好的翻译，有人仿照"音素"（phoneme）译为"法素"，或仿照"词位"（lexeme）译为"法位"，它指的是配列方式的单一最小特征（single minimal feature）。Bloomfield 指出任何有意义的、重复出现的语法特征，就是句法构式（syntactic construction）。选择是一种配列方式，也是一种语法特征。生成语法也谈选择，如范畴选择与语义选择，说的其实也是配列方式与语法特征。该概念主要用于解释成分（constituent）的共现及相关限制。

✧ 结构主义的选择

选择是一种配列方式，在其他语法配列都相同的情况下，如果选择不同的形式，可能也会产生不同的意义。复合形式的意义部分地取决于选择哪些形式作为它的成分。例如：

（1）a. drink milk
　　　b. watch John
（2）a. fresh milk
　　　b. poor John

（1）叙述的是动作行为，（2）叙述的是事物，它们都含有名词性词语，如"milk"与"John"，语义的差别在于对第一个成分的选择。Bloomfield（1933）认为，根据这个差别，可以确立不同的形类（form class），如 "drink" 和 "watch" 属于及物动词的形类，而 "fresh" 和 "poor" 属于形容词的形类。

因为形类可以有下位区分，所以选择的特征一般都很复杂。在英语中，如果把 "John" 或者 "the boys" 这样的形式同 "ran" 或者 "went home" 这样的形式组合在一起，得出的复合形式就意味着这个人物 "执行" 这个动作。例如：

（3）a. John ran.
　　 b. The boys ran.
（4）a. John went home.
　　 b. The boys went home.

这是主格名词性词语形类与限定动词语形类的组合（combination），用现在的说法就是 "NP + VP"。这种组合不能保证永远合法。例如：

（5）a. John runs fast.
　　 b. The boys run fast.
（6）a. *John run fast.
　　 b. *The boys runs fast.

为了保证合法，Bloomfield（1933）认为需要将主格名词性词语分成单数类与复数类，限定性动词也要分成单数类与复数类。他认为，在表示某个事物执行某个动作的复合形式里，其中两个成分在单数和复数这两个小类上是一致的。

Bloomfield（1933）还指出，选择特征往往是十分任意和奇怪的。他的例子是有些名词可以跟 "-ess" 组合，而另一些名词不能跟 "-ess" 组合。例如：

（7）a. princess（公主）
　　　 authoress（女作家）
　　　 sculptress（女雕刻师）

b.*kingess（女国王）
*singeress（女歌唱家）
*painteress（女画家）

他认为需要将"prince"和"king"分到不同的形类。

Bloomfield（1933）认为选择性语法特征在大多数语言的句法中都占有重要地位，句法主要是对这些选择性特征（selectional feature）下定义，即说明各种形类在什么环境下出现于句法结构（syntactic construction）中。这种选择性特征可以体现在一致（agreement）上，具体体现在谐和（concord）、管辖（government）与互指（cross-reference）上。

谐和，包括主谓一致（subject-verb concord），如（5）-（6），也包括名词短语（noun phrase）内部的一致，如"this""that""these""those"跟名词形式的一致。例如：

（8）a. this boy   *this boys
    b. these boys   *these boy

管辖，是伴随形式（accompanying form）管辖被选择的形式（selected form），这种管辖就是要求（demand）或采纳（take）。相关的例子跟格（case）与约束（binding）有关。例如：

（9）a. I know.   b. watch me   c. beside me
（10）a. He washed him.
    b. He washed himself.

（9a）的动词要求主语采用主格（nominative case）形式，（9b）的动词要求宾语采用宾格（objective case）形式，（9c）的介词要求宾语采用宾格形式。（10a）选择了"him"，表明主宾语指示不同的人；（10b）选择了"himself"，表明主宾语指示同一个人。在管辖与约束理论（Government and Binding Theory）中，（9）归为管辖，由管辖指派格；（10）归为约束，能不能受约束，受管辖范畴（governing category）限制。

210

互指，也是一致，动词或相关成分上标记的形式类似于代词（pronoun）。澳大利亚有种古宁语（Gunin），它有五种性（gender）标记，一种指人类，四种指非人类（Tallerman，2020）。例如：

（11）a. benyjin　　bi-yangga.
　　　　 man　　　　gender-goes
　　　　 'The man is walking.'
　　 b. leewa　　　 gadi　　　 a-yangga.
　　　　 dog　　　　 run　　　　gender-goes
　　　　 'The dog is running.'

（11a）中的"bi"指称"benyjin"，（11b）中的"a"指称"leewa"。（11a）类似于"那个人他在散步"，"他"指称"那个人"。Bloomfield（1933）举了一些非标准的英语例子：

（12）a. John his knife
　　 b. Mary her knife
（13）a. John he ran away.
　　 b. Mary her ran away.

（11）跟（13）不同在于，一个采用了形态标记，一个采用了代词。

Bloomfield（1933）的选择性，在赵元任（1979）看来，其主要意思是这样一个事实：某些形式以某种方式活动，另一些形式以另一种方式活动。两个成分组合在一起，有选择与被选择，这种选择，要求分类。用赵元任（1979）的说法就是，要想使"选择性"在语法书上见于实用，就得编成某一语言的全部词汇，在每一个形式之后注明它所属的类。生成语法大体就是循着这种思路丰富词库（lexicon）的。

❧ 选择性限制

主谓之间的一致现象，或者说主语对谓语动词（predicator）的形式选择，Chomsky（1957）就已经处理过，后来也在不断地改进。

Chomsky（1957）多次提到"选择"，如被动句（passive sentence）的生成要选择"be + en"，为生成合法的句子（sentence）也需要有所选择。例如：

（14） a. John admires sincerity. ?Sincerity admires John.
b. Sincerity frightens John. ?John frightens sincerity.
c. John plays golf. ?Golf plays John.
d. John drinks wine. ?Wine drinks John.

（14）的"?"标记是我们标的，右侧的句子，Chomsky（1957）认为是需要排除的非句（non-sentence）。不过在脚注中，他认为需要建立语法性层面（level of grammaticalness）这样的概念，意思是说右侧的句子在语法性（grammaticalness/grammaticality）上虽然不及左侧的句子，但比"of admires John"这样的形式会更符合语法。Chomsky（1965）为（14）中的动词设立选择性特征，并以特征的形式建立选择性规则（selectional rule）。例如：

（15） $[+V] \rightarrow CS/ \begin{Bmatrix} [+抽象] \text{ Aux} — \\ [-抽象] \text{ Aux} — \\ — \text{Det} [+有生] \\ — \text{Det} [-有生] \end{Bmatrix}$

（15）采用的是特征表达，规定了动词前后的主语与宾语的特征。词库中也有对应的选择性特征。例如：

（16） a. (sincerity, [+ N, +Det —, – Count, +Abstract, …])
b. (boy, [+ N, +Det —, +Count, +Animate, +Human, …])
c. (frighten, [+V, +—NP, +[+Abstract] Aux —Det [+Animate], +Object-deletion, …])
d. (may, [+ M …])

（16）规定了每个词项（lexical item）本身的特征及其选择性特征。像（16c），它规定了"frighten"的主语需具有抽象性，宾语具有有生性。"Sincerity frightens John."中的主宾语符合这些选择性特征，所以句子合法;"John frightens sincerity."中的主宾语不符合这些选择性特征,所以存在异常(deviant)。Chomsky(1965)认为下面的两组句子都存在语法性上的异常。例如:

(17) a. Colorless green ideas sleep furiously.
　　 b. Golf plays John.
　　 c. The boy may frighten sincerity.
　　 d. Misery loves company.
　　 e. They perform their leisure with diligence.
(18) a. John found sad.
　　 b. John elapsed that Bill will come.
　　 c. John compelled.
　　 d. John became Bill to leave.
　　 e. John persuaded great authority to Bill.

(17a)是 Chomsky(1957)的名句,曾当作合法的句子举例。Chomsky(1965)认为(17a)及相关句子在语法性上存在异常,它在语法性上虽然不如"Revolutionary new ideas occur infrequently.",但比"Furiously sleep ideas green colorless."的语法性要高,(17a)可经过隐喻化的解释获得意义。(17)违反了选择性规则,(18)违反了子范畴化规则(subcategorization rule),而(16)中的"[+Det —]"与"[+—NP]"就是子范畴特征。

　　选择性规则是从语义特征上规定词项所能出现的语境,包括[±可数]、[±有生]、[±人类]、[±抽象]等,如"说",它的主语得有[+人类]特征。选择性规则后来放弃了,可能是因为"有生""抽象""人类"等特征过于烦琐,代替它的是语义选择(s-selection),用题元角色表达。相应的,子范畴化规则也由范畴选择(c-selection)所取代,这个只是名称上的变化,本质上仍然是从范畴(category)上规定词所能出现的语境,如"[+—NP]"。

　　跟选择性规则与选择性特征相关的概念是选择性限制(selectional restriction)。顾名思义,就是词对与之共现的成分的限制,或者说,就是词对其出现的语境的选择。限制的方式就是在词库中登录词的选择性特征，如（16），在句法中增加选择性规则，如（15）。选择性限制，有时也称为语义限制（semantic restriction）。选择性特征采用的是语义特征，语义特征是词固有的特征，如 [–男性] 与 [–成年] 就是"女孩"这个词的语义特征。选择性特征不是对自身语义特征的要求，而是对共现词的语义特征的要求。

☙ 范畴选择与语义选择

Chomsky（1965）设置词库。计算系统（computational system）生成结构描写（structural description），词库标明结构描写中各词项的特征。结构描写可能直接对应于语音表达式，也可能不对应，这时候就需要不断地调整，产生一系列的结构描写。例如：

(19) $SD_1 \Rightarrow SD_2 \Rightarrow ... \Rightarrow SD_n$

计算系统所生成（generative）的第一个结构描写为 D-结构（D-structure），或者称为 D-结构上的结构描写；最后生成的对应于语音形式的结构描写称为 PF-层面上的结构描写；对应于语义形式的结构描写被称为 LF 层的结构描写。

词库存放的是词的不可预测的信息，包括词的语音信息、语义信息与句法信息。句法信息包括词类（word class）信息、选择性特征与子范畴特征，如下：

(20) (frighten, [+V, +—NP, +[+Abstract] Aux —Det [+Animate], +Object-deletion, ...])

"+V" 是词类信息，表示它是动词；"+—NP" 是子范畴特征，表示它是及物动词，可以带名词短语为宾语；"+[+Abstract] Aux —Det [+Animate], +Object-deletion, ...]" 是选择性特征，表示它要求主语具有抽象性特征，宾语具有有生性特征。选择性特征现在由语义选择所取代，子范畴特征由范畴选择所取代。以下是 Huang（1997）为汉语"放"

与"知道"所列举的句法信息：

(21) 放：a. [+V, –N]
      b. [+__NP PP]
      c. (x, y, z)
      d. （施事，客体，处所）

(22) 知道：a. [+V, –N]
       b. [+__NP/CP]
       c. (x, y)
       d. （感事，客体）

a 是范畴特征（categorial feature），它表明"放"与"知道"是动词；b 是范畴选择，分别表明"放"后边需要 NP 与 PP，"知道"后边需要 NP 或 CP；c 是论元结构（argument structure），分别表示"放"是三元动词与"知道"为二元动词；d 是语义选择，分别表明"放"的三个论元（argument）将获得施事（agent）、客体（theme）与处所（locative），"知道"的两个论元将获得感事（experiencer）与客体。

　　语义选择跟论元结构对应，是从语义上规定论元。范畴选择跟论元结构不对应，这是因为 Chomsky（1965）的规则系统已经规定了主语的范畴只能为 NP，后来理论虽有变化，但仍然继承了这一说法。此外还有一个重要原因，就是范畴选择有无存在的必要，如果它没有存在的必要，也就无需探讨了。之所以怀疑范畴选择的设立，是因为有些学者觉得范畴选择跟语义选择之间似乎有着推导关系，一个不能向补足语（complement）指派题元角色的动词，它自然就不能带补足语；一个指派多个题元角色的动词，自然就需要有补足语来接受题元角色。所以，人们就会很自然地思考语义选择与范畴选择之间的关系。有人认为有语义选择，就不需要范畴选择了，如动词"persuade"，它的语义选择是目标（goal）与命题（proposition）：

(23) a. ___ [John] [that he should go to college]
      b. ___ [John] [to go to college]
      c. ___ [John] [of the importance of going to college]

题元角色"目标"的典型结构体现（canonical structural realization）是名词短语 NP，"命题""问题"（question）、"感叹"（exclamation）的典型结构体现可以是子句 CP，也可以是名词短语 NP。（23）可以由语义选择进行推导，而不必做如下规定：

（24）[+__NP, CP/NP]

NP 前于 CP，也无须规定，因为 NP 需要格，CP 不需要格，需要格的成分要跟动词毗邻；（23c）中的第二个 NP 前边加"of"，这是因为它需要格而又不能毗邻于动词，只能依靠没有语义的"of"，"of"是格标记（case marker）。换言之，只需要规定"persuade"选择目标与命题作补足语，（23）是可以推导出来的，无须借助于（24）。

不过，Grimshaw（1979，1981）认为，范畴选择在某种程度上仍然是必要的。例如：

（25）a. Mary asked [what time it was]
　　　b. Mary asked [the time]

动词"ask"语义选择"问题"作补足语，"问题"的典型结构体现既可以是一个子句（clause），如（25a）所示；也可以是一个名词短语，如（25b）所示。Grimshaw 认为，有必要在词库中具体说明"ask"的范畴选择，以区别于跟它相类似的动词"wonder"。例如：

（26）a. Mary wondered [what time it was]
　　　b. *Mary wondered [the time]

动词"wonder"也是语义选择"问题"作补足语，但只能通过子句实现，如（26a），不能通过名词短语实现，如（26b）。所以，还得规定各自的范畴选择。例如：

（27）a. ask: [+__CP/NP]
　　　b. wonder: [+__CP]

Pesetsky（1982）认为"ask"与"wonder"的差别不在于范畴选择的

差别,而在于格的指派能力不同。格理论(Case theory)认为,名词短语必须从有关的赋格范畴那里获得格,子句不需要格。在他看来,(26b)的问题出在名词短语"the time"上,它因为未能获得相应的格,而不符合语法。在这一点上,"wonder"类似于不能指派宾格的形容词。例如:

(28) a. Mary is uncertain [what time it is]
　　b. *Mary is uncertain [the time]

Pesetsky(1982)接着采用有关被动形式的证据支持其观点。在英语中,只有指派宾格的动词,才可以出现于相应的被动结构中。例如:

(29) a. It was asked what time it was.
　　b. *It was wondered what time it was.

Chomsky(1995)认为,就很大程度而言,将范畴选择归结为语义选择似乎是非常成功的;但重要的是必须注意词汇中的形式规定并未完全取消。换句话说,可以像Grimshaw那样用范畴选择,也可以像Pesetsky那样用格规定,还可以用其他的机制,但不能什么也不做。当然,如果能找到别的说明,且能保证语法的生成能力,那就另当别论。

✿ 小结

选择是两个或两个以上成分之间的关系,是配列方式,也是语法特征。主语对谓语动词的形式有选择、名词对代词的形式有选择,谓语动词对主语与宾语的格形式也有选择。相关的选择,生成语法或将之归为一致,或将之归为约束。除了形式的选择之外,生成语法还特别考虑了语义选择,与之对应的是范畴选择。语义选择在早期考虑的是语义特征,后来考虑的是语义角色(semantic role)。语义选择与范畴选择可看作是对论元的限制,两者之间可能存在推导关系,但又很难说它们一定有推导关系。

参考文献

赵元任. 1979. 汉语口语语法. 吕叔湘译. 北京：商务印书馆.

Bloomfield, L. 1933. *Language*. New York: Holt.

Chomsky, N. 1957. *Syntactic Structures*. The Hague: Mouton de Gruyter.

Chomsky, N. 1965. *Aspects of the Theory of Syntax*. Cambridge: MIT Press.

Chomsky, N. 1995. *The Minimalist Program*. Cambridge: MIT Press.

Grimshaw, J. 1979. Complement selection and the lexicon. *Linguistic Inquiry*, (10): 279–326.

Grimshaw, J. 1981. Form, function, and the language acquisition device. In C. Baker & J. McCarthy (Eds.), *The Logical Problem of Language Acquisition*. Cambridge: MIT Press.

Huang, J. 1997. On lexical structure and syntactic projection. *Chinese Languages and Linguistics*, (3): 45–89.

Pesetsky, D. 1982. *Paths and categories*. Doctoral dissertation, MIT.

Tallerman, M. 2020. *Understanding Syntax*. London & New York: Routledge.

一致　　　　　　　　　　AGREEMENT

agreement 也可译为"一致关系"与"一致标记"。一致标记是一致关系的形态表现，它是子句（clause）中动词（verb）所附带的形态标记，能够反映跟它具有一致关系的名词短语（noun phrase）的某些特征，如英语中主谓间的一致标记；相应的，动词与该名词短语之间就具有一致关系。一致标记本为形态学（morphology）的内容，但在现代句法学中，它已经成为句法学（syntactics）的核心内容，它涉及名词短语的格（case）与论元移位（A-movement），也涉及动词的形态及其核心移位（head movement），还涉及主宾语等现象。该概念主要用于语法关系（grammatical relation）的确立和相关操作的激发，是语法理论和描写的传统术语。

☙ 一致的定义

一致，指两个或两个以上的成分（constituent）之间的形式关系，即这个成分的形式和另一成分的形式的对应性（Crystal，2008），主要表现在性（gender）、数（number）、人称（person）与格上。Curme（1931）指出谓语（predicate）跟主语（subject）在性、数、人称与格等方面保持一致。在没有固定语序（word order）的语言中，一致关系是表达语法关系的重要手段之一。在英语中，主谓一致（subject-verb concord）也是判断主语的重要手段之一。

Bloomfield（1933）将一致分成谐和（concord）、管辖（government）与互指（cross-reference）。谐和，主要是两个或两个以上的词或短语在性、数、人称上的一致，也包括语义角色（semantic role）上的一致。管辖，既包括动词、介词（preposition）对名词性词语的格要求，又包括两个名词性成分同指（coreference）或不同指时对代词的选择。互指，跟复指代词的指称相关，如"张三，他跑走了"中的"他"跟"张三"互指，在形态语言中，这种复指代词已经化为形态标记或代词词缀（pronominal affix）。Luraghi & Parodi（2008）等的"一致"也包括谐和与互指。Leech（2006）在解释"agreement"的时候，直接用"concord"，他说"谐和"是通过语法特征相匹配（match）的两个成分间的关系，他的谐和不仅包括主谓一致，也包括互指与约束（binding），他称之为名词-代词的谐和（noun-pronoun concord）。Halliday & Matthiessen（2004）采用的是"谐和"，只是在索引中提到"一致"，他们用谐和标记判断主语。

生成语法用"一致"取代了Bloomfield（1933）的"谐和""管辖"与"互指"的主体内容，即一致既包括成分间在性、数、人称上的一致，也包括格特征的定值（value）。在Chomsky（2001）看来，结构格是一致关系的反映。生成语法的一致可以有形态上的表现，也可以没有形态上的表现。一致也是一种操作，有些成分可以在原位进行一致操作（Agree），有些成分因一致操作而移位。Agree 也可译为"协约操作"，取"协商约定"之义，即通过协商约定，消除探针（probe）与目标（goal）的不可解释性特征（uninterpretable feature）。

○ 一致标记的属性

英语中谓语部分的动词跟主语在数、人称等特征上要保持一致。这跟时制（tense）有关联。句子为一般现在时，主语为第三人称单数的时候，动词会带有形态上的标记。例如：

（1）a. *I walks.
　　　b. I walk.
（2）a. *She walk.
　　　b. She walks.
（3）a. The woman buys fruit each day in the market.
　　　b. The women buy fruit each day in the market.

（1）-（3）中的句子都含一般现在时。（1）中的主语是第一人称代词，动词不能带一致形态。（2）中的主语是第三人称单数代词，动词需要带一致形态。（3a）中的主语是为第三人称单数，动词带有一致形态；（3b）中的主语为第三人称复数，动词不带一致形态。（1）-（2）中的句子，都能满足语义与格要求，如"I"与"she"都是"walk"的施事（agent），都取主格（nominative case），但（1a）与（2a）不合法，这是因为主语和谓语动词（predicator）没有满足一致性要求。（1b）（2b）与（3）都满足了主语与谓语动词间的一致性要求，所以都合法。在英语中，"-s"是唯一显性的一致标记，只有主语是第三人称单数且整个句子为一般现在时的时候，才能出现，其他的主语不能激发谓语动词带一致标记"-s"。

主语与谓语动词之间的一致标记，具有强制性，但没有语义贡献。

"强制性"是说在一般现在时的句子中,主语是第三人称单数的时候,英语动词必须采用一致标记;没有出现一致标记,英语句子就会不合法,请对比(1)-(2)中的两组句子。"没有语义贡献",是说一致标记没有意义。(1b)与(2b)的语义差异跟动词的形式无关,而是跟主语有关。像汉语,虽然没有一致标记,但也可以表达出跟英语相同的意义。例如:

(4) a. 我散步。
    b. 她散步。

(4a)是(1b)的翻译,(4b)是(2b)的翻译。这不仅意味着动词所带的一致标记并不向句子添加任何意义,其自身在语义上为空,而且意味着那些带或没带一致标记而不合法的句子是句法(syntax)失误,而非语义失误。这也意味着带有一致标记的动词具有不可解释的数特征、人称特征等。这还意味着句法关注的是词或短语的特征,而不是词或短语本身,对(4b)而言,看起来是"她"和"散步"的合并(merge),实际上是一组特征和另一组特征在合并,"她"和"散步"这两个词项(lexical item)分别是这两组特征的显示。

句法对词或短语所带的特征进行操作。这个词或短语的特征和那个词或短语特征会有不同,名词(noun)的人称与数的特征可解释,而动词的人称与数的特征不可解释。"可解释"是说它有语义贡献,"不可解释"是说它没有语义贡献。"the woman"与"the women"的语义不同,是因为它们分别为单数与复数;"buys"与"buy"虽然在数特征上不同,但语义并无不同。

人称、数与性三种特征的集合,叫 phi 特征集。数在英语中体现为单数与复数;性接近人们对人物和性别的非语言性区分,但也会有差异;人称就是第一人称、第二人称与第三人称等。名词性成分的 phi 特征集具有可解释性,有语义贡献,为可解释性特征(interpretable feature);动词性成分的 phi 特征集,没有语义贡献,不具有可解释性,为不可解释性特征。

不可解释性特征在语义解释的时候会被忽略,但在句法上非常重要,忽视不可解释性特征,会导致句子语法性(grammaticalness/

grammaticality）的降低或推导的崩溃（crash）。对任何子句而言，如果其中某个成分有不可解释性特征，则需要另一成分为它消除该特征；否则，该子句会不合法。例如：

（5）*I loves her.
（6）I love her.

（5）中"loves"有不可解释的 phi 特征集，需要对应的第三人称单数的成分为它消除该特征集，"I"不符合要求，所以推导崩溃。（6）中的"love"有不可解释的 phi 特征集，"I"可以为它消除该特征集，所以推导成功。

⁂ 时制范畴的属性

英语的一致标记跟一般现在时有关，更概括地说，就是跟限定式或限定特征有关。限定特征是可解释性特征。限定式与非限定式（nonfinite）有不同的意义，例如：

（7）a. (Mary) is leaving.
b. (for Mary) to be leaving

（7a）表示某事正在发生，而（7b）只是在说某件事，至于这件事是否发生以及何时发生，它并没有说。这种语义差别跟一致标记"-s"的限定特征有关。

限定特征跟时制范畴相关，可以把现在时特征与过去时特征看作限定特征的下位特征。例如：

（8）a. I walk.
b. I walked.

（8a）中的限定特征是现在时特征，（8b）中的限定特征是过去时特征。

按生成语法的观点，一致标记是落在时制范畴上，而不是在动词上。证据是，如果句子有主要动词（main verb）和助动词（auxiliary verb）时，则一致标记会附在助动词上。例如：

(9) a. Mary is/was coming.
　　b. *Mary are/were coming.

(9)中的句子含一般现在时与过去时，主语位置的名词短语为第三人称单数，助动词"be"跟主语保持一致。再如：

(10) a. Mary does not help.
　　 b. *Mary do not helps.
(11) a. Does Mary help?
　　 b. *Do Mary helps?
(12) a. John helps and Mary does too.
　　 b. *John helps and Mary do too.

(10)–(12)分别是否定句、疑问句（interrogative sentence）与并列句，主要动词上的一致标记被剥离出来，并附在助动词"do"上。

生成语法将限定动词（finite verb）分成动词与时制两个部分，时制设为时制范畴，然后通过移位机制将动词和时制范畴融合（incorporation），或让时制范畴核查带时制形态的动词。在这种理论中，英语是时制范畴跟名词短语建立一致关系，而不是谓语动词跟名词短语建立一致关系。例如：

(13) a. The woman buys fruit.
　　 b. [the woman] T buy fruit

(13b)中的"the woman"跟T建立一致关系，如果为一般现在时，则T获得"-s"的形式，最后"-s"附到受时制范畴成分统制（c-command）的临近动词（如"buy"）上，如（13a）。

动词性成分的不可解释性phi特征集与可解释性限定特征，实际上都在时制范畴上。但用不用一致标记，英语还要看时制范畴的限定特征。例如：

(14) a. She walks.
　　　b. She walked.

(14a)中的限定特征为现在时特征，带一致标记；(14b)中的限定特征为过去时特征，不带一致标记。

ꕮ 一致操作

Chomsky（2001）的"一致操作"不要求所有特征都相同，只要两个成分在某个特征上匹配，就可以建立一致关系，进行一致操作。例如：

(15) [$_{TP}$[　he　] [$_{T'}$[$_T$　　] [$_{VP}$[$_V$ loves][his children]]]]

目标与探针	特征	
he	[$_i$ phi 特征集]	[$_u$ Case]
T	[$_u$ phi 特征集]	[$_i$ Fin]

在(15)中，"i"标记可解释性特征，"u"标记不可解释性特征。"he"与T都有性、数、人称等phi特征集，两者匹配，能够建立一致关系并进行一致操作。"he"为T的不可解释的phi特征集定值，如定为第三人称单数特征；T也可以为"he"的不可解释的格特征进行定值，如定为主格。在(15)中，T不需要有格特征，"he"也不需要有限定特征。

一致操作，就是两个成分，一个成分为探针，一个成分为目标（goal），它们因为相同的特征而匹配，建立一致关系，并为各自不可解释性特征进行定值与消除（erasure）。这是一种协商与约定，所以作为一致操作的Agree也可以译为"协约操作"。例如：

(16)　P … G

目标与探针	特征	
P	[$_u$ a]	
G	[$_i$ a]	[$_u$ b]

（16）是一致操作的简单模型。探针 P 有不可解释性特征 [a]，目标 G 有可解释性特征 [a]，所以，P 与 G 通过特征 [a] 可建立一致关系；在建立一致关系后，G 为 P 的不可解释性特征 [a] 定值，P 为 G 的不解释性特征 [b] 定值，不可解释性特征最后被消除。在一致操作中，除了 P 与 G 特征相同之外，P 还要成分统制 G，并且它们之间没有干涉者，这是最小性（minimality）的要求。

Chomsky（2001）认为一致操作有两个要点：第一，探针与目标都必须活跃（active），即具有不可解释性特征，活跃才能被发现；第二，为消除匹配成分 β 的不可解释性特征，α 必须有完整的 phi 特征集。在格与一致系统中，探针是时制范畴与轻动词（light verb）等功能范畴（functional category），目标是名词性短语。phi 特征集完整，对时制范畴来说，就是要求它具有限定性，限定的时制范畴具有完整的 phi 特征集，非限定的时制范畴不具有完整的 phi 特征集；英语名词性成分，除了"there"，其他的名词性成分的 phi 特征集都完整。不可解释的格特征，可以让作为目标的名词性短语活跃；不可解释的 phi 特征集，可以让作为探针的功能核心（functional head）活跃。

不可解释性特征，在形态语言中常表现为形态，在非形态语言中没有形态，它使携带者在定值之前活跃，定值之后会被删除（delete）。例如：

（17）[$_{TP}$ [T] [$_{vP}$[John][v'[v*] [$_{VP}$[v loves][Mary]]]]]

	T	John
a. 特征匹配	[$_u$ phi]	[$_i$ phi]
		[$_u$ Case]
b. 特征删除	[$_u$ phi]	[$_i$ phi]
		[$_u$ Case]

（17）中 T 为探针，"John" 为其目标，两者通过 phi 特征集匹配；匹配之后可进行一致操作，各自为对方不可解释性特征定值，并删除各自不可解释性特征。T 获得的第三人称、单数、阳性，最后会显示在谓语动

词上，表现出"主谓一致"来；名词性成分获得主格，如果该名词性成分是代词，格会显示出来。（17）中的 T 如果还有不可解释的 EPP 特征（一种主语特征），在匹配之后，"John"会移到 T 的指示语（specifier）位置。（17）中的 v* 也有完整的不可解释的 phi 特征集，可以为"Mary"的不可解释的格特征定值，如定为宾格（objective case），并删除该特征。宾语（object）为 v* 的 phi 特征集所定的值，在英语动词上没有显现，但有些语言会同时显现主语与宾语为 T 与 v* 所定的值。例如：

（18）Nyuna   na-tinu-nya   na lau.
        she   3SG.SUBJ-weave-3SG.OBJ   the sarong
        'She weaves the sarong.'

（18）是坎贝拉语（Kambera），主语与宾语为 T 与 v* 所定的特征值，最后都实现在动词上。（18）也属于 Bloomfield（1933）的互指，"na"跟"nyuna"同指，"nya"跟"na lau"同指。

"it"与"there"虽然都是虚成分（expletive），但它们的 phi 特征集不同。"there"的 phi 特征集不完整，不能为 T 的 phi 特征集定值，T 需要寻找新的目标，由新目标为它的 phi 特征集定值。"it"的 phi 特征集完整，可以为 T 的 phi 特征集定值。例如：

（19）a. There is a car in the garage.
       b. There are three cars in the garage.
（20）a. It was my brothers who were struck.
       b. *It were my brothers who were struck.

（19a）中 T 的 phi 特征集由"a car"定值，（19b）中 T 的 phi 特征集由"three cars"定值，所以"be"分别实现为"is"和"are"。（20）中的 T 的 phi 特征集只能由"it"定值。"虚成分"说的是意义，即得不到题元角色（thematic role）。（19）中跟 T 进行一致操作的有"there"与"a car / three cars"，所以该句有两个主语，一个形式主语（dummy subject），一个真正主语。（20a）中跟 T 一致操作的只有"it"，该句只有一个主语，为形式主语。

∞ 小结

一致，可以是两个成分之间在形态或形式上的选择性要求，如谐和与互指，也可以是一个成分对另一成分在形态或形式上的选择性要求，如管辖，涉及性、数、人称、格与代词形式等的选择性问题。生成语法早期通过规则处理英语数与人称上的一致问题，管辖与约束理论（Government and Binding Theory）开始用管辖处理格问题。最简方案（Minimalist Program）认为结构格是一致关系的反映，即通过一致操作解决格、性、数、人称与EPP等所涉及的相关问题。在最简方案中，一致可以有形态标记，也可以没有形态标记。有形态标记的一致，为一致标记，出现在屈折语中。一致是探针与目标之间的匹配关系和特征的定值操作。在生成语法中，汉语虽然无形态但也要进行一致操作。

参考文献

Bloomfield, L. 1933. *Language*. New York: Holt.

Chomsky, N. 2001. Derivation by phase. In M. Kenstowicz (Ed.), *Ken Hale: A Life in Language*. Cambridge: MIT Press, 1–52.

Crystal, D. 2008. *A Dictionary of Linguistics and Phonetics* (6th ed.). Oxford: Blackwell.

Curme, G. 1931. *Syntax*. Boston: D. C. Heath and Company.

Halliday, M. & Matthiessen, C. 2004. *An Introduction to Functional Grammar*. London: Hodder Arnold.

Leech, G. 2006. *A Glossary of English Grammar*. Edinburgh: Edinburgh University Press.

Luraghi, S. & Parodi, C. 2008. *Key Terms in Syntax and Syntactic Theory*. London: Continuum.

移位　MOVEMENT

移位（movement）是重要的变换方式与转换方式。在传统语法中，它是变换方式；在生成语法中，它是转换方式。移位，它指的是一个成分（constituent）由一个位置移向另外一个位置的操作。在管辖与约束理论（Government and Binding Theory）中，移位 α（move α）是指成分在句法树中从一个位置到另一个位置的任何类型的移位。α 是变量（variable），可以是核心（head）与短语。在这个框架中，尽管移位自由，但每个成分移到什么位置也是有限制的，如核心移位（head movement）只能是核心移向核心位置，wh 移位只能是短语（phrase）移向 C 的指示语（specifier）位置，NP 移位只能是短语移向 T 的指示语位置。移位受普遍原则的限制，而不是特殊规则的限制。该概念主要用于句法推导与语义解释。

✎ 移位的定义

移位就是把成分从一个位置移到另一个位置的变换操作或转换操作。移位可以用来判断句法关系。例如：

（1）a. 吃了一碗　　　　一碗也没吃
　　 b. 吃了一次　　　　一次也没吃

一般会将"一碗"当作"吃"的宾语，而将"一次"当作"吃"的补语。朱德熙（1982，1985）采用移位发现，"一次"跟"一碗"在移位上平行，所以，如果"一碗"是动词的宾语，则"一次"也应处理为动词的宾语。朱德熙（1982，1985）还用移位测试成分。例如：

（2）a. 吃了一碗米饭　　　一碗米饭也没吃
　　 b. 吃了一次米饭　　　一次米饭也没吃

一般认为"一碗"跟"米饭"构成成分，是定中关系，而将"一次"跟"米

核心概念篇

饭"分开，认为前者跟"吃了"构成成分之后再跟"米饭"组合。朱德熙用（2）中的移位测试认为"一次"跟"一碗"一样，也是跟"米饭"组合，构成成分。

一个位置与另一个位置的判断，可以凭直觉，但更多地需要借助于理论。（1）中的"一碗"在动词"吃"的前后，可以认为位置发生了变化，这种位置变化跟移位有关。

（3）a. 张三打了李四。
　　　b. 李四打了张三。

（3）中的"张三"与"李四"也有两个位置，这种位置变化跟移位没有关系，因为"张三"在两个句子中的题元角色并不相同。

（4）a. 十个人吃了一锅饭。
　　　b. 一锅饭吃了十个人。

（4）中的"十个人"与"一锅饭"也有两个位置，这种位置变化跟移位可能有关系，也可能没有关系。如果"十个人"与"一锅饭"在两个句子中题元角色相同，如分别为施事（agent）与受事（patient），则涉及移位；如果认为"十个人"与"一锅饭"在两个句子中题元角色并不相同，则不涉及移位。

各论元成分在句法结构（syntactic structure）中的哪个位置参与合并（merge），跟题元角色的合适指派（assignment）有关。在生成语法中，为了保证各个论元（argument）获得合适的题元角色，或者说，为了遵守投射原则（projection principle）或相关限制，谓词（predicate）和论元会按照特定的方式进行组合。例如：

（5）a. Bill recognized Sue$_{<Theme>}$
　　　b. Who$_i$ did he recognize $t_{i<Theme>}$?
　　　c. Sue$_i$ was recognized $t_{i<Theme>}$.

投射原则要求词项（lexical item）在词库（lexicon）中的信息能够投射于 D- 结构（D-structure）、S- 结构（S-structure）与 LF 层，成分

句法学
核心概念与关键术语

移位之后相应的信息仍然保留，如"Sue"在（5a）中为客体（theme），它移位之后要由其语迹（trace）接受客体角色，否则"recognize"指派的客体角色就没有成分接受了，移位成分要跟其语迹保持这种题元依存关系（dependency relation），这可以用语链（chain）表达。例如：

（6）a. (who, t)
　　b. (Sue, t)

在早先的生成语法中，会用移位关联 D-结构与 S-结构，乃至用移位关联 S-结构与 LF 层。例如：

（7）D-结构 → 移位 → S-结构 → 移位 → LF

总体而言，移位跟投射原则或相关限制有关。这些原则或限制只能让我们固定地生成某一结构（structure），但为了表达更多的与之相关的结构，我们只能采用移位。所以，移位在一段时间曾被称为万不得已的操作手段，只有在必要和尽可能晚的情况下才会发生。

最简方案（Minimalist Program）认为，移位是由核查特征的需要驱动的。如果特征很强，它们必须通过显性移位（overt movement）来核查。如果特征较弱，则只需在 LF 层通过隐性移位（covert movement）来核查。D-结构与 S-结构两个层次在最简方案中被取消了，移位不需要等到某个层面已经建构好了才发生，而是在（外部）合并的过程中需要发生就发生。移位包含复制（copy）和合并等操作，所以也称为内部合并（internal merge）。

⊗ 移位的类型

核心移位，是指核心成分由一个核心位置向另一核心位置的移位。英语中的一般疑问句，涉及核心移位，即成分由屈折短语 IP 的核心位置 I 向标补短语 CP 的核心位置 C 移位。例如：

（8）a. Will you go?
　　b. [$_{CP}$[$_C$ will$_1$][$_{IP}$[you][$_{I'}$[$_I$ t_1][$_{VP}$[$_V$ go]]]]]

核心概念篇

核心移位，通常会假定吸引移位的特征具有词缀特征（affixal feature），如 C 有词缀特征，所以它吸引 "will" 核心移位。核心只能吸引姐妹节点的核心进行移位，像（8b）中的 C 只能激发其姐妹节点 IP 的核心 I 进行移位，不能跨越 IP 而吸引 VP 的核心 V 进行移位。

论元移位（A-movement），是名词短语（noun phrase）由一个论元位置（A-position）向另一论元位置的移位，也叫 NP 移位。论元移位发生在被动结构、提升结构（raising construction）、含有内部主语的 VP 结构与包含非受格动词（unaccusative verb）结构中。例如：

（9）a. 被动结构中的内部论元：

　　[$_{IP}$ The thieves$_1$ were [$_{VP}$ captured t_1 by the police]]
　　b. 提升结构中的内嵌主语：

　　[$_{IP}$ Paul$_1$ seems [$_{IP}$ t_1 to leave]]
　　c. 动词短语内部的主语：

　　[$_{IP}$ Mary$_1$ [$_{VP}$ t_1 loves John]]
　　d. 非受格动词的补足语：

　　[$_{IP}$ The window$_1$ [$_{VP}$ broken t_1]]

该名词短语在第一个论元位置（V 的补足语位置）获得题元，在第二个论元位置（句子的主语位置）获得格（case）。英语被动化以后，动词就失去了指派格的能力，也失去引进外部论元（external argument）的能力，所以处于补足语（complement）位置的内部论元（internal argument）需要移位到主语位置，如（9a）。（9b）中的从属子句是非限定句，"Paul" 需要提升（raising）到主句的主语位置。（9c）是根据动词短语内部主语假设（VP-internal subject hypothesis）指派的结构，其中的主语 "Mary" 要移位到句子的主语位置。（9d）中的动词是非受格动词，它唯一的论元要充当该动词的补足语，最后移位到句子的主语位置。动词短语内部主语假设是说动词的外部论元要实现于动词短语内部的主语位置，如 VP 的指示语位置。

名词短语的移位动机，在管辖与约束理论中是为了获得格；在最简方案中，名词短语的论元移位也是格驱动的，但目的不在于获得格，而是为了满足相关探针（probe）的 EPP 特征。例如：

（10）a. Paul seemed to leave.
   b. [$_{TP}$[Paul$_1$][$_{T'}$[$_T$]][$_{VP}$[$_v$ seemed][$_{TP}$[t'_1][$_{T'}$[$_T$ to][$_{VP}$[t_1][$_{v'}$[$_v$ leave]]]]]]]]

在（10）中，"Paul"是"leave"的论元，根据动词短语内部主语假设，它首先实现在 VP 内部的主语位置，在该位置它获得题元角色，如施事。在管辖与约束理论中，"Paul"为了获得格，它会不断地移位，最终移到主句的 TP 的指示语位置。在最简方案中，"Paul"是因为在其合并的位置没有格而活跃（active），最后为满足从属子句与主句的 T 的 EPP 特征而发生移位。

非论元移位（A'-movement），指的是成分向非论元位置（A'-position）的移位，也叫 wh- 移位或算子移位。A'- 移位，是因为着陆点为 A'- 位置；wh- 移位，是因为移位的典型成分为 wh- 成分；算子移位，是因为移位成分具有算子（operator）身份，其语迹具有变量身份。例如：

（11）a. What will John eat?
   b. [$_{CP}$[what$_2$][$_{C'}$[$_C$ will$_3$][$_{TP}$[John$_1$][$_{T'}$[$_T$ t_3][$_{VP}$[t_1][$_{v'}$[$_v$ eat][t_2]]]]]]]]

在（11）中，wh- 成分"what"被移动到 CP 的指示语位置，助动词（auxiliary verb）移动到 CP 的核心 C。wh- 成分总是落在非论元位置。在例（11）中，wh- 移位在句法（syntax）层面是显性的。在某些情况下，当有两个 wh- 成分时，一个 wh- 成分显性移位，另一个 wh- 成分留在原位，如（12）。

（12）I wonder [which wine]$_1$ Ann bought t_1 for whom.

（12）中"which wine"已被移动到 CP 的指示语位置，"whom"停留在其基础生成（base-generated）的位置。在（13）中，wh- 成分的移位可以改变，"for whom"被移动到 CP 的指示语位置时，"which wine"留在基础生成的位置。

（13）I wonder [for whom]$_1$ Ann bought which wine t_1.

然而，当其中一个 wh- 成分是主语时，wh- 移位遵从优先限制（superiority condition），如（14）和（15）。

（14）I wonder who bought what.
（15）*I wonder what who bought.

在一些语言中，如汉语和日语，wh- 疑问句中所有的 wh- 成分都留在原位，如（16）。

（16）Taroo wa　　nani　o　　kakimashita　ka?
　　　 Taroo TOP　what OBJ　bought　　　　INT.PTC
　　　 'What did Taroo buy?'

当 wh- 成分是一个论元时，它要在语迹位置接受格。当它移位到非论元位置后，它成了算子，它的语迹成了受它约束的变量。wh- 语迹遵守约束理论（binding theory）的 C 原则。

论元移位和非论元移位都是短语移位，它们都遵守空范畴原则（empty category principle），但它们也有不同。

第一，论元移位不能跨越限定子句（finite clause），而非论元移位可以跨越限定子句。例如：

（17）a. *John seems [＿＿ will win]
　　　 b. Who do you think [＿＿ will win]

第二，论元移位允许移位成分约束之前不能约束的照应语（anaphor），而非论元移位不能。例如：

（18）a. [John and Mary]$_i$ seem to [each other$_i$'s parents] ＿＿ to be smart.
　　　 b. *[Which children]$_i$ does it seem to [each other$_i$'s parents] that the teacher should praise ＿＿?

第三，论元移位允许移位成分约束之前不能约束的代词语（pronoun），而非论元移位不能。例如：

(19) a. [Every priest]_i seems to [his_i parishioners] ____ to be smart.
   b. *[Which priest]_i does it seem to [his_i parishioners] that the bishop should praise ____?

第四，为约束移位短语中的指称语（referential expression），非论元移位强制性地要求重构，而论元移位不必如此。例如：

(20) a. *[Which argument that John_i is a genius] did he_i believe ____?
   b. [Every argument that John_i is a genius] seems to him_i ____ to be flawless.

第五，论元移位跟格有关，而非论元移位没有这种限制。例如：

(21) a. *[To John] was said ____ [that it is raining]
   b. [To whom] did you say ____ [that it is raining]

第六，非论元移位可以允准寄生空位（parasitic gap），而论元移位不能允准。例如：

(22) a. *John was hired ____ [without talking to ____]
   b. Who did you hire ____ [without talking to ____]

第七，论元移位之后可以接着非论元移位，而非论元移位之后不能再论元移位。例如：

(23) a. Who do you think [____ will be told ____]
   b. *Who is known [____ [it will be told ____]]
   c. It is known [who will be told ____]

第八，非论元移位可以将剥离的量化词留在题元位置，而论元移位不能剥离量化词，而要整体移位。例如：

(24) a. Who did Officer Smith (*all) arrest (all) ____? (West Ulster English)
   b. The suspects have (all) been arrested (*all) ____.

234

⌘ 移位的限制

在最简方案早期，移位是万不得已的操作，属于最后一招（last resort），没有可发生可不发生的移位。为了满足一些接口层面的要求，移位必须发生，或是因为移位成分［目标（goal）］有需要消除（erasure）的不可解释性特征（uninterpretable feature），或是核心［探针（probe）］有需要消除的不可解释性特征，或是两者都有。

早先，一般认为移位成分在移位过程中会留下语迹，并标上标引（index）。在最简方案中，为了遵循包含限制（inclusiveness condition），在句法推导中不能向结构引入范畴（category）、特征等新的语法成分，像语迹就属于新的语法成分，它不包含在数据集（numeration）中，所以不再采用语迹理论，而采用复制理论（copy theory）。复制理论对移位有新的阐释，即把移位处理为复制 + 合并 + 删除，先复制一个成分，然后让它在合适的位置参与内部合并，然后删除被复制的成分。例如：

（25）a. Paul seemed to leave.
b. [TP[Paul][T'[T][VP[V seemed][TP[Paul][T'[T to][VP[Paul][V'[V leave]]]]]]]]

最简方案更加突显局域性（locality），移位目标要近，移位距离要短。原来用邻接限制（subjacency condition）表述的局域性，现在用层阶不可穿透性限制（phase impenetrability condition）表述。层阶不可穿透性限制要求句法操作只能针对层阶（phase）的边界（boundary），即层阶核心及其指示语。长距离移位，要化长为短。原来用优先限制表述的局域性，现在用相对最小性限制（realativized minimality）或最小系联限制（minimal link condition）或有缺陷的干涉限制（defective intervention constraint）来表述。探针只跟最近的目标进行一致操作（Agree），有缺陷的干涉限制是说，不活跃的范畴介于探针与目标之间起干涉作用。Freidin（2016）甚至认为层阶不可穿透性限制可取代相对最小性限制。

邻接限制是说当 α 与 β 为 NP/DP 或 S/TP 的时候,"[$_\alpha$...[$_\beta$...Y...]...]"中的 Y 不能移出来。例如:

(26) a. *What$_1$ did [$_{TP}$ [that [$_{TP}$ Bill wore t_1]] surprise everyone]
b. *What$_1$ did John believe [$_{DP}$ the claim [that [$_{TP}$ Bill was wearing t_1]]]

层阶不可穿透性限制说的是层阶核心所成分统制(c-command)的域对外部探针具有不可穿透性(Chomsky, 2001)。换言之,就是受层阶核心成分统制的目标不能跟成分统制该层阶的探针发生任何关系。例如:

(27) Probe > H > Goal

在(27)中,Probe、H 与 Goal 分别是探针、层阶核心与目标,因为 H 介于 Probe 与 Goal 中间,Probe 不能跟 Goal 发生匹配(match),也就不能对其施加任何操作,除非 Goal 移到 H 的边界。例如:

(28) a. What have you read?
b. [$_{CP}$ what [$_{C'}$[$_C$] [$_{TP}$ you [$_{T'}$[$_T$ have] [$_{vP}$ what [$_{vP}$ you [$_{v'}$[$_v$] [$_{VP}$ read what]]]]]]]]
c. *[$_{CP}$ what [$_{C'}$[$_C$] [$_{TP}$ you [$_{T'}$[$_T$ have] [$_{vP}$ you [$_{v'}$[$_v$] [$_{VP}$ read what]]]]]]]

在(28)中 C 是探针,v 是层阶核心,"read"的姐妹节点位置的"what"受 v 成分统制。根据层阶不可穿透性限制,C 在(28c)中不能激发"what"移位,C 要跟"what"进行匹配操作,"what"就必须首先移到 v 的边界,如(28b)。这要求移位具有循环性(cyclicity),即一步步地移,即先移到层阶核心 H 的边界,再移到 Probe 的边界。(26)中的成分不能移到 H 的左边界,也就不能移到主句 C 的指示语位置。

(27)是一个探针一个目标,该目标只要不在 H 所成分统制的域内,就可以受探针的影响。有的时候,会是一个探针,多个目标。例如:

(29) *Probe > Goal$_1$ > Goal$_2$
    a. ">"表示成分统制
    b. Goal$_1$ 和 Goal$_2$ 都跟探针 Probe 匹配，但 Goal$_1$ 不活跃（无不可解释性特征），最后匹配效应被阻断。

(30) a. *Which of the new books$_i$ do you wonder [when$_j$ John bought t_i t_j]
    b. C$_{[Q]}$ ... when$_{[Q,wh]}$ ... C$_{[Q]}$ ... which$_{[Q,wh]}$ ...

C 有不可解释的 Q 特征，wh- 成分有不可解释的 wh- 特征和可解释的 Q 特征。从属子句中的"when"跟从属子句中的 C 一致之后，删除了各自不可解释性特征，如（30b）。主句的 C 有 Q 特征，可以跟"when"和"Which of the new books"匹配；按理，没有不可解释的 wh- 特征的"when"并不活跃，不会被主句中的 C 侦探到，但它可见（visible），所以最后还是干涉了 C 与"Which of the new books"，如（30a）。

（30）违反了层阶不可穿透性限制，因为主句的 C 越过"when"去吸引"which..."移位，后者不在从属子句中 C 的边缘。（30）也违反了相对最小性限制（Rizzi, 2013），即：

(31) 在构型"... X ... Z ... Y ..."中，如果 X 成分统制 Z, Z 成分统制 Y，并且 Z 和 X 有相同的形态句法特征（morphosyntactic feature），则 X 与 Y 不能通过移位或其他局域关系（local relation）发生关联。

(32) a. * When do you wonder [who left _____]
    b. C ... who ... when ...

（32b）中"who"介于 C 与"when"之间，并且跟"when"结构类型相同，所以它会阻止"when"跟 C 发生关联，如（32a）。这个图示跟（30）稍微不同，（30b）的顶端标的是探针 C，介于中间的"when"阻止了 C 对"Which of the new books"的吸引。

(33) a. You could have done such a thing.
    b. Could you have done such a thng?
    c. *Have you could done such a thing?

（34）C ... could have ...

（34）中"could"介于 C 与"have"之间，并且跟"have"的结构类型相同，所以 C 只能吸引"could"进行核心移位，如（33b），而不能吸引"have"进行核心移位，如（33c）。

❧ 小结

移位既是变换手段，又是转换手段。变换是构式（construction）之间的依存关系，转换是抽象结构之间的依存关系。不管是构式还是抽象结构，移位都涉及成分的位置变化，所以用它可以测试成分，也可以用它测试语法功能（grammatical function），结构测试的积极结果通常有效，功能测试的结果不一定有效，它更多的是类比。生成语法有一套规则或原则系统，这使得每个成分只能在某个位置参与合并，或者说它有基础位置，但其结果跟实际有别，这时候需要通过移位进行调整。移位涉及核心移位、论元移位与非论元移位，实际上，就是各种成分都可以移位。这时候，就需要找一些可以说得通的移位动因与强有力的移位限制。

参考文献

朱德熙．1982．语法讲义．北京：商务印书馆．

朱德熙．1985．语法答问．北京：商务印书馆．

Chomsky, N. 2001. Derivation by phase. In M. Kenstowicz (Ed.), *Ken Hale: A Life in Language*. Cambridge: MIT Press, 1–52.

Freidin, R. 2016. Chomsky's linguistics: The goals of the generative enterprise. *Language*, (92): 671–723.

Rizzi, L. 2013. Locality. *Lingua*, (130): 169–186.

语素　MORPHEME

语素（morpheme）一般当作比词（word）小的语法单位，其作用是构词（word formation）。但在生成语法里，语素也可以参与句法计算，最有名的例子就是 Chomsky（1957）的词缀跳转规则（affix hopping）。后来的核心移位（head movement），其中有一部分也是词向屈折词缀（inflectional affix）的移位（movement），如"V- 到 -T 的移位"。近些年来，分布式形态学（Distributed Morphology）更将语素作为句法计算的基本单位。所以，我们在这里也介绍语素，及其如何成为句法（syntax）中的概念和它在句法中的分类。该概念主要用于构词法，也用于句法计算。

∞ 语素的定义

从 Plato 到 Baudouin，词都被当作最小的语言符号。自 Baudouin 之后，语素就是语言中最小的单位。Baudouin 在 1889 年将语素定义为"最简单的带有语音的心理—语言成分"，1895 年他又将语素重新定义为"词中被赋予心理自治并因此不可再分割的部分"（Beard, 1995）。后来美国结构主义（structuralism）语言学继承了语素术语，并把它定义为语言中的简单形式（simple form）。现在一般用"最小的音义结合体"定义语素，实际上就是把语素当作最小的符号。如"dogs"与"dog"相比，"dog"为简单形式，是最小的音义结合体，即语素；"dogs"内部的"-s"也是最小的音义结合体，所以它包含两个语素："dog"与"-s"，"dog"负载主要语义内容（main semantic content），"-s"负载复数意义。现在有争议的地方是，语素是不是符号，是否存在只有音没有义的语素与只有义没有音的语素？

Bloomfield（1933: 161）把语素定义为"简单形式"，他说："跟别的任何一个形式在语音—语义上没有任何部分相似的语言形式是一个简单形式，或者叫作语素。"例如：

239

（1）a. bird、play、dance
　　　b. -y、-ing
　　　c. cran-

（1）中的各种语言形式都是语素。（1a）是自由形式，可以独立成词；（1b）是黏附形式（bound form）；（1c）比较特殊，"cran-"只能出现于"cranberry"中，起着区别于其他浆果的作用，被称为"独一无二的成分"（unique element），也称剩余语素。Hockett（1958：123）认为："语素是一种语言的话语里最小的独自有意义的成分（the smallest individually meaningful element）。"Spencer（1991：40）指出，（1c）中的语素"cran-"既没有意义，又没有语法功能（grammatical function），只有区别功能，所以他建议用词的构成成分与词形间的关系定义语素，而不要用意义定义语素。

语素是简单形式，是最小的可识别的语法单位（the smallest identifiable grammatical unit）（Trask，2007）。这意味着语素不是最小的符号（minimal sign），或最小的音义结合体。有音有义的语素很多，但也存在没有声音的语素与没有意义的语素。没有意义的语素是Bloomfield（1933）的"独一无二的成分"或剩余语素，也叫"蔓越莓语素"（cranberry morpheme），Beard（1995）称之为空语素（empty morpheme），汉语中"菠菜"的"菠"、"鳜鱼"的"鳜"等都属于这种现象。没有语音实现的语素是零形语素（zero morpheme），如零形式（zero）的复数语素、零形式的过去时语素、零形式的转类语素等。例如：

（2）a. sheep　　　deer　　　moose　　　fish
　　　b. bet　　　　let　　　　set　　　　split
　　　c. cook　　　guide　　　study　　　laugh

（2a）中的名词在表达复数时，没有任何的形态变化，可以认为它的复数语素采用了零形式；（2b）中的动词在表达过去时，也没有任何的形态变化，也可以认为它的过去时语素采用了零形式；（2c）中的动词既是动词又是名词，它没有形式标记其为名词。

"最小的可识别的语法单位"，不仅可以使只有意义没有语音的成分成为语素，还可以使同一种语素具有多种语音形式：

(3) a. land: landed　　　[-id]
　　 b. dance: danced　　[-t]
　　 c. live: lived　　　　[-d]

表达过去时的语素有 [-id]、[-d]、[-t] 等语音形式，这些不同的语音形式属于同一个语素，可用如下规则：

(4) a. /...D/ + past → /...D/ + /id/　（其中 D = /t/ 或 /d/）
　　 b. /...C_{unv}/ + past → /...C_{unv}/ + /t/　（其中 C_{unv} 为清辅音）
　　 c. past → /d/

(4) 中的语素 past 本身并没有语音，它是通过形态音位规则指派语音的，(3a) 是应用 (4a) 的结果，(3b) 是应用 (4b) 的结果，(3c) 是应用 (4c) 的结果。

❀ 句法中的语素

语素本来是构词单位，但近年来，一些从事分布式形态学研究的学者开始将语素考虑作句法的基本单位。而这个传统可以上溯到结构主义语言学。结构主义语言学在进行直接成分（immediate constituent）分析的时候，通常会分析到语素这一终端成分。例如：

(5) She wants a new hat.

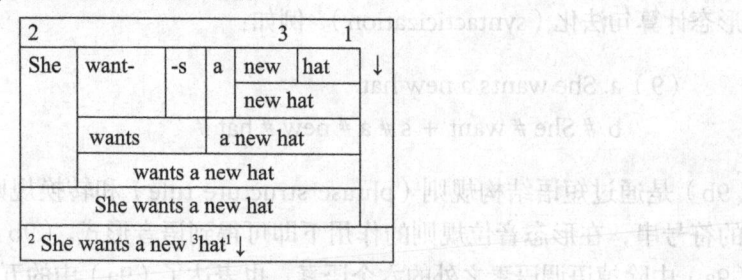

2				3	1	↓
She	want-	-s	a	new	hat	
				new hat		
	wants		a new hat			
			wants a new hat			
			She wants a new hat			
² She wants a new ³hat¹ ↓						

(5) 是 Hockett (1958: 169) 的分析，他分析出七个语素，如"she"

241

"want" "-s" "a" "new" "hat" 和 "/2 3 1↓/", 最后一个语素是语调语素。分布式形态学以语素这些终端为基本单位进行句法计算。

结构主义语言学尽管找出了语素,但仍以词为界,划出词法与句法两个部门。后来的生成语法基本上也继承了这一传统,只是在屈折词缀上有点游移。Chomsky(1957)将屈折词缀考虑作句法的一部分。例如:

(6) a. Verb → Aux + V
    b. V → hit, take, walk, read
    c. Aux → C (M) (have + en) (be + ing) (be + en)
    d. M → will, can, may, shall, must

(7) C → { S   主语为单数时
         Φ   主语为复数时
         past }

(6)是传统的动词短语规则,Chomsky 将它改作动词规则,(6c)中的 C 是词缀(affix),"-en" "-ing" "-en" 等也都是词缀。(7)是对 C 的规定,C 应该是 "concord" 的缩写,代表谐和(concord),即通常所说主谓一致(subject-verb concord)。这些词缀会通过词缀跳转规则附到宿主上。例如:

(8) Af + v → v+Af#

(8)中的 Af 就是词缀,包括(7)中的 "S" "Φ" "past" 与(6c)中的 "en" "ing" "en";v 包括(6)中的 "M" "V" "have" "be" 等所有非词缀的成分,"#" 是词的边界(boundary)。(6-8)这些规则非常重要,它让形态计算句法化(syntacticization)。例如:

(9) a. She wants a new hat.
    b. # She # want + s # a # new # hat #

(9b)是通过短语结构规则(phrase structure rule)和转换规则推导出的符号串,在形态音位规则的作用下即可得到语音形式。(9b)表达了(9a)中除掉语调语素之外的六个语素,也表达了(9a)中的五个词形。

后来很长的一段时间，生成语法都是将屈折词缀当作跟词一样的计算单位。到20世纪80年代中后期，Chomsky（1986）将I设置为句子（sentence）的核心（head），并让它包含时制（tense）与一致（agree）特征。Pollock（1989）在此基础上将I分裂成T与Agr，这使跨语言的比较摆脱了形态的干扰，因为T、Agr、C等功能范畴（functional category）可以有各种形式，包括屈折形态（inflectional morphology）、自由语素（free morpheme）与包含抽象特征（abstract feature）的零形语素。到Chomsky（1995），又发生了一些微妙的变化，即将屈折词缀附在词后，然后采用核查理论进行相关特征核查（checking），也就是说屈折词缀不再是句法终端，但时制范畴还会存在，含有时制特征的动词需要跟时制范畴进行核查操作或一致操作（Agree）。而与此同时，生成语法中的分布式形态学则开始强调包括屈折形态在内的各种形态成分，并视之为句法终端。在分布式形态学中，句法终端是语素，语素成为句法计算的基本单位。

☙ 语素的分类

语素一般分为词根（root）与词缀。词缀是那些只能附着于词基（base）上的一类语素的总称。词缀本质上是黏附的，根据它跟词基的相对位置，可分为三类：附在前边的为前缀（prefix），附在后边的为后缀（suffix），插在中间的为中缀（infix）。把一个词的所有词缀去除后，剩余的部分就是词根。词根是不能再分析出语素的词基，为构词的基础成分，其本身并非必然是一个完全可理解的语素。词根既可以是自由词根（free root），也可以是黏附词根（bound root）。自由词根是可以独立成词的语素，黏附词根是不能独立成词的语素。自由词根为自由语素，黏附词根与词缀为黏附语素（bound morpheme）。

（10）a. -ceive:　　receive　　perceive　　conceive
　　　b. -mit:　　 remit　　　permit　　　commit
　　　c. -tain:　　 retain　　　pertain　　　contain

（10）中的"-ceive""-mit""-tain"是黏附词根，"re-""per-""con-"为词缀。

句法学
核心概念与关键术语

用于派生构词的词缀，叫派生词缀（derivational affix）；用于屈折变化的词缀，叫屈折词缀。词干（stem）是指能够附加上屈折词缀的单个语素或语素组合。词干是词基，也可以是词根。分布式形态学把语素分成词根与功能语素（functional morpheme），功能语素包括各种派生词缀与屈折词缀。例如"disagreements"，其词根是"agree"，记作"√agree"；功能语素有"dis-""-ment""-s"。"dis-"是前缀，附在词基/词根"√agree"上；"-ment"是后缀，附在词基"disagree"上；"-s"是表示复数的屈折词缀，附在词基/词干"disagreement"上。

在分布式形态学中，词根没有范畴，功能语素有范畴。在传统语法中，区分词类（word class）的重要作用就是让派生词缀与屈折词缀附加到合适的词根与词干上。例如：

（11）a. read-able　　print-able　　illustrat-able
　　　b. happi-ness　　sad-ness　　disinterested-ness
　　　c. short-en　　　weak-en　　　wid-en

"-able"要跟动词性词根构成形容词，"-ness"要跟形容词性词根构成名词，"-en"要跟形容词性词根构成动词。Aronoff（1976：54）注意到名源形容词如"ornamental"的结构（structure）是"X-ment-al"，但其中的 X 不能是动词或者动词性词根。例如：

（12）a. ornament　　*orna$_V$　　　ornamental
　　　　regiment　　 *regi$_V$　　　regimental
　　　b. employment　employ$_V$　　 *employmental
　　　　agreement　　agree$_V$　　　*agreemental
　　　　shipment　　 ship$_V$　　　 *shipmental

但有一些反例。例如：

（13）a. government　　govern$_V$　　govern-ment-al
　　　b. development　　develop$_V$　　develop-ment-al
　　　c. argument　　　argue$_V$　　　argu-ment-al

（12）给人的感觉是"-al"要考虑"X-ment"中的词根 X，但（13）表明词根 X 也不能说明问题。Acquaviva（2014：50）认为要考虑扩展词根的功能语素。例如：

（14）a. [$_{nP}$ -ment [$_{EP}$[$_{AspQ}$ [$_{ROOT}$ argue]]]]
b. [$_{nP}$ -ment [$_{ROOT}$ argue]]

（14a）有表示事件的 EP 与表示时体 – 数量的 AspQ，表达的是事件，不能带 "-al"；（14b）没有这些成分，表达的是实体（entity），可以带 "-al"，即"argument"表示实体的时候，可以加"-al"，表示事件的时候不能加"-al"。反观（12a）与（12b），会更明显。这个案例表明词根没有特定的范畴，它是在扩展的过程中不断构词，不断定类，它的语法特性由扩展它的功能语素决定。再如：

（15）a. I've got a stone in my hand.
b. There's too much stone and metal in this room.
c. They want to stone this man.

（15a）中的"stone"是可数名词，（15b）中的"stone"是不可数名词，（15c）中的"stone"是动词。这个案例也表明，词根没有语法特性，它只能在具体的语法环境下才能体现出具体的语法特性。这种语法特性也是由扩展它的功能语素赋予的。

功能语素不仅决定词的语法特性，而且可以构造短语（phrase）。英语中的名词带补足语（complement）时，其中的名词不能用"one"替换，而带附加语（adjunct）的时候，可以用"one"替换。例如：

（16）a. *This[student] [of chemistry] and that [one] [of physics] sit together.
b. That [student] [with short hair] and this [one] [with long hair] sit together.

Jackendoff（1977）认为跟结构相关，即"one"只能替换短语，如 N'，不能替换 N。例如：

（17）a. that [_{N'}[_N student] [_{PP} of physics]]
b. that [_{N'}[_{N'}[_N student]] [_{PP} with short hair]]

（17a）中的"of physics"是"student"的补足语，它们构成 N'，整个结构可以被"one"替换，但作为核心的"student"不能被替换；（17b）中的"with short hair"不是补足语，只能附加在 N' 上，不能处于"student"的补足语位置，所以"student"既是 N 又是 N'，作为 N'，它可以被"one"替换。

Chomsky（1995）采用光杆短语结构理论（bare phrase structure theory），该理论禁止没有分枝的 N' 或 NP 存在。例如：

（18）[_{N'}[_{N'}[_N student]][_{PP} with short hair]]

（18）在最简方案（Minimalist Program）中是不合法的结构，这意味着（16）中的事实在最简方案中需要重新处理。以下是 Harley（2014）的处理策略：

（19）a. the student of chemistry

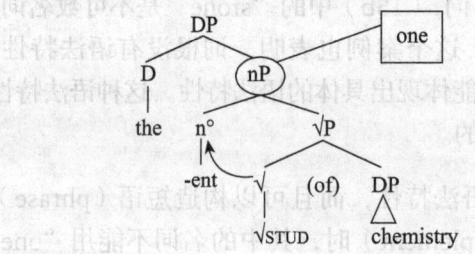

b. the student with long hair

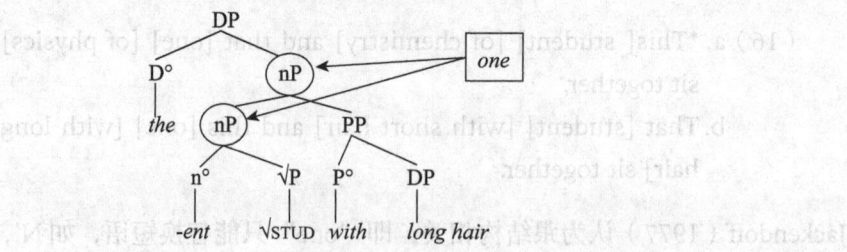

她将"student"拆成两个语素，一个是词根"√STUD"，一个

是功能语素"-ent"。(19a)中的补足语直接位于词根的姐妹节点,(19b)的附加语不在词根的姐妹节点。词根向功能语素核心移位,得到"student"。"one"替换短语nP。功能语素"-ent"要是不参与短语构造,而是直接构词,就不好解释(19a)与(19b)的对立。这个案例表明,功能语素参与短语构造,是句法计算的单位。

词根是范畴中立的(category-neutral)语素,一般用√标记,如"√STUD""√学""√327"。"√327"是词根的编号,编号在记忆上不方便,通常会用词或语素的一部分进行标记。词根像词汇范畴(lexical category)一样,成员开放,不含语法特征,一般必须有语音或音位表征。功能语素,成员封闭,含有语法特征,有些有语音,有些没有语音。功能语素中包含一组定类语素(category-assigning morpheme),标记为v、n、a等,负责向所构成的词指派词类。定类语素通常以词缀或者零形式出现,但也可以是自由语素,主要作用是构词并确定所构的词的词类。

❃ 小结

语素是语言中最小的单位,是语言中最小的可识别的语法单位,是简单形式,这些说的都是一个意思。如果把语素定义为最小的音义结合体,就需要评估音与义。例如,没有意义的剩余语素(如"cran-"),可以说它有"区别意义"的意义;没有语音的零形式,可以说零形式是"没有语音"的语音。如果把语素定义为语言中最小的可识别的语法单位,就可以承认没有语音的语素与没有语义的语素的存在。在结构主义语言学中,语素是词法单位;在生成语法中,允许部分语素进入句法,如各种屈折词缀。最近的分布式形态学做了重要发挥,即认为语素才是句法计算的基本单位,语素分词根与功能语素,词根没有范畴,跟功能语素结合后成词,并由功能语素为新词确定词类。

参考文献

Acquaviva, P. 2014. The roots of nominality, the nominality of roots. In A. Alexiadou, H. Borer & F. Schäfer (Eds.), *The Syntax of Roots and the Roots of Syntax*. Oxford: Oxford University Press, 33–56.

Aronoff, M. 1976. *Word Formation in Generative Grammar*. Cambridge: MIT Press.

Beard, R. 1995. *Lexeme–Morpheme Base Morphology: A General Theory of Inflection and Word Formation*. New York: Suny Press.

Bloomfield, L. 1933. *Language*. New York: Holt.

Chomsky, N. 1957. *Syntactic Structures*. The Hague: Mouton de Gruyter.

Chomsky, N. 1986. *Knowledge of Language: Its Nature, Origin, and Use*. Cambridge: MIT Press.

Chomsky, N. 1995. *The Minimalist Program*. Cambridge: MIT Press.

Harley, H. 2014. On the identity of roots. *Theoretical Linguistics*, (40): 225–276.

Hockett, C. 1958. *A Course in Modern Linguistics*. New York: Macmillan.

Jackendoff, R. 1977. *X-bar Syntax: A Study of Phrase Structure*. Cambridge: MIT Press.

Pollock, J. 1989. Verb movement, universal grammar, and the structure of IP. *Linguistic Inquiry*, (20): 365–424.

Spencer, A. 1991. *Morphological Theory*. Oxford: Blackwell.

Trask, R. L. 2007. *Language and Linguistics: The Key Concepts*. London & New York: Routledge.

语序　WORD ORDER

word order 本是词序，现在一般译作"语序"。因为现代语言学强调结构（structure），自然会考虑结构中的成分（constituent）及成分的顺序，所以有些学者建议用 constituent order 取代 word order。语序研究基本上有两种传统：一种关注语序的语用功能；另一种关注语序与句法（syntax）的关联。语序涉及主语（subject）、动词（verb）与宾语（object）这样的参数，这使得主语与宾语等语法关系（grammatical relation）及主语与话题（topic）的区分等成为必须研究的课题。该概念主要用于语法关系的判断和语法描写。

✍ 语序的定义

语序是结构成分在结构内部的顺序。考察句子内部成分的语序，通常考察的是主语（S）、动词（V）与宾语（O）的语序。英语句子内部的语序相对比较固定。例如：

（1）a. Bill drank the tea.
　　b. *Bill the tea drank.
　　c. *Drank Bill the tea.
　　d. *Drank the tea Bill.
　　e. *The tea drank Bill.
　　f. The tea Bill drank.

"Bill"是主语，"drank"是动词，"the tea"是宾语。从（1）来看，英语采用的语序是 SVO 与 OSV，如（1a）与（1f）。（1f）有特殊的语调，如停顿；有特殊的语用意义，如对比义；如果没有语境，听起来会觉得奇怪（Whaley，1997）。所以，通常认为 SVO 是英语的基本语序（basic word order）。

✍ 基本语序的确定

某种语言的基本语序，是该语言中最典型的、最重要的、频率高的、无标记的、不受条件限制的语序；反之，就是不太基本的语序。

一般认为，一种语言的基本语序至少可以在语用中性（pragmatically

249

neutral）的子句（clause）中表现出来。对于语用中性的子句，Payne（1997）采用排除法，即将依存子句（dependent clause）、段首子句（paragraph-initial clause）、引进参与者的子句（clause that introduce participants）、疑问句（interrogative sentence）、否定子句（negative clause）与明显对比的子句（clearly contrastive clause），如分裂句（cleft sentence）与疑问句的答句，排除掉，剩下的子句在较大程度上属于语用中性的子句。以下是 Croft（2003：43）确定基本语序的手段。

第一，如果某种语序被限定在一个特定的句式（sentence construction）或结构中，那么该语序就是不太基本的语序。例如：

（2）a. There goes the ice cream truck.
　　　b. *There crashes the ice cream truck.

（2）采用的语序是 VS，该语序只出现于存现句（existential construction），并对动词有严格的限制，所以 VS 对英语而言就不是基本语序。

第二，如果某种语序只有特定的语用功能或语义功能（semantic function），那么该语序就是不太基本的语序。例如：

（3）Philosophy I've always enjoyed.

（3）采用的语序是 OSV，这种语序在英语中是引进话题，即前置宾语充当话题，有特殊的信息地位，所以 OSV 对英语而言不是基本语序。（3）也是特殊的句式，即话题句（topicalization sentence）。（2）中的存现句，其语用功能是将向话语中引进新的所指（new referent）。

第三，如果某种语序在结构上不普遍，显得很复杂，那么该语序就是不太基本的语序。例如：

（4）It's Hana that Federico likes.

（4）采用的语序也是 OSV，这是分裂句，结构较复杂，所以 OSV 对英语而言不是基本语序。该语序的语用功能在于强调焦点（focus）。

第四，某种语序不频繁出现，则该语序是不太基本的语序。SVO 在英语中是基本语序，比存现句、话题句、分裂句等所包含的语序使用更为频繁。一般来说，基本语序的出现频率是交替语序出现的频率的两倍。当缺乏其他更有效的结构证据时，简单的文本频率有时是判断基本性的直接因素。频率标准可能是"最后的手段"，但是它被类型学普遍采用，并被认为非常可靠。

逻辑上，S、V 与 O 可以有六种可能的语序。人们常常根据这些语序中哪一种是最典型或最基本的而对语言进行分类，如认为有三种主要语序类型（Whaley，1997）：

(5) a. VSO，如大多数闪米特语和凯尔特语，占比 9%。
b. SVO，如英语或法语，占比 42%。
c. SOV，如土耳其语或日语，占比 45%。

成分的基本顺序还与其他一些语序特征相关：SVO 和 VSO 语言通常使用前置词，SOV 语言通常使用后置词（postposition）；SVO 和 VSO 语言的修饰语（modifier）通常在其中心语（head）之后，SOV 语言的修饰语通常在中心语之前；SVO 和 VSO 语言的宾语通常在动词之后，SOV 类语言的宾语通常在动词之前。SVO 和 VSO 语言在很大程度上表现相同，由于这个原因，语序参数简化为 VO 与 OV 语言。Dryer（1992）建立如下语序关联（constituent order correlation）：

动宾关联	宾动关联	举例
动词–宾语	宾语–动词	吃 + 西瓜
附置词–名词短语	名词短语–附置词	在 + 北京
系词–表语	表语–系词	是 + 老师
"想"–动词短语	动词短语–"想"	想 + 看电影
时制/时体助动词–动词短语	动词短语–时制/时体助动词	在 + 看电影
否定助动词–动词短语	动词短语–否定助动词	没 + 来
标补范畴–句子	句子–标补范畴	that + John is sick

（续表）

动宾关联	宾动关联	举例
疑问语气词－句子	句子－疑问语气词	张三来＋吗
状语连词－句子	句子－状语连词	因为＋张三病了
冠词－名词短语	名词短语－冠词	the＋tall man
复数词－名词	名词－复数词	孩子＋们
名词－领属语	领属语－名词	张三的＋妈妈
名词－关系子句	关系子句－名词	张三买的＋书
形容词－比较基准	比较基准－形容词	比张三＋漂亮
动词－介词短语	介词短语－动词	在床上＋睡 睡＋在床上
动词－方式状语	方式状语－动词	慢慢＋跑 跑得＋很慢

对于语序关联，Bartsch & Vennemann（1972）认为这归功于自然序列化原则（natural serialization principle），即语言中核心（head）和从属成分（dependent）的彼此顺序是一致的：VO语言倾向于核心—从属成分语序，而OV语言倾向于从属成分—核心语序。Hawkins（1983）认为是跨范畴和谐原则（cross-category harmony principle）造成的。但也存在反例，如英语虽然表现为VO语言，但也存在形容词（adjective）修饰名词（noun）与领属短语在前的反例。对此，学者们会从演化的角度进行解释，可参见 Whaley（1997）的评述。

☞ 跟语序有关的语法共性

Greenberg（1963）探讨了某些主要跟语序有关的语法共性，其中基本语序类型有7条，句法有18条，词法20条。以下是基本语序类型与句法部分跟语序相关的语法共性（第八跟语序无关，不抄录）：

第一，带有名词性主语和宾语的陈述句（declarative sentence）中，优势语序几乎总是主语处于宾语之前。

第二，使用前置词的语言中，领属语几乎总是后置于核心名词（governing noun）；使用后置词的语言中，领属语几乎总是前置于核心名词。

第三，优势语序为 VSO 的语言，总是使用前置词。

第四，采取 SOV 为常规语序的语言，在远远超过随机频率的多数情况下，使用后置词。

第五，如果一种语言以 SOV 为优势语序，并且领属语后置于核心名词，那么形容词也后置于核心名词。

第六，所有以 VSO 为优势语序的语言，都可以把 SVO 作为可能的或唯一的一种替换性基本语序。

第七，在以 SOV 为优势语序的语言中，如果没有或仅有 OSV 为其替换性语序，那么动词所带的一切状语（adverbial）都处于动词之前。

第九，在远远超过随机频率的多数情况下，涉及全句的疑问语气词（question particle）或疑问词缀（question affix），在前置词语言（prepositional language）中居于句首，在后置词语言（postpositional language）中居于句末。

第十，疑问语气词或疑问词缀如果指向句中某一特定的词，几乎总是跟在这个词的后边。以 VSO 为优势语序的语言中不出现这样的疑问语气词。

第十一，只有在疑问词（interrogative word）或疑问短语通常居于句首的语言中，才会颠倒陈述的语序，使动词置于主语之前；只有特指疑问句的情况如此，是非疑问句才会出现同样的语序颠倒。

第十二，陈述句中以 VSO 为优势语序的语言，其特指疑问句总把疑问词或疑问短语（interrogative phrase）放在句首。陈述句中以 SOV

为优势语序的语言，不会有这样的变换。

第十三，如果名词性宾语总在动词之前，那么从属于主要动词（main verb）的动词形式也要置于主要动词之前。

第十四，在条件陈述句中，所有语言都以条件从句处于结论之前为正常语序。

第十五，除了名词性宾语总是居于动词之前的那些语言之外，表达意愿和目的的从属动词形式总是置于主要动词之后。

第十六，以 VSO 为优势语序的语言中，有屈折变化的助动词（auxiliary verb）总是前置于主要动词。在以 SOV 为优势语序的语言中，有屈折变化的助动词总是跟在主要动词之后。

第十七，除了偶然出现的情况外，优势语序为 VSO 的语言绝大多数是形容词居于名词之后。

第十八，当描写性形容词（descriptive adjective）前置于名词时，除了偶然出现的情况外，绝大多数情况是指示词（demonstrative）和数词（numeral）也处于名词之前。

第十九，当一般规则是描写性形容词后置时，可能会有少数形容词常常前置；但一般规则是描写性形容词前置时，则不存在例外。

第二十，当任何一个或者所有的下述成分（指示词、数词、描写性形容词）居于名词之前时，它们总以这种语序出现。如果它们后置，语序或者依旧，或者完全相反。

第二十一，如果某些或所有副词（adverb）跟在它们所修饰的形容词后，那么这种语言中的形容词也处于名词之后，而且以动词前置于名词性宾语为优势语序。

第二十二，在形容词比较结构中，如果唯一的或可能交替的语序之一是基准—标记—形容词的话，那么这种语言是后置词语言。如果唯一的语序是形容词—标记—基准，那么这种语言除了偶然出现的情况外，绝大多数是前置词语言。

第二十三，如果同位结构中专有名词一般前置于普通名词，那么这种语言中的核心名词也前置于从属它的领属语成分。如果普通名词一般前置于专有名词，那么，从属的领属语成分绝大多数处于它的核心名词之前。

第二十四，如果关系子句前置于名词是唯一的或者是可交替的结构，那么这种语言或者使用后置词，或者形容词前置于名词，也可能二者兼有。

第二十五，如果代词性宾语后置于动词，那么名词性宾语也同样后置。

○ 语序的语用功能

语序的语用功能研究至少从 Weil（1844）开始就一直是一个研究问题。Weil 已经注意到，语序的自由在不同的语言中是不同的：他比较了语序相对自由的拉丁语和古希腊语，以及语序在很大程度上比较严苛的法语和英语。在英语等语言中，某些成分的语序固定用于标记语法关系，而在拉丁语等语言中，语法关系是用格（case）标记的，如（6）中的英语和（7）中的拉丁语。

（6）the mother loves the child ≠ the child loves the mother
（7）mater amat puerum = puerum amat mater
  mother: NOM love: 3SG child: ACC
  'The mother loves the child.'

一种特定语言语序的自由度并不一定与格标记（case marker）的可及性有关，也不一定与区分主语和直接宾语（direct object）的需要有关。例如，不及物动词的主语，即使不会被误认为是直接宾语，在英语中仍然必须放在动词的前面，而在意大利语和其他空主语语言（null subject language）中则经常跟在后面。如意大利语：

(8) arriva　　　il　　　treno
arrive: 3SG　ART　train
'The train comes.'

构成成分的内部范畴复杂性，或构成成分的"重量"（weight），也会影响它们在句子中的位置。较轻的成分，即较简单的成分，先于较重的成分，即较复杂的成分。附缀词（clitic）是典型的轻成分（light constituent），它往往出现在句子的前面部分，这跟话语功能相关。复杂度较低的成分通常传达共享的信息，如照应代词（anaphoric pronoun）；而新的信息通常需要采用较复杂的成分进行编码（Hawkins，1983：98-99）。这也被称为"重成分原则"（heavy constituent principle），即重成分（heavy constituent）倾向于放在所修饰的核心的后边。像汉语的定中结构，如果定语（attribute）过长，就会改用主谓结构（predicative construction）表达。

在一些语言中，从句的语序与主句的语序不同。德语中主句的限定动词（finite verb）放在第二位，遵循动词占据句中第二位置限制（V2-constraint），而从句的语序是SOV。例如：

(9) die Kinder　essen　gern　　　　　Schokolade.
the children　eat　　with.pleasure　chocolate
'Children like chocolate.'

(10) die Kinder, die　gern　　　　　Schokolade essen, gehen gerade
the children that with.pleasure chocolate　　ea　　go　　presently
in die Schule.
in the school
'The children, who like chocolate, are going to school.'

（9）中的动词"essen"（eat）处在第二位置，同样的动词在（10）中的子句中出现在最后的位置。根据一些理论，子句的语序反映了内在的、潜在的语序SOV。动词占据句中第二位置，是日耳曼语的特征。现代英语不遵守动词占据句中第二位置限制，主谓之间可以有状语，主语之前也可以有状语等。

很多语言学家提出了激发语序变化的一套普遍语用规则。这些规则在功能主义语言学中有很长的历史，这里列出三个最重要的原则：

第一，一句话中，先出现的是旧信息（given information），后出现的是新信息。

第二，紧密联系的想法倾向于放在一起。

第三，说话时说话人头脑里最重要的信息常常先被表达。

这三条原则反映的都是象似性，即话语中要素出现的时间顺序反映了把信息引入语篇的时间顺序，语言距离反映概念距离，话语中成分的顺序反映说话人头脑中重要性的顺序。大多数的批评都集中在原则一与原则三上。新信息一般是说话时说话人头脑中最重要的信息，而旧信息不是最重要的信息。按照原则一，新信息应该在旧信息之后；按照原则三，新信息应该在旧信息之前。原则三和原则二也有矛盾。在最重要的信息之前经常分裂出其他的概念上相似的成分。因此，在其他情况相同的时候，原则二倾向于把某些成分放在一起，而原则三倾向于把它们分开。这三条可以这样来理解。例如：

（11） Top … Foc … vP

（11）中的vP反映的是论元结构（argument structure），它要求论元（argument）实现于vP之内，即紧密联系的语言表达式倾向在一起。Top是话题范畴，它将话题移到"句首"，所以旧信息在前新信息在后。Foc是焦点范畴，它将焦点移到"句首"，反映了重要信息先表达。所以这三个原则并不矛盾，原则一反映的是话题化，原则二反映的是外部合并（external merge），原则三反映的是焦点化。

ଓ 小结

语序是非常重要的配列方式，在一些没有形态的语言中，常用它判断主语、宾语等语法功能（grammatical function）。有固定语序和层次性成分结构的语言为构型语言（configurational language），如英语；语序相对自由并具有扁平性成分结构的语言为非构型语言（non-configurational language），如日语。语言类型学根据语序建立语序关联模式。语言有基本语序与非基本语序，后者由相关的语用原则所激发。在生成语法中，非基本语序既跟话题范畴与焦点范畴有关，也跟其他功能范畴（functional category）有关，像汉语致使范畴实现为"把"之后，宾语就会在动词之前；没有语音实现时，宾语就会在动词之后。

参考文献

Bartsch, R. & Vennemann, T. 1972. *Semantic Structures: A Study in the Relation Between Semantics and Syntax*. Frankfurt am Main: Athenäum.

Croft, W. 2003. *Topology and Universals* (2nd ed.). Cambridge: Cambridge University Press.

Dryer, M. 1992. The Greenbergian word order correlations. *Language*, (68): 81–138.

Greenberg, J. 1963. Some universals of grammar with particular reference to the order of meaningful elements. In J. Greenberg (Ed.), *Universals of Language*. Cambridge: MIT Press, 73–113.

Hawkins, A. 1983. *Word Order Universals*. New York: Academic Press.

Luraghi, S. & Parodi, C. 2008. *Key Terms in Syntax and Syntactic Theory*. London: Continuum.

Payne, T. 1997. *Describing Morphosyntax: A Guide for Field Linguists*. Cambridge: Cambridge University Press.

Weil, H. 1844. *De l'ordre des mots dans les langues anciennes comparées aux langues modernes*. Translated by C. W. Super as *The Order of Words in the Ancient Languages Compared with That of the Modern Languages*, 1978. Amsterdam: John Benjamins.

Whaley, L. J. 1997. *Introduction to Typology: The Unity and Diversity of Language*. London: Sage.

语义角色　　　　　　　　　　SEMANTIC ROLE

　　语义角色（semantic role），也称为题元角色（thematic role）、语义关系（semantic relation）、语义功能（semantic function）、格角色（case role）或深层格（deep case）等，使用哪个名称取决于所采用的理论框架。语义角色用得比较早，传统上用动作的接受者（recipient）或目标（goal）描述宾语（object），用动作的施事（agent）描述主语（subject）。生成语法学者喜欢用"题元角色"，Katz 的语义关系、Gruber 与 Jackendoff 的题元关系（thematic relation）、Fillmore 的格关系与 Davidson 事件逻辑中的原子概念等，都是生成语法中题元理论的来源（Chomsky, 1981）。该概念主要用于语义与语法的描写。

○ 语义角色的定义

　　语义角色是论元（argument）与谓词（predicate）在相关的事件图景中的语义关系，或论元所指示的参与者在谓词所指示的事件图景中所扮演的角色。在"打"这样的事件中，有两个参与者：一个是张三，一个是李四。在这个事件中，如果张三打了李四，则张三为这个事件中的施事，李四是这个事件中的受事（patient）。这个事件不管用不用自然语言描述，"张三"与"李四"都会分别是施事与受事。以下是该事件的描述方式：

　　（1）a. 张三打了李四。
　　　　 b. 是张三打了李四。
　　　　 c. 张三把李四打了。
　　　　 d. 李四被张三打了。

在（1）的各种描述中，"张三"与"李四"始终分别是"打"的施事与受事。施事与受事就是语义角色，也叫题元角色。

(2) a. Roger ate beans with her knife.
　　b. Roger already ate.
　　c. Roger already ate, but we're not sure what.

(2)中的"Roger"是"eat"的施事,"beans"是"eat"的受事,两者都是"eat"的论元;"her knife"是"eat"的工具(instrument),不是"eat"的论元。施事、受事与工具都是语义角色,也是题元角色。如果把题元角色局限在论元的语义角色上,则(2)中的工具不是题元角色。英语中没有出现的论元为隐含论元(implicit argument),可由动词的语义进行推断,如可由(2b)推断出 Roger 吃了东西,至于他具体吃了什么并不重要,但不能推断非论元信息。隐含论元允准截省(sluicing),如(2c),其中"what"对应于"ate"的隐含论元。

(3) A hammer broke the window.

(3)中的"a hammer"是"break"的工具,也是它的论元。这里的工具既是语义角色,也是题元角色。

☙ 语义角色类型

施事通常是有生命、有意愿、能够自主地发出某种动作行为,并对所发出的动作行为通常有控制力的个体。在语言表达中,施事通常是名词性短语,在主动句(active construction)中通常充当主语,在被动句(passive construction)中通常由介词(preposition)如"by"引进,如(4)中的"Percival"。

(4) a. Percival ate beans.
　　b. Percival ran around the block.
　　c. That vase was broken by Percival.
　　d. Whom did Percival kiss?
　　e. It was Percival who deceived the president.

感事(experiencer)是既不控制行为,也无看得见的影响,只是在心理上受到行为状态影响的生命体。在语言表达中，感事通常是名词性短语，可以是主语，也可以是宾语，如（5）中的"Lucretia"。

（5）a. Lucretia saw the bicycle.
　　　b. The book interested Lucretia.
　　　c. The explosion was heard by Lucretia.
　　　d. What did Lucretia feel?
　　　e. It was Lucretia who smelled smoke first.

动力（force）是无意识非自主地发出某种动作行为的个体。在语言表达中，动力通常是名词性短语，充当主语，可以被动化，如（6）中的"the wind"。

（6）a. The wind opened the door.
　　　b. The wind blew in through the open window.
　　　c. That vase was broken by the wind.
　　　d. What did the wind knock over?
　　　e. It was the wind that formed those rocks.

工具是间接引起某一行为的个体。通常是施事使用工具，工具也会影响施事的行为。在语言表达中，工具通常是名词性短语，可以充当旁语（oblique）与主语。当有施事的时候充当旁语，无施事的时候充当主语，可被动化，如（7）中的"a hammer"。

（7）a. Prescott broke the window with a hammer.
　　　b. A hammer broke the window.
　　　c. That window was broken by a hammer.
　　　d. What did Prescott break with a hammer?
　　　e. It was a hammer that Prescott broke the window with.

受事（patient）是受动作行为影响的个体。在语言表达中，受事通常是名词性短语，通常充当直接宾语（direct object），也可充当主语，如（8）中的"Joaquin"。

(8) a. Montezuma stabbed Joaquin.
   b. Joaquin fell from the third floor.
   c. Joaquin was amazed by the mosquito.
   d. Who wanted Joaquin?
   e. It was Joaquin that the republicans believe.

接受者（recipient）是有生命的、能够接受交易物的个体。在语言表达中，接受者通常是名词性短语，充当间接宾语（indirect object）或旁语，如（9）中的"Mary"。

(9) a. I sent Mary a book.
   b. I sent a book to Mary.

语义角色的清单可以很长，如在事件中获益的益事（benefactive）、在事件中伴随行动主体的伴事（comitative）、作为位移对象的客体（theme）、作为位移起点的来源（source）、作为位移终点的目标、活动（activity）的目的（purpose）、事件发生的处所（locative）、事件发生的时间（time）等。有很多学者试图系统地罗列出普遍的语义角色清单，但最终都不成功。原因在于，语义角色是概念性的，变化无穷。Dowty（1991）认为语言理论中有用的概念是原型（prototype）角色，由于题元角色不是离散范畴，只需要两个原型角色就够了。这两个原型角色分别是原型施事和原型受事。原型施事与原型受事都由特征集构成。

(10) 原型施事的特征：
   a. 意愿性：在事件或状态中涉及意愿
   b. 感知性：有感知力和（或）认知力
   c. 致使性：能使事件发生或改变另一个事件参与者的状态
   d. 位移性：（相对于另一个参与者位置的）移动
   e. 自立性：（独立存在于动词所指的事件）

(11) 原型受事的特征：
   a. 变化性：经受状态变化
   b. 累积性：累积性的客体

c. 致果性：受另一个参与者的影响
d. 静止性：（相对于另一个参与者是）固定的
e. 依存性：（不独立或根本不独立于事件）

　　某些名词性短语可能只具有原型施事的特征，某些名词性短语可能只具有原型受事的特征，某些名词性短语可能既具有原型施事的某些特征又具有原型受事的特征，特征的数目也会不同，所以语义角色具有非离散性（nondiscreteness）。有些施事可能五种特征都有，也可能只有四种、三种、两种，甚至一种。像感事，它可能只有感知性，而没有意愿性与致使性。像工具，它只有致使性与位移性，而没有意愿性与感知性。Jackendoff 与 Gruber 的客体，其典型特征是变化性、累积性、依存性与致果性，有时缺乏致果性，这有别于受事。累积性客体有时有依存性（dependent-existence），如"造房子"中的"房子"。

　　Reinhart（2002）用两个特征刻画语义角色，一个是致使变化特征（记作 c），[+/-c] 表示是否致使变化；一个是心理状态特征（记作 m），[+/-m] 表示是否具有心理状态。致使特征类似于（10）中的致使性，心理特征类似于（10）中的意愿性与感知性。

题元特征		对应的题元角色
双特征	[+c, +m]	施事
	[+c, -m]	工具
	[-c, +m]	感事
	[-c, -m]	客体/受事
单特征	[+c]	致事
	[+m]	感知者
	[-c]	目标/益事（常常带与格）
	[-m]	主题/处所来源（常常带旁格）
零特征	[]	任意

（12）V([+c], [−c, −m]): break, open …
　　a. The wind / Max / the key opened the door.
　　b. The storm / Max / the stone broke the window.

"[+c]"是致事，包括有意愿的致事（施事）与无意愿的致事，如动力与工具等。施事的特征为"[+c, +m]"，工具的特征是"[+c, −m]"，包括动力在内的其他致事的特征是"[+c]"，"[+c]"是它们的共享特征。"the wind""the storm"是动力，"Max"是施事，"the key""the stone"是工具。"[−c, −m]"是客体/受事。具有（12）这种特征的动词具有非宾格动词（unaccusative verb）的交替现象，如"The window broke."。

（13）V ([+c], [−c+m]): worry, amuse, scare, surprise…
　　a. Max / the noise / the gun scared Lucie.
　　b. Fred / Fred's behavior / the discussion surprised Lucie.

（13）的主语是致事，包括有意愿的致事与无意愿的致事，宾语是感事。这种动词也有一元交替形式，不过在英语中比较少。

（14）V ([+c+m], [−c+m]):
　　a. Lucie / *The razor / *the heat shaved Max.
　　b. Lucie / *the snow / *the desire to feel warm dressed Max.

（14）中动词的主语是施事，为有意愿的致事，不能是无意愿的致事；宾语为感事，可以有一元交替形式，如"Max shaved / dressed."。

（15）a. Something worries Lucie.
　　b. Lucie worries (about something)

（15a）中的主语是致事，宾语是感事；（15b）中的主语是感事，旁语是主题（subject matter），由介词"about"引进。

✿ 语义角色的句法投射

Dowty（1991）用原型角色讨论论元选择，即一个论元是被选作主语还是宾语取决于它的原型施事特征与原型受事特征的数目的多少，即如果原型施事的特征多，会被选作主语；如果原型受事的特征多，则被选作直接宾语；如果两个论元在原型施事和原型受事的特征上数目相同，则它们要么都选作主语或宾语，要么都不选作主语或宾语；对于三元谓词而言，两个非主语论元也要进行原型受事特征数目的比较，多者作直接宾语，少者作间接宾语。

（16）a. I opened the door with the key.
　　　b. The key opened the door.
　　　c. The door opened.

（16）中的"I"是施事，"the key"是工具，"the door"是受事。"I"的原型施事特征最多，它有感知性、致使性与自立性，一般情况下还会有意愿性；其次是"the key"，它具有致使性、位移性与自立性；"the door"具有原型受事特征，它具有变化性、致果性与位移性。所以"I"作主语，如（16a）；没有"I"的时候，"the key"作主语，如（16b）；没有"I"与"the key"的时候，"the door"作主语，如（16c）。一般的情况下，"the door"作宾语，如（16a）与（16b）。为避免特征计数上的困难，可直接写成如下题元等级：

（17）施事 > 工具 > 受事

（17）是题元等级。题元等级是题元的等级序列。Fillmore（1968）曾建立过主语选择规则（subject selection rule），该规则认为，如果有施事，施事做主语；如果无施事而有工具，则工具作主语；如果无施事和工具，则受事作主语。这个规则，后来用（17）这样的题元等级和与之相关的题元指派一致性假设（uniformity of theta assignment hypothesis）来表达。Baker（1988）的题元指派一致性假设是说：词项（lexical item）间相同题元关系在 D-结构（D-structure）中表征为这些成分（constituent）间的相同结构关系。（16）中的"the door"，题元等级最低，只能出现在宾语位置，它在（16c）中经历了移位（movement）才出现在主语位置。在研究的过程中，不同的学者基于不同的观察会给出不同的题元等级，以下是 Levin & Rappaport Hovav（2005：162–163）收集的题元等级清单：

（18）a. 未提及目标与处所：
　　施事 > 感事 > 客体
　　施事 > 工具 > 受事
　b. 目标与处所高于受事与客体：
　　施事 > 感事 > 目标/来源/处所 > 客体
　　施事 > 目标/来源/处所 > 客体
　　施事 > 影响者 > 感事 > 处所 > 客体 > 受事
　c. 目标与处所低于受事与客体：
　　施事 > 工具 > 客体/受事 > 目标/处所
　　施事 > 客体/受事 > 目标/来源/处所
　　施事 > 客体 > 目标/来源/处所
　　施事 > 受事 > 接受者 > 益事 > 工具
　　施事 > 感事 > 工具 > 受事 > 目标/来源/处所
　　动作者 > 受事/益事 > 客体 > 目标/来源/处所
　　施事 > 客体 > 目标
　　施事 > 感事 > 客体 > 目标/来源/处所
　d. 目标高于受事与客体，而处所低于受事与客体：
　　施事 > 益事 > 接受者/感事 > 工具 > 客体/受事 > 处所
　　施事 > 来源 > 目标 > 工具 > 客体/受事 > 处所
　　施事 > 与事/益事 > 受事 > 处所 > 工具

　　在各种题元等级中，施事都概无例外地处于等级的最高点，但其他语义角色在等级上处于什么位置，学者们的看法并不一致。这主要跟采不采用转换规则及如何转换有关。例如：

（19）a. John sent a book to Mary.
　　b. John sent Mary a book.

如果以（19a）为基点，则受事／客体高于接受者／目标；如果以（19b）为基点，则接受者／目标高于受事／客体。

❽ 题元准则

题元准则（theta criterion）规定"每个论元只能获得一个题元角色，每个题元角色只能指派给一个论元"，它要求论元与题元角色具有一一对应的关系。这主要是限制语法的生成能力。例如：

（20）sleep：V, {x},（施事），[+____]
（21）a. He slept.
  b. *He slept [the man]
  c. *He slept [that John was afraid of cats]

（20）是"sleep"的部分句法信息。（21a）遵守题元准则，"he"这个论元得到了施事这个题元角色，施事这个题元角色也指派给了"he"这个论元。（21b–c）都不能遵守题元准则，这是因为它实现了两个论元，而只有一个题元角色可以指派，这意味着有的论元得不到题元角色，所以不合法。

（22）send: V, {x, y, z},（施事，客体，接受者），[+____NP, PP]
（23）a. John sent a book to Mary.
  b. *John sent a book.
  c. *John sent to Mary.

假定"send"有三个论元，并且有三个题元，如（22）。（23a）合法，是因为每个论元都获得了一个题元角色，如"John"获得了施事角色，"a book"获得了客体角色，"Mary"获得了接受者角色；也是因为每个题元都指派给了一个论元，如施事角色指派给了"John"，客体角色指派给了"a book"，接受者角色指派给了"Mary"。（23b–c）都不能遵守题元准则，这是因为它只实现了两个论元，而动词有三个题元角色需要指派（assignment），这意味着有的论元可能会得到两个题元角色，或是有的题元角色没有被指派出去，所以不合法。

(24) a. Mary wanted to buy a book.
　　b. 玛丽想买一本书。

在(24)中"玛丽"既跟"想"有关，又跟"买"有关，但是它不能同时接受"想"的感知者角色与"买"的施事角色，否则会违反题元准则，因为一个论元只能接受一种题元角色。为了解决该问题，生成语法建议用 PRO 充当"买"的论元，并让它接受"买"所指派的施事角色。例如：

(25) a. Mary$_1$ wanted to PRO$_1$ buy a book.
　　b. 玛丽$_1$ 想 PRO$_1$ 买一本书。

题元准则在管辖与约束理论（Government and Binding Theory）中应用于各种句法（syntax）层面，如 D-结构、S-结构（S-structure）与 LF 层。但在最简方案（Minimalist Program）中，因 D-结构的取消，题元准则也被取消了，转由完全解释原则（full interpretation principle）取代。

○³ 小结

语义角色是论元与谓词在相关的事件图景中的语义关系，或论元所指示的参与者在谓词所指示的事件图景中所扮演的角色。这样的角色类型很多，非常重要的是施事和受事，或者说原型施事和原型受事，通常情况下，它们分别投射为主语和宾语。如果考虑更多的语义角色，在题元投射的时候，需要建立相关的题元等级。题元投射在管辖与约束理论中还需要遵守题元准则，这使得空范畴 PRO 成为可能。在建构语义角色系统时，除了可以考虑典型特征之外，还可以考虑 c、m 等二元特征。

参考文献

Baker, M. 1988. *Incorporation. A Theory of Grammatical Function Changing*. Chicago: University of Chicago Press.

Chomsky, N. 1981. *Lectures on Government and Binding*. Dordrecht: Foris.

Dowty, D. 1991. Thematic protoroles and argument selection. *Language*, (67): 547–619.

Fillmore, C. 1968. The case for Case. In E. Bach & R. T. Harms (Eds.), *Universals in Linguistic Theory*. London: Holt, Rinehart, and Winston, 1–88.

Levin, B & Rappaport Hovav, M. 2005. *Argument Realization*. Cambridge: Cambridge University Press.

Reinhart, T. 2002. The theta system: An overview. *Theoretical Linguistics*, (28): 229–290.

约束　　BINDING

约束（binding）本是逻辑学中的术语，讲的是算子（operator）与变量（variable）之间的依存关系（dependency relation），如算子约束变量。生成语法的约束概念稍微广一些，它是名词性成分在指称上的依存关系，包括算子对变量的约束。约束是句子中两个名词短语（noun phrase）的同指关系，即一个名词短语的解释由另一个名词短语的解释所决定（Trask, 1996）。在"张三称赞自己"中，"自己"受"张三"约束；在"张三叫李四去看他"中，"他"受"张三"约束；在"who did you see t"中，语迹（trace）"t"受"who"约束，这是疑问算子对变量的约束。该概念主要用于语义的描写和语法的解释，也可用来判断句法结构（syntactic structure）。

∞ 约束的定义

约束指的是在满足成分统制（c-command）和同指（coreference）的情况下，两个名词性成分（constituent）在指称上的依存关系。即 α

约束 β，当且仅当 α 成分统制 β 并且与 β 同指。

（1）张三₁喜欢他自己₁。

在（1）中，因为"张三"成分统制"他自己"并且"张三"与"他自己"同指，所以，"张三"约束"他自己"。

为了表达指称上的依存关系，通常采用标引（index）。Chomsky（1995）认为标引不是语法实体，没有实质性含义。同指的成分具有相同的标引，即同标（coindexation）。异指的成分具有不同的标引，即不同标。两个同标的成分，在性（gender）、数、人称等 phi 特征上必须一致。所以，约束也跟一致（agreement）有关。约束可以根据先行语（antecedent）的句法位置分为两种类型：A- 约束和 A'- 约束。A- 约束中的先行语处于 A 位置［论元位置（A-position）］，A'- 约束中的先行语处于 A' 位置［非论元位置（A'-position）］。例如：

（2）a. John$_j$ loves himself$_j$.
　　b. *Mary$_j$ loves himself$_j$.
　　c. *John$_j$ loves themselves$_j$.
　　d. *John$_j$ loves myself$_j$.

（2a）中的"John"A- 约束"himself"，（2b）中的"Mary"不能 A- 约束"himself"，（2c）中的"John"不能 A- 约束"themselves"，（2d）中的"John"不能 A- 约束"myself"。（2b）是因为性特征不一致，（2c）是因为数特征不一致，（2d）是因为人称特征不一致。

（3）a. Who does John love t?
　　b. [$_{CP}$[who$_1$][$_{C'}$[$_C$ does][$_{TP}$ John love t_1]]]

在（3）中，"who"成分统制语迹"t"，并且两者同指，所以"who"约束其语迹"t"。这里的约束是 A'- 约束，因为"who"在 CP 的指示语（specifier）位置，如（3b）。

在管辖与约束理论（Government and Binding Theory）中，约束理论（binding theory）是解释名词性成分所指及其分布的语法模块。名词性成分包括照应语（anaphor）、代词语（pronoun）与指称语（referential expression）。例如：

（4）a. 他自己／她自己／我自己／互相
　　 b. himself / herself / myself / each other
（5）a. 他／她
　　 b. him/her
（6）a. 张三／这个学生
　　 b. John, the boy

（4）是照应语，（5）是代词语，（6）是指称语。这三类名词短语可以用[±代词性]和[±照应性]这两类特征来定义。例如：

（7）a. 照应语：[＋照应性，－代词性]
　　 b. 代词语：[－照应性，＋代词性]
　　 c. 指称语：[－照应性，－代词性]

❀ 约束三原则

在约束理论中，对名词性成分的解释要考虑局域性（locality），即考虑先行语的句法位置。以下为约束理论中的约束三原则。约束原则A：照应语需要一个局部语域（local domain）内的先行语；约束原则B：代词语可以有先行语，但先行语必须在特定的局部语域之外；约束原则C：指称语必须是自由的，不能有先行语。

约束原则A要求，照应语（反身代词或互指代词）在它的局部语域内必须受到约束，即在局部语域中，照应语与能成分统制它的短语（phrase）同指。例如：

（8）a. [$_{TP}$ Ann$_j$ loves herself$_j$]
　　 b. *Ann$_j$ thinks [$_{TP}$ John loves herself$_j$]

（8a）中的句子合乎语法，因为照应语"herself"在其局部语域内受约束。

271

（8b）中的句子不符合语法，因为照应语"herself"在它的局部语域内没有受到先行语的约束，与它同指的先行语在其局部语域之外，违反了约束原则 A。

（9）*[Mary_i said that [_TP Joe liked these pictures of herself_i]]

在（9）中，照应语"herself"的局部语域是 TP，因为它是包含"herself"及其管辖词"of"的最小 TP。"herself"在其局部语域中没有受到约束。因此，（9）也违反了约束原则 A。

（10）a. John_i wondered which picture of himself_{i/k} Bill_k saw.
b. [_TP John wondered [_CP [which picture of himself] [_TP Bill saw which picture of himself]]]
c. [_TP John_i wondered [_CP [which picture of himself_i] [_TP Bill saw which picture of himself]]]
d. [_TP John wondered [_CP [which picture of himself] [_TP Bill_k saw which picture of himself_k]]]

（10a）有歧义，"himself"可以指"John"或"Bill"，但不能同时指"John"和"Bill"。按照 Chomsky（1995），移位（movement）涉及复制（copy）、合并（merge）与删除（deletion），（10b）是复制与合并（merge）的结果，（10c–d）是删除的结果。在（10c）中，"himself"以"John"为先行语；在（10d）中，"himself"以"Bill"为先行语。逻辑形式层的删除，是为了获得正确的解读。

（11）a. *John_i wondered which woman saw which pictures of himself_i.
b. John wondered [_CP which pictures of himself which woman [which woman saw which pictures of himself]]
c. *John_i wondered [_CP which pictures of himself_i which woman [which woman saw which pictures of himself]]
d. *John_i wondered [_CP which pictures of himself which woman [which woman saw which pictures of himself_i]]

（11a）中的"himself"不能以"John"为先行语，但如果"which pictures of himself"能够复制并在从属子句的 CP 的额外指示语位置参与合并，如（11b），则理论上可以受到"John"约束，如（11c）。为了禁止（11c），需要假定：隐性 wh- 移位只以 wh- 元素为目标（goal），如（11d）。（10）与（11）的差别在于"which pictures of himself"是显性移位（overt movement）还是隐性移位（covert movement）。

约束原则 B 要求：代词语在其局部语域内必须自由，不受约束，即在局部语域中，代词语与每一个能成分统制它的短语不同指。例如：

（12）a. Ann_j thinks [_TP John loves her_j].
　　　 b. *[_TP Ann_j loves her_j].

（12a）中的句子合乎语法，因为代词"her"在它的局部语域 TP 内不受约束，与它同指的先行语"Ann"在其局部语域之外。（12b）中的句子不符合语法，因为代词"her"在它的局部语域内受约束，违反了约束原则 B。

（13）a. John_i wondered which picture of him_{i/*k} Bill_k saw.
　　　 b. John wondered [_CP which picture of him [_TP Bill saw which picture of him]]
　　　 c. John wondered [_CP which picture of him [_TP Bill saw which picture of him]]
　　　 d. [_TP John wondered [_CP which picture of him [_TP Bill saw which picture of him]]]

（13c–d）是对（13b）的删除操作。对（13c）来说，"him"可以受"John"约束，因为"John"在其局部语域外。对（13d）来说，"John"不能约束"him"，因为"John"在其局部语域内；此外，"him"可以跟"Bill"同指，但实际上不允许，如（13a）。为了阻止（13d）中的"him"跟"Bill"同指，必须有推导过程的理念，即假定在推导的过程中，如果上一步推导中尝试过使两个表达式同指并且这一同指尝试失败了，则后面不可以再次尝试允准该同指发生。例如：

273

(14) *[TP Bill_k saw which picture of him_k]

根据约束原则 B,(14)中的"him"不能受"Bill"约束,即"him"不能跟"Bill"同指。所以"him"在以后的推导中也不能再次尝试跟"Bill"同指。也就是说,对代词来说,第一次的同指机会很重要,失败之后,不能再次试图建立同指关系。

约束原则 C 要求:指称语在任何位置都必须自由,即指称语与每一个能成分统制它的短语不同指。例如:

(15) a. *She_j thinks [TP John loves Ann_j]
 b. *She_j thinks that [TP Peter said that [TP Mary claimed that [TP John loves Ann_j]]]

(15a)违反了约束原则 C,因为其中的"Ann"受"she"成分统制,并跟它同指。(15b)也违反了约束原则 C,也是因为"Ann"受"she"成分统制,并跟它同指。指称语在句子中不受约束。

(16) He_j wondered which picture of John_*j/*k he_k saw.

(16)中"John"既不能跟主句中的"he"同指,也不能跟从属子句中的"he"同指。这是因为约束原则应用于逻辑形式层。例如:

(17) a. D- 结构:
 [TP he wondered [CP [TP he saw [which picture of John]]]]
 b. S- 结构/逻辑形式层:
 [TP he wondered [CP [which picture of John]_m [TP he saw t_m]]]
 c. 最简方案(Minimalist Program)中的逻辑形式层:
 He wondered [CP which picture of John [TP he saw which picture of John]

在(17a)中,两个"he"都成分统制"John"。如果约束原则 C 应用于 D- 结构(D-structure),则"John"与任一代词的同指都会被阻止。在(17b)中,只有主句中的"he"成分统制"John"。如果约束原则 C 应用于 S- 结构(S-structure)或逻辑形式层,则"John"虽不能跟主句中的"he"同指，但可以跟从属子句中"he"同指，这种同指不违反约束原则 C，因为 John 不能成分统制从属子句中的"he"。取消 D-结构与 S-结构之后，（16）的逻辑形式层的表达式为（17c）。在（17c）中，"John"在第一次尝试跟"he"同指时，就失败了，因为在从属子句 TP 中"John"受"he"成分统制，一旦同指，就会受到 he 的约束，最后违反约束原则 C。同理，它跟主句中的 he 同指的尝试也会失败。同指尝试失败之后，移到 CP 指示语位置的"John"，就不再尝试跟从属子句中的"he"与主句中的"he"同指了。

(18) a. John$_i$ wondered which picture of himself$_{i/k}$ Bill$_k$ saw.
b. [$_{TP}$ Bill$_k$ saw which picture of himself$_k$]
c. [$_{TP}$ John$_i$ wondered which picture of himself$_i$ [$_{TP}$ Bill saw which picture of himself]]

(18a) 中的"himself"既跟"John"同指，又跟"Bill"同指，这跟推导历史和约束原则 A 相关。在"John"和"wondered"没有参与计算之前，如（18b），其中"himself"必须受"Bill"约束，即获得跟"Bill"同指的机会。推导进行到（18c），"himself"又需要跟"John"同指。（18）中有两次建立同指关系的尝试，而且都获得成功，这是因为反身代词在局部语域中必须受约束。

汉语的反身代词有两种形式，一是复合形式，如"他自己"；二是光杆形式，如"自己"。前者跟英语相似，遵守约束原则 A；后者可以在局部语域之外受约束。例如：

(19) a. 张三$_1$ 知道 [李四$_2$ 常在别人面前批评他自己$_{*1/2/*3}$]
b. 张三$_1$ 知道 [李四$_2$ 常在别人面前批评自己$_{1/2/*3}$]

(19a) 中的"他自己"只能跟"李四"同指，不能跟"张三"同指，也不能跟别的成分同指。（19b）中的"自己"既可以跟"李四"同指，也可以跟"张三"同指。目前的解释是让"自己"具有算子特征，能移到从属子句的 CP 指示语位置。例如：

（20）张三知道 [$_{CP}$ 自己 [$_{TP}$ 李四常在别人面前批评自己]]
　　　　a. 张三知道 [$_{CP}$ 自己 [$_{TP}$ 李四$_1$常在别人面前批评自己$_1$]]
　　　　b. 张三$_1$知道 [$_{CP}$ 自己$_1$ [$_{TP}$ 李四常在别人面前批评自己]]

在（20a）中，"自己"受"李四"约束；在（20b）中，"自己"受"张三"约束。

✎ 局部语域

在管辖与约束理论中，局部语域的定义是：α 为 β 的局部语域，当且仅当，α=NP 或 S，α 包含 β 及 β 的主管成分（governor）的最小语域（最小范畴）。这是将包含指称语、代词语与照应语的名词短语与句子考虑作局部语域。局部语域也称管辖范畴（governing category）。管辖概念在最简方案中被取消了，需要重新定义局部语域。

α 为 β 的局部语域，则 α 是以完整 phi 特征集的 v 或 T 为核心（head）的短语，且 β 在该短语内。根据 Chomsky（2001），T 的 phi 特征集完整与否可根据限定与非限定进行判断，限定句中 T 的 phi 特征集完整，非限定句中 T 的 phi 特征集不完整；v 的 phi 特征集完整与否可根据主语论元与宾语论元进行判定，选择这两种论元（argument）的 v，其 phi 特征集完整，反之则不完整。轻形容词、轻名词、轻介词的 phi 特征集的完整性也据名词性论元数目判断。以 phi 特征集完整的 v 为核心的 vP（记为 vP*）或以 phi 特征集完整的 T 为核心的 TP（记为 TP*），它们都是局部语域，vP* 比 TP* 更局部，只有在没有 vP* 的时候才将局部语域扩展到 TP*。例如：

（21）a. *Chris$_i$ said that himself$_i$ was appealing
　　　　*Chris$_i$ said [$_{CP}$ that [$_{TP*}$ himself$_i$ was [$_{aP}$ <himself$_i$>appealing]]]

非局部语域

局部语域

b. Chris$_i$ wants himself$_i$ to be appealing

[$_{TP*}$ Chris$_i$ [$_{vP*}$ <Chris$_i$> wants [$_{TP}$ himself$_i$ to be [$_{aP}$ <himself$_i$>appealing]]]

非局部语域

非局部语域

局部语域

"himself"在（21a）中的aP中没有受到约束，到了TP*仍旧没有得到约束，这造成了推导的失败，因为TP*是"himself"的局部语域。在（21b）中，aP、TP都不是"himself"的局部语域，只有vP*是其局部语域，"himself"尽管在aP与TP中都没有得到约束，但在vP*中得到约束，所以推导成功。再如：

（22）a. Heidi$_i$ wants to kiss herself$_i$

Heidi$_i$ wants to [$_{vP*}$ PRO$_i$ kiss herself$_i$]

局部语域

b. *Heidi$_i$ wants Bill to kiss herself$_i$

*Heidi$_i$ wants Bill to [$_{vP*}$ <Bill$_j$> kiss herself$_i$]

局部语域

（22a）中的"herself"在局部语域vP*中受PRO约束，所以推导成功；PRO受"Heidi"控制。（22b）中的"herself"在局部语域vP*中受Bill成分统制，却不同标，这使得"herself"在局部语域得不到约束，违反了约束原则。

名词性短语内部也会包含代词语、照应语与指称语。在名词性短语内部，代词语、照应语与指称语的局部语域将是vP*或nP*。例如：

277

(23) Martha_i's description of herself_i

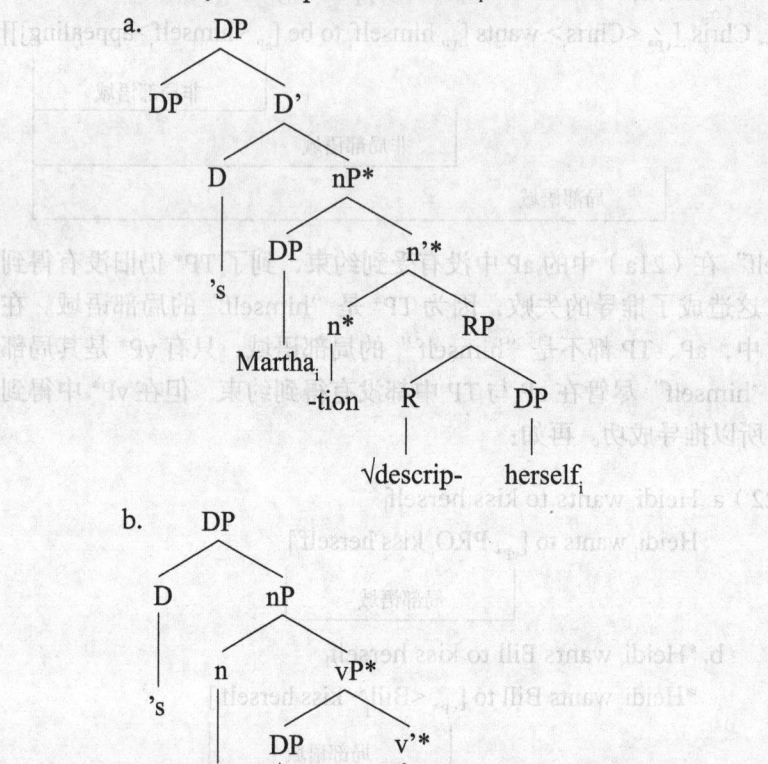

a.
```
         DP
        /  \
      DP    D'
           /  \
          D    nP*
          |   /   \
          's DP    n'*
             |    /  \
             n*  RP
             |   /  \
          Martha_i R  DP
             |    |   |
           -tion √descrip- herself_i
```

b.
```
         DP
        /  \
       D    nP
       |   /  \
       's n    vP*
              /  \
             DP   v'*
             |   /  \
             n  v*  RP
             |  |   /  \
          -tion Martha_i R DP
                        |  |
                     √descrip- herself_i
```

"-tion"的位置可能如(23a)所示,也可能如(23b)所示,这里不讨论。在(23a)中,"herself"受约束的局部语域是nP*,其先行语为"Martha";在(23b)中,"herself"受约束的局部语域是vP*,其先行语为"Martha"。"herself"在该局部语域内遵守约束原则,则合法;反之,则不合法。例如:

(24) a. Heidi_k believes [_DP Martha_i's description of herself_i]
 b. *Heidi_i believes [_DP Martha_k's description of herself_i]

（24a）遵守约束原则，因为"herself"在局部语域中受到"Martha"的约束，可参考（23）图示；（24b）违反约束原则，因为"herself"在局部语域中没有受到"Martha"的约束，可参考（23）图示。

（25）a. Heidi_i believes [any description of herself_i]
b. Heidi_i believes [any PRO_i description of herself_i]

在（25a）中，约束"herself"的局部语域仍然是 nP* 或 vP*，其先行语是 PRO，如（25b），其中 PRO 受"Heidi"控制。对（25a）而言，不是"Heidi"直接约束"herself"，而是 PRO 直接约束"herself"，"Heidi"只是 PRO 的控制语（controller），换言之，是"Heidi"通过 PRO 约束"herself"，可参照（25b）。

在名词短语内部，代词也会以 nP* 或 vP* 为局部语域，在该局部语域中不受约束。例如：

（26）a. Heidi_i likes her_i violin.
b. Heidi_i likes her_k violin.

在这里"her"的局部语域是 nP*，在该局部语域中"her"不受约束。"Heidi"在该语域之外，可约束"her"，如（26a）；也可以不约束"her"，如（26b）。"her violin"的结构（structure）可指派如下：

（27）her violin

a.
```
           DP
          /  \
        DP    D'
        |    /  \
        D   D   nP*
        |      /   \
        's   DP     n'*
             |     /   \
            n*   n*    RP
             |        /  \
            she      R    DP
                     |    |
                    √HAVE violin
```

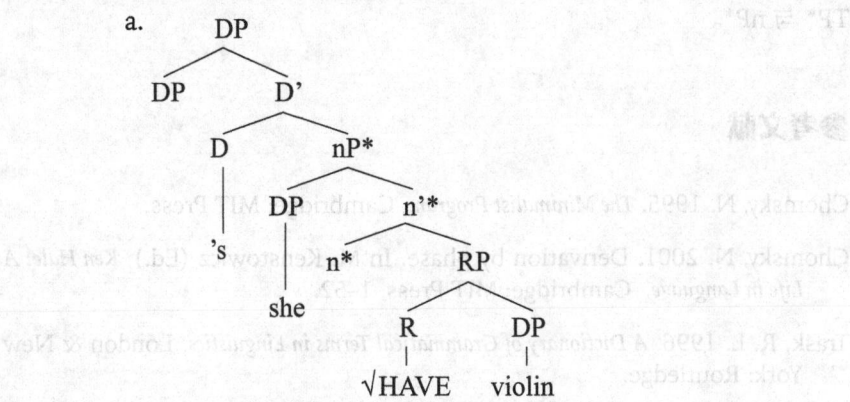

279

b.
```
        DP
       /  \
      D    nP
      |   /  \
      's  n   vP*
             /  \
           DP   v'*
           |   /  \
          she v*   RP
                  /  \
                 R    DP
                 |    |
               √HAVE violin
```

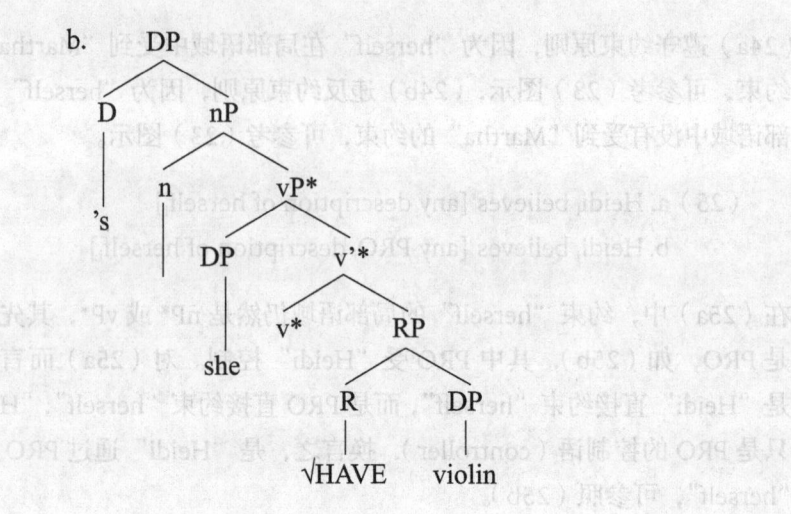

在（27a）中，"she"的局部语域是 nP*；在（27b）中，"she"的局部语域是 vP*。

⚛ 小结

约束在传统语法中属于谐和关系（concord），即两个实体（entity）等同和不等同时，另一实体该选照应语、代词语还是别的形式。在生成语法中，约束指的是，在满足成分统制和同指的情况下，两个名词性成分在指称上的依存关系。照应语、代词语与指称语受不同的约束原则限制。局部语域是包含完整 phi 特征集的核心的短语，在英语中为 vP*、TP* 与 nP*。

参考文献

Chomsky, N. 1995. *The Minimalist Program*. Cambridge: MIT Press.

Chomsky, N. 2001. Derivation by phase. In M. Kenstowicz (Ed.), *Ken Hale: A Life in Language*. Cambridge: MIT Press, 1–52.

Trask, R. L. 1996. *A Dictionary of Grammatical Terms in Linguistics*. London & New York: Routledge.

致使式　CAUSATIVE CONSTRUCTION

致使涉及句法升级（promotion）与句法降级（demotion），也涉及论元结构（argument structure）的改变，如增价（valence increasing）等，在语言学中备受关注。句法升级与句法降级是将语法关系（grammatical relation）排成等级，如"主语 > 直接宾语 > 间接宾语 > 旁语"，向上为升级，往下为降级。增价是在原有的论元结构的基础上增加新的论元（argument）。致使还用来描述动词的语义，或轻动词（light verb）的语义。该概念主要用来解释句式（sentence construction）的语义和论元结构的增容。

○ 致使式的定义

致使式（causative construction）是表达致使情境的单句。Comrie（1981：165）认为致使式表达的是致使情境，致使情境由两部分组成：一是原因，一是结果。例如：

(1) a. I was late for the meeting because the bus didn't come.
　　b. The bus didn't come so I was late for the meeting.
　　c. The bus's failure to come caused me to be late for the meeting.
　　d. John caused me to be late.

(1)中四个句子表达的都是致使情境，(1a-b)是复句，(1c-d)是单句。

一般会把表达致使情境的复句排除在致使式之外，它有个单独的名称，如因果复句。表达致使情境的单句，为致使式，如(1c-d)。以下是汉语中表达致使情境的单句：

(2) a. 我请小张吃饭。
　　b. 他使我明白了这个道理。
　　c. 他把小鸡赶出鸡笼。

d. 把老王急疯了。
e. 这事方便了群众。

第一，致使式含有两个子事件。（2a-b）是使令类的兼语句，（2a）包含"我请小张""小张吃饭"两个子事件，（2b）包含"他做某事"与"我明白了这个道理"两个子事件。（2c-d）是把字句，（2c）包含"他赶小鸡""小鸡出鸡笼"两个子事件，（2d）隐含着某个让老王急的子事件，还包含一个"老王达成疯的程度"的另一子事件。（2e）是使动句，包含某个事"这事"与"群众方便"两个子事件，其中的"方便"有使动用法。

第二，致使式中的两个子事件有因果关系，或者说致使关系，即由第一个子事件导致第二个子事件的发生。在（2a）中，"我请小张"跟"小张吃饭"似乎没有因果关系，但"小张吃饭"在这里包含着特殊的事件场景，如跟我吃饭或跟我的客人吃饭，这时就有因果关系了。在（2b）中，"他做某事"导致"我明白了这个道理"。在（2c）中，"他赶小鸡"导致"小鸡出鸡笼"。在（2d）中，"某件事"导致"老王达成疯的程度"。在（2e）中，"这事"导致"群众方便"。

✂ 致使式的类型

Comrie（1981）将致使式分成三类，分别是分析型致使式（analytic causative）、形态型致使式（morphological causative）与词汇型致使式（lexical causative）。

第一，分析型致使式，其中含有致使动词，致使动词跟结果谓词分开。例如：

(3) a. I caused John to go.
b. I brought it about that John went.
c. I made him leave.
d. We let her come along.

e. Melinda forced her hairdresser to relinquish his position.
　　f. Marie compelled Taroo to dance with her.
　　g. Seeing him again caused her to lose her composure.

（3）中"cause""bring it about""make""let""force""compell"等是致使动词，"go""leave""come""relinquish""dance""lose"等是结果谓词。分析型致使式中表示致使的成分通常是主要动词（main verb），可以被动化，例如：

　　（4）a. He was made [＿＿ to read a book]
　　　　 b. He was caused [＿＿ to read a book]

这表明"read"的主语降级为"make"与"cause"的直接宾语。

　　第二，形态型致使式，其中的致使动词为形态表现，跟结果谓词融为一体。如土耳其语：

　　（5）a. Hasan　　　　　　öl-dü.
　　　　　 Hasan　　　　　　die-PAST
　　　　　 'Hasan died.'
　　　　 b. Ali　　　　　Hasan-ı　　　　　öl-dür-dü.
　　　　　 Ali　　　　　Hasan-ACC　　　　die-CAUS-PAST
　　　　　 'Ali killed Hasan'
　　（6）a. Müdür　　　　mektub-u　　　　imzala-dı.
　　　　　 Director　　　 letter-ACC　　　 sign-PAST
　　　　　 'The director signed the letter.'
　　　　 b. Dişçi　　　mektub-u　　müdür-e　　　imzala-t-tı.
　　　　　 dentist　　letter-ACC　 director-DAT　sign-CAUS-PAST
　　　　　 'The dentist made the director sign the letter.'

（5b）中的结果谓词是不及物动词，（5a）中的主语在（5b）中降级为直接宾语；（6b）中的结果谓词是及物动词，（6a）中的主语在（6b）中降级为间接宾语。（5b）中不及物动词用的致使形态是"-dIr"，其中元音随语境变化；（6b）中及物动词用的致使形态是"-t"。

第三，词汇型致使式，其中的致使动词为零形式（zero），或者说没有致使动词，但反映着致使情境。例如：

（7）a. Palka slomala-s'. 　　　　'The stick broke.'
　　　b. Tanja slomala palku. 　　'Tanya broke the stick.'

（7）是俄语，"-sja/-s"是逆致使（anticausative）形态，（7b）才是词汇型致使式。（7b）与（7a）是致使式与逆致使式的交替现象，词干（stem）相同，叫同干交替形式。英语中的词汇型致使式可采用同干交替形式，例如：

（8）a. The door opened.
　　　b. John opened the door.

英语中的词汇型致使式也可以采用异干交替形式。例如：

（9）a. John died.
　　　b. Bill killed John.

（9a）中的"die"与（9b）中的"kill"属异干交替形式，（9b）是致使式，（9a）是逆致使式，也叫肇始句式（inchoative construction）。肇始说的是状态（state）的变化或新状态的开始。汉语也有词汇型致使式。例如：

（10）a. 经济繁荣了。
　　　 b. 市场繁荣了经济。

（10b）属于词汇型致使式。如果我们将动结式看作一个词，则（11b）是词汇型致使式，（11a）是对应的逆致使式。例如：

（11）a. 衣服洗干净了。
　　　 b. 妹妹洗干净了衣服。

致使化操作

致使化（causativization）是一种变价操作，可以增加动词的价

(valency)。英语中词汇型致使式可以用分析型致使式进行诠释，相互诠释的两种致使式意义相同（synonymous）。例如：

(12) a. The boy shook the tree.
　　　b. The boy caused the tree to shake.
(13) a. Floyd melted the glass.
　　　b. Floyd caused the glass to melt.

这种同义关系使得早先学者由 b 推导 a，或认为 a 与 b 有着相同的深层结构（deep structure）。现在一般不会认为它们存在推导关系。有学者认为 b 句存在增价现象。这个可能也不合适，这里的"cause"是主要动词，本身有两个论元。例如：

(14) cause: {x, P}

(12b) 中的 x 论元是"the boy"，P 论元是"the tree to shake"，P 中的谓词（predicate）是"shake"，"the tree"是"shake"的论元。(12b) 可以指派如下结构（structure）：

(15) The boy caused the tree to shake.
　　　　　　　　　　　　　　b
　　[TP[T][vP[the boy][v'[v][VP[v caused][TP[T to][vP[the tree][v'[v][VP[v shake]]]]]]]]]]
　　　　　　　　　　　　　　　　　　　　　　　　　　　　　　　　　　a

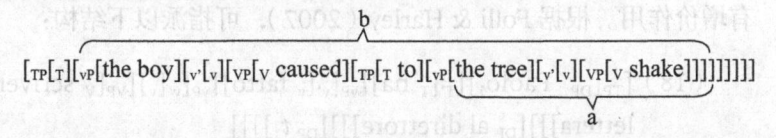

(15a) 是"shake"论元结构的句法实现，(15b) 是"cause"论元结构的句法实现，各自的论元由各自的轻动词选择。"the tree"在从属子句中，其格特征由主句中的轻动词定值。一般不把分析型致使式看作增价操作，主要原因就是其中的致使动词是主要动词，而非扩展结果谓词的功能范畴（functional category），除非将分析型致使式中的"致使动词"误判为致使义的功能范畴。

在其他一些语言中，如意大利语和法语，分析型致使式可以看作由助动词（auxiliary verb）和主要动词（main verb）组成复合动词。例如：

285

（16）a. gli ospiti sono entrati.
　　　　the guests are come.in
　　　　'The guests came in.'
　　b. Paolo ha fatto entrare gli ospiti.
　　　　Paul has made come.in the guests
　　　　'Paul let the guests come in.'
（17）a. il direttore ha scritto la lettera.
　　　　the chairman has written the letter
　　　　'The chairman wrote the letter.'
　　b. Paolo ha fatto scrivere la lettera al direttore.
　　　　Paul has made write the letter to the.chairman
　　　　'Paul had the chairman write the letter.'

（16）–（17）是意大利语的例子。在意大利语中，致使动词"fare"不能与第二个动词分开，有其他助动词的句法行为。（16a）与（17a）是非致使句，其主语在致使句（16b）和（17b）充当宾语，为役事。（16b）中的役事为直接宾语，（17b）中的役事是由介词"al"引进的间接宾语。如果其中的"fare"可分析为扩展动词的功能范畴，则这里的致使化具有增价作用。根据 Folli & Harley（2007），可指派以下结构：

（18）$[_{TP}[_{DP}\ Paolo_1][_{T'}[_T\ ha][_{vP}[_{v'}[_v\ fatto][_{vP}[_{v'}[_v][_{VP}[_V\ scrivere][_{DP}\ la\ lettera]]][_{DP}\ al\ direttore]]][_{DP}\ t_1]]]]$

在（18）中，"scrivere"受轻动词扩展，实现两个论元，分别是"al direttore"与"la lettera"，接着再受另一轻动词扩展，该轻动词可实现为"fatto/fare"，并实现另一论元"Paolo"。从（18）来看，"fatto/fare"可起增价作用。

对于词汇型致使式，一般认为其中的动词受致使范畴这样的功能范畴扩展，相应的交替形式不受致使范畴的扩展。例如 Tubino Blanco（2011）中所举的例子：

(19) a. The door opened.　　　　b. John opened the door.

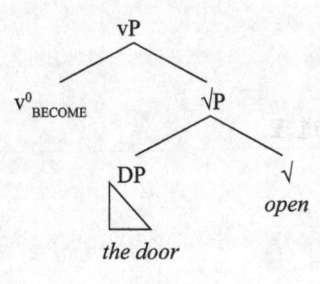

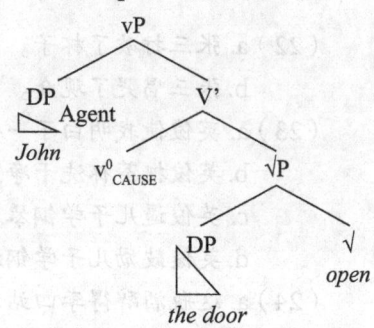

```
         vP                              vP
        /  \                           /    \
      v⁰    √P                       DP      V'
   BECOME  /  \                    Agent    /  \
         DP    √                   │      v⁰    √P
         △   open                 John  CAUSE  /  \
      the door                                DP    √
                                               △   open
                                           the door
```

这个时候，可以认为致使化改变了动词的论元结构，为"open"增加了一个论元。

形态型致使式中的致使形态也可以分析为功能范畴，这时候致使化也起着引进新论元的作用。例如：

(20) a. ašak　　　　ool　　　　du　　　　ette-en.
　　　old.man　　　boy　　　　ACC　　　hit-PST
　　　'The old man hit the boy.'
　　b. Bajïr　　　ašak-ka　　　ool-du　　　ette-t-ken.
　　　Bajïr　　　old.man-DAT　boy-ACC　　hit-CAUS-PST
　　　'Bajïr made the old man hit the boy.'

(20)是土耳其语的例子，根据Folli & Harley（2007）可指派如下结构：

(21) [TP[][T'[vP[Bajïr][v'[vP[ašak-ka][v'[vP[ool-du][v ette]][v]]]][v -t]]][T -ken]]]

(21)显示"ette"先由轻动词引进两个论元，分别是"ašak-ka"与"ool-du"；接着再由致使义轻动词"-t"引进新的论元"Bajïr"。

❧ 汉语使成式

从类比的角度看，汉语既存在词汇型致使式，也存在分析型致使式与形态型致使式。例如：

（22）a. 张三打破了杯子。
　　　b. 张三唱哭了观众。
（23）a. 英俊使我明白了一个道理。
　　　b. 英俊把茶杯洗干净了。
　　　c. 英俊逼儿子学钢琴。
　　　d. 英俊鼓励儿子学钢琴。
（24）a. 这瓶酒醉得李四站不起来。
　　　b. 这段山路走得他气喘吁吁。

（22）可以看作词汇型致使式，其中"打破""唱哭"可看作词汇型致使式。（23）可看作分析型致使式，其中"使""把""逼""鼓励"可看作致使动词，"明白""洗干净""学"都是相应的结果谓词；（24）可看作形态型致使式，其中"得"为致使形态。类比正确与否，需要细致的考察。

王力（1958）将汉语的部分动结式称为使成式，从现代语言的角度看，"使成"表示"致使"（cause）与"达成"（become）。Li（1990）曾根据 Higginbotham（1985）的题元等同（theta-identification）研究动结式的论元结构。例如：

（25）他煮熟了仙人掌。

他认为"煮"有两个题元：施事（agent）、客体（theme），"熟"有一个题元：客体，但"煮熟"只有两个论元。为了让三个题元跟两个论元匹配（match），他采用题元等同的策略让"仙人掌"获得两个题元，既是"煮"的客体，又是"熟"的客体，如"客体$_煮$—客体$_熟$"。再如：

（26）a. 他追累了那只狼。
　　　b. 他唱哭了（大多数听众）。

（26a）有歧义，Li（2016）认为"累"的题元可以跟"追"的施事等同，也可以跟"追"的受事（patient）等同。（26b）中"唱"的施事可以跟"哭"的施事等同，也可以不等同，他既唱又哭，或是他唱大多数听众哭。

这项研究有一些问题。其中之一是有些论元跟动结式中的动词和结果补语都没有关系。例如:

(27) a. 那瓶酒醉倒了我。
   b. 长期无雨干死了庄稼。

在传统的论元结构中,"那瓶酒"既不是"醉"的论元也不是"倒"的论元,"长期无雨"既不是"干"的论元,又不是"死"的论元。更重要的是汉语动词对论元没有选择性。例如:

(28) a. 张三吃食堂。
   b. 张三死了父亲。

(28a)中的"食堂"与(28b)中的"张三"在经典的论元结构理论中,都不是相应动词的论元。

现在,学者们通常用功能范畴为动词选择或引进论元。熊仲儒(2004)认为在构成动结式的时候,动词可以只受达成范畴扩展,也可以继续受致使范畴扩展,表现出致使交替。例如:

(29) a. 仙人掌煮熟了。
   b. [BecP[仙人掌 $_1$][Bec' [Bec][VP[aP Pro$_1$ 熟][V 煮]]]]
(30) a. 他煮熟了仙人掌。
   b. [CausP[他][Caus' [Caus][BecP[仙人掌 $_1$][Bec' [Bec][VP[aP Pro$_1$ 熟][V 煮]]]]]]

(29)–(30)中"煮"成分统制"熟",它可以吸引"熟"向它核心移位(head movement),得到"煮熟"。在(29)–(30)中 Bec 还选择了"仙人掌",并将客体角色指派给它,"仙人掌"成分统制 Pro,所以 Pro 跟"仙人掌"同标,表示"仙人掌熟了"。在(30)中,还有 Caus,它选择了"他",并为之指派致事角色,Caus 可以吸引"煮熟"核心移位,最后得到(30a); Caus 也可以语音实现为"把"。例如:

(31) 他把仙人掌煮熟了。

(31)中的"把"如果视为致使义的主要动词,这就是分析型致使式;如果视为致使义的轻动词,它就不太好归入到已知的三种致使式中。

(29)-(30)是把动结式拆开来进行计算,我们也可以把动结式直接当作词,然后让它参与句法计算。无论是哪种方式,都需要通过功能范畴引进论元。例如:

(32)a. [$_{BecP}$[仙人掌$_1$][$_{Bec'}$[$_{Bec}$][$_{VP}$[$_V$ 煮熟]]]]
b. [$_{CausP}$[他][$_{Caus'}$[$_{Caus}$][$_{BecP}$[仙人掌$_1$][$_{Bec'}$[$_{Bec}$][$_{VP}$[$_V$ 煮熟]]]]]]

(32)跟(19)的图示差不多。(32a)与(32b)的差别在于有没有致使范畴。这里的致使范畴可以选择施事,如(32b)中的"他",也可以选择受事,甚至可以选择谓词的非论元成分。例如:

(33)a. 那瓶白酒喝醉了张三。
b. 那瓶白酒醉倒了张三。

(33a)中的"那瓶白酒"是"喝"的受事,(33b)中的"那瓶白酒"既不是"醉"的论元,也不是"倒"的论元,熊仲儒(2004)称之为独立致事。致使范畴还可以选择活动致事。例如:

(34)a. 听故事听烦了张三。
b. 听故事把张三听烦了。

(34)中的"听故事"是活动致事。

汉语的"得"可以识别为达成范畴的语音实现(熊仲儒,2004)。当达成范畴语音实现为"得",补语就会很复杂,其表现是扩展形容词的量度范畴可以有语音实现;反之,就可能不受量度范畴的扩展。例如:

(35)a. 他把仙人掌煮熟了。
b. *他把仙人掌煮很熟了。
(36)a. 他把仙人掌煮得很熟。
b. ?他把仙人掌煮得熟。

❧ 小结

致使式是表达致使情境的单句，表达致使情境的成分或为分析型致使式，或为形态型致使式，或为词汇型致使式。分析型致使式中的致使动词与结果动词分离；形态型致使式中的致使动词为形态表现，跟结果谓词融为一体；词汇型致使式中的致使动词为零形式。目前认为，致使意义或聚在词汇范畴（lexical category）上，或聚在功能范畴上，即或为致使动词或为致使范畴。致使动词是词汇范畴，致使范畴是功能范畴。致使范畴或为独立词项，或为屈折词项与词缀（affix），或为零形式，为谓词选择致事，为构式（construction）提供致使义。

参考文献

王力. 1958. 汉语史稿. 北京：中华书局.

熊仲儒. 2004. 现代汉语中的致使句式. 合肥：安徽大学出版社.

Comrie, B. 1981. *Language Universals and Linguistic Typology: Syntax and Morphology*. Oxford: Blackwell.

Folli, R. & Harley, H. 2007. Causation, obligation, and argument structure: On the nature of little v. *Linguistic Inquiry*, (38): 197–238.

Higginbotham, J. 1985. On semantics. *Linguistic Inquiry*, (16): 547–593.

Li, Y. 1990. On V-V compounds in Chinese. *Natural Language and Linguistic Theory*, (8): 177–207.

Li, Y. 2016. Syntax. In S. Chan (Ed.), *The Routledge Encyclopedia of the Chinese Language*. London & New York: Routledge, 736–755.

Tubino Blanco, M. 2011. *Causatives in Minimalism*. Amsterdam: John Benjamins.

主语　　　　　　　　　　　　　　　　SUBJECT

古希腊人把语法上的句子和逻辑上的命题（proposition）混为一谈，共用 subject 与 predicate 这两个术语。语法学中的"主语"这个术语来自逻辑学，所以通常会采用逻辑学上的观念定义主语，如认为主语"是谓语（predicate）陈述的对象"。主语是主格–受格语言（nominative-accusative language）中的主要语法功能（grammatical function），由形态、位置与结构（structure）等标记，如形态标记主要是主格（nominative case），位置上通常在句首，结构上通常受 S- 节点直接支配。语义上，主语通常是施事（agent）。该概念主要用于语法关系（grammatical relation）的描写。

○ 主语的语义角色

一般把施事当作主语的原型（prototype）。Crystal（2008）把主语视作句子与子句（clause）的主要成分，并指出不是所有的主语都是施事。汉语学界认为汉语的主语有施事主语（agent subject）、受事主语（patient subject）和其他主语。英语也是这样，我们用 Berk（1999）等的材料进行说明。

施事主语是活动（activity）的实施者，通常是有意愿地实施某种动作行为的生命体。例如：

(1) a. Catherine's boss fired her.
　　b. Joan built a birdhouse.
(2) a. The little boy yelled.
　　b. Mom sat down.

(1) 中的施事主语作用于其他人或物，(2) 中的施事主语没有作用于其他人或物。施事主语可以跟宾语（object）共现，也可以不跟宾语共现。有些主语可能不是生命体，即使是生命体，也可能不是有意愿地实施某种动作行为，而是一种本能，这也可看作施事主语。例如：

（3）a. The ATM machine refuses to return my card.
　　　b. My computer ate my term paper.
　　　c. The engine threw a rod.
　　　d. The bull dog growled.

致事主语（causer subject）可以是生命体，也可以是非生命体，在实施活动的时候可以有意愿，也可以没有意愿。如"他丢了钥匙"，他如果是有意丢钥匙的，则"他"是有意愿的致事；如果他是无意丢钥匙的，则"他"是无意愿的致事。例如：

（4）a. Mavis inadvertently touched the wet paint.
　　　b. Benjam inaccidently cut his finger.
　　　c. Michael Jordan amazes me.
　　　d. Nan depresses her mother.
（5）a. Hail cracked our windshield.
　　　b. Oil stained the carpet.
　　　c. Determination saved the family.
　　　d. Hate destroyed her.

（4）中的致事主语都是生命体，（5）中的致事主语是无生命体，由此可见，致事主语可以是生命体与无生命体。跟施事主语不同，致事主语要跟宾语共现，宾语可以有生命，也可以无生命。

工具主语（instrument subject）是活动的工具（instrument），如"钥匙打开了房门"中的"钥匙"。这类句子暗含着施事，但施事没有出现。例如：

（6）a. The key opened the safe.
　　　b. The tweezers removed the splinter.

用工具主语可以避免承担责任。小孩用"My ball broke your window."而不用"I broke your window with my ball."就是这个道理。在有施事

293

的时候，工具通常用作附加语（adjunct）。例如：

（7）a. Meredith opened the safe [with a key]
　　　b. The nurse removed the splinter [with the tweezers]
　　　c. I broke the window [with my ball]

感事主语（experiencer subject）通常是生命体，特别是人，有感知或心理状态。感事（experiencer）不做什么事，只是通过感觉或心智官能感知人或事物。跟施事一样都是生命体，差别在于是否实施某种动作行为。例如：

（8）a. Joan looked at the scar.
　　　b. Alex listened to the argument.
　　　c. Maria smelled the tulips.
（9）a. Joan saw some blood.
　　　b. Alex heard the argument.
　　　c. Maria smelled smoke.

（8）中的主语是施事，（9）中的主语是感事。有些动词要求施事主语，有些动词要求感事主语，有些动词两者均可。

受事主语是承受动作行为并受到影响的人或物或事。在施事、致事、工具等成分不充当主语的时候，受事也可以充当主语。受事在承受动作行为时，是没有意愿的，也没有控制力。例如：

（10）a. He laid [the book] on the table.
　　　 b. The intruder opened [the door]
　　　 c. Maria broke [the vase]
　　　 d. Dad thickened [the sauce]
（11）a. [The book] lay on the table.
　　　 b. [The door] opened.
　　　 c. [The vase] broke.
　　　 d. [The sauce] thickened.

（10）中的受事充当宾语，（11）中的受事充当主语。"The woman rolled down the hill."具有歧义，关键在于"the woman"是自愿地滚下山还是被别人或外力推下山。受事主语主要出现在包含非受格动词（unaccusative verb）与被动动词（passive verb）的句子中。

受描主语（described subject），出现在系词句中的主语位置，后边的主语补足语（subject complement）起描写该主语的作用。例如：

（12）a. Michael is tall.
　　　b. Marty seems pleasant.
　　　c. This food is French.
　　　d. The bread was stale.

置放主语（located subject）是置放于某个处所（locative）的主语，后边的补足语（complement）是介词短语（prepositional phrase），表示处所。例如：

（13）a. Samson is in his doghouse.
　　　b. The pots are in the bottom cupboard.
　　　c. Tom is on the porch.
　　　d. The Centrust Building stands on Miami Avenu.

虚主语（expletive subject）是没有语义内容的主语，通常起着填充主语位置的作用，生成语法把它归为扩展的投射原则（extended projection principle，EPP）的要求。例如：

（14）a. It is hot!
　　　b. It's foggy in Seattle.
　　　c. It is cold in Alaska.
　　　d. It was smoky in that restaurant.

后指主语（cataphoric subject）是向后指称子句的主语。有些动词以子句为外部论元（external argument），如（15）；因子句太长，说话人会把它后置到动词之后，就在主语位置填上"it"指称该子句，如

(16)。这里的"it"在语义上不空,起后指(cataphora)作用。

(15) a. That my daughter had lied bothered me.
b. That Megan would win was predictable.
c. That Sam was mad was obvious.

(16) a. It bothered me that my daughter had lied.
b. It was predictable that Megan would win.
c. It was obvious that Sam was mad.

Hockett(1958:207)称后指主语为空主语(empty subject),实际主语是后边的"that my daughter had lied""that Megan would win"与"that Sam was mad"。

✑ 主语的形式特征

主语,在英语中有一定的形式特征,通常为句子或子句中位于动词短语(verb phrase)之前的名词短语(noun phrase)或从属子句,跟限定动词(finite verb)保持数上的一致性。例如:

(17) a. [The play] ends happily.
b. Suddenly [they] could hear footsteps.
c. [That he confessed to the crime] proves nothing.

(17a)与(17b)中的"the play"与"they"是名词性成分,充当句子的主语,分别在动词短语"ends happily"与"could hear footsteps"之前。(17c)中的"That he confessed to the crime"是从属子句,也称主语从句,充当句子的主语。(17a)中的"the play"是第三人称单数,跟后边的"end"保持数上的一致性;(17c)中的主语从句,也跟后边的"prove"保持数上的一致性。具体来说,英语中的主语有以下特征。

第一,一致标记。主语在人称与数上跟限定动词保持一致。在一般现在时中,当主语是第三人称单数时,需要在动词后面加上"-s",而宾语和句子中的其他成分在数和人称上的变化都不会对动词的形式产生任何影响。例如：

(18) a. John loves Mary.
　　　b. They love Mary.

(18a)中的"loves"跟"John"保持一致，(18b)中的"love"跟"they"保持一致，"John"和"they"都是主语。(18)中的"Mary"是第三人称单数，但由于是宾语，不决定"love"的形态。再如：

(19) These documents Elizabeth is checking at this very moment.

(19)中"is"在人称和数上与"Elizabeth"保持一致，所以"Elizabeth"为主语；"these documents"虽然在句首，但没有跟"is"在人称和数上保持一致，所以它不是主语，通常称之为话题（topic）。

集体名词充当主语时，一致标记取决于说话人的视角，把它当作一个整体（美式英语）时取单数，把它当作一组成员（英式英语）时取复数。例如：

(20) a. The committee is sitting late.
　　　b. The committee have decided to award extra grants.

第二，格标记（case marker）。英语的格形态不丰富，仅有第一人称代词与第三人称代词有格形态上的区别，它们在主语位置上取主格，在宾语位置上取宾格（objective case）。例如：

(21) a. He loves me.
　　　b. *Him loves me.
　　　c. I love him.

(21)中的"he"与"I"为主格，"me"与"him"为宾格。(21a)与(21c)合法，是因为主语位置的代词（pronoun）取主格；(21b)不合法，是因为主语位置的代词用了宾格。在形态丰富的语言中，名词短语也可以取主格与宾格形式，例如：

（22）a. Ivan tolknul Mashu　　　　'Ivan pushed Masha'
　　　b. Masha tolknula Ivana　　　　'Masha pushed Ivan'

（22a）中的主语"Ivan"为主格，宾语"Mashu"为宾格；（22b）中的主语"Masha"为主格，宾语"Ivana"为宾格。

格标记与一致标记属于编码特征。在印欧语系里，英语的一致性形态已经消蚀很多，只有部分代词有格形式，动词的一致标记也只限于一定的范围中，但在意大利语或西班牙语等语言中，主谓之间的一致性形态要复杂得多，在性（gender）、数、人称上都有细致和严格的要求。

第三，在疑问句（interrogative sentence）中，主语居于助动词（auxiliary verb）之后；在陈述句（declarative sentence）中，主语位于助动词之前；一般疑问句中，如果没有助动词，就会填补一个 do、did、does 这样的助动词。例如：

（23）a. I am listening.　　　　Are you listening?
　　　b. He understands.　　　Does he understand?

在（23）的疑问句中，助动词都位于主语之前。如果是特殊疑问句，也会出现主语倒置，除非是对主语直接进行提问。例如：

（24）a. John loves the drawing.　　Who loves the drawing?
　　　b. John loves the drawing.　　What does John love?

在附加疑问句中，也会有主语倒置。例如：

（25）a. John loves the drawing, doesn't he?
　　　b. *John loves the drawing, doesn't it?

第四，在陈述句中，主语通常在句首。在英语中，陈述句的主语通常位于限定动词之前，而疑问句的主语则在限定动词之后。但如果宾语话题化，则句首的成分会是话题，而不是主语。例如：

(26) That question I cannot answer.

位于句首的"that question"是话题。在存现句（existential construction）中，主语也可以不在句首。例如：

(27) a. There is a cinema in the centre of town.
　　　b. There are many cinemas in the centre of town.

根据动词的形态，(27a)中的"a cinema"与(27b)中的"many cinemas"都是主语，它们都不在句首。根据主语倒置，(27)中的"there"也是主语。例如：

(28) a. Is there a cinema in the centre of town?
　　　b. Are there many cinemas in the centre of town?

Hockett（1958：207）称"there"为形式主语（dummy subject），他说这种句子的动词通常是"be"，它的形式说明后置的主语是真正的主语。(28)这样的存现句，可认为其有两种不同的主语。

第五，主语有无强制性。在主语具有强制性的语言中，如英语或法语，只有在某些非常有限的条件下，主语才能省略（ellipsis），否则必须显性表达出来。即使是非指称主语，即不指称任何个体的主语，也必须被表达出来，如(27)中的"there"。再如：

(29) a. It's raining.
　　　b. It is cold in this room.
　　　c. It's five o'clock.

(29)中的"it"，根据动词的一致性形态，都是主语。充当主语的"there"与"it"也被称为虚主语，它们是非指称性的，不是谓词（predicate）的论元（argument），只是为了满足句法（syntax）上的要求而填充的。

世界上大多数语言中的主语都没有强制性，被称为空主语语言（null subject language）。在这些语言中，主语可以省略，如意大利语，它就没有出现"it"这样的虚主语。例如：

299

（30）sono　　　　　le　　　cinque.
　　　be:PRS.3PL ART five
　　　'It's five o'clock.'

主语的定义

Luraghi & Parodi（2008）将主语定义为在句子中具有一定（形态）句法性质的成分，如触发动词一致关系（agreement）和在并列缩减（coordination reduction）中控制零形照应（zero anaphora）。例如：

（31）a. John$_i$ always kisses Mary and Ø$_i$ embraces the kids.
　　　b. John$_i$ found a ring and Ø$_i$ took it home with him.
　　　c. *John found a ring$_i$ and Ø$_i$ was gold.

这一定义符合英语和大多数印欧语系语言，但对于类型不同于印欧语系的语言来说，是有问题的。有些语言缺乏形态，不能通过形态展示一致关系。

并列缩减在主格－受格语言中跟主格成分相关。在作格－通格语言（ergative-absolutive language）中，并列缩减有两种情况，一种情形涉及带有及物动词的作格（ergative case）成分与不及物动词的通格成分。例如：

（32）Gela　　　　　　gavida　　　　　saxlidan
　　　Gela:ABS　　　AOR-go.out　　home-ABL
　　　'Gela left home.'
（33）Gelam　　dainaxa　Maria　　da　gavida　　　saxlidan
　　　Gela-ERG AOR-see Maria:ABS and AOR-go.out home-ABL
　　　'Gela saw Mary and Ø left home.'

（33）中第二个子句的空主语与名词短语"Gelam"同指（coreference），即Ø成分由作格标记的NP控制。如果由并列缩减观察主语，则主语可以表现为不同的格标记。另一种情形是，无论在及物句还是不及物句中，并列缩减总涉及通格成分，这种情形的语言在数量上很少。从并列缩减来看，这种语言中的通格（absolute case）表现出主语属性。

主语，作为一种语法功能，并不容易定义，它的语义角色（semantic role）可以多种多样，尽管我们可以把施事看作主语的原型，但有些句子可以没有施事；在主格-受格语言中，尽管可以把有主格标记的成分定义为主语，但格标记并不广泛存在。在生成语法的框架中，我们可以将主语定义作跟时制范畴发生一致操作（Agree）的成分（熊仲儒，2006）。例如：

(34) [$_{TP}$[$_{T'}$[T][$_{FP}$ ... Argument...]]]

根据Chomsky（2001），英语的时制范畴有不可解释的phi特征集、不可解释的EPP特征、名词性论元有可解释的phi特征集，还有不可解释的格特征。它们通过phi特征集进行匹配（match）和一致操作。

第一，T跟最近的论元进行匹配。该论元通常是谓词的外部论元或唯一论元，因为外部论元或唯一论元可得到施事或广义施事，所以一般都会从施事的角度定义主语。例如，Tallerman（2020）将主语定义为动词的A论元与S论元，就是如此，其中的A论元是及物动词的外部论元，S论元是不及物动词的唯一论元。外部论元在句法操作中可以被贬抑，也可以获得其他语义角色，所以主语不光由施事充当，其他合适的论元也可以充当主语。针对此种情形，有学者将施事当作主语的原型。

第二，T的EPP特征可以由非实义成分"there""it"核查（checking），它们也是经由phi特征集跟T发生匹配的。所以"there""it"也可以充当主语，并且为虚主语。两者的区别在于phi特征集的完整与否，"there"的phi特征集不完整，T在跟它匹配之后，还会接着搜索带phi特征集的名词性论元。所以"there"句会出现两个主语，一个在限定动词之前，一个在限定动词之后，如(27)。"it"的phi特征集完整，它跟T匹配之后，T会停止搜索。

第三，名词性论元在跟T一致操作之后，会为T的phi特征集定值（value），T会把定值的phi特征集传递给紧邻的助动词或主要动词（main verb），并有相应的语音实现。所以，英语中的主语跟限定动词会表现出一致性，由此很多学者会从一致性上定义主语。

第四，T 会为名词性论元的格特征定值，在英语中会定为主格。这种主格在名词与第二人称代词上没有表现，而在第一人称代词与第三人称代词上有表现。所以，英语第一人称与第三人称代词在作主语的时候会取主格形式。

第五，为满足 T 的 EPP 特征，主语会实现在 T 的指示语（specifier）位置，其表现就是在陈述句中主语前于限定动词。在疑问句中，C 会激发 T 位置的成分进行移位（movement），即发生主语与助动词的倒置。换言之，在陈述句与疑问句中，主语虽然都在 T 的指示语位置，但由于助动词的核心移位（head movement），而发生了相对变化。

在生成语法中，时制范畴跟格有关，具有普遍性。汉语虽然没有时制范畴的形态表现，但在生成语法框架中也需要设置时制范畴。相应的，汉语也会有跟时制范畴发生一致关系的主语。

☙ 小结

主语的定义比较难下，通常把它定义为谓语陈述的对象。这个定义适用于主语，也适用于话题。通常认为施事是主语，但实际上施事也可以作宾语，施事之外的成分也可以作主语。西方学者通常根据形式确定主语，如一致标记与格标记等。所以，有人将主语定义为在句子中具有一定（形态）句法性质的成分。一致标记与格标记都跟时制范畴有关，所以我们将主语定义为跟时制范畴进行一致操作的成分。跟时制范畴进行一致操作，可以有形态表现，也可以没有，这对没有屈折形态（inflectional morphology）的汉语来说，也适用。按照这一定义，就没有必要将话题识别为主语了，可参见熊仲儒（2023）。

参考文献

熊仲儒. 2006. 主语语法功能的分配. 外国语,（1）: 26–34.

熊仲儒. 2023. 赵氏"动主名谓句"的语义句法分析. 中国语言学报,（3）: 656–691.

Berk, L. 1999. *English Syntax: From Word to Discourse*. Oxford: Oxford University Press.

Crystal, D. 2008. *A Dictionary of Linguistics and Phonetics* (6th ed.). Oxford: Blackwell.

Chomsky, N. 2001. Derivation by phase. In M. Kenstowicz (Ed.), *Ken Hale: A Life in Language*. Cambridge: MIT Press, 1–52.

Hockett, C. 1958. *A Course in Modern Linguistics*. New York: Macmillan.

Luraghi, S. & Parodi, C. 2008. *Key Terms in Syntax and Syntactic Theory*. London: Continuum.

Tallerman, M. 2020. *Understanding Syntax*. London & New York: Routledge.

子句　　　　　　　　　　　　　　　　CLAUSE

在印欧语的传统语法中，一般认为，句子（sentence）由子句（clause）组成，子句由短语（phrase）组成，短语由词（word）组成。子句是介于句子与短语间的包含主谓结构（predicative construction）的语法单位。汉语句法（syntax）中一般不单设子句这一级单位，但一般会认为汉语的主谓短语独立的时候相当于英语的句子，不独立的时候相当于英语的子句。子句可以有多种分类，可根据能否独立成句分成主要子句（main/superordinate clause）与从属子句（subordinate clause），可根据动词（verb）的限定性分成限定性子句与非限定性子句，还可以根据充当的语法关系（grammatical relation）分成状语子句（adverbial clause）、定语子句（attributive clause）与标补子句（complement clause）等。该概念主要用来语法描写。

ଓଃ 子句的定义

子句是有主谓结构而没有句调的语法单位。在传统语法中，有主谓结构，表明子句不是短语；没有句调，表明子句不是句子。子句中谓语（predicate）部分的词汇性动词，为谓语动词（predicator），也称主要动词（main verb）。主要动词可理解为子句的核心（head），受名词短语（noun phrase）、形容词短语（adjective phrase）、介词短语（prepositional phrase）、副词短语修饰（modify）。修饰（modification）指的是核心与从属成分（dependent）之间的关系，从属成分包括论元（argument）与非论元成分。例如：

(1) a. [we] eat [haggis]
b. [the tree] grew [tall]
c. [the firm] [quickly] sent [apologies] [to the customers]

很多语言中的主语（subject）和谓语部分的动词会保持一致关系（agreement），并有相应的一致标记。主语、直接宾语（direct subject）、间接宾语（indirect object）跟动词的关系最为密切，有的文献把它们都称为补足语（complement）。处所短语与时间短语具有可选性，绝大多数的动词都允许该类短语，它们常充当附加语（adjunct）。动词跟它的补足语构成子句的内核（core），附加语是子句的外围成分（periphery）。补足语构成动词的价（valency）或论元结构（argument structure）（Brown & Miller, 2013）。

在管辖与约束理论（Government and Binding Theory）中，小句（small clause）是不含限定动词（finite verb）与非限定"to"的子句，它由主语和形容词短语、名词短语、介词短语与非限定动词作谓语组成。从形式上讲，小句是一个短语，它的主语在其指示语位置，其核心，可以是N（名词）、P（介词）、A（形容词）或V（非限定动词）（Luraghi & Parodi, 2008）。例如：

(2) a. We elected [Silvia president]
b. I want [John out of the boat]

c. I consider [Carlos intelligent]
　　d. I saw [him do it]

　　有的将"clause"译作"小句",但考虑到"small clause",我们采纳朱德熙(1985)等的译名将"clause"译为"子句"。

○ 主要子句与从属子句

　　子句带上句调之后构成句子。可以独立成句的子句为主要子句,也称独立子句(independent clause)等,可简称"主句"。(1)中的子句都可以独立成句。在英语等有形态的语言中,独立子句必须包含一个限定动词。英语的限定动词包含时制(tense)信息。例如:

　　(3) a. These guys like chips.
　　　　b. This guy likes chips.
　　　　c. These guys liked chips.

(3a–b)中的"like"包含现在时制,(3c)中的"like"包含过去时制。(3a)中的"like"虽然没有屈折形式,但也是限定动词,没有屈折形式是因为主语为复数,可以通过替换主语进行测试,如(3b)。

　　子句也可以不独立成句,而为主句的从属子句,也称依存子句(dependent clause),可简称"从句"。有依存子句的子句叫母句(matrix clause),母句是除去从句的主句。例如:

　　(4) a. I know the man who I saw yesterday.
　　　　b. He came in but he did not speak.

(4a)中有两个子句,分别是"I know the man"和"who I saw yesterday",前者可以独立成句,为主句,因为它有依存子句,所以也为母句;后者用来修饰"man",为定语子句。(4b)中也有两个子句,分别是"he came in"和"he did not speak",两个子句都可以独立使用。(4a)中两个子句构成的句子叫复杂句(complex sentence),(4b)中两个子句

305

句法学
核心概念与关键术语

构成的句子叫复合句（compound sentence）。

在篇章信息的组织中，主句居于更为中心的位置，通常编码前景信息（foregrounded information），而从句编码背景信息（backgrounded information）。在言外语力（illocutionary force）方面，主句可用作断言（assertion），否定主句，就否定了整个句子；从句属于预设（presupposition）部分，不用作断言，否定从句，不一定能否定整个句子（Luraghi & Parodi, 2008）。例如：

（5）a. I left.
　　b. I didn't leave.
（6）a. Since I left, John came in.
　　b. Since I didn't leave, John came in.
　　c. Since I left, John didn't come in.

（5a）是主句，如果它为假，那么（5b）句为真。（6b）否定的是从句，即使（6b）为真，也不意味着（6a）一定为假。（6c）否定的是主句，如果（6c）为真，则（6a）一定为假。

○ 并列操作与从属操作

复合句是由两个或两个以上的并列子句构成；复杂句由两个或两个以上的非并列子句构成，即由一个主句和若干从句构成，其中主句可以单独存在。

在构造复合句的时候，要用到并列（coordination）操作，并列操作也称连接（conjoining）操作。并列操作就是将两个或两个以上的具有相同语法身份的成分（constituent）组成更大的与其部分的语法身份相同的语法单位的操作，通常会借助于并列连词，如"and""or""but""nor"等。并列操作可应用于词、短语与子句等不同的语法单位。例如：

（7）a. The children who come [[first], [second] and [third]] will each win a prize.

b. She wore [[a leather coat] and [fur-lined boots]]
c. [[These photographs are yours], but [those are mine]]
d. [[John bought a hat] and [his wife bought a handbag]]

（7a）是对词的并列操作，（7b）是对名词短语的并列操作，（7c–d）是对子句的并列操作。构造复合句的并列操作，就是将两个或两个以上的子句组合成一个更大的并列子句。

在构造复杂句的时候，要用到从属（subordination）操作，从属操作也称内嵌（embedding）操作。从属操作就是将一个子句内嵌于另一子句以构造复杂句的操作，前一个子句是从句，后一个子句是母句，最上层的那个母句是主句。从句可以是标补子句、状语子句与定语子句等。标补子句充当谓词（predicate）的论元，状语子句修饰主句，定语子句修饰名词短语。例如：

（8）a. I'm wondering [whether I should go to the movies]
b. She suddenly left [when the police entered the building]
c. I've talked to the people [who live there]

从属操作可在各个层次上进行，即一个依存子句本身还可以作另一个依存子句的母句。例如：

（9）Paul told me that he would come only if it didn't rain.

在（9）中，"Paul told me" 是复杂句的主句，它是标补子句 "that he would come" 的母句，"that he would come" 又是状语子句 "if it didn't rain" 的母句，"Paul told me" 是最上层的母句。

○3 从属子句的功能类型

从功能类型上说，从属子句可以通过从属操作，充当状语（adverbial）、定语（attribute）、主语与宾语（object）等。所以，从属子句的功能类型分别是状语子句、定语子句、主语子句与宾语子句。主语子句与宾语子句可合称标补子句。

状语子句，也叫状语从句，是指充当状语的子句，它传递一些与母句中谓语的情境有关的信息，如时间（time）、处所（locative）、方式、目的（purpose）、原因、条件、让步等。因而，状语子句一般又被称为情境子句（circumstantial clause）。例如：

（10）a. We'll go [when Sandy gets here]

　　　b. I'll meet you [where the statue used to be]

　　　c. Carry this [as I told you]

　　　d. He stood on his tiptoes [in order to see better]

　　　e. He got here early [because he wanted to get a good seat]

　　　f. [If I saw David], I would speak Quechua with him.

　　　g. [Although she hates Bartok], she agreed to go to the concert.

在英语中，限定子句（finite clause）是包含限定动词的子句，非限定子句是包含非限定动词的子句。例如：

（11）a. [Going home], I met your cousin.

　　　b. I opened the window [to let in some fresh air]

　　　c. [Queuing up for lunch], Ricky felt sick as a dog.

　　　d. [Flanked by four huge minions,] he was making a lot of noise.

　　　e. Mary went to the store [to buy milk]

状语子句为主句增添时间、原因、条件、目的、结果等额外信息。大多状语子句都是通过连词（conjunction）引进的。例如：

（12）a. 时间连词：when、since、before、after、until、as、while

　　　b. 条件连词：if、unless

　　　d. 转折连词：although、though

　　　d. 因果连词：because、as、since

像其他的状语一样，状语子句也可以分布在主句的前后，例如：

（13）a. You should lie down [if you feel ill]

　　　b. [If you feel ill], you should lie down.

定语子句，也叫定语从句，也称形容词子句（adjectival clause），是像形容词那样修饰名词性中心语的子句。在有形态标记的语言中，定语子句中的动词常常采用非限定动词形式，与主要动词区分开来。例如：

（14）a. I saw an old man [walking towards me]
　　　b. John ignored the claim [that Sonia had made]

在（14a）中，定语子句中的动词是"walking"，为非限定形式。在（14b）中，关系子句（relative clause）中的动词是"had"，为限定形式，"that"是关系代词。

关系子句是一种定语子句，它附加在名词短语上，充当该名词短语的修饰语（modifier），关系子句内部存在空位（gap）。例如：

（15）a. I met [a girl [who ____ was running in the street]]
　　　b. [the girl [I saw ____]] was running in the street.

关系子句通常会用到关系标记词（relative marker）。（15a）中的关系标记词是关系代词"who"。关系代词"who"与先行词"a girl"同指（coreference），这里的先行词是关系化的成分。关系子句也可以不用关系标记，如（15b）没带关系代词，只是以其句法位置标记它是关系子句。关系子句的构造涉及关系化操作，关系化操作遵守以下名词短语可及性等级（noun phrase accessibility hierarchy）（Keenan & Comrie，1977）：

（16）主语 > 直接宾语 > 间接宾语 > 旁语 > 领有者 > 比较基准

也有学者建议将比较基准看作旁语（oblique），则（16）中的名词短语可及性等级可表达为（17）：

（17）主语 > 直接宾语 > 间接宾语 > 旁语 > 领有者

名词短语可及性等级是说：如果在某种语言中，一个给定的成分可以关系化，那么它左边的所有成分也都可以关系化。如果旁语可以关系化，那么间接宾语、直接宾语和主语也都可以关系化。英语关系化的截止点是（17）中的旁语。例如：

（18）a. I hate the alligator that [＿＿ ate Mildred]（主语）
　　　b. I hate the alligator that [Mildred saw ＿＿]（直接宾语）
　　　c. I hate the alligator that [Mildred threw the ball to ＿＿]（间接宾语）
　　　d. I hate the alligator that [Mildred rode on ＿＿]（旁语）
　　　e. I hate the alligator that [Mildred is bigger than ＿＿]（旁语/比较基准）
　　　f. *I hate the alligator that [＿＿ teeth are huge]（领有者）

领有者（possessor）关系化的时候，会拖带整个名词短语移位。例如：

（19）a. I hate the alligator whose teeth ＿＿ are huge.
　　　b. *I hate the alligator ＿＿ teeth are huge.
　　　c. *I hate the alligator that ＿＿ ('s) teeth are huge.

关系子句可以在所修饰的中心语（head）之后，如英语；也可以在所修饰的中心语之前，如日语。

（20）[watasi　　ga　　hon　　o　　ataeta]　kodomo
　　　　I　　　SUBJ　book　OBJ　give.PRV　child
　　　'the child I gave a book to'

（20）是日语的例子，关系子句在"kodomo"之前。日语不使用关系代词，关系子句仅用其位置标记。OV 型语言的关系子句在中心语之前，并且没有显性标记。

有些语言中关系子句所修饰的中心语内嵌于关系子句中，它们被称为中心语内置型关系子句（internally headed relative clause）。例如：

（21）a. ne　　　ye　　　so　　　　ye.
　　　　1SG　　PAST　　horse　　see
　　　　'I saw a horse.'
　　　b. ce　　ye　　[ne　　ye　　so　　rnin　　ye] san.
　　　　man　PAST　1SG　PAST　horse　REL　see　buy
　　　　'The man bought the horse that I saw.'

(21)是班巴拉语(Bambara)的例子,关系标记词是"rnin"。

关系子句可以是限制性的(restrictive),如(22a);或是非限制性的(nonrestrictive),如(22b)。

(22) a. the students who didn't attend the class failed the exam
b. the students, who didn't attend the class, failed the exam

(22a)是说只有一些学生,即那些没有上课的学生,考试不及格。这个关系子句是限制性的,因为它缩小了(限制)核心的范围。关系子句所传达的信息对指称对象的识别至关重要。另一方面,(22b)是说所有的学生都没有通过考试,这里关系子句的作用是增加一些有关的非必要的信息,关系子句删除(deletion)之后,不影响"the students"的指称范围。

标补子句,也叫标补从句,是充当主句中谓词的论元的子句。作宾语论元时是宾语子句(object clause),作主语论元时是主语子句。例如:

(23) a. Mary thinks [(that) John's a fool]
b. [That John's a fool] is by no means certain.

"that John's a fool",在(23a)中是一个宾语子句,充当动词的宾语;在(23b)中是一个主语子句,充当句子的主语。标补子句中通常有标补范畴(complementizer),该标补范畴可实现为"that",宾语子句中的标补范畴可以不出现,如(23a)的标补范畴可以省略(ellipsis)。主语子句可以后置,主语位置用"it"来指称该子句。例如:

(24) It is by no means certain [that John's a fool]

间接疑问句是标补子句的另一种形式,"whether""if"起标记间接疑问句的作用。例如:

(25) I'm wondering [whether] I should go to the movies.

在生成语法中,"whether"是疑问算子(operator),在CP的指示语位置;"if"是标补范畴,在CP的核心C位置。

标补子句可以是限定子句与非限定子句。限定子句有限定动词,也有独立的主语,如(23)–(25)。非限定子句没有限定动词,主语可以取语音形式与无语音形式。例如:

(26) a. I didn't expect [him to be such a fool]
　　 b. They want [PRO to leave before breakfast]

(26)是非限定标补子句,都没有限定动词,(26a)有主语,(26b)没有主语。

生成语法对(26a)有两种分析,一是认为标补子句的第三人称主语"him"被提升(raising)到主句中充当主要动词的直接宾语,二是认为"him"仍留在子句中,由主要动词"expect"指派例外格(exceptional Case)。这两种分析,都跟格(case)有关。如果标补子句中的主语得不到格,就只能采用 PRO 形式,如(26b)。(26)中的标补子句,都不含标补范畴。早先认为(26a)的标补子句也含有标补范畴,并将该标补子句记为 S'(相当于现在的 CP),然后经历 S'- 删除(S'-deletion),使得主要动词"expect"能够贴近标补子句的主语,并为之赋格。

标补子句除了充当动词的宾语、主语之外,也可以充当名词(noun)的定语。充当定语的标补子句也是定语子句。例如:

(27) a. Reports [that he reached Mars] are exaggerated.
　　 b. The fact [that he reached Mars] went unnoticed.

关系子句和标补子句虽然都作定语,都可以称为定语子句,但它们的句法位置并不同。

第一,所有的名词性成分都可以受关系子句修饰,但只有"fact""story""idea"等内容名词才有标补子句充当补足语,标补子句表达中心语的内容,跟中心语有同位关系。所以受标补子句修饰的中心语可以删除,例如:

（28）a. [That he reached Mars] is exaggerated.
　　　b. [That he reached Mars] went unnoticed.

第二，关系子句中有空位，而标补子句中没有空位。例如：

（29）a. ?Reports [that he reached ＿＿] are exaggerated.
　　　b. Reports [that he reads ＿＿] are (always) exaggerated.

第三，关系子句中的关系代词可以是"which""who""that"，但它们占据不同的位置，如"that"在标补范畴位置，而"which""who"在标补短语的指示语位置。标补子句中的标补范畴必须是"that"，不能是其他成分。例如：

（30）a. *Reports which he reached Mars are exaggerated.
　　　b. *The fact which he reached Mars went unnoticed.

○8 小结

子句是西方传统语法中的术语，介于句子和短语之间具有主谓结构的成分。如果取消子句这一级语法单位，子句实际上就是主谓短语。加上句调之后能够独立成句的子句是主句，不能独立成句的子句是从句，有从句的子句是母句。复合句是由两个或两个以上的并列子句构成，涉及并列操作；复杂句由两个或两个以上的非并列子句构成，涉及从属操作。从语法功能（grammatical function）上看，从属子句可分为状语子句、定语子句、标补子句。标补从句除了充当主语与宾语之外，也可以充当定语。

参考文献

朱德熙. 1985. 语法答问. 北京：商务印书馆.

Brown, K. & Miller, J. 2013. *The Cambridge Dictionary of Linguistics*. Cambridge: Cambridge University Press.

Keenan, L. & Comrie, B. 1977. Noun phrase accessibility and universal grammar. *Linguistic Inquiry*, (8): 63–99.

Luraghi, S. & Parodi, C. 2008. *Key Terms in Syntax and Syntactic Theory*. London: Continuum.

关键术语篇

wh- 子句　　　　　　　　　　　　　WH-CLAUSE

wh- 子句（wh-clause）是以 wh- 词或 wh- 成分（wh-item）开头的从属子句（subordinate clause）。wh- 词是占据于疑问句（interrogative sentence）、感叹句（exclamatory sentence）与 wh- 子句开头位置的代词（pronoun），它包括：

a. 代名词：who、whom、whose

b. 代名词与限定词（determiner，D）：which、what

c. 副词：how、when、where、why

wh- 成分就是包含 wh- 词的短语（phrase），它通常以 wh- 词开头，也可以以介词（preposition）开头。例如：

(1) a. who、which chair、how often、whose car
　　 b. in which、for how long

wh- 子句主要有两类：wh- 疑问子句与 wh- 关系子句。wh- 疑问子句也有是非问与特指问之分。以 whether 开头的子句为是非问子句，以其他 wh- 词/成分开头的子句为特指问子句。例如：

(2) a. Europeans wonder [whether the EU is ready for a common foreign policy]
　　 b. My mother never questioned [what I was doing]

wh- 成分可以是介词的补足语（complement）。例如：

(3) a. It's a complex problem, [which we all have to live with ___]
　　 b. It is a problem [with which we all have to live ___]

(3a) 存在介词悬空，是非正式的说法，更正式的说法是（3b）。wh- 疑问子句的重要特性是要求 wh- 词/成分处于子句的句首，即使该成分是动词的宾语，也应处于句首，如（4）；当 wh- 词 / 成分本来就是子句的主语时，顺序不改变，如（5）。例如：

（4）a. I don't care [what you say ____]
　　 c. No one could guess [how old he was ____]
　　 d. It's a mystery [where those birds go ____ in winter]
（5）I can't remember [who lives there]

wh- 关系子句，就是以 wh- 词为关系代词的关系子句。例如：

（6）a. I've talked to the people [who live there]
　　 b. The computer [which they bought] was very powerful.

（不）可解释性特征
(UN)INTERPRETABLE FEATURE

在最简方案（Minimalist Program）中，不可解释性特征（uninterpretable feature）指的是对语义解释没有贡献的特征。推导在到达 LF 层之前，必须消除不可解释性特征，否则将会违反完全解释原则（full interpretation principle）。违反完全解释原则会导致推导在 LF 层崩溃（crash）。核查（checking）的目的是消除不可解释性特征。不可解释性特征只核查一次，因为它们在得到核查后会被立刻消除（erasure）。例如，格特征是名词短语（noun phrase）的不可解释性特征，名词短语在跟 T 或 v 核查时，T 或 v 就会为名词短语的格特征进行定值（value）并消除该特征。T/v 也有不可解释性特征，如 phi 特征集［性（gender）、数、人称特征］，名词短语在跟它核查的时候，也会为 T/v 的 phi 特征集定值并消除该特征。

可解释性特征（interpretable feature）是指对语义解释有影响的特

征。例如，名词性成分的 phi 特征集是可解释的。可解释性特征可参与多次核查，核查后消除不可解释性特征。主语（subject）和动词（verb）的一致关系（agreement）确保了主语的一些特征与动词的特征一致。不可解释性特征在推导过程中获得定值并被消除。由于形态原因，一致操作（Agree）把特征值分配给无值的特征，同时由于 LF 层的要求，它消除不可解释性特征。可解释性特征，其特征值在词库（lexicon）中规定。

参见【一致、管辖、移位、核查】。

包含限制　INCLUSIVENESS CONDITION

Chomsky 为了解决描写与解释的张力而提出最简方案（Minimalist Program），所以最简方案要体现计算与表征的经济性。[1] 经济性的评价要可操作，所以 Chomsky 设置了一个包含计数的数据集（numeration），并假定只能从数据集中取词项（lexical item）进行计算，不能从数据集之外选词，也不能取数据集中没有的特征，这就是"包含限制"（inclusiveness condition）。[2] 只有基于同一个数据集，才能评价计算是否经济（economy），而这个数据集也叫参照集（reference set）。包含限制禁止在句法计算的过程中引进数据集中没有引进的词项或特征。

Chomsky 认为"完美的语言"（perfect language）要满足包含限制：由计算形成的结构只能是数据集中的词项，不能增加别的句法体（syntactic object）。包含限制的影响深远，如 X'- 结构的"X"、约束理论（binding theory）中的标引（index）、移位（movement）的语迹

1　Chomsky, N. 1995. *The Minimalist Program*. Cambridge: MIT Press.
2　同上。

（trace）等都需要取消，因为这些都不包含在数据集中。X'-理论（X-bar theory）取消后，取而代之的是光杆短语结构（bare phrase structure）。例如：

（1）John saw Mary
a. [$_{VP}$[$_{DP}$[$_{D'}$[$_D$] [$_{NP}$[$_{N'}$[$_N$ John]]]]][$_{V'}$[$_V$ saw] [$_{DP}$[$_{D'}$[$_D$] [$_{NP}$[$_{N'}$[$_N$ Mary]]]]]]]
b. [$_{saw}$[$_D$[$_D$] [John]] [$_{saw}$[saw] [$_D$[$_D$] [Mary]]]]

（1）表达的是动词性短语，（1a）是完整的 X'- 结构，（1b）是光杆短语结构。（1b）不仅取消了中间投射（intermediate projection），如取消了 D'、N' 与 V' 等，还取消了范畴（category）标签，D 可视作词项。标引与语迹取消之后，移位就被复制（copy）加合并（merge）的操作取代了。例如：

（2）N={arrived$_1$, a$_1$, man$_1$, T$_1$}
（3）a. 合并：{a, man}
b. 合并：{arrived, {a, man}}
c. 合并：{T, {arrived, {a, man}}}
d. 复制：{a, man}
e. 合并：{{a, man},{T, {arrived, {a, man}}}}

（2）是（3）所要用到的数据集，（3）是合并的集合表达。

参见【合并、移位、复制】。

变量　　　　　　　　　　　　　　　　　　VARIABLE

在语义学中，变量（variable）指没有固定指称的成分，如（1）中的代词（pronoun）与（2）-（4）中的 wh 语迹等。

(1) a. 张三₂喜欢他₁。
    b. 张三₁喜欢他₁的爸爸。
(2) a. Who did you see?
    b. Who₁ did you see t₁?
(3) a. Mary likes something.
    b. Something₁ [Mary likes t₁]
(4) a. John is easy to please.
    b. John is easy OP₁ to please t₁.

（1a）中的"他"为自由变量，语言禁止自由变量，作为自由变量的"他"必须由语境赋值。（1b）中的"他"为受约变量，它受"张三"约束。（2）中的"who"发生显性移位（overt movement），（3）中的"something"发生隐性移位（covert movement），（4）中 OP 也发生隐性移位。（2）–（4）中的移位（movement）都留下语迹（trace），这些 wh 语迹所代表的变量受非论元位置（A'-position）上的算子约束（binding）。

从语义上讲，（1）中代词与（2）–（4）中的语迹都是变量。但句法学（syntactics）只将非论元移位（A'-movement）留下的语迹称为变量，不将论元移位（A-movement）留下的语迹称为变量。这主要是因为它们适用于不同的约束原则。例如：

(5) a. Who_i does [_TP he_j think [_TP t_i likes Mary]]
    b. *Who_i does [_TP he_i think [_TP t_i likes Mary]]
(6) a. John_i seems_i [t to like Mary]
    b. *Mary_i seems [John to like t_i]

（5）中的语迹适用于约束原则 C，（6）中的语迹适用于约束原则 A。

参见【约束、焦点、移位、空范畴、算子、辖域】。

标补范畴　　　　　　　　　　COMPLEMENTIZER

complementizer 有多种译法，如导句词、标句词等，这里译为标补范畴。标补范畴记为 C，它的原始作用是将从属子句（subordinate clause）标记为补足语（complement）。相应的，CP 为标补短语。在 X'-理论（X-bar theory）中，标补范畴是标补短语的核心（head）。在英语中，标补范畴有"that""if""for"等，"that"与"for"引导的是非疑问子句，"if"引导的是疑问子句。例如：

(1) a. Sue thinks that/*if the world is flat.
　　b. Sue wonders if/*that the world is flat.
　　c. Sue knows if/that the world is flat.
　　d. They're keen for you to show up.

不仅是从属子句为 CP，主句也是 CP。所以人们认为 C 起着标记子句类型（clause type）的作用。例如：

(2) a. I think that you should apologize.
　　b. [$_{CP}$[C][$_{TP}$[I][$_{T'}$[T][$_{VP}$[$_V$ think][$_{CP}$[$_C$ that][$_{TP}$ you should apologize]]]]]]

如果主句是疑问句（interrogative sentence），C 会激发助动词（auxiliary verb）移位，如果要构成 wh- 问句，C 还会激发 wh- 短语移位到句首。例如：

(3) Had the potion boiled over?
(4) Who did you see?

当标补范畴语音实现为"that""if""for"之后，其指示语（specifier）位置不能有其他显性成分，这叫标补范畴限制（complementizer condition）。例如：

321

(5) a. It's hard to find something [which you can do]

b. It's hard to find something [that you can do]

c. It's hard to find something [you can do]

d. *It's hard to find something [which that you can do]

(5d)违反了标补范畴限制。

标补范畴可以分裂为多个不同的功能范畴，如语势范畴、话题范畴、焦点范畴与定式范畴等，可分别标记为 Force、Top、Foc 与 Fin。

参见【子句、向心性、功能范畴、管辖、核心、短语、话题、词类、限定短语、零形式】。

并列   COORDINATION

并列结构（coordinate construction）是指由两个或两个以上成分（constituent）的并置，可以有连词（conjunction）连接，也可以没有。一般认为，并列结构中的并列项（conjunct）地位相同，没有层次关系。连词"and"表示合取，连词"or"表示析取（disjunctive），连词"but"表示转折（adversative）等。例如：

(1) John and Mary went to the party.

(2) John will go to the party or to the movies.

(3) John went to the party, but Mary remained home.

并列结构的成员称为并列项。连接的顺序通常被认为是可逆的，但也不尽然。例如：

(4) a. Mary and John = John and Mary

b. *She$_i$ kissed the children and Susan$_i$ left.

c. Susan$_i$ left and she$_i$ kissed the children.

一般要求并列项同类，但也不尽然。例如：

（5）a. I consider Fred [AP crazy] and [DP a fool]
　　　b. Pat remembered [DP the appointment] and [CP that it was important to be on time]

英语中出现的并列类型，如（1），也称为对称并列（symmetric coordination）。只有具有相同语义角色（semantic role）的成分才能并列，所以（对称）并列可以用来测试成分的语义角色。一些语言也可能有非对称的并列（asymmetric coordination）。例如：

（6）ja　　s　　Mišoj　　　　　pošli　　　　　v　　kino
　　　I　　with　Misha:INSTR　go:PAST.PL　in　cinema
　　　'I and Misha went to the movies.'

（6）是俄语的例子，并列后项"s Mišoj"，字面上是"with Misha"，形态学（morphology）将其编码为一个伴事状语（comitative adverbial）。然而，它与并列前项构成并列短语，证据是动词后的复数形态。

参见【附加语、子句、向心性、核心、递归、句子、词、词类、成分、省略、连动式】。

并列缩减　COORDINATION REDUCTION

并列子句中，一些具有同指（coreference）关系的成分（constituent）不需要重现，这种现象被称为并列缩减（coordination reduction）。并列缩减经常应用于主语部分，但在土耳其语中也可应用于宾语部分。例如：

（1）a. Mary$_i$ saw John, and then Ø$_i$ kissed him.
　　　b. *Mary saw John$_i$, and then she kissed Ø$_i$.

（2）raftan　　　kita$_i$　　　alkyor　ve　Ø$_i$　okuyorum.
　　　shelf:ABL　book:ACC　take　and　　　read:1SG.PRS
　　　'I take the book from the shelf and read it.'

并列缩减只能发生在右向的并列项（conjunct），与不同的语序特征没有联系，而是与话语照应的基本属性有关。例如：

（3）a. *Ø$_i$ kissed the children and Susan$_i$ left.
　　　b. *She$_i$ kissed the children and Susan$_i$ left.

（3a）涉及并列缩减，因为发生在左向，所以不合法；（3b）虽然不是并列缩减，但也不合法，这是因为"she"位于先行语（antecedent）"Susan"的左侧。汉语也遵守并列缩减的右向要求，例如：

（4）a. 张三$_i$看见了李四并且［Ø$_i$回来了］。
　　　b. 张三$_i$回来了并且［Ø$_i$看见了李四］。

表面上，汉语的并列缩减似乎可以发生在左向，但实际上不会发生在左向。例如：

（5）a. Ø$_i$看着父亲痛苦的样子，她$_i$不禁泪流满面。
　　　b. Ø$_i$病了，他$_i$也舍不得花钱去买药，自己硬挺着。
（6）a. 当Ø$_i$看着父亲痛苦的样子，她$_i$不禁泪流满面。
　　　b. 即使Ø$_i$病了，他$_i$也舍不得花钱去买药，自己硬挺着。

（4）涉及并列操作，属于并列缩减；（5）涉及从属操作（subordination），不属于并列缩减，如（6）。

参见【主语、词、逆被动语态、语法关系】。

参数设置　PARAMETER SETTING

参数是普遍语法理论和语言获得（language acquisition）理论中的概念，它规定未在普遍语法中规定的特定选项。参数的值不是由基因固定的，即在语言的初始状态并未定值（value）。因此，语言获得成为一个参数设置（parameter setting）的过程。语言多样性的特点是由特征参数的值决定的。例如，空主语参数（null subject parameter），某些语言可以没有显性主语，如意大利语和西班牙语；而另一些语言必须有显性主语，如英语。例如：

（1）It is raining.

（1）中的"it"为虚主语（expletive subject）。

参数理论为语言之间的系统性的句法差异（或称句法变体）提供了解释，并对语言学习者必须作出的选择（selection）数量施加了限制。儿童的语言获得过程就是对普遍语法进行特定语言具体选项的设置过程。可以设置空主语参数，也可以设置其他参数，如核心参数（head parameter）。核心参数解释个体语言中的语序（word order），如英语儿童选择核心在前（head-initial）的参数，日语儿童选择核心在后（head-final）的参数。例如：

（2）Taroo read the book.
（3）Taroo　　ga　　hon　　o　　yonda.
　　　Taroo　　SUBJ　book　OBJ　read
　　　'Taroo read the book.'

参数设置限制了语言学习者的可选项。在最简方案（Minimalist Program）中，形态是参数设置的主要场所。语言的变异（variation）取决于词库（lexicon），不同的语言具有不同的词库，儿童的语言获得实际上是学习词库知识。语言的计算系统（computational system）是与生俱来的，它不需要学习。语言间的变异，取决于特定的功能范畴

（functional category）和词库中的强/弱特征（strong/weak feature）等。

参见【构式、功能范畴、核心、话题、语序、句法】。

层阶　　　　　　　　　　　　　　　　　　PHASE

phase，可译为语段或层阶，考虑到语段在汉语中指句群，所以选择"层阶"这一译名。层阶是检查推导是否收敛（convergence）的句法体（syntactic object），通常为vP*与CP。收敛的推导是合乎语法的推导，即在语音形式层（PF）和逻辑形式层（LF）都可以作出解释。在层阶的每个步骤中，必须检查组成部分是否收敛。如果它们收敛或可解释，则推导继续进行。如果它们不收敛，或它们是不可解释的，则推导崩溃（crash）。例如：

（1）a. [$_{vP}$[张三][$_{v'}$ [$_{v*}$][$_{VP}$[$_{V}$ 打碎了][玻璃]]]]
　　　b. [$_{vP}$[玻璃][$_{v'}$ [$_{v}$][$_{VP}$ [$_{V}$ 打碎了]]]]

（1a）中的v跟外部论元（external argument）相关，为v*，为层阶的核心（head），可以核查"玻璃"的不可解释性特征（uninterpretable feature）；（1b）中的v跟内部论元（internal argument）相关，其中的v不是层阶的核心。（1）没有收敛，（1b）中的"玻璃"与（1a）中的"张三"还有不可解释性特征，需要在下一个层阶中消除（erasure）。例如：

（2）a. 张三打碎了玻璃。
　　　b. [C…[T…[$_{vP}$[张三][$_{v'}$ [$_{v*}$][$_{VP}$[$_{V}$ 打碎了][玻璃]]]]]]

"张三"的不可解释性特征由T定值并消除，这个时候两个层阶CP与

vP* 都收敛了。Chomsky 认为 T 的特征继承于 C^1。C 是隐藏在 T 后边的层阶核心。如果没有 C 选择 T，则 T 缺乏完整的 phi 特征集和基本的时制特征，表现为提升结构（raising construction）或例外格（exceptional Case）的标记结构。

跟层阶相关的限制为层阶不可穿透性限制（phase impenetrability condition），它要求句法操作只能针对层阶核心及其指示语（specifier），不能针对层阶核心的补足语（complement）。

参见【约束、格、功能范畴、合并、移位、被动】。

成分　　　　　　　　　　　　　　　　　　　CONSTITUENT

成分是指一个更大结构（construction）的内部组成，如语素、词、短语与子句等。直接成分（immediate constituent）是从结构中划分出来的最大成分。例如，"张三上课"可划出"张三"与"上课"这两个最大成分。在句法（syntax）中，某一组单词是不是一个成分，可用成分测试（constituency test）来证明。

第一，替换测试，能够被代词（pronoun）替换的符号串是成分。例如：

(1) a. Josh ate the pizza naked.
　　b. Josh [ate the pizza naked], and Ennio [did so] too.

1　Chomsky, N. 2008. On phases. In F. Robert, C. Otero & M. Zubizarreta (Eds.), *Foundational Issues in Linguistic Theory: Essays in Honor of Jean-Roger Vergnaud*. Cambridge: MIT Press, 133–166.

第二，移位测试，能够整体移位（movement）的符号串是成分。例如：

（2）a. Josh says that he will eat the pizza naked, and [eat the pizza naked] he will ____.

b. *Josh says that he will eat the pizza naked, and [eat the pizza] he will ____ naked.

第三，并列测试，能够被并列的符号串是成分。例如：

（3）Josh [ate the pizza naked], but [ate the doughnut fully clothed]

第四，省略（ellipsis）测试，能够被整体省略的符号串是成分。例如：

（4）Josh will [eat the pizza naked], but Ennio won't ____.

这些测试表明，"ate the pizza naked"是"Josh ate the pizza naked"的成分，而"eat the pizza"有可能不是它的成分。说"有可能"，是因为（2b）是消极测试。"Josh ate the pizza naked"的直接成分分别是"Josh"与"ate the pizza naked"。

成分的复杂程度取决于其内部结构。成分内部范畴的复杂性也称为成分的重量（constituent's weight）；不复杂的成分称为轻成分（light constituent），复杂的成分称为重成分（heavy constituent）。一般来说，名词短语（noun phrase）复杂程度的等级可描述为"零形式（zero）< 代词 < 光杆名词 < 代词/指示词 + 名词 < 限制性定语 + 名词 < 描写性定语 + 名词 < 关系子句 + 名词"。

参见【补足语、构式、向心性、移位、结构、易位、语法关系、树形图】。

成分统制　　　　　　　　　　　　C-COMMAND

c-command 是 constituent command 的缩写，叫成分统制。成分统制，是树形图（tree diagram）中两个节点（node）之间的结构关系。节点 A 成分统制节点 B，当且仅当：节点 A 不支配节点 B，节点 B 不支配节点 A；并且往上第一个支配节点 A 的节点也支配节点 B。

从树形图来看，支配是上辈与下辈、先祖与后代的直系关系，成分统制是姐姐与妹妹、叔祖与后辈之间的旁系关系。简言之，成分统制就是一个节点跟它的姐妹节点及其姐妹节点的后代之间的结构关系。例如：

（1）a. 对称性成分统制　　　　b. 不对称性成分统制

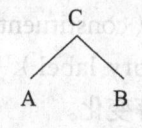

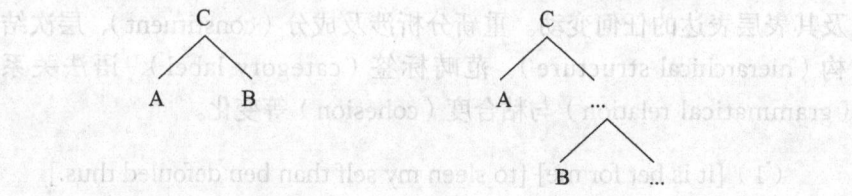

（1a）是对称性成分统制（symmetrical c-command），其中 A 成分统制 B，B 也成分统制 A；（1b）是不对称性成分统制（asymmetrical c-command），其中 A 成分统制 B，但 B 不能成分统制 A。

成分统制可用来侦探句法结构（syntactic structure）。如"主动宾"结构，它的内部结构是"主 | 动宾"，而不是"主动 | 宾"，也不是"主 | 动 | 宾"，这可以通过成分统制来侦探。例如：

（2）He$_1$ loves himself$_1$.

（3）*Himself$_1$ loves he$_1$.

（2）-（3）是约束（binding）现象，约束除了跟同标（coindexation）有关，还跟成分统制有关。"himself"在（2）中跟"he"同标，且受其成分统制；"himself"在（3）中虽跟"he"同标，但不受其成分统

329

制,"himself"成分统制"he"。这表明,为遵守约束理论(binding theory),只能采用主语成分统制宾语的结构图示,如"主|动宾"。

参见【一致、附加语、约束、格、致使、焦点、管辖、合并、移位、辖域】。

重新分析　　　　　　　　　　REANALYSIS

重新分析(reanalysis)是语法化以及一般的语言变异的基本操作,它涉及句法型式(syntactic pattern)的底层结构的变化,但不涉及其表层表达的任何变动。重新分析涉及成分(constituent)、层次结构(hierarchical structure)、范畴标签(category label)、语法关系(grammatical relation)与粘合度(cohesion)等变化。

(1) [it is bet for me] [to sleen my self than ben defouled thus.]
　　'[It is better for me] [to slay myself than to be violated thus]'
(2) [It is better] [[for me to slay myself] than to be violated thus]

(1)是中古英语(Middle English)的例子,(2)是现代英语(Modern English)的例子。"for"在(1)中是介词(preposition),在(2)中被重新分析为标补范畴。这种变化可通过成分测试(constituency test)。例如:

(3) [For me to slay myself] would be better than to be violated thus.

对照(1)与(2)可以发现:成分、层次结构、"for"的范畴(category)及语法关系都发生了变化。在(1)中,"me"是"for"的补足语(complement),而在(2)中,"me"是"slay"的外部论元(external argument)。所以,成分与层次结构都发生了变化。"for"的范畴也由(1)

关键术语篇

中的介词变成了（2）中的标句范畴；"me"的语法关系由"for"的宾语，变成了"to slay myself"的主语。

粘合度指的是独立的词（word）、附缀词（clitic）、词缀（affix）与词内不可分析的部分等的语法程度，这四类单位构成语法化的序列（sequence）或连续统，即由独立的词重新分析为附缀词，接着由附缀词重新分析为词缀，接着由词缀重新分析为词内的不可分析的部分。

范畴　　　　　　　　　　　　　　　　　CATEGORY

范畴（category）可指基本概念或术语，如化合、分解等，是化学的范畴。名词、动词（verb）、主语（subject）、谓语（predicate）、名词短语（noun phrase）、动词短语（verb phrase）、性（gender）、数、人称等，是语法学的范畴。范畴也可特指起分类或划界作用的基本概念或术语。像名词（noun）、动词、名词短语、动词短语、性、数、人称等都起分类作用，为范畴；像主语、谓语等，都不起分类作用，为关系。在生成语法中，范畴就是类型，如词类（word class）与短语类等。词（word）的范畴，分词汇范畴（lexical category）与功能范畴（functional category），前者包括名词、动词、形容词（adjective）、介词（preposition）等，后者包括时制范畴、标补范畴（complementizer）、限定范畴（determiner，D）等。

范畴化（categorization）跟范畴的第一种意义相关，它是人类将经验组织成各种一般概念及相关语言符号的整体过程，并借此产生概念或术语，当然也会产生用于分类或划界的概念或术语。在语法领域里，范畴化指确立一组用于语言描写的分类单位或特性，它们的基本分布相同，并在语言中始终以一个结构单位出现。范畴化的结果就是各种范畴，如语素类型、词的类型、短语类型与句子类型等。

去范畴化（de-categorization）是指在一定的条件下，某一句法范畴的成员失去了该范畴某些属性的现象，如在句法形态上，失去了该范畴的某些典型特征，同时又获得别的范畴的特征；在语义上，出现了概化或抽象化；在语篇上，发生了功能的扩展或转移。

范畴特征　　CATEGORIAL FEATURE

在生成语法中，词类（word class）不是原子单位，而是一束特征。在范畴（category）的特征矩阵中，名词（noun）与动词（verb）处于两极，形容词（adjective）与介词（preposition）处于两极。形容词以 [+N] 特征跟名词具有共性，以 [+V] 特征跟动词具有共性；介词以 [−N] 特征跟动词具有共性，以 [−V] 特征跟名词具有共性。例如：

(1) 名词：[+N, −V]
　　动词：[−N, +V]
　　形容词：[+N, +V]
　　介词：[−N, −V]

名词与形容词具有 [+N] 特征，在英语中的表现就是它们的名词性补足语（complement）需要借助于"of"；在汉语中的表现就是它们的名词性补足语需要借助于"对"。例如：

(2) a. destruction of the city　　fearful of ghosts
　　b. 对张三的热情　　　　　　对鬼神的害怕

动词和介词具有 [−N] 特征，在英语中的表现就是它们可以直接带名词性补足语，Stowell（1981）指出 [−N] 特征的范畴具有指派格能力。例如：

(3) a. destroy the city　　in the city
　　b. 毁坏城池　　　　　在北京

动词和形容词具有 [+V] 特征，在英语中可带前缀"un-"；在德语中可充当名词的修饰语（modifier）[1]；在汉语中可统一称为谓词（predicate），这个谓词是相对于体词来说。名词和介词具有 [–V] 特征，以它们为核心的短语（phrase）可以在分裂句（cleft sentence）中充当焦点（focus）。在英语中，名词、动词、形容词的区别很明显，而在别的语言中，形容词可以带动词的时制标记，或可以带名词的格标记（case marker）[2]。

参见【构式、功能范畴、选择】。

非论元位置　　　　　　　　　　　　A'-POSITION

非论元位置（A'-position）表示的是论元位置之外的其他位置，特指 CP 的指示语（specifier）位置。该位置跟论元（argument）的格（Case）与题元都无关。例如：

(1) a. What did John buy?
   b. [CP[what₁][C'[did][TP John buy t₁]]]

(1) 中 CP 的指示语位置为非论元位置。"what"为疑问代词，本来它处于论元位置，即动词"buy"的补足语（complement）位置，它在该位置获得题元与格，但后来移到句首的非论元位置。

非论元位置不仅可以跟论元的格和题元无关，而且也可以跟论元无

1　Stowell, T. 1981. *Origins of phrase structure.* Doctoral dissertation, MIT.

2　Whaley, L. J. 1997. *Introduction to Typology: The Unity and Diversity of Language.* London: Sage.

关。所以，非论元位置既可以接受论元的移位（movement），如（1）；也可以接受附加语（adjunct）的移位，如（2）。

(2) a. How did John buy the car?
b. [_CP[how][_C'[did][_TP John buy the car how]]]

（2）中的"how"是"buy the car"的方式状语，不是"buy"的论元，它移进了CP的指示语位置，即非论元位置。

论元既可以占据论元位置又可以占据非论元位置，如（1）中的"what"。此外，非论元也可以占据论元位置，如（3）。其中的"it"不是论元，但占据论元位置。

(3) a. It is raining.
b. It seems that John is happy.

移向非论元位置的移位，叫非论元移位（A'-movement）。移动的成分（constituent）可以是论元，也可以是附加语。非论元移位留下的语迹（trace）叫wh语迹，wh语迹在约束（binding）属性上类似于指称语（referential expression）。

参见【约束、移位、论元位置、算子、辖域、变量】

分裂句　CLEFT SENTENCE

分裂句（cleft sentence）也称分裂构式（cleft construction）或分裂子句（cleft clause）。分裂（cleft）是说句子可以分裂为两个片段：

(1) a. it + be + 补足语
b. that/who/which/zero + 关系子句

分裂句是表达焦点（focus）的重要手段。它最重要的成分（constituent）是（1a）中的补足语（complement），常被称为焦点，"it"是虚形式（expletive form）的主语；（1b）类似于关系子句（relative clause），有关系代词与被提取了焦点的子句（clause），为已知信息或预设（presupposition）信息。例如：

(2) a. Kim bought that book with her first wages.
　　b. It was [Kim] that ___ bought that book with her first wages.
　　c. It was [that book] that Kim bought ___ with her first wages.
　　d. It was [with her first wages] that Kim bought that book ___.

（1a）中的补足语是（1b）中的提取成分，所以通常认为（2b-d）是由（2a）分裂而来的。被提取的成分通常是名词短语（noun phrase）或介词短语（prepositional phrase），如（2），动词短语（verb phrase）与形容词短语（adjective phrase）不能被提取。例如：

(3) a. *It was [$_{VP}$ go home early] that John did.
　　b. *It was [$_{AP}$ very angry at me] that John was.

在允许主语脱落的语言中，分裂句的主句可以不使用虚主语（expletive subject），如意大利语的分裂句。汉语也有类似的用法，如"是张三来了"。

准分裂句（pseudo-cleft sentence）比较特殊，关系子句位于主句的前面，并且关系子句的核心（head）是疑问代词，如（4）；如果顺序倒过来，可以得到反向的准分裂句（inverted pseudo-cleft sentence），如（5）。

(4) a. [What Claudia wrote] is this book.
　　b. [张三写的] 是这本书。
(5) a. This book is [what Claudia wrote].
　　b. 这本书是 [张三写的]。

参见【附加语、焦点】。

复制　　　　　　　　　　　　　　　　　　COPY

在管辖与约束理论（Government and Binding Theory）中，某一成分（constituent）移位之后，它会在原来的位置上留下一个隐性的语迹（trace）成分，一般用小写字母"t"表示。例如：

（1）What$_1$ did John eat t$_1$?

最简方案（Minimalist Program）中有包含限制（inclusiveness condition），它禁止增添额外成分，如"语迹"，所以会取消语迹跟相关的标引，而用复制替换语迹。例如：

（2）What did John eat what?

在数据集（numeration）中只有1个"what"，但（2）中有2个"what"，这就涉及复制（copy），复制出"what"的2个拷贝。一个拷贝通过外部合并（external merge）在论元位置（A-position）参与合并（merge），一个拷贝通过内部合并（internal merge）在非论元位置（A'-position）参与合并，形成一条语链（chain）。

（3）(what, what)

句法结构（syntactic structure）是一种二维结构，既有层次性又有线条性（linearity），而它的输出是一个句子，是一个具有线性语序的一维项。这要求在句子进入PF（语音形式）层或被发音之前，需要删除一些拷贝，通常是保留第一个拷贝。更严格地说，是保留句法层级上最高的拷贝。

（4）What book did John read and Mary buy?

　　a. [What book]$_1$ did John read [what book]$_2$ and [what book]$_3$ did Mary buy [what book]$_4$

　　b. [What book]$_1$ did John read ~~[what book]~~$_2$ and [what book]$_3$ did Mary buy ~~[what book]~~$_4$

  c. [What book]₁ did John read [what book]₂ and [what book]₃ did Mary buy [what book]₄

1 与 2 是一对拷贝，3 与 4 是一对拷贝，所以 2 与 4 可以删除，如（4b）。1 与 3 是相互独立的，没有证据表明它们是复制关系还是重复关系（repetition），3 的删除只是由删除的外化原则（externalization principle of deletion）决定的，即只保留第一个拷贝。

参见【约束、合并、移位、包含限制】。

核查　　　　　　　　　　　　　　CHECKING

  核查（checking）是一种操作，它为两个特征匹配（match）的成分（constituent）进行特征定值（value）与特征删除，这种操作能使一个成分通过核查另一个成分的各项特征而允准它。核查不同于指派（assignment）。最简方案（Minimalist Program）用"格核查"替代"格指派"。这一变化，使得格核查可延迟到 LF 层中进行，并且可取消 S-结构（S-structure）。格过滤限制（Case filter）在管辖与约束理论（Government and Binding Theory）中应用于 S-结构，在最简方案中应用于 LF 层。在这个框架中，格过滤限制表明格（Case）在 LF 层必须得到合适的核查。特征核查是由不可解释性特征（uninterpretable feature）激发的，一旦不可解释性特征得到了核查，就可以被删除。特征可以在原位核查，也可以移位核查。例如：

（1）a. John bought a book.
   b. [_TP[John][_T'[_T][_vP[John][_v'[_v][_VP[_V bought][a book]]]]]]

（1）中"a book"的格特征在原位就可以核查，在定上宾格（objective case）之后被删除；"John"的格特征在原位不能核查，它必须上移到

TP 的指示语（specifier）位置才可以被 T 定上主格（nominative case）并删除，这是因为英语的 T 有很强的 EPP 特征，"John" 只有帮 T 消除 EPP 特征，T 才能为其消除格特征。

（2）a. Who did you see?
　　　b. [CP[C][TP you saw who]]

（2）的标补范畴（complementizer）有不可解释的 [+wh] 特征，它在英语中是强特征（strong feature），需要进行核查并删除。如果不进行核查，则推导形式不正确，因为 C 的 [+wh] 特征没有得到核查和消除（erasure）。例如：

（3）*[+wh] You saw who?

参见【一致、构式、功能范畴、管辖、语素、移位、被动、结构、主语、最后一招、强/弱特征、（不）可解释性特征】。

及物性参数　TRANSITIVITY PARAMETER

及物性是句子（sentence）的语义属性，动词（verb）的及物性只是其构成特征之一。从这个意义上说，及物性是一个等级性概念，句子和谓语（predicate）具有或多或少的及物性。及物性参数（transitivity parameter）如下表所示。

参数	高	低
A. 参与者	两个或更多参与者	一个参与者
B. 动作性	动作	非动作
C. 体	完成	未完成
D. 瞬时性	瞬时	非瞬时
E. 意愿	意愿	非意愿

（续表）

参数	高	低
F. 肯定	肯定	否定
G. 情态	现实	非现实
H. 施事性	施事效力高	施事效力低
I. 影响力	直接宾语完全受影响	直接宾语不受影响
J. 直接宾语的个体化	直接宾语高度个体化	直接宾语非个体化
	ⅰ. 专有名词	ⅰ. 普通名词
	ⅱ. 人，有生命的	ⅱ. 无生命的
	ⅲ. 具体的	ⅲ. 抽象的
	ⅳ. 单数的	ⅳ. 复数的
	ⅴ. 计数的	ⅴ. 计量的
	ⅵ. 有指称的，有定的	ⅵ. 无指称的

（F–G）中的参数跟 v-VP 构型无关，跟 IP 与 CP 层相关。（A–E）与（H–J）中的参数跟 v-VP 构型相关，即什么样的动词通过什么样的轻动词（light verb）选择了什么样的论元（argument）。动作性越强的动词，越容易受致使范畴的扩展、越容易选择更多的参与者、越容易对个体化的宾语产生影响，相反就比较难。及物性的典型可用来解释被动化，及物性越强，越容易被动化。例如：

（1）a. Sally bought the book.　　b. The book was bought by Sally.
（2）a. Sally liked the book.　　b. ?The book was liked by Sally.
（3）a. Sally had the book.　　b. * The book was had by Sally.

价　　　　　　　　　　　　　　　　　　　　VALENCY

价（valency）是谓词（predicate）的属性，常指动词（verb）所需论元（argument）的数量。谓词的价取决于它们出现的句法结构（syntactic structure）。根据所需论元的数目，可将谓词分成零价谓词、一价谓词、二价谓词或三价谓词等。

价是一个与句法（syntax）和语义接口相关的概念，因此它可能具有双重性质，这取决于它主要是句法概念，还是语义概念。这种双重性质很容易表现在零价谓词上。零价谓词不需要任何论元，通常指没有参与者参与的自发事件。表示天气的动词为零价，在空主语语言（null subject language）中，主语（subject）不需要任何显性表达或理解的成分（constituent）来形成合语法的句子。例如：

(1) nevica.
    snow:PRS.3SG
    'It is snowing.'

(1)是意大利语的例子，其中动词为零价。英语零价谓词成句时需要虚主语（expletive subject），但该虚主语并不是论元。(1)表明句法价（syntactic valency）和语义价（semantic valency）有区别，即英语天气动词在句法上是一价，而在语义上是零价，英语没有句法上的零价谓词，这跟扩展的投射原则有关。

"价"既有语义价，也有句法价。这种双重性质使得高于二价（及物）的动词的句法价的确定变得困难。这是因为形态句法测试（动词的一致性与被动化）只对一价谓词和二价谓词的判断最有效。

参见【论元、致使、子句、补足语、词类、主价语、涉用范畴、谓词】。

句法　　　　　　　　　　　　　　　　　　　　SYNTAX

句法（syntax）既指语言中的句法，也指学者们建构的句法学（syntactics）。句法学，也叫句法理论（syntactic theory）。句法学可以指对语言中词组合成句子的规则的研究,也可以指对句子结构中成分之间的相互关系和组成句子的规则的研究。相应的,句法可以指语言中词组合成句子的规则,也可以指句子结构中成分之间的相互关系和组成句子的规则。两者的差别在于句法的基本单位,前者以词为基本单位,后者以语素(morpheme)为基本单位。如果以词为句法的基本单位,则句法跟词法/形态相对。Hockett(1958)[1]指出:词法包括全部音段语素和由它们构成词的方法,句法包括词和超音段语素在语句里彼此相对的配列方式。在生成语言学中,早期的句法包含生成句法结构(syntactic structure)的各种规则,如短语结构规则(phrase structure rule)与转换规则,近期的句法包含原则和参数。句法跟形态、语义间的界限是可变的,句法在研究的过程中也会试图处理能够处理的形态问题与语义问题。句法学肇始于古希腊的 Aristotle,他首先将句子分成主语(subject)与谓语(predicate),但后来的进展较慢,直到20世纪中叶,还远远地落后于音系学(phonology)与形态学(morphology)。在 Zellig Harris,特别是 Chomsky 之后,句法学逐步成为语法探索的中心。

空范畴　　　　　　　　　　EMPTY CATEGORY

空范畴(empty category)就是没有显性语音实现的范畴(category),"空"表现在语音上。在管辖与约束理论(Government and Binding Theory)中,有"pro""PRO""NP语迹"和"wh语迹"等四种空范畴。例如:

1　Hockett, C. 1985. *A Course in Modern Linguistics*. New York: Macmillan.

(1) pro nieva.
　　　snow:3SG
　　'It is snowing.'

(1)是西班牙语的例子,其中有一个不发音的空主语(empty subject),即空范畴 pro。

(2) John$_j$ prefers [PRO$_j$ to invite Mary]

(2)中从属子句有一个空范畴 PRO,它是为了满足"invite"的论元(argument)要求而出现的,但又因为从属子句为非限定式(nonfinite)而不能采用显性的语音形式。

(3) John$_j$ is loved t_j by Mary.

(3)中有一个空范畴 t,它是"John"移位到句子主语位置留下的语迹(trace)。这是 NP 移位,留下的语迹为 NP 语迹。

(4) What$_j$ did John eat t_j?

(4)中存在一个空范畴 t,它是 wh- 成分(wh-item)移动到 CP 指示语(specifier)的位置留下的语迹。这是 wh- 移位,留下的是 wh 语迹。

NP 语迹和 wh 语迹都跟移位(movement)有关。空范畴与其有语音的对应形式具有相同的特征和行为。例如:

隐性/空范畴	显性/非空范畴	类型
NP 语迹	照应语	[+ 照应性,- 代词性]
pro	代词语	[- 照应性,+ 代词性]
wh 语迹	指称语	[- 照应性,- 代词性]
PRO		[+ 照应性,+ 代词性]

NP 语迹遵循约束原则 A,pro 遵循约束原则 B,wh 语迹遵循约束原则 C。PRO 不受约束理论(binding theory)的任何原则的约束,

因为它具有 [+ 照应性，+ 代词性] 特征，只能由控制理论（control theory）决定其所指。

参见【补足语、焦点、管辖、短语、语义角色、结构、控制理论、空范畴原则、投射原则、零形式】。

空范畴原则
EMPTY CATEGORY PRINCIPLE (ECP)

在管辖与约束理论（Government and Binding Theory）中，空范畴原则（empty category principle，ECP）是对语迹（trace）的限制，即要求 NP 语迹与 wh 语迹分别受题元管辖与先行语（antecedent）管辖。空范畴原则的定义如下[1]：

a. 空范畴原则：语迹必须受严格管辖（proper government）。

b. A 严格管辖 B，当且仅当 A 题元管辖 B 或者 A 先行语管辖 B。

c. A 题元管辖 B，当且仅当 A 管辖 B，且 A 题元标记 B。

d. A 先行语管辖 B，当且仅当 A 管辖 B，且 A 与 B 同标引。

补足语（complement）受到题元管辖，而主语（subject）与附加语（adjunct）都不受题元管辖。主语与附加语要满足空范畴原则，其语迹必须受到先行语管辖。例如：

1　Haegeman, L. 1991. *Introduction to Government and Binding Theory*. Oxford: Blackwell, 404.

343

(1) a. *Who₁ do you think [t₁' that [t₁ will come]]
b. Who₁ do you think [t₁' that [Mary will meet t₁]]
c. Who₁ do you think [t₁' C [t₁ will come]]

(1a)违反了空范畴原则，因为语迹 t 不受"come"的题元管辖，又不受 t' 的先行语管辖。从属子句中的"that"阻止了中间语迹 t' 对原始语迹 t 的先行语管辖，这也叫 that-语迹效应（that-trace effect）。（1b）中的语迹 t 受"meet"的题元管辖，遵守空范畴原则。（1c）中的语迹 t 受 t' 先行语管辖，遵守空范畴原则。

(2) a. I wonder [when₁[John bought it t₁]]
b. I wonder [how₁ [John will fix it t₁]]

（2）中的"when"和"how"是附加语，其语迹可受先行语管辖，遵守空范畴原则。

在最简方案（Minimalist Program）中，由于取消了管辖概念，空范畴原则就失去了根本。相关现象需要由别的限制进行解释。

参见【管辖、结构、复制】。

控制理论　　CONTROL THEORY

在管辖与约束理论（Government and Binding Theory）中，控制理论（control theory）是关于空范畴 PRO 可能指称的理论。"控制"指的是零形式（zero）的主语 PRO 和句中某个非零形式成分或零形式成分之间的指称依存关系。决定 PRO 的意义的成分（constituent）是控制语（controller）。

在英语中，PRO 通常是指从属子句中非限定动词或动名词（gerundive

nominal）的主语，其指称属性由控制语的指称属性决定。例如：

（1）I_i tried PRO_i to leave.
（2）I persuade John_i PRO_i to leave.
（3）a. [PRO To fly planes] is easy.
　　b. [PRO Flying planes] is easy.

（1）为主语控制（subject control），PRO 被解释为"I"；（2）为宾语控制（object control），PRO 被解释为"John"；（3）为任意控制（arbitrary control），PRO 没有控制语，取任意解。

控制动词就是以非限定子句为补足语（complement）的动词（verb）。（1）-（2）中的非限定子句充当控制动词的补足语，其主语是零形式，在生成语法中通常记为 PRO，其所指由控制理论决定。包含控制动词的结构为控制结构（control structure），决定非限定子句主语语义的成分为控制语。（1）-（2）为控制结构，（1）中的"try"为主语控制动词（subject-control verb），其主语为 PRO 的控制语；（2）中的"persuade"为宾语控制动词（object-control verb），其宾语为 PRO 的控制语。

参见【空范畴、零形式】。

扩展的投射原则
EXTENDED PROJECTION PRINCIPLE

在管辖与约束理论（Government and Binding Theory）中，扩展的投射原则（extended projection principle，EPP）是对投射原则（projection principle）的扩充。扩展的投射原则要求所有的子句（clause）或句子（sentence）必须包含一个主语（subject）。这一原则反映了英语等语言中句子的一般属性，它要求句子必须存在一个主语，哪怕这个主语毫无意义。例如：

(1) a. John solved the problem.
   b. *Solved the problem.
(2) a. It seems that John is here.
   b. *Seems that John is here.

(1b) 不合法，跟投射原则有关，因为"solve"是二元谓词，它只实现了一个论元（argument），还有一个论元没有实现。(2b) 不合法，跟投射原则无关，因为"seem"是一元谓词（one-place predicate），它的论元实现在它的补足语（complement）位置。(2b) 的不合法跟扩展的投射原则有关，即句子缺乏主语。

在最简方案（Minimalist Program）中，Chomsky（1995）将扩展的投射原则化为时制范畴与轻动词（light verb）等功能范畴（functional category）的形式特征，如 EPP 特征。[1] 例如：

(3) a. There is a man in the room.
   b. There are men in the room.
   c. A man is in the room.

(3) 中的"there"与(2a) 中的"it"都是虚成分（expletive），作用都是用来满足 T 的 EPP 特征，作句子的虚主语（expletive subject）。

在提出动词短语内部主语假设（VP-internal subject hypothesis）之后，或功能范畴选择外部论元（external argument）之后，EPP 特征更成了激发短语（phrase）移向 T 指示语（specifier）位置的结构动因。例如：

(4) a. John loves linguistics.
   b. [TP[John][T'[T][vP[John][v'[v][VP[V loves][linguistics]]]]]]

参见【主语、主价语】。

---

1 Chomsky, N. 1995. *The Minimalist Program*. Cambridge: MIT Press.

类指　　　　　　　　　　　　　　　　GENERICITY

类指（genericity）不是指谓个体，而是指谓个体的类。表示类指的名词短语（noun phrase）可以带不定冠词、定冠词与光杆复数形式。例如：

(1) a. An elephant never forgets.
　　b. The elephant is the largest land mammal.
　　c. Elephants live in Africa and Asia.

类指描述的是类的属性，即使类内有"个体变异"，也不影响句子所代表命题的真值。换言之，即使在欧洲或美洲发现了大象，也不影响（1c）为真。

Krifka et al. 认为类指有两类：一类是特征陈述（characterizing statement）；另一类是种类指称（kind reference）。[1] 前者是对个体集合或事件集合的概括，如（2）；后者涉及与种类有关的个体的指称，如（3）；也有混合的情况，即对特定种类进行特征陈述，如（4）。

(2) a. John smokes a cigar after dinner.
　　b. A potato contains vitamin C, amino acids, protein and thiamine.
(3) a. The potato was first cultivated in South America.
　　b. Potatoes were introduced into Ireland by the end of the 17th century.
　　c. The Irish economy became dependent upon the potato.
(4) a. Potatoes are served whole or mashed as a cooked vegetable.
　　b. The potato is highly digestible.

1　Krifka, M., Pelletier, F. I., Carlson, G. N., ter Meulen, A., Chierchia, G. & Link, G. 1995. Genericity: An introduction. In G. Carlson & F. Pelletier (Eds.), *The Generic Book*. Chicago: The University of Chicago Press, 1–124.

在英语中，只有光杆的复数名词、有定的单数名词与物质名词才能指称种类，无定的单数名词不能指称种类。例如：

(5) a. Lions will become extinct soon.
 b. The lion will become extinct soon.
 c. Bronze was invented as early as 3000 BC.
 d. *A lion will become extinct soon. (nontaxonomic reading)

跟类指相对的是非类指，或称单指 (singular reference)，主要指类中的个体，与之相关的是有定 (definite) 与无定 (indefinite)。例如：

(6) a. 鲸是哺乳动物。
 b. 研究生比较受欢迎。
(7) a. 他递给客人一支香烟。
 b. 门口停着一辆宝马。

(6) 中划线部分是类指，(7) 中划线部分是单指。

例外格标记动词
EXCEPTIONAL CASE MARKING VERB

在管辖与约束理论 (Government and Binding Theory) 中，例外格标记动词 (exceptional Case marking verb) 是指把受格 (accusative case) 指配给非限定子句的主语 (subject) 的动词 (verb)，如 (1) 中的 "believe"：

(1) John believes [her to be a genius]

在 (1) 中，动词 "believe" 以非限定子句 "her to be a genius" 作为其内部论元 (internal argument)。以 "to" 为标记的 T，不能向其主语 "her"

指派格,"her"只能借助于动词"believe"指派格。格（Case）的指派者,要么是向其指示语（specifier）位置指派格,如限定性T；要么是向其补足语（complement）位置指派格,如动词与介词（preposition）。而格的指派者向其补足语中的指示语指派格,纯属理论上的例外,所以叫例外格（exceptional case）。"her"的例外格为宾格（objective case）。

（2）*John believes [she to be a genius]

（2）中从属子句的主语"she"为主格（nominative case）形式,句子不合法。在英语中,格的指派（assignment）要符合毗邻要求（adjacency requirement）,例外格的指派,也要满足毗邻要求。例如：

（3）a. John sincerely believed [her to be a genius]
　　 b. *John believed sincerely [her to be a genius]

（3b）中"believe"与"her"中间隔了"sincerely",句子不合法。

只有在从属子句不投射成 CP 的情况下,主要动词（main verb）才向其补足语中的指示语指派例外格；如果投射成 CP,动词就不能向 CP 内部的成分（constituent）指派格了,如（4a）。

（4）a. *He$_i$ doesn't know [$_{CP}$ whether [$_{IP}$ him$_i$ to go on vacation tomorrow]]
　　 b. He$_i$ doesn't know [$_{CP}$ whether [$_{IP}$ PRO$_i$ to go on vacation tomorrow]]

CP 中的"whether"阻碍了"know"向"him"指派格,句子不合法,如（4a）。这个时候,从属子句的主语只能选择 PRO,如（4b）,PRO 在管辖与约束理论中不需要格。

连动式　SERIAL VERB CONSTRUCTION

连动式（serial verb construction）是由多个动词（verb）所组成的单句构式（monoclausal construction），往往表示同时发生的事件，或连续发生的事件。连动式的句法属性包括：只有一个主语（subject）；至多一个语法宾语；只有一个时制标记；只有一个潜在的否定词；没有并列连词、从属连词与停顿；动词可以有共享论元（argument）的属性。例如：

（1）a. Me　　　nya　　　ḍevi-ɛ　　　dzo.
　　　　I　　　chase　　child-DEF　　leave
　　　'I chased the child away.'
　　b. Kofi　　tsɔ　　　ati--ɛ　　　fo　　　Yao.
　　　　Kofi　　take　　stick-DEF　　hit　　Yao
　　　'Kofi took the stick and hit Yao with it.'
　　c. Wo　　ḍa　　　fufu　　　ḍu.
　　　　They　cook　　fufu　　　eat
　　　'They cooked fufu and ate it.'

（1a）是结果连动式，第二个动词是第一个动词的结果；（1b）是工具连动式，第一个动词的宾语是第二个动词的工具（instrument）；（1c）是同宾连动式，第一个动词的宾语是第二个动词的受事。

连动式中的动词可保留各自的词汇意义，有时它们可能有一个整体性意义，而不是各动词的组合意义。例如：

（2）Aémmaá　　yñá　　　adwuáma　　maá　　Kofä.
　　　Amma　　　do　　　work　　　　give　　Kofi
　　　'Amma works for Kofi.'

（2）是阿坎语（Akan），动词"maá"已经虚化为介词（preposition），通常对应于介词"为""for"。

连动式是一个描写性概念，一些不好纳入主谓结构（predicative construction）、动宾结构、动补结构、偏正结构（attributive construction）、并列结构（coordinate construction）的构式（construction），学者们往往把它归为连动式。

邻接限制　　SUBJACENCY CONDITION

在管辖与约束理论（Government and Binding Theory）中，邻接限制（subjacency condition）是对移位（movement）的限制，它不允许移位跨越两个及以上的界限节点（bounding node），即如果 β 与 γ 是界限节点，则结构 "α ... [β ... [γ ... δ ...] ...] ..." 中的 δ 不能移向 α。

不同语言中的界限节点不同。英语中的界限节点是 NP 和 IP，意大利语和西班牙语中的界限节点是 NP 和 CP。例如：

(1) a. John talked to a girl that passed the bar-exam.
　　b. *[$_{CP}$ which exam$_i$ did John talk to [$_{NP}$ a girl[$_{CP}$ that[$_{IP}$ passed t_i]]]]
(2) a. *[$_{CP}$ who$_i$ did [$_{IP}$ you wonder [$_{CP}$ what$_k$ [$_{IP}$ John gave t_k to t_i]]]
　　b. ??[$_{CP}$ to whom$_i$ did [$_{IP}$ you wonder [$_{CP}$ what$_k$ [$_{IP}$ John gave t_k t_i]]]

(1) 属于复杂名词短语孤岛（complex NP island），(2) 属于 wh- 孤岛（wh-island），它们都跟邻接限制相关。(1) 中 "which exam" 的移位跨越 IP 和 NP 进行移位，(2) 中的 "who" 与 "to whom" 直接跨越两个 IP 进行移位，都违反了邻接限制。

(3) a. what$_1$ did [$_{IP}$ he say [$_{CP}$ that [$_{IP}$ he had seen t_1]]]
　　b. [$_{CP}$ what$_1$ did [he say[$_{CP}$ t'_1 that [he had seen t_1]]]]

(3a) 表面虽然违反了邻接限制，但仍然合法，原因是 "what" 没有跨越两个 IP 移位，而是先移进从属子句的指示语（specifier）位置，然后移进主句的指示语位置，如（3b）。这是一种循环移位（cyclic movement）。（2）不能采用循环移位，因为从属子句的指示语位置已经占据了"what"。（1）也是如此，空算子占据了关系子句（relative clause）的指示语位置后，也会阻止"which exam"移位。C 分裂以后，可允许有些语言中相关成分移位。

参见【管辖、移位】。

零形式　　　　　　　　　　　　ZERO

零形式（zero）是语言学中没有语音形式但有语义内容的语法单位。语素（morpheme）、词（word）、短语（phrase）都可以采用零形式。在英语形态学（morphology）中，复数通常采用"名词+复数"形式，但有些词在表示复数义时没有可见的复数语素。例如：

（1）sheep、deer、series、aircraft

为了保持系统性，通常会假定（1）中的词在表示复数的时候后附零形式的复数语素，即零形复数（zero plural）。

在句法（syntax）中，短语可以采用零形式。零形式的短语通常称为空范畴（empty category）。在生成语法中有四种名词性空范畴：PRO、pro、算子语迹与 NP 语迹。核心成分也可以采用零形式，这是词的零形式。例如：

（2）He said ＿＿ he was coming.
（3）He saw her ＿＿ go.
（4）I like ＿＿ pictures.
（5）the book ＿＿ ＿＿ I bought

（2）中的空位（gap）是标补范畴（complementizer）的位置，这是零标补范畴，也称零形连接成分（zero connector）。（3）中的空位是时制范畴的位置，这是零时制范畴，也称零形非限定式（zero infinitive）。（4）中的空位是限定范畴（determiner）的位置，这是零限定范畴，也称为零形冠词（zero article），在英语中用于不可数名词之前或复数的可数名词之前。（5）中的空位是标补范畴的位置及其指示语（specifier）位置，可概括称为零形关系代词（zero relative pronoun）。语法化研究常将零形式看作语法演化的归宿。[1] 例如：

（6）篇章 > 句法 > 形态 > 形态音位 > 零形式

参见【致使、管辖、语素、短语、词、照应、控制理论】。

论元位置　　　　　　　　　　A-POSITION

论元位置（A-position）是跟论元（argument）的题元或格（case）相关的位置。论元在参与外部合并（external merge）的位置获得题元，如果它在该位置得不到格，就会移到能赋予它格的位置。例如：

(1) a. John broke the window.
　　b. [$_{TP}$[John][$_{T'}$[$_T$][$_{VP}$[John][$_{V'}$[$_V$ broke][the window]]]]]

"John"与"the window"都是"break"的论元，它们分别在动词短语内部的主语位置与动词的补足语位置参与合并，并分别获得施事（agent）与受事，所以这两个位置都是论元位置。"the window"在原位可以获得格，"John"在原位不能获得格。为了获得格，它必须移到

1　Givón, N. T. 1979. *On Understanding Grammar*. New York: Academic Press.

T 的指示语位置，如（1b）。

（2）a. The window was broken.
　　b. [$_{TP}$[the window$_1$][$_{T'}$[$_T$ was][$_{VP}$[$_V$ broken][t_1]]]]

（2）中的"the window"也是为了格而跟 T 进行一致操作（agree），所以，（2）中 T 的指示语位置也是论元位置。

句子的主语位置，即 TP 的指示语位置，只跟论元的格有关，而跟论元的题元无关。所以该位置可以插入虚主语（expletive subject）。例如：

（3）a. It is raining.
　　b. It seems that John is happy.

句子的主语位置跟论元的格有关，动词短语内部的主语位置与动词的补足语位置都跟论元的题元有关。这些跟格或题元相关的句法位置都是论元位置。

移向论元位置的移位（movement）叫论元移位（A-movement），论元移位可以是主语向主语的移位，也可以是宾语向主语的移位。论元移位留下的语迹（trace）叫 NP 语迹，NP 语迹在约束（binding）属性上类似于照应语（anaphor）。

参见【论元、约束、移位、非论元位置、语链】。

内嵌　　EMBEDDING

内嵌（embedding）是一个成分（constituent）嵌入另一个成分中的操作，也叫从属（subordination）操作。嵌入的成分可以是短语

（phrase），也可以是子句（clause）。例如：

(1) a. the girl [with the lollypop]
　　b. I know the man [who I saw yesterday]

（1a）中的内嵌成分是介词短语"with the lollypop"，它内嵌于名词短语（noun phrase）。（1b）中的内嵌成分是关系子句"who I saw yesterday"，它也内嵌于名词短语。人们喜欢用递归（recursion）表述内嵌，如认为（1a）是名词短语内嵌于名词短语，认为（1b）是子句内嵌于子句。

(2) a. [$_{NP}$ the girl with [$_{NP}$ the lollypop]]
　　b. [$_{CP}$ I know the man [$_{CP}$ who I saw yesterday]]

内嵌操作可以把一个成分插在另一成分的左边、右边或中间。后一种操作，可称为中心内嵌（centre-embedding）。中心内嵌表现出的递归性（recursivity）程度很低，递归性低不是语法或结构限制的结果，而是人类短期记忆的局限性。因此，一个句子（sentence）如果有多层中心内嵌，虽然不违反句法（syntax），但现实中一般不可接受。例如：

(3) [$_{CP}$ the boy [$_{CP}$ that the teacher [$_{CP}$ that the girl [$_{CP}$ that the lady [$_{CP}$ that the taxi driver picked up from home] accompanied to school] had never met before] scolded]came in late]

（3）是一种内嵌操作，它反复用关系子句修饰各层的主语。（3）中的"the boy came in late"是主句，其主语是"the boy"，用关系子句"the teacher scolded"修饰该主语；接着用关系子句"that the girl had never met before"修饰"the teacher scolded"中的主语"the teacher"。如此反复。内嵌操作体现了结构或规则的递归性。

参见【子句、递归】。

逆被动语态　　ANTIPASSIVE

逆被动语态（antipassive）是一种语态（voice），出现于作格语言，涉及语义角色（semantic role）与语法关系（grammatical relation）的变化。逆被动语态跟被动语态（passive voice）相反：被动语态中贬抑的是外部论元（external argument），逆被动语态中贬抑的是内部论元（internal argument）。在逆被动句中，外部论元成为唯一论元（argument），取得通格（absolutive case）；被贬抑的内部论元，或是删除（deletion），或是变成旁格（oblique case）成分。例如：

（1）a. anguti-up　　　arnaq　　　　kunik-taa.
　　　　man-ERG　　　woman.ABS　　kiss-PART.3SG/3SG
　　　'The man kissed the woman.'
　　　b. angut　　　　kunik-si-vuq　　arna-mik.
　　　　man.ABS　　 kiss-AP-IND.3SG　woman-INSTR
　　　'The man is kissing a woman.'

（1）是因纽特语（Inuktitut）的例子。（1a）是主动语态（active voice），外部论元"anguti-up"是作格（ergative case），内部论元"arnaq"是通格。（1b）是逆被动语态，外部论元"angut"是通格，内部论元被贬抑作工具格（instrumental case），如"arna-mik"，动词带上逆被动语态标记"-si"，变成不及物动词。

被动句（passive sentence）中被移位的内部论元跟主动句（active construction）中的外部论元一样有控制力，逆被动句中被移位的外部论元跟主动句中的内部论元一样有控制力，都可以作后边零形照应（zero anaphora）成分的先行语（antecedent）。例如：

（2）a. 张三₁捉住了李四₂，然后∅₁放了他₂。
　　　b. 李四₁被张三₂捉住了，然后∅₁说服了他₂。

（3）a. nguma₁　　　Yabu- nggu　　Bura-n　　Ø₁　　banaga-nʸu.
　　　father-ABS　　mother-ERG　　see-PAST　　　　 return-PAST
　　　'mother saw father₁ and he₁ returned.'
　　b. yabu₁　　　　bural-nga- nʸu　nguma-gu　Ø₁　banaga-nʸu.
　　　mother-ABS　　see-AP-PAST　　father-DAT　　　return-PAST
　　　'mother₁ saw father and she₁ returned.'

（2）-（3）表明主格语言中的主格成分与作格语言中的通格成分在并列缩减（coordination reduction）上表现相同，所以有些学者会假定主格（nominative case）与通格都由时制范畴核查格（Case）特征。

参见【并列缩减、格、语态】。

旁语、旁格　　　　OBLIQUE CASE

oblique 在指语法关系（grammatical relation）时为旁语。旁语指各种状语（adverbial）或凡由介词（preposition）引进的名词短语（noun phrase）所充当的语法关系。例如：

（1）a. John put the money in [the chest]
　　b. John lives in [Chicago]
　　c. John left on [that day]
　　d. bought a present for [Juliet]
　　e. talked about [her family]
（2）I gave a book to [my brother]

（1）中的"the chest""Chicago""that day""Juliet""her family"等都是旁语，（2）中的"my brother"在传统语法中为间接宾语（indirect object），但也可以看作旁语。

oblique 在为格标记（case marker）时为旁格。在希腊语、拉丁语的传统语法描写中，旁格是主格（nominative case）、呼格（vocative case）之外的格，所以，Halliday & Matthiessen（2004:181）[1]的系统功能语法也会将受格（accusative case）看作旁格，如认为"the lion caught the tourist"中的"the tourist"为旁格。现代语法理论一般不采用这种说法（Aarts et al., 2014; Trask, 1996）[2]。Brown & Miller（2013）[3]指出，旁格是主格、受格之外的格（case）。这就比较好理解为什么学界会把间接宾语称为旁语。

既然旁格是主格、受格之外的格，旁语自然也只能指主语（subject）与直接宾语（direct object）以外的语法关系，如（1）-（2）中的状语与间接宾语。（1）-（2）中的旁语由介词引进。即使没有介词，间接宾语也可称为旁语。如：

（3）I gave [my brother] the book.

参见【格、致使、子句、构式、焦点、被动、语义角色、语法关系】。

---

1 Halliday, M. & Matthiessen, C. 2004. *An Introduction to Functional Grammar*. London: Hodder Arnold.
2 Aarts, B., Chalker, S. & Weiner, E. 2014. *The Oxford Dictionary of English Grammar*. Oxford: Oxford University Press.
　Trask, R. L. 1996. *A Dictionary of Grammatical Terms in Linguistics*. London & New York: Routledge.
3 Brown, K. & Miller, J. 2013. *The Cambridge Dictionary of Linguistics*. Cambridge: Cambridge University Press.

强 / 弱特征　STRONG/WEAK FEATURE

强 / 弱特征（strong/weak feature）是对不可解释性特征（uninterpretable feature）的分类。强特征是有力量的特征，弱特征（weak feature）是缺乏力量的特征。在最简方案（Minimalist Program）中，特征核查（checking）是必要的，只是特征有强弱之分。根据拖延原则（procrastinate），弱特征可拖延到 LF 层才核查，而不是在显性句法（overt syntax）中被核查。20 世纪 80 年代，为解释子句结构中的屈折核心在有的语言（如法语）中能够吸引主要动词（main verb）移位，而在另一些语言（如英语）中却不可以，Pollock 认为这跟动词（verb）的屈折形态（inflectional morphology）的丰富程度有关。[1] 所以，在最开始的时候，"强"指具有丰富的形态变化，"弱"指具有较弱的形态变化。英语中缺乏一致形态，动词的一致特征是弱特征，因此它们要被拖延到 LF 层进行隐性核查。意大利语和法语中的一致形态很丰富，动词的一致特征是强特征，必须在显性句法中进行核查，从而引发动词移位。在最简方案中，"强"与"弱"不再跟形态丰富性有关，而是指核心（head）携带的某种抽象特征的强弱。所以，即使一种语言没有形态表现，也可以假定它具有强特征，"强特征"与"弱特征"主要看它的相关句法行为。在 PF 层，强特征的存在会导致推导的崩溃（crash），因此，强特征在显性句法中必须被核查、删除；弱特征不会造成推导的崩溃，在语音层中不可见，在显性句法中不必核查，但在隐性句法（covert syntax）中需要核查并删除，如在 LF 层中就需要核查并删除。

参见【（不）可解释特征、结构、核查、最后一招、参数设置】。

1　Pollock, J. 1989. Verb movement, universal grammar, and the structure of IP. *Linguistic Inquiry*, (20): 365–424.

轻动词　　　　　　　　　　　　　　LIGHT VERB

轻动词（light verb）最先指不完整的动词（verb），该动词必须与补足语（complement）结合才能构成谓词（predicate）。这种轻动词的语义内容很少，但它们可以以附着形态向谓词提供时体（aspect）、语气（mood）或时态。"轻动词 + 补足语"这一复合体的语义和论元结构（argument structure）由该复合体的主要成分决定，如其中的动词或名词。因此，轻动词的意义和论元结构在很大程度上取决于其补足语的意义。在英语中，轻动词常以名词为补足语，例如"take a nap"中的"take"、"give a kiss"中的"give"和"have a rest"中的"have"都是轻动词，分别以"a nap""a kiss""a rest"为补足语。在日语中，"suru"（do）等轻动词与名词结合形成谓词。像汉语"打电话"中的"打"也是这种意义的轻动词。从历史的角度来看，轻动词已经失去了一些原有的语义，虚化成助动词（auxiliary verb）、附缀词（clitic）甚至词缀（affix）。

在最简方案（Minimalist Program）中，轻动词是功能范畴（functional category），其补足语为动词性短语，如 VP。轻动词会投射为轻动词短语 vP。例如：

(1) a. John loves Mary.
　　b. ...[$_{vP}$[John][$_{v'}$[$_v$][$_{VP}$[$_V$ loves][Mary]]]]

(1b) 中的 v 为轻动词，它可以向"John"指派感事（experiencer）这样的题元角色，也能向"Mary"指派受格（accusative case）。

(2) a. He rolled the ball down the hill.
　　b. [$_{vP}$[he][$_{v'}$[$_v$][$_{VP}$[the ball][$_{v'}$[$_v$ rolled][down the hill]]]]

(2b) 中的 v 也为轻动词，它可以向"he"指派施事（agent）或致事（causer）这样的题元角色，也能向"the ball"指派受格。为了让轻动词表达构式义，一般会构拟其语义，如认为（2）中的轻动词表示致使义。

参见【一致、致使、功能范畴、合并、被动、词、词类、扩展的投射原则、层阶、及物性参数、零形式】。

情态　　　　　　　　　　　　　　　　　MODALITY

情态（modality）指说话人对命题（proposition）、事件或状态（state）的态度或信念。它涉及必须、允许、可能、必然、能力等概念，在英语中由情态动词"may""must""can""will""shall""might""could""should"等表达，也可由"have to""need to""had better"等表达，此外，现实语气与非现实语气等也能表达情态。情态可以分成不同的类型，如道义情态（deontic modality）、认知情态（epistemic modality）与动力情态（dynamic modality）。

道义情态涉及责任、义务、强制、允许、禁止等。例如：

（1）a. Tim must take the dog out for a walk. (obligation)
　　　b. Tim should take the dog out for a walk. (weaker obligation)
　　　c. Tim may/can take the dog out for a walk. (permission)

认知情态是说话人基于一定的事实对命题真值的可能性做出的判断。例如：

（2）The lights are on in Amber's room; therefore
　　　a. Amber must be home. (necessity)
　　　b. Amber should be home. (probability)
　　　c. Amber may be home. (possibility)
　　　d. Amber might be home. (weaker possibility)

（2）是基于房间的灯光做出在家与否的判断，是用情态动词对"Amber is home"进行操作。

动力情态，涉及个体的能力或意愿，或涉及周围的环境对行为是否允许或使其成为必然，也包括对主语特征或习惯的描述。例如：

（3）a. Daisy can cook a wonderful stew.
　　　b. The stew must simmer for an hour before it's ready.
（4）Whenever they threw a party, Daisy would make guacamole.

同一个情态动词可以表达不同的情态。例如：

（5）Amber should be home by now.
　　　a. 道义情态：She has an obligation to be home.
　　　b. 认知情态：It is probable that she is home.
（6）Amber can stay in her room for hours.
　　　a. 道义情态：She is allowed to.
　　　b. 动力情态（能力）：She has the ability to.
　　　c. 动力情态（特征）：She often does so.

参见【附缀词、构式、短语、词类】。

情状体　　SITUATION ASPECT

情状体（situation aspect）反映的是情状（situation）的内部时间的语义结构。情状体，原来学者们认为跟动词（verb）相关，所以也称词汇体（lexical aspect）；现在学者们认为它应用于子句（clause），改叫情状体。情状体可从静态（stative）、持续（durative）与终结（telic）三组特征进行考察。静态是指情状是否持续受制于新的能量输入；持续是指对自然感知而言，情状内部有无明显的延续（continue）；终结是说情状有无自然终点（inherent end point）。

情状类型	[静态]	[持续]	[终结]
状态（state）	+	+	-
活动（activity）	-	+	-
完成（accomplishment）	-	+	+
瞬动（semelfactive）	-	-	-
完结（achievement）	-	-	+

在英语中，引导时间的"in 短语"显示活动的终结，"for 短语"显示活动的未终结。动词带"for 短语"还是"in 短语"，跟它的论元（argument）有关。例如：

（1）a. Eve drove for/*in an hour.
　　 b. Eve drove to Rochester in/*for an hour.

（1a）表示活动，（1b）表示完成，这表明论元会影响到情状体。像"吃"或"吃饭"都可以表示活动，但"吃三碗饭"却表示完成，第三碗饭结束，活动即完成。不过需要指出的是，动词本身的语义也会影响到情状体。例如：

（2）a. Joe watched the gulls (for a while/*in an instant).
　　 b. Joe noticed the gulls (in an instant/*for a while).

完成与完结的差别，从语义上看，就是有没有持续特征，"kill"表示完成，"die"表示完结。活动与状态（state）的差别，从语义上看，就是有没有静态特征，如"drive"表示活动，"perceive"表示状态。

参见【视点体】。

融合　　　　　　　　　　　　　　　INCORPORATION

融合（incorporation）是核心（head）嫁接到核心上构成复合词的操作，所嫁接的成分（constituent）包括宾语（object）、补足语（complement）甚至状语（adverbial）的核心成分。产生的复合词会基本保留所嫁接成分原来的属性，但有些属性也会消失，如有定性（definiteness）等：

（1）a. ni-c-qua　　　　　　in　　nacatl.
　　　　1 SUBJ-3OBJ-eat　　the　　flesh
　　　　'I eat the flesh.'
　　　b. ni-naca-qua
　　　　1 SUBJ-flesh-eat
　　　　'I eat flesh.'

（1）是纳瓦特尔语（Nahuatl）的例子。（1a）中的"flesh"是有定的，表示"我把肉吃了"；（1b）中的"flesh"是无定的，表示"我吃肉，我是一个肉食者"。一般来说，融合是将个体性几乎为零的论元（argument）背景化，所以，生命度或有定性高的成分通常不会融合。

除了名词（noun）和动词（verb）融合之外，形容词（adjective）跟动词、介词（preposition）跟动词也能融合。汉语中的动结式如"吃饱"，就是形容词跟动词的融合；再如"送给"，就是介词跟动词的融合。

被融合的成分在形式上通常是词缀（affix）或复合词的组成部分。融合是复综语的最典型操作，它将数个论元和状语融合到动词中，使复合动词形式对应于整个述谓结构。

参见【一致、附加语、论元、附缀词、功能范畴、被动、短语、句子、词】。

涉用语态　　APPLICATIVE

涉用是将一些旁格（oblique case）成分升级（promotion）为论元（argument）成分的增价语态。含有涉用语态（applicative）的结构（structure）为涉用结构（applicative construction）。Crystal（2008）认为涉用结构大致对应于英语中的双宾结构。例如：

(1) a. m　　geni　　igula　　u　　gimbi.
　　　CL　guest　buys　CL　beer
　　　'The guest is buying beer.'
　　b. m　geni　　igulila　　va　ndu　　u　　gimbi.
　　　CL　guest　buys: APPL　CL　person　CL　beer
　　　'The guest is buying beer for people.'
(2) a. Ted　schmierte　Butter　auf　die　Tischdecke.
　　　Ted　smeared　butter　onto　the　tablecloth.
　　　'Ted smeared butter onto the tablecloth.'
　　b. Ted　beschmierte　die　Tischdecke　mit　Butter.
　　　Ted　smeared　the　tablecloth　with　butter
　　　'Ted smeared the tablecloth with butter.'

(1) 是恩戈尼语的例子，恩戈尼语是一种班图语，它和其他的班图语一样，都有一个涉用后缀（applicative suffix），如（1b）中的"-il-"；（1b）中的益事"vandu"从动词的旁格成分变成动词的论元。（2）是德语的例子，在德语中，前缀"be-"起着涉用语态的作用，如（2b）所示；（2a）中的处所"auf die Tischdecke"在（2b）中成为带涉用范畴前缀的动词的一个论元。在（1b）与（2b）中，涉用词缀将益事与处所等参与者编码为动词的宾语。

在论元引进中，有学者认为涉用和语态都可以引进论元，并区分高位涉用与低位涉用，如高位涉用范畴引进跟事件相关的论元，而低位涉

365

用范畴引进跟个体相关的论元（Pylkkänen，2008）[1]。从类比的角度看，汉语中的"我写给弟弟一封信"也可以看作是涉用结构，"给"可视为涉用词缀。

参见【功能范畴、论元】。

省略　　　　　　　　　　　　　　ELLIPSIS

省略（ellipsis）是指省略句子（sentence）中本应在句法（syntax）上实现的成分（constituent），主要是出于经济（economy）、强调（emphasis）或风格（style）等原因，省略的部分在仔细考察语境后可以找回。在非正式话语中，可省略语境中能找回的部分，即外指性省略（exophoric ellipsis）。例如：

（1）a. (Are you) coming?
　　　b. (Is there) anything I can do to help?

在正式话语中，存在前指性省略（anaphoric ellipsis）与后指性省略（cataphoric ellipsis），主要是为了避免重复（repetition）。例如：

（2）a. We're as anxious to help as you are (anxious to help).
　　　b. Unless you particularly want to (buy tickets in advance), there's no need to buy tickets in advance.
　　　c. A: Tom's written to *The Times*.
　　　　 B: Why (has he written to *The Times*)?

1　Pylkkänen, L. 2008. *Introducing Arguments*. Cambridge: MIT Press.

A: I don't know (why he has written to *The Times*). He's always writing letters and (he is always) complaining about something.

省略有一定的限制。两个并列子句的主语如果同指（coreference），后边子句（clause）的主语可以省略；主句和从句的主语尽管同指，但不能省略。例如：

（3）I telephoned my aunt and ＿＿ told her the news
（4）*I told my aunt the news when ＿＿ telephoned her.
（5）I told my aunt the news when ＿＿ telephoning her.

（3）涉及并列操作，可以省略；（4）涉及从属操作（subordination），不能省略；（5）是隐含，不是省略。

参见【论元、子句、向心性、核心、句类、主语、成分】。

时制　　　　　　　　　　　　　　　　TENSE

时制（tense）主要用来指动词表示的动作发生时间的语法标记。传统上的时制分为过去时、现在时、将来时，perfect 与 pluperfect 也可看作时制，如完成时与过去完成时。时制与时间的关系一直是语言学着重研究的一个问题，但这种关系很复杂。时制形式可用来表示时间以外的其他意义。例如，英语的过去时形式（如"I knew"）在某些语境里可表示临时的意思（"I wish I knew"）。时制形式和时间之间也不是一对一的关系，英语的现在时可用来指将来或过去，视语境而定。

（1）a. I'm going home tomorrow.
　　　b. Last week I'm walking down this street.

此外，如果将时制定义为动词的形式，那么像英语这样的语言是否有将来时就成为有争议的问题。例如：

（2）a. I shall go.
　　　b. I should go.

目前有一种看法，就是将时制看作参照时间（RT）与说话时间（ST）之间的关系。参照时间先于说话时间，为过去时；参照时间同于说话时间，为现在时；参照时间后于说话时间，为将来时。按照这种看法，英语就只有两种形态上的时制：过去时与现在时。一般认为情态词表示将来时，但在形态上这些词却带着现在时制与过去时制的形态，如（2）。（1）中的"tomorrow"与"last week"只是事件时间，两个句子都选择了现在时，它们的参照时间都同于说话时间。再如：

（3）I went home yesterday.

（3）中的"yesterday"既是事件时间，也是参照时间，事件发生（参照时间）在说话时间之前，所以（3）是过去时。

参见【一致、论元、子句、附缀词、构式、向心性、功能范畴、管辖、核心、语素、被动、短语、主语、话题、词、词类、语序、范畴、范畴特征、语链、扩展的投射原则、层阶、谓词、谓语、提升、连动式、（不）可解释性特征、零形式】。

视点体　　VIEWPOINT ASPECT

视点（viewpoint）是说话人在解释场景或将情状（situation）定位于时间（time）时所采用的观察视角。视点体（viewpoint aspect）反映了说话人对特定情状的观察视角，跟情状体（situation aspect）相对立，也称语法体（grammatical aspect），如进行体与完成体等。在英语中，如果认为事件会在时间中延续（continue）并缺乏终点，会选择进行体（progressive）或一般现在时；如果认为事件是完整的并已经到达终点，会选择完成体（perfect）或一般过去时。

进行体强调事件的进行或持续，有些论著也称之为持续体（continuous）。完成体强调事件的结束或结果，它表示事件时间在参照时间之前。例如：

（1）Karen was eating lunch.
（2）Karen ate lunch.
（3）Karen has eaten lunch.

在（1）中，说话人只是在描述事件的进行，尽管该句用的是过去时，但句子并未言及它什么时候开始以及还将持续多长时间。（2）可以描述过去任何时间的事件，但（3）不能用来描述昨天的事件，这是因为完成体要求事件的结果对参照时间有影响，或在参照时间仍能感觉到其结果的影响。（1）中的"吃午餐"这一事件发生在说话时间之前，其参照时间是段时间，它包含该事件时间或者说随事件时间延续；（3）中"吃午餐"这一事件也发生在说话时间之前，但其参照时间是说话时间。

完成体和完整体（perfective）的区分常很模糊。完整体把情状看作整体，不管其可能有的时间对立；非完整体（imperfective）关注情状的内部时间结构，所以进行体也常归为非完整体。

树形图　　TREE DIAGRAM

树形图（tree diagram）是生成语法采用的一种展示句子内部层次结构（hierarchical structure）的树状图形，可简称"树"，也叫短语标记（phrase marker）。树形图的根（root）在图形顶部，为起始符号。树枝的两端为节点（node），每个节点都带有相应的范畴标签（category label），如 S、NP、VP、D、N、V 等。S 是起始符号，为根节点，其他范畴符号为非终端节点（non-terminal node）。词项（lexical item）为终端节点（terminal node），也称"叶节点"（leaf node）。忽略内部结构细节时，可采用三角形符号。例如：

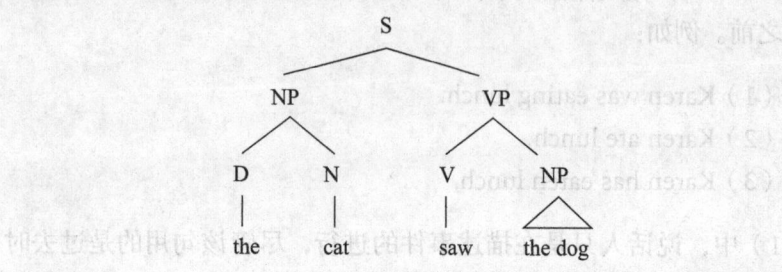

```
            S
          /   \
         NP    VP
        /  \   / \
       D    N V   NP
       |    | |   △
      the  cat saw the dog
```

树枝的上端节点为下端节点的母亲节点，下端节点为上端节点的女儿节点，同一个母亲节点的多个女儿节点互为姐妹关系。S 是 NP 与 VP 的母亲节点，NP 与 VP 是 S 的女儿节点，NP 与 VP 互为姐妹关系。在树形图中，自上而下是支配（dominance）关系，即若节点 X 的位置高于节点 Y，且只有沿着树枝向下才能从 X 到达 Y，则节点 X "支配"节点 Y；自左至右是前于（precedence）关系，即如果树形图上的节点 X 居于节点 Y 的左边，且两者没有相互支配的关系，则节点 X "前于"节点 Y。母女关系是支配关系，姐妹关系是前于关系。支配关系反映的是结构（structure）的层次性，前于关系反映的是符号的线条性（linearity）。树形图可以用来定义主语（subject）、谓语（predicate）、宾语（object）等语法关系（grammatical relation），也可以用来表征词类（word class）与短语类等范畴信息。

参见【移位、结构、成分统制、优先限制】。

数据集　　　　　　　　　　　　　　　NUMERATION

数据集（numeration）是提供给计算系统（computational system）的词项（lexical item）及其数目的偶对的集合，数据集的内部元素由词项和标引（index）构成偶对，标引是该词项的数目。例如：

（1）(the, 2)

（1）表明在计算中，"the"要用到2次，用1次即减1，一直到用完为止。数据集是词项及其计数构成的偶对的集合，如（2），可简单地表示为（3）。

（2）N = {(the, 2), (boy, 1), (ate, 1), (apple,1), (v, 1), (T, 1)}
（3）N = {the$_2$, boy$_1$, ate$_1$, apples$_1$, v$_1$ T$_1$}

（3）是生成（4）所需要的数据集，对（3）应用合并操作（merge），可得到（5）。（5）没有标注范畴标签（category label），T与v可视为词项。例如：

（4）The boy ate the apples.
（5）

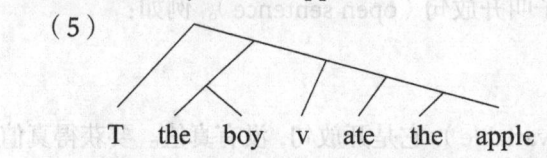

```
         T   the   boy   v   ate   the   apple
```

合并操作只对数据集中的词项进行操作，数据集是将词项合并成句法体（syntactic object）的起点。之所以要设数据集，主要是为了评价操作的经济（economy）与否，经济性评价只能针对来自同一个数据集的不同推导。所以这种数据集，也可以称为参照集（reference set）。

数据集在Chomsky中改为词汇阵列（lexcical array）。[1] "array" 跟

1　Chomsky, N. 2000. Minimalist inquires: The framework. In R. Martin, D. Michaels & J. Uriagereka (Eds.), *Step by Step: Essays on Minimalist Syntax in Honor of Howard Lasnik*. Cambridge: MIT Press, 89–156.

集合（set）不同，它是有序的，也可译为"数组"，Chomsky 也指出 array 不是 set，但对 numeration，他明确指出它是集合，[1] 所以我们将 numeration 译为数据集。numeration 本为计数，即计词项的选择次数，是针对单个词项而言的，可参见 Chomsky（2000）[2]。

参见【合并、移位、复制、包含限制】。

算子　　　　　　　　　　　　　　　　OPERATOR

算子（operator），就是操作符，它是对一个或多个命题（proposition）进行操作产生新的命题的操作符。"张三没来"，就是"没"对"张三来"的操作。如果"张三来"为真，则"张三没来"为假。更抽象地说，就是对式子（formula）进行操作的操作符，式子可以有真值，也可以没有真值。没有真值的式子叫开放句（open sentence）。例如：

　　（1）hate(John, x)

（1）中有自由变量（free variable），它是开放句，没有真值。要获得真值，就需要算子对其中的变量进行约束（binding）。例如：

　　（2）a. ∃x. hate(John, x)
　　　　 b. ∀x. hate(John, x)

（2a）中的变量（variable）受存在量化词（∃）约束，（2b）中的变量受

1　Chomsky, N. 1995. *The Minimalist Program*. Cambridge: MIT Press.

2　Chomsky, N. 2000. Minimalist inquires: The framework. In R. Martin, D. Michaels & J. Uriagereka (Eds.), *Step by Step: Essays on Minimalist Syntax in Honor of Howard Lasnik*. Cambridge: MIT Press, 89–156.

全称量化词（∀）约束。量化词（quantifier）就是算子。

在自然语言中，算子在 LF 层都会占据非论元位置（A'-position），对变量进行约束。这变量是算子移位留下的 wh 语迹。例如：

（3）a. John hates someone.

　　b. LF: someone x, John hates x.

（4）a. who does John hate?

　　b. LF: for which x, John hates x

（3）中的"someone"进行隐性移位（covert movement），其语迹（trace）为变量，受算子约束。（4）中的"who"发生了显性移位（overt movement），其语迹为变量，受算子约束。（3）-（4）中的非论元移位（A'-movement），也叫算子移位。

（5）a. John is easy to talk to.

　　b. John$_1$ is easy [OP$_1$ PRO to talk to t_1]

（5）涉及空算子移位（null operator movement），OP 作为算子，它能约束移位所产生的变量；OP 作为空算子，它不能为其约束的变量给出范围。语迹变量由"John"赋值。空算子，类似于 λ 算子。

参见【约束、子句、焦点、移位、被动、辖域、变量】。

特指　　　　　　　　　　　　　　　SPECIFIC

无定分特指（specific）与非特指。特指的所指对象是某个在语境中实际存在的人物；非特指的所指对象只是一个虚泛的概念，它所对应的实体（entity）在语境中也许存在，也许并不存在。特指与非特指在命题态度动词、否定、疑问、条件、情态（modality）、将来时等语境中区分很容易。例如：

(1) Peter wants to meet a merchant banker.
    a. ∃x[x is a merchant banker & Peter wants to meet x]
    b. Peter wants [∃x[x is a merchant banker & Peter meet x]]

"a merchant banker"具有歧义，可以是说话人心目中特定的商业银行家，如(1a)，也可以没有特定的所指，如(1b)。非特指用法也可以预设所指的存在。可用如下方式分化无定成分的特指用法与非特指用法：

(2) a. Peter wants to marry a merchant banker——even though he does not get on at all with her.
    b. Peter wants to marry a merchant banker——though he hasn't met one yet.

"a merchant banker"在(2a)中为特指用法，在(2b)中为非特指用法，没有预设"a merchant banker"的存在。(1)的逻辑形式可以表达如下：

(3) Peter wants to meet a merchant banker.
    a. [a merchant banker]$_2$ Peter$_1$ wants PRO$_1$ to meet t_2
    b. Peter$_1$ wants [[a merchant banker]$_2$ [PRO$_1$ to meet t_2]]

无定的单数名词既有特指解又有非特指解，光杆的复数形式只有非特指解而无特指解，例如：

(4) Peter wants to meet merchant bankers.
    a. ?∃x[x is a merchant banker & Peter wants to meet x]
    b. Peter wants [∃x[x is a merchant banker & Peter meet x]]

提升　　　　　　　　　　　　　　　　　　RAISING

提升（raising），是一种移位（movement）操作，相应的成分（constituent）由子句（clause）中不能获得格（Case）的位置向更高子句进行移位，并因此获得格。例如：

(1) John$_i$ seems t$_i$ to have traveled around the world.

(1)中的"John"是动词"traveled"的论元（argument），根据投射原则（projection principle），它实现在"travel"所在的从属子句中。由于"travel"所在的从属子句是非限定句，"John"在该从属子句中得不到格。为了获得格，它需要提升。主句是限定句，其时制范畴可以指派格，并且主语位置本是空的，所以"John"可以由从属子句的主语位置向主句的主语位置移位。这种移位的动因是为了获得格，如果它在从属子句中能获得格，就不需要提升了，如（2）中的"John"：

(2) It seems that John has traveled around the world.

提升结构（raising construction）的语态透明（voice transparent），从属子句选择主动语态（active voice）或被动语态（passive voice）时，句子的意思不变。例如：

(3) a. John$_1$ seemed t_1 to examine the students.
　　b. The students$_1$ seemed t'_1 to be examined t_1 by John.

"John"在（3a）中是"examine"的外部论元（external argument），在（3b）中是"examine"的内部论元（internal argument）。"seem"不能向其主语指派语义角色（semantic role）。如果不是提升动词，句子的意义会随语态（voice）的变化而大不同。例如：

(4) a. John$_1$ hoped PRO$_1$ to examine the students.
　　b. The students$_1$ hoped PRO$_1$ to be examined t_1 by John.

(4)是控制结构(control structure)。提升,可以向主句的主语提升,如(1),也可以向宾语提升,目的都是为了获得格,如(5),其中"her"由子句的主语向主要动词"believes"的宾语提升。

(5) John believes her to be smart.

参见【子句、移位、层阶】。

同位语　　　　　　　　APPOSITION

同位语(apposition)指处于同一语法层次上的成分(constituent)组成的一个单位序列,这些单位的指称相同或相似。例如:

(1) a. John Smith, the butcher, came in.
　　b. 他的岳父胡屠夫气冲冲地进来了。

"John Smith, the butcher"中的两个名词短语(noun phrase)为各自的同位语;"他的岳父胡屠夫"中的两个名词短语也为各自的同位语。

同位关系存在于两个或两个以上的名词短语之间,同位关系的两个名词短语可用"be""是"表示其同位关系,如"他的岳父是胡屠夫";两个同位成分组合成一个更大的名词短语,可充当主语或宾语,如(1b)中的"他的岳父胡屠夫"充当主语。同位语的句法功能也相同,可以略去其中任何一个而不影响句子的可接受性。"他的岳父胡屠夫"中的两个名词短语也是如此。例如:

(2) a. 他的岳父气冲冲地进来了。
　　b. 胡屠夫气冲冲地进来了。

同位语的两个成分不一定都是名词短语,名词短语与跟它同指(coreference)的标补子句(complement clause)也可以构成同位关系,跟"of"引导的短语也能构成同位关系。例如：

(3) a. the idea/hope that the White House would change its policy
b. The idea/hope was that the White House would change its policy.

(4) a. the city of Beirut
b. the disgrace of losing the contest

(3b)采用"was"测试，证明名词短语与标补子句之间具有同指关系；(3a)既有同位关系，也有定中关系。(4)中的名词短语与介词短语（prepositional phrase）也具有同位关系。

投射原则　PROJECTION PRINCIPLE

在管辖与约束理论（Government and Binding Theory）中，投射原则（projection principle）是指"词汇信息要在句法（syntax）的各个层面得到句法表征"。这意味着词项（lexical item）的属性，特别是谓词（predicate）的论元结构（argument structure），在D-结构（D-structure）、S-结构（S-structure）和LF层等句法层面上都必须明确地保持不变。例如：

(1) John hit the table.

在(1)中，"hit"有两个论元，分别是"the table"和"John"，这两个论元必须存在于所有的层面。如果缺少一个论元，句子就会不合法。例如：

(2) *John hit.

(2)只实现了"hit"的一个论元，违反了投射原则，即动词（verb）在词库（lexicon）中的论元结构信息与范畴选择信息等没有得到完全实现。如果贸然让"John"去实现"hit"的范畴选择，并让它在获得受事之后再通过移位（movement）去获得施事（agent），就会违反题元准则（theta criterion）。违反投射原则与题元准则，句子就会不合语法。

一个动词在 D- 结构中带宾语（object），根据投射原则，它在其他层面也都必须带宾语。所以，当宾语移位之后，必须留下语迹（trace），由它保持移位成分在 D- 结构中的题元信息与结构信息。例如：

（3）这本书$_1$，我已经读过了 t_1。

非限定子句中的主语通常看不见，但为了遵守投射原则，也必须假定它实现了一个空范畴论元，如 PRO。例如：

（4）a. Mary hoped to kiss John.
　　　b. [Mary$_i$ hoped [PRO$_i$ to kiss John]]
　　　c. *[Mary$_i$ hoped [t$_i$ to kiss John]]

（4a）只能分析作（4b）而不能分析为（4c），否则会违反题元准则，因为"Mary"在（4c）中会获得两种题元角色。近些年来，也有学者采用（4c）结构，用移位解释跟控制相关的现象。

参见【论元、管辖、移位、结构、主价语、扩展的投射原则、提升】。

谓词　　PREDICATE

predicate 既为谓词，又为谓语（predicate）。谓词是表示个体属性或个体间关系的词项（lexical item）。谓词有价（valency），它的价所要求的词项被称为谓词的论元（argument）。例如：

（1）Claudia is tired.

（2）The boy ate the apple.

（1）中的谓词"tired"描述"Claudia"的属性，（2）中的谓词"eat"描述"the boy"和"the apple"之间的关系。（1）中的名词短语"Claudia"是谓词"tired"的论元，（2）中的名词短语"the boy"和"the apple"是谓词"eat"的论元。根据它们所能携带论元的数量，可以将谓词分为分一元谓词（one-place predicate）、二元谓词等。谓词的价也称为谓词框架（predicate frame）或论元结构（argument structure）。

"tired"是形容词，"eat"是动词。不仅形容词、动词（verb）是谓词，名词（noun）与介词（preposition）也是谓词。这里的谓词跟论元相对。例如：

（3）John is a teacher.

（4）The cat is on the mat.

（3）中的"teacher"描述"John"的属性，（4）中的"on"描述"the cat"与"the mat"之间的关系。在英语中，如果谓词不是动词，在组句的时候，就需要系词（copula），如（1）中的形容词、（3）中的名词与（4）中的介词。这主要是因为英语的时制范畴具有屈折形态（inflectional morphology），并需要动词性宿主。当名词性成分为谓词的时候，它就不是指称性表达。

参见【附加语、论元、格、致使、子句、构式、焦点、功能范畴、移位、被动、语义角色、结构、主语、话题、主价语、系词、轻动词、投射原则、价】。

谓语　PREDICATE

一般把句子（sentence）与子句（clause）分成主语（subject）与谓语（predicate）两个部分，谓语是陈述主语的部分。主语与谓语相对待，主语确定，谓语也就确定了。例如：

(1) The boat arrived on time.

(1) 中的谓语是 "arrived on time"，它陈述的是主语 "the boat"。英语的谓语是动词短语（verb phrase）。所以，英语句子要么包含动词性谓语（verbal predicate），要么包含系词和名词性谓语（nominal predicate）。名词性谓语指的是名词短语（noun phrase）、形容词短语（adjective phrase）与介词短语（prepositional phrase）作谓语的情况，也称非动词性谓语（non-verbal predicate）。系词之后的名词性谓语，也称表语，表语其实是谓语的另一种说法。例如：

(2) a. John is a teacher.
　　b. The girls were beautiful.
　　c. The cat is on the mat.

(2) 中系词之后的成分（constituent）为名词性谓语，跟系词构成系表结构（connective construction），整个系表结构也叫谓语。这里的名词性谓语，也叫主语补足语（subject complement）。

英语的时制形态需要落在动词性成分上，所以名词性谓语需要借助于系词。在有些语言中，名词（noun）和其他名词性的范畴（category），如形容词（adjective），可以直接充当谓语，而不需要借助于系词。这些是真正的名词性谓语。例如：

(3) omina　　praeclara　　　　rara.
　　all: N/A.PL　distinguished: N/A.PL　rare: N/A.PL
　　'All distinguished things are rare.'

（3）是拉丁语的例子。汉语也是如此。例如：

（4）a. 鲁迅浙江人。
　　b. 张三很聪明。

在一些语言中，名词和形容词都可以在没有系词的情况下充当谓语，而在另一些语言中，只有形容词不需要系词，而名词则需要系词。

参见【一致、子句、补足语、构式、焦点、核心、被动、短语、递归性、选择、句子、结构、主语、话题、词类、范畴、系词、语法关系、融合、及物性参数】。

系词　　　　　　　　　　　　　　COPULA

系词（copula），也叫 copulative verb 或 linking verb，它联系的是主语（subject）与主语补足语（subject complement）。最常见的系词是"be"，它的补足语（complement）可以是形容词性词语、名词性词语与介词短语（prepositional phrase）等。例如：

（1）a. Those cakes are delicious.
　　b. The meeting was a great success.
（2）a. The meeting will be at five o'clock.
　　b. Everyone will be there.

"be"不添加意义，而其他的系词会增加一些额外的意义。例如：

（3）a. Those cakes look delicious.
　　b. The meeting proved a great success.

主语补足语缺乏动词范畴，需要跟系词组合（combination）而获得动词范畴，这种现象有时也称为"系词协助"（copula support）。系词承担时制范畴的时制（tense）与一致信息，但英语感叹句（exclamatory sentence）中可以不用系词。例如：

（4）a. He a gentleman!
　　b. Me a professor!
　　c. She a beauty!
　　d. That fellow a poet!

许多语言都有零形系词（zero copula），尤其是在现在时中。在一些语言中，如拉丁语，系词是可选的；而在另一些语言，如俄语和匈牙利语，系词从来不出现。例如：

（5）a. devuškij　　　　　krassivyj.
　　　girl:NOM.PL　　　beautiful:NOM.PL
　　　'The girls are beautiful.'
　　b. a　　　　　lány　　　　szép
　　　the　　　　girl　　　　beautiful
　　　'The girl is beautiful.'

（5a）是俄语的例子，（5b）是匈牙利语的例子。

有些语言有不止一个系词，如西班牙语中的"ser"和"estar"都具有英语系词"be"的功能。"ser"通常表示永久状态（state），如（6）；"estar"或表示临时状态，如（7），或表示状态变化，如（8）。

（6）Dolores　　　es　　　　guapa.
　　　Dolores　　　is　　　　beautiful
　　　'Dolores is beautiful.'
（7）Dolores　　　está　　　guapa　　　hoy.
　　　Dolores　　　is　　　　beautiful　today
　　　'Dolores is beautiful today.'
（8）el　　　　　vaso　　　está　　　roto
　　　the　　　　glass　　　is　　　　broken
　　　'The glass is broken.'

参见【附缀词、补足语、被动、短语、句子、主语、词、词类、语序、谓词、谓语】。

辖域　　　　　　　　　　　　　　　　　SCOPE

辖域（scope）是 wh- 成分（wh-item）、否定、量词（classifier）等算子（operator）所影响的范围。如果句子（sentence）中有多个算子，则会有宽域与窄域之分。例如：

(1) OP₁ [...OP₂ [...] ...]

在(1)中，算子 OP₁ 相对于算子 OP₂ 取宽域，算子 OP₂ 相对于算子 OP₁ 取窄域。

(2) Every man loves a woman.
  a. For every man there is such a woman such that he loves her.
  b. There is a woman such that every man loves her.

(2)是一个歧义句，有辖域歧义（scope ambiguity）。表达（2a）义时，"every man" 取宽域，"a woman" 取窄域，表示每个男人喜欢不同的女人；表达（2b）义时，"a woman" 取宽域，"every man" 取窄域，表示每个男人都喜欢同一个女人。

在转换生成语法中，成分统制（c-command）在确定算子的辖域或解释方面起着至关重要的作用。也就是说，量词（如 "every" "who" 或 "no" 等）的辖域，是它在 LF 层成分统制的所有内容。自然语言禁止自由变量，变量（variable）必须受到算子的约束（binding）。所以，空成分 [如量词的语迹（trace）或 wh- 成分的语迹]，必须受到非论元位置（A'-position）的算子（如量词或 wh- 成分）的约束。

参见【焦点】。

限定短语　　Determiner Phrase (DP)

限定范畴（determiner，D）就像其他功能范畴（functional category）一样，也可以投射出短语（phrase）来，如限定范畴可以投射出限定短语（determiner phrase，DP）。这一设想被称为限定短语假设（DP Hypothesis），该假设认为 DP 以 D 为核心（head）进行投射，D 和 NP 之间的结构关系是核心和补足语（complement）的关系。例如：

（1）a. the house
　　　b. [$_{DP}$[$_{D'}$[$_D$ the][$_{NP}$ house]]]

核心 D 可以是 [+Definite] 或 [–Definite]，DP 可以有比（1）更复杂的结构，如对包含 VP 的动名词（gerundive nominal）的名词性这一事实进行形式化。例如：

（2）a. John's writing poems impressed his students.
　　　b. [$_{DP}$[John][$_{D'}$[$_D$'s][writing poems]]]

在（2）中，"writing poems" 是 D 的补足语，这种操作也满足 X'- 理论（X-bar theory）的向心性（endocentricity）要求。

DP 内部也有移位（movement），英语普通名词在取有定解时需要一个语音上的冠词（article），如（1）中所示；专有名词取有定解时，不需要定冠词，对此可假定它由 NP 的核心位置移到 DP 的核心位置。例如：

（3）a. John
　　　b. [$_{DP}$[$_D$ John][$_{NP}$[$_N$ ~~John~~]]]

（3）中的 "John" 取有定解，也可假定为专有名词的本质特征；普通名词需要借助定冠词表达有定解，可假定它本质上是无定的。但从跨语言来看，有些语言中的专有名词也需要定冠词。例如：

（4）a. el Juan
　　　　the John
　　　b. [DP[D'[D el][Juan]]]

（4）是西班牙语的例子，所以不妨假定英语专有名词也受 D 扩展，并因核心移位（head movement）获得有定解，如（3b）所示。

参见【附加语、附缀词、短语】。

限定性　　　　　　　　　　　　　　　FINITE

限定是对动词（verb）的描述。限定动词（finite verb）会在时制（tense）、数、人称与语气（mood）上表现出形式对立（formal contrast）。例如：

时制：过去时制与现在时制
数：单数与复数
人称：第一人称、第二人称与第三人称
语气：直陈语气、祈使语气与虚拟语气

没有这些形式对立的动词是非限定动词。像过去分词、现在分词等都不能指示动词的限定性（finite），所以它们出现于独立子句（independent clause）或主要子句（main/superordinate clause）时，前边需要一个或数个助动词（auxiliary verb），由这些助动词指示时制、数、人称与语气等信息。例如：

（1）I am/was walking.
（2）They are/were walking.
（3）I have/had walked.
（4）They have/had walked.

以上诸句为限定子句（finite clause），限定性体现在助动词上，助动词"be"与"have"的形式会随主语的数变化；动词"walk"具有非限定性，不管前边的主语是"I"还是"they"，其形式都不变。非限定子句作从属子句（subordinate clause），不能作独立子句。例如：

（5）[Flying a plane] is easy.
（6）It is easy [to fly a plane]
（7）I/they want/wanted [to fly a plane]

从一致（agreement）的角度看，限定性跟时制范畴有关。时制范畴 phi 特征集完整，即具有性（gender）、数、人称特征，就会得到另一 phi 特征集完整的名词性成分定值（value），最后表现在时制范畴上，或附加到临近的核心（head）上。在英语中，时制范畴的屈折形态通常附在动词性的宿主上，如助动词与主要动词（main verb）上。

参见【一致、约束、格、子句、功能范畴、管辖、合并、移位、短语、选择、句子、结构、主语、词类、语序、控制理论、空范畴、例外格标记动词、投射原则、提升】。

修饰　　　　　　　　　　　　　　MODIFICATION

修饰（modification）是一种非强制性的依存关系（dependency relation）。在修饰关系中，修饰语（modifier）是修饰结构的中心语（head），起到限制其指称的作用。修饰不是强制性的依存关系，修饰语可以删除（deletion），删除之后一般不影响结构的语法性（grammaticalness/grammaticality）。例如：

（1）a. the big man who came yesterday
　　　b. the man

在（1a）中，形容词"big"和关系子句"who came yesterday"都是核心名词"girl"的修饰语，可删除，如（1b）。

动词短语（verb phrase）内部的修饰关系常用"附加"（adjunction）表示。简言之，修饰语是定语（attribute），附加语（adjunct）是状语（adverbial）。在有些文献中，修饰关系既可指定中关系，也可指状中关系。在系统功能语法中，修饰关系更为严格，仅指核心前的修饰语跟核心间的关系，而核心后的修饰语跟核心的关系则被称为限制关系（qualification）。

修饰语不同于受管辖的成分（constituent），受管辖的成分一般不能删除，否则会影响到结构的语法性。例如：

（2）a. at noon
　　　b. *at

（2a）是介词短语（prepositional phrase），"noon"是介词（preposition），"at"的补足语（complement），是受介词"at"管辖的成分，它不能删掉，如（2b）。再如：

（3）a. John loves Mary.
　　　b. *John loves.

（3）中的"Mary"也是受管辖的成分，也不能删除。英语在删除方面的要求比较严格。

参见【附加语、管辖、核心、短语、递归、结构、词、词类、语序、范畴特征、成分、内嵌】。

易位　　　　　　　　　　　　　　DISLOCATION

易位（dislocation）是将成分（constituent）放在不常放的位置上，通常是在句子（sentence）的边界（boundary）上，或在左边界，或在右边界。例如：

(1) a. Ice cream, I like ＿＿＿.
(2) a. John, I like him.
　　b. John, I like the old chap.
(3) a. I know her, Julie.
　　b. He's always late, that chap.

(1)-(2)中的成分"ice cream"与"John"都属于左侧易位（left dislocation），而(3)中的成分"Julie""that chap"属于右侧易位（right dislocation）。(1)中易位成分的典型位置是空位（gap）；(2)-(3)中易位成分的典型位置由代词（pronoun）与完整的名词短语（noun phrase）填充，它们同指（coreference）。(1)中有空位，(2)中没有空位，所以有些论著认为(1)是话题化，不算易位，只有(2)才是易位。Crystal（2008）认为左侧易位指一类句子，其中有一个成分在句首出现，而其常规位置则由一指称相同的代名词或一完整的词汇名词短语填充，它跟话题句（topicalization sentence）对立。[1] Luraghi & Parodi（2008）将(1)-(2)都视为易位。[2] 易位可以通过特殊的特征来表示，如停顿与空位、照应代词（anaphoric pronoun）或同指成分等。

参见【话题】。

1　Crystal, D. 2008. *A Dictionary of Linguistics and Phonetics* (6th ed.). Oxford: Blackwell.

2　Luraghi, S. & Parodi, C. 2008. *Key Terms in Syntax and Syntactic Theory*. London: Continuum.

优先限制　SUPERIORITY CONDITION

优先限制（superiority condition）是说，如果一个句法操作可以应用于两个同类成分（constituent）中的一个，则该操作优先应用于结构树中更高位置的成分。简言之，就是"高位优先"。例如，wh-移位，如果主语和宾语都有 wh-成分（wh-item），则 wh-移位应用于主语而不是宾语，其结果是宾语不能移位。例如：

（1）a. Who bought what?
　　　b. *What did who buy?

（1b）将宾语移到句首，句子不合法，它违反了优先限制。

在最简方案（Minimalist Program）中，优先限制可能跟最小系联限制（minimal link condition）相关。最小系联限制是在探针（probe）与目标（goal）之间不能存在一个潜在目标。例如：

　　　（2）C ... who ... what

在（2）中，C 是探针，寻找有 [+wh] 特征的成分，"who" 与 "what" 都有 [+wh] 特征，所以它们都成为 C 的潜在目标。"who" 离 C 更近，所以 C 只会吸引 "who" 而不会吸引 "what"，如（1a）与（1b）的对立。再如：

（3）a. What did you give to whom?
　　　b. ??To whom did you give what?
　　　c. C ... what ... to whom

在（3）中，"what" 高于 "to whom"，如（3c），C 只会吸引 "what"，如（3a），而不会吸引 "to whom"，如（3b）。直接宾语（direct object）相对于间接宾语（indirect object）处于优先地位。

参见【移位】。

有定性　DEFINITE/DEFINITENESS

有定性（definite/definiteness）跟熟悉性（familiarity）、可识别性（identifiability）有关。熟悉性是指说话人假定某个名词性成分的所指对听话人来说是熟悉的，或者说它的所指是说话人与听话人共享知识的一部分。例如：

（1）I bought a hat and a dress yesterday. The dress is too short.

（1）首先由无定短语"a dress"引进一个新个体，然后由有定短语"the dress"回指它，所以"the dress"的所指对说话双方而言具有熟悉性和有定性。

可识别性是指说话人使用某个名词性成分时预料听话人能够将所指对象与语境中某个特定的事物等同起来，能够把它与同一语境中可能存在的其他同类实体（entity）区分开来。例如：

（2）Pass me the hammer, will you?

在听到（2）的时候，听话人对说话人所说的"the hammer"可能并不熟悉，但"the hammer"是可以被识别的，具有有定性。所以，熟悉性可归入可识别性。

有些有定名词短语不具有可识别性，但它具有唯一性（uniqueness）或包含性（inclusiveness）。唯一性跟单数名词有关，包含性跟复数名词和物质名词有关。例如：

（3）I've just been to a wedding. The bride wore blue.
（4）Beware of the dogs.

（3）中的有定短语"the bride"具有唯一性，但听话者并不能识别出来，以后遇见可能都会不认识新娘；（4）中的有定名词短语具有包含性。唯一性是包含性的一个特殊子类，差别只在于单复数。

关键术语篇

参见【补足语、功能范畴、话题、词类、限定短语、类指、融合、及物性参数】。

语法关系　GRAMMATICAL RELATION

语法关系（grammatical relation）是两个或多个直接成分（immediate constituent）之间的功能角色（functional role），包括主语（subject）、谓语（predicate）、直接宾语（direct object）、间接宾语（indirect object）、旁语（oblique）等，也叫语法功能（grammatical function）。语法关系可根据语序（word order）、格标记（case marker）、一致标记、语义角色（semantic role）等进行判断。在生成语法中可根据相应的功能范畴（functional category）和结构关系进行判断。例如：

（1）[$_{TopP}$ ... Top ... [$_{TP}$ ... T ... [$_{vP}$[EA][$_{v'}$[v][$_{VP}$[V IA]]]

vP 属于题元层（thematic layer），其中的外部论元（标记作 EA）与内部论元（标记作 IA）获得相应的题元，并被识别为逻辑主语与逻辑宾语；跟 v 发生一致关系（agreement）的论元是语法宾语。TP 属于形态层，跟 T 发生一致关系的论元是语法主语。TopP 属于话语层，跟 Top 发生一致关系的各种成分（constituent）是话题（topic）。语法主语离 T 最近，通常是动词（verb）的外部论元，如果动词没有外部论元或外部论元被贬抑，则是动词的内部论元。话题可以是论元（argument），也可以是附加语（adjunct）。例如：

（2）我今天城里有事。

"我"是"有"的外部论元，所以它是句子的逻辑主语与语法主语；语法主语可以话题化，所以它还可以作话题；"今天"与"城里"都是附加语，即状语（adverbial），它们也都可以话题化。宾语（object）也能

391

话题化。例如：

（3）这本书我已经读过了。

"这本书"是"读"的内部论元，为逻辑宾语，跟轻动词（light verb）v 一致操作（Agree）之后为语法上的宾语，后移位作话题。"这本书"不会跟 T 进行一致操作，不会成为语法主语。跟 T 进行一致操作的是离它最近的"我"。

参见【一致、论元、格、致使、子句、向心性、焦点、管辖、核心、被动、结构、词、词类、语序、涉用语态、旁语、谓语、重新分析】。

语法性
GRAMMATICALNESS/GRAMMATICALITY

语法性（grammaticalness/grammaticality）指的是句子（sentence）或结构（construction）合不合语法。Chomsky（1957）将语言定义为句子的集合，语法就是对句子的定义，如"S → NP+VP"等规则系统就属于这样的语法。[1] 合语法的句子或结构符合语法规则，不符合语法的句子或结构不符合语法规则。合语法的句子或结构也被认为是合式（well-formedness）。一般用"*"标记不符合语法的句子或结构。例如：

（1）John eats apples.
（2）*John eat apples.

---

[1] Chomsky, N. 1957. *Syntactic Structures*. The Hague: Mouton de Gruyter.

（1）是合语法的句子；（2）是不合语法的句子，因为主语（subject）和动词（verb）之间缺乏一致性。

一个句子合不合语法跟它有没有意义、可不可接受、符不符合学校教学语法都无关，只跟它符不符合说话人头脑中的规则、原则和限制有关。接受度跟使用场合、言语理解等有关，教学语法跟语言规范有关，接受度低的或不符合规范语法的不一定不合法；无意义的废话也可以合法。有没有意义主要是针对（3）来说的。例如：

(3)?Colorless green ideas sleep furiously.
(4)*Furiously sleep ideas green colorless.
(5) Revolutionary new ideas appear infrequently

Chomsky（1957）用（3）与（4）说明合不合乎语法跟有没有意义无关。[1]（3）之所以合乎语法，是因为它跟（5）适用的规则相同。Chomsky（1965：149）再次提及（3），认为它没有遵守词在词库（lexicon）中的选择性规则（selectional rule），[2] 如"sleep"要求主语有"有生命"的特征。从 Chomsky（1965）来看，（3）与（5）的差别在词库信息，除非赋予"colorless green ideas"以"有生命"的特征或施事（agent）角色，否则（3）是没有办法生成（generate）的。[3]

参见【一致、附加语、选择、词类、修饰】。

---

1 Chomsky, N. 1957. *Syntactic Structures*. The Hague: Mouton de Gruyter.

2 Chomsky, N. 1965. *Aspects of the Theory of Syntax*. Cambridge: MIT Press.

3 同上。

语链　　　　　　　　　　　　　　　　　　CHAIN

在管辖与约束理论（Government and Binding Theory）中，语链（chain）是移位（movement）的结果（result）。移位的成分（constituent）是链首（head），每个语迹（trace）都是语链上的一环，最后一环是链尾（tail）或链脚（foot）。当链首在论元位置（A-position）时，它就是论元语链（A-chain）；当链首处于非论元位置（A'-position）时，它就是非论元语链（A'-chain）。一个合式的语链（well-formed chain）必须只包含一个题元标记位置（theta-marked position）和一个格标记位置（Case-marked position），这也称"语链限制"（chain condition）。论元语链的链首是格位置，链尾是题元位置；非论元语链的链首既非题元位置又非格位置，链尾既是题元位置又是格位置。例如：

（1）a. [The window]$_1$ is broken t_1.
　　　b. (the window$_1$, t_1)
（2）a. [The window]$_1$ John has broken t_1.
　　　b. (the window$_1$, t_1)

在（1）中，"the window"在链尾"t_1"处获得题元，但得不到格；在链首处，才获得时制范畴指派的格。在（2）中，"the window"在链尾"t_1"处获得题元标记与格标记（case marker），其链首位置在 C 的指示语（specifier）位置。

语链一致性限制（chain uniformity condition）要求语链中的成分必须有相同的结构身份（structural status）。简言之，就是短语（phrase）向短语位置移位，核心（head）向核心位置移位。例如：

（3）a. Which film$_1$ did you see t_1?
　　　b. *Which$_1$ did you see t_1 film?

"which film"是限定短语（determiner phrase），它可以整体移位到 C 的指示语位置，如（3a）；其中的"which"是限定短语的核心，不能单独移位到 C 的指示语位置，如（3b）。

参见【移位】。

语态　　　　　　　　　　　　　　　　　VOICE

语态（voice）主要与动词（verb）相关，表达句子改变动词的主语（subject）和宾语（object）之间的关系而又不改变句子意义的方式。常见的语态有主动语态（active voice）、被动语态（passive voice）与中动语态（middle voice）等，在作格语言中，还有逆被动语态（antipassive）。例如：

（1）a. The thieves stole the jewels.

　　　b. The jewels were stolen by the thieves.

　　　c. The jewels steal easily.

（2）a. Yero-m　　　　keme-q　　　　　nerre-llru-a.

　　　Yero-ERG　　　meat-ABS　　　　eat-PAST-SG

　　　'Yero ate the meat.'

　　　b. Yero-q　　　　(kemer-meng)　　nerre-llru-u-q.

　　　Yero-ABS　　　meat-INST　　　　eat-PAST-INTRNs-3SG

　　　'Yero ate (meat).'

（1a）是主动句（active construction），其中动词为主动动词（active verb），含主动语态。（1b）是被动句（passive sentence），其中动词为被动动词（passive verb），含被动语态。（1c）是中动句（middle construction），其中动词为主动动词，含中动语态，表达被动意义。（2）是尤皮克语（Yup'k）的例子，其中（2b）为逆被动语态。

在主动句中，施事（agent）充当主语，受事充当宾语；在被动句中，

395

施事被贬抑，受事充当主语；在中动句中，受事充当主语，施事被贬抑。逆被动句跟被动句正好相反，逆被动句中的施事仍然充当主语，而受事被贬抑。施事、受事，实为外部论元与内部论元。从理解的角度，可以将汉语中的被字句与把字句分别看作被动句与逆被动句。例如：

（3）a. 珠宝［被贼］偷走了。
　　　b. 贼［把珠宝］偷走了。

（3a）中的受事作了主语，施事似乎被贬抑了；（3b）中的施事仍是主语，受事似乎被贬抑了。需要注意的是，一个成分（constituent）是不是真的被贬抑，需要做细致研究。

参见【论元、附缀词、补足语、功能范畴、被动、语序、逆被动语态、涉用语态、中动语态、提升】。

照应　ANAPHORA

照应（anaphora）是照应成分跟话语中已经提及的个体之间的同指（coreference）关系。先行语（antecedent）指能触发照应成分句法形态特征并决定其指称的成分（constituent）。照应成分的范围比照应语（anaphor）宽，用来指代先行语引入的个体。例如：

（1）这孩子，全家人都疼爱他。
（2）The man whose son I met yesterday is my teacher.
（3）He did that there.

在（1）-（2）中，"他""who"都是照应代词（anaphoric pronoun），分别照应先行语"这孩子"与"man"。（3）中的"he""did""that""there"也都有照应功能，其解释依赖于上下文语境。

在具有形态标记的语言中,先行语会在代词(pronoun)上触发名词(noun)的性(gender)、数等相关特征。例如:

(4) I have met your brother$_i$ before, but I wouldn't be able to recognize him$_i$.

在(4)中,"him"是照应代词,照应它的先行语"your brother",它们在性、数等特征上一致。

照应成分可以出现在句子中,如(1)-(4),也可以不出现在句子中。没出现的照应成分可采用零形式(zero)表示,标为Ø,这为零形照应(zero anaphora)现象。例如:

(5) a. Mary said goodbye and Ø left.
　　b. 小美说了再见,Ø 就离开了。
(6) a. Paul wants Ø to go home.
　　b. 英俊想 Ø 回家。

(5)-(6)中的Ø分别照应"Mary""小美"与"Paul""英俊"。零形照应也可以跟宾语(object)有关。例如:

(7) 我见过他的女朋友$_i$,Ø$_i$ 长得特别漂亮。

照应通常是前指/回指,跟后指(cataphora)相对,但有时又可以涵盖前指与后指。后指是在语篇中稍后位置为照应成分引入某一个体。

参见【主语、话题、逆被动语态、并列缩减】。

照应语　ANAPHOR

照应语（anaphor）是有照应功能的成分（constituent），本身并无独立指称，依赖于句子中其他成分［先行语（antecedent）］的指称。照应语包括反身代词与相互代词（reciprocal anaphor）及论元移位所产生的语迹（trace）。例如：

(1) 张三$_i$喜欢自己$_i$。
(2) Mary$_i$ loves herself$_i$.
(3) 他们$_i$互相$_i$帮助。
(4) We$_i$ help each other$_i$.
(5) The window$_i$ is broken t$_i$.

(1) 中的"自己"与(2) 中的"herself"是反身代词（reflexive anaphor）；(3) 中的"互相"与(4) 中的"each other"是相互代词；(5) 中的"t"是论元移位所产生的语迹。

在转换生成语法的管辖与约束理论（Government and Binding Theory）中，照应语在局部语域（local domain）（通常是一个子句）中必须受其先行语的约束。(1) 中的"自己"受先行语"张三"约束，(2) 中的"herself"受先行语"Mary"约束，(3) 中的"互相"受"他们"约束，(4) 中的"each other"受"we"约束，(5) 中的"t"受"the window"约束。如果照应语在局部语域中没有得到先行语的约束，句子就会不合法。例如：

(6) *Himself is waiting.

参见【约束、结构、照应、并列、复制、空范畴、变量】。

中动语态　　　　　　　　　　MIDDLE VOICE

除了主动语态（active voice）和被动语态（passive voice）之外，另一个常见的语态（voice）是中间语态（middle voice），又叫"中动语态"。例如：

(1) a. The workers broke the vase.
　　b. The vase broke (*by the workers).
　　c. The vase was broken (by the workers).

(1a)为主动语态，(1b)为中动语态，[1] (1c)是被动语态。(1a–b)的共性在于都采用主动形式，差别在于主语（subject）的语义角色（semantic role）不同；(1b–c)的共性在于主语的语义角色相同，差别在于外部论元（external argument）的引进方式。从语义上看，(1a)与(1b)也可分别称为致使句式与肇始句式（inchoative construction）。

中动语态本质上表示情感（affectedness），它可以与不及物动词一起出现，特别是当它们表示事态的变化时，如(1b)；或者与主动动词（active verb）一起出现，在这种情况下，它表示施事（agent）在动作中的特别参与。例如：

(2) mi　　sono　mangiato　tutta　la　torta.
　　REFL　am　　eaten　　　all　the　cake
　　'I ate up the whole cake.'

(2)是意大利语的例子，它的中动语态是用带反身助词（reflexive particle）的动词（verb）表达的。该反身助词没有反身意义，而是表示施事的特别参与，它意味着吃的行为是有意和愉快地进行的。

---

[1] Payne, T. 1997. *Describing Morphosyntax: A Guide for Field Linguists*. Cambridge: Cambridge University Press, 217.

此外，中动语态往往具有非人称意义。在一些没有中动语态的语言中，被动语态也是如此，如拉丁语。

（3）itur.
　　　go:PRS.P.3SG
　　　'You (impersonal) go.'

中动语态在传统的英语语法中也称为被动语态。例如：

（4）a. The book sells well.
　　　b. Meat will not keep in hot weather.

参见【论元、语态】。

主价语　　　　　　　　　　　　　　ACTANT

主价语（actant）是价语法的术语，与旁价语(circumstant) 相对立。价语法认为谓词（predicate）有价（valency），满足谓词价的成分叫主价语。从句法（syntax）的角度讲，主价语是必要成分，旁价语是非必要成分。一般情况下，主价语相当于论元（argument），旁价语相当于附加语（adjunct）。主语（subject）与直接宾语（direct object）都属于主价语，附加语属于旁价语。价语法中的价，有句法上的价与语义上的价。主价语可以既是句法上的价又是语义上的价，也可以只是句法上的价而不是语义上的价。例如：

（1）il　　pluit.
　　　It　　rains
　　　'It is raining.'

(2) il   est   tombé   sur   le   trottoire.
     he   is   fallen   on   the   pavement
     'He fell on the pavement.'

（1）-（2）是法语的例子。（1）中的主语"il"，只是句法上的主价语，而不是语义上的主价语，因为它没有具体的所指。（2）中的主语"il"，既是句法上的主价语，又是语义上的主价语，因为它有所指。

主价语跟论元不同，论元必须有语义角色（semantic role）。（1）中的"il"不是论元，它只是满足扩展的投射原则（extended projection principle，EPP）而实现的虚主语（expletive subject）；（2）中的"il"是论元，是满足投射原则（projection principle）而实现的主语。

参见【论元】。

子范畴化　　SUBCATEGORIZATION

在转换生成语法中，动词（verb）所要求的内部论元（internal argument）被编码在分布框架（distributional frame）或子范畴化框架（subcategorization frame）中，子范畴化框架也称范畴选择（c-selection）。例如：

（1）John watched TV.

动词"watch"选择一个名词性成分作补足语（complement），所以"watch"的子范畴化框架可表示为（2）。

（2）watch: [+ ＿＿ DP/NP]

子范畴化（subcategorization），实际上就是范畴（category）的下位划分，就是范畴的子类。如动词可以分为非受格动词、非作格动词

401

（unergative verb）、单及物动词与双及物动词。非受格动词与非作格动词都是不及物动词。为了不引进更多的范畴标签（category label），形式语法采用子范畴化框架进行区分。例如：

（3）a. come: V; [+ ___ DP]
　　　b. cry: V; [+ ___]
　　　c. watch: V; [+ ___ DP]
　　　d. send: V; [+ ___ DP, DP]

（3）中的每个词项（lexical item）都是动词V，它们的子范畴化框架或同或异，其中（3a）与（3c）完全相同。汉语学界用名宾动词、谓宾动词与名谓宾动词对及物动词进行分类。这种分类也可以用子范畴化框架刻画。例如：

（4）a. 写：[+ ___ DP]
　　　b. 打算：[+ ___ TP]
　　　c. 喜欢：[+ ___ DP]；[+ ___ TP]

（4a）中的"写"是一个名宾动词，即选择一个名词性成分为补足语；（4b）中的"打算"是一个谓宾动词，即选择一个动词性成分［实际上是个子句（clause）］为补足语；（4c）中的"喜欢"是一个名谓宾动词。

参见【构式、选择】。

最后一招限制　LAST RESORT CONDITION

在最简方案（Minimalist Program）中，最后一招（last resort）是对移位（movement）的限制，它要求满足某种限制才能应用移位操作，否则不应用移位操作，即不到万不得已，决不应用移位操作。与最后一招限制（last resort condition）相关的有拖延原则（procrastinate）与贪婪原则（greed）。最后一招限制要求所有的转换操作都必须由特征核查（checking）的需要所驱动，允许消除不可解释性特征（uninterpretable feature）。拖延原则是将移位操作拖延到不得不移位的时候才应用，所以才会有隐性移位（covert movement）。最后一招，也是自私性的表现，不准许利他，所以提出贪婪原则，它是自私的最后一招（self-serving last resort）。例如：

(1) a. _____ seems [(that) John is intelligent]
　　b. *John seems [(that) *t* is intelligent]
　　c. It seems (that) John is intelligent.

(1a)中的主句 T 有 EPP 特征，如果从属子句中的主语"John"移到主句的主语位置，如(1b)，就可以满足主句 T 的 EPP 特征的要求，但(1b)不合法。这是因为"John"的自私与贪婪，"John"在从属子句中没有什么不可解释的强特征（strong feature）需要主句的 T 核查。(1c)让"it"在主句 T 的指示语（specifier）位置参与计算，满足了主句 T 的 EPP 特征的要求。

(2) a. Mary is certain *t* to leave.
　　b. *Mary is certain *t* will leave.

(2a)中"Mary"的移位是被逼的，因为它在从属子句中得不到格（case）。(2b)中的"Mary"在从属子句中可以得到格，它就不能再移到主句的主语位置，最后一招限制禁止它继续移位。

参见【焦点、移位】。

附 录

英—汉术语对照

A-not-A question 反复问句

aboutness 关涉

ablative case 离格

absolute position 绝对位置

absolutive case 通格

abstract Case 抽象格

accent shift 重音转换

accessible concept 可及性概念

accompanying form 伴随形式

accomplishment 完成

accusative alignment 受格对齐

accusative case 受格

A-chain 论元语链

A'-chain 非论元语链

achievement 完结

actant 主价语

active 活跃

active construction 主动句

active verb 主要动词

active voice 主动语态

active-stative alignment 动静态对齐

activity 活动

additive focus 添加焦点

adjacency 毗邻

adjacency requirement 毗邻要求

adjectival clause 形容词子句

adjective 形容词

adjective-predicate sentence 形容词谓语句

adjective phrase, AP 形容词短语

adjunct 附加状语；附加语

adjunct island 附加语孤岛

句法学
100 核心概念与关键术语

adjunction 附加；嫁接操作

adposition 附置词

adverb 副词

adverbial 状语

adverbial clause 状语子句

adverbial conjunction 状语连词

adversative 转折

affectedness 情感

affirmative mood 肯定语气

affix 词缀

affix hopping 词缀跳转规则

affixal feature 词缀特征

agent 施事

agent subject 施事主语

agentive passive 施事被动句

agentless passive 无施被动句

Agree 一致操作

agreement 一致

alternative question 选择问句

A-movement 论元移位

A'-movement 非论元移位

analytic causative 分析型致使式

analytical passive 分析型被动句

anaphor 照应语

anaphora 照应

anaphoric ellipsis 前指性省略

anaphoric pronoun 照应代词

antecedent 先行语

anticausative 逆致使

antipassive 逆被动语态

A-position 论元位置

A'-position 非论元位置

applicative 涉用语态

applicative construction 涉用结构

applicative suffix 涉用后缀

apposition 同位语

arbitrary control 任意控制

argument 论元

argument focus 论元焦点

argument structure 论元结构

arrangement 配列

array 阵列

article 冠词

articulatory-perceptual system 发音–感知系统

aspect 时体

assertion 断言

assignment 指派

asymmetric coordination 非对称的并列

asymmetrical c-command 不对称性成分统制

atomisticism 原子主义

attribute 定语

attributive adjective 定语形容词

attributive clause 定语子句

attributive construction 偏正结构

auxiliary verb 助动词

background 背景

backgrounded information 背景信息

bare phrase structure 光杆短语结构

bare phrase structure theory 光杆短语结构理论

barrier 语障

base 词基

basic word order 基本语序

benefactive 益事

binarity principle 双分枝原则

binary-branching 双分枝结构

binding 约束

binding theory 约束理论

Borer-Chomsky Conjecture 博雷尔–乔姆斯基猜想

bound form 黏附形式

bound morpheme 黏附语素

bound root 黏附词根

boundary 边界

boundedness 黏附性

bounding node 界限节点

bracketing paradox 括号悖论

broad focus 宽焦点

Burzio's generalization 布尔齐奥归纳

canonical structural realization 典型结构体现

c-command 成分统制

c-selection 范畴选择

cartographic approach 制图理论

case 格

Case filter 格过滤限制

case marker 格标记

case role 格角色

Case theory 格理论

cataphora 后指

cataphoric subject 后指主语

categorization 范畴化

句法学
100 核心概念与关键术语

category 范畴

category-assigning morpheme 定类语素

category label 范畴标签

category-neutral 范畴中立的

categorial feature 范畴特征

causative 致使

causative construction 致使式

causativization 致使化

cause 致使

causer subject 致事主语

center 中心词

centre-embedding 中心内嵌

center-recursion 内递归

chain 语链

chain condition 语链限制

chain uniformity condition 语链一致性限制

checking 核查

Chinese-style topic 汉语式话题

circumstant 旁价语

circumstantial clause 情境子句

classifier 量词

clausal complement 子句性补足语

clause 子句

clause type 子句类型

cleft clause 分裂子句

cleft construction 分裂构式

cleft sentence 分裂句

clitic 附缀词

clitic climbing 附缀词攀爬

cohesion 粘合度

coindexation 同标

combination 组合

comitative 伴事

comma intonation 停顿语调

comment 述题

complement 补足语

complement clause 标补子句

complementizer 标补范畴

complementizer condition 标补范畴限制

completive 完整式

complex 复杂体

complex NP island 复杂名词短语孤岛

complex predicate 复杂谓词

complex sentence 复杂句

compound sentence 复合句

computational system 计算系统

conceptual-intentional system 概念 – 意图系统

concord 谐和关系

condition on extraction domain 提取域限制

configurational language 构型语言

conjoining 连接操作

conjunct 并列项；联加状语

conjunction 连词

connective construction 系表结构

constituency test 成分测试

constituent 成分

constituent order correlation 语序关联

constituent's weight 成分的重量

construction 构式结构

Construction Grammar 构式语法

constructionist approach 构式论

content word 实义词

continue 延续

continuous aspect 持续体

contrastive focus 对比焦点

control structure 控制结构

control theory 控制理论

controller 控制语

convergence 收敛

coordinate construction 并列结构

coordination 并列

coordination reduction 并列缩减

coordinative 并列式

coordinative endocentric construction 并列向心结构

copula 系词

copula support 系词协助

copy 复制

copy theory 复制理论

core 内核

core argument 核心论元

coreference 同指

covert movement 隐性移位

covert syntax 隐性句法

cranberry morpheme 蔓越莓语素

crash 崩溃

created direct object 成事直接宾语

cross-category harmony principle 跨范畴和谐原则

cross-reference 互指

cyclic movement 循环移位

409

句法学
100 核心概念与关键术语

cyclicity 循环性

deep structure 深层结构

dative case 与格

dative shift 与格转换

de-categorization 去范畴化

declarative sentence 陈述句

deep case 深层格

definite 有定

definiteness 有定性

deletion 删除

demonstrative 指示词

demotion 句法降级

demonstrative adjective 指示形容词

deontic modality 道义情态

dependency relation 依存关系

dependent 从属成分

dependent case theory 依存格理论

dependent clause 依存子句

dependent-existence 依存性

dependent marking language 从属标记语言

derivational affix 派生词缀

derived nominal 派生名词

described subject 受描主语

descriptive adjective 描写性形容词

determiner, D 限定范畴；限定词

determiner phrase, DP 限定短语

deviant 异常

dictionary word 词典词

direct object 直接宾语

directive construction 引导结构

discourse marker 话语标记

discourse organization 语篇组织

discourse particle 话语小品词

discourse structure 话语结构

disjunct 外加状语

disjunctive 析取

dislocation 易位

Distributed Morphology 分布式形态学

distribution 分布

distribution criterion 分布标准

distributional frame 分布框架

dominance 支配

double marking languages 双重标记语言

double object construction 双宾句

DP Hypothesis 限定短语假设

D-structure D- 结构
dummy subject 形式主语
duration adverbial 时段状语
durative 持续
dynamic modality 动力情态
English-style topic 英语式话题
economy 经济
ellipsis 省略
elliptical verb phrase 被省略的动词短语
embedding 内嵌
empty category 空范畴
empty category principle 空范畴原则
empty morpheme 空语素
empty subject 空主语
empty word 空词
enclitic 后附词
end focus 尾焦点
endocentric construction 向心结构
endocentric rule 向心规则
endocentricity 向心性
entity 实体
epistemic adverbial 认知性状语
epistemic modality 认知情态

erasure 消除
ergative-absolutive larguage 作格－通格语言
ergative alignment 作格对齐
ergative case 作格
evaluative adverbial 评价性状语
exceptional Case 例外格
exceptional Case marking verb 例外格标记动词
exclamatory 感叹式
exclamatory sentence 感叹句
exclusive focus 排除焦点
exhaustive focus 穷尽焦点
existential construction 存现句
exocentric construction 离心结构
exophoric ellipsis 外指性省略
expansion 扩展操作
experiencer 感事
experiencer direct object 感事直接宾语
experiencer subject 感事主语
experiential adjunct 经验附加语
expletive 虚成分
expletive form 虚形式
expletive replacement 虚主语替代

句法学
100 核心概念与关键术语

expletive subject 虚主语

explicit 明晰

extended projection 扩展投射

extended projection principle, EPP 扩展的投射原则

external argument 外部论元

external merge 外部合并

externalization principle of deletion 删除的外化原则

factitive verb 使役动词

familiarity 熟悉性

favorite sentence-form 惯用的句子形式

final-over-final constraint 后盖后限制

finite 限定性

finite clause 限定子句

finite state language 有限状态语言

finite verb 限定动词

focal information 焦点信息

focus 焦点

force 动力；语势

foregrounded information 前景信息

foregrounding operation 前景操作

form class 形类

form word 形式词

formal contrast 形式对立

format 格式

formula 式子

foot 链脚

free morpheme 自由语素

free root 自由词根

full interpretation principle 完全解释原则

full sentence 整句

function word 功能词

functional adverbial 功能性状语

functional category 功能范畴

functional element 功能成分

Functional Grammar 功能语法

functional head 功能核心

functional morpheme 功能语素

functional role 功能角色

functor 函子

gap 空位

gender 性

generative 生成

genericity 类指

genitive 属格成分

genitive case 属格

gerundive nominal 动名词
given information 旧信息
goal 目标
governing category 管辖范畴
governing noun 核心名词
government 管辖
Government and Binding Theory 管辖与约束理论
governor 管辖者
grammatical construction 语法构式
grammatical function 语法功能
grammatical relation 语法关系
grammatical word 语法词
grammaticalness/grammaticality 语法性
greed 贪婪原则
head 核心；链首；中心语
head marking language 核心标记语言
head parameter 核心参数
head-final 核心在后
head-final language 核心在后语言
head-initial 核心在前
head-initial language 核心在前语言
head movement 核心移位

heavy constituent 重成分
heavy constituent principle 重成分原则
hierarchical structure 层次结构
identifiability 可识别性
identificational focus 认定焦点
identity 同一性
idiosyncratic property 特异性
illucutionary force 言外语力
immediate constituent 直接成分
immediate constituent analysis 直接成分分析法
imperative sentence 祈使句
imperfective 非完整体
implicit argument 隐含论元
inchoative construction 肇始句式
included position 内部位置
inclusive focus 包含焦点
inclusiveness condition 包含限制
incorporation 融合
independent form 独立形式
independent clause 独立子句
index 标引
indirect object 间接宾语

413

infix 中缀

inflectional affix 屈折词缀

inflectional morphology 屈折形态

information focus 信息焦点

inheritance 继承

initial symbol 开端符号

instantiation 例示

instrument 工具

instrument subject 工具主语

instrumental case 工具格

intermediate projection 中间投射

interpersonal adjunct 人际附加语

internal argument 内部论元

internal merge 内部合并

internally headed 中心内置

internally headed relative clause 中心语内置型关系子句

interpretable feature 可解释性特征

interrogative word 疑问词

interrogative sentence 疑问句

inverse construction 逆反句

inverted pseudo-cleft 反向的准分裂子句

iterate 堆叠

iteration 重复

kind reference 种类指称

label 标签

labeling theory 标签理论

language faculty 语言官能

last resort 最后一招

last resort condition 最后一招限制

leaf node 叶节点

left-adjunction 左嫁接

left dislocation 左侧易位

left-branching 左分枝

left-branching language 左分枝语言

left-dislocated constituent 左置成分

left-recursion 左递归

level of grammaticalness 语法性层面

lexeme 词位

lexical array 词汇阵列

lexical aspect 词汇体

lexical category 词汇范畴

lexical causative 词汇型致使式

lexical entry 词条

Lexical Integrity Hypothesis 词汇完整性假设

lexical item 词项
lexicalist approach 词库论
lexicalist hypothesis 词汇主义假设
lexicon 词库
light constituent 轻成分
light verb 轻动词
linear correspondence axiom 线性对应公设
linearity 线条性
linguistic pattern 语言型式
linking word 连系词
local domain 局部语域
local relation 局域关系
locality 局域性
located subject 置放主语
locative 处所
locative case 处所格
locative direct object 处所直接宾语
long passive 长被句
main predication 主要述谓结构
main semantic content 主要语义内容
main verb 主要动词
main/superordinate clause 主要子句

match 匹配
matrix clause 母句
maximal projection 最大投射
measure word 计量词
merge 合并
mid-branching 中间分枝
middle construction 中动句
middle voice 中动语态
minimal link condition 最小系联限制
minimal projection 最小投射
Minimalist Program 最简方案
minimality 最小性
minor category 次要范畴
minor sentence 零句
modality 情态
modifier 修饰语
modification 修饰
monoclausal construction 单句构式
mood 语气
morpheme 语素
morphological causative 形态型致使式
morphological criterion 形态标准
morphological passive 形态被动句

句法学
100 核心概念与关键术语

morphology 形态学

morphosyntactic feature 形态句法特征

movement 移位

narrow focus 窄焦点

natural force 自然力

natural serialization principle 自然序列化原则

negative clause 否定子句

negative mood 否定语气

new referent 新的所指

No Phrase Constraint 短语禁止限制

node 节点

nominal participant 名词性参与者

nominal predicate 名词性谓语

nominal-predicate sentence 名词谓语句

nominal sentence 名词句

nominalization 名物化

nominalization transformation 名物化转换

nominative case 主格

nominative-accusative language 主格－受格语言

non-agentive causer 非施事性致事

non-configurational language 非构型语言

non-core argument 非核心论元

nondiscreteness 非离散性

nonfinite 非限定式

nonfinite clause 非限定子句

non-sentence 非句

non-subject-predicate sentence 非主谓句

non-terminal node 非终端节点

non-verbal predicate 非动词性谓语

normal focus 常规焦点

noun 名词

noun phrase 名词短语

noun phrase accessibility hierarchy 名词短语可及性等级

NP-internal subject hypothesis 名词短语内部主语假设

null Case 空格

null operator movement 空算子移位

null subject language 空主语语言

null subject parameter 空主语参数

numeral 数词

numeration 数据集

object 宾语

object clause 宾语子句

object complement 宾语补足语

object control 宾语控制
object-control verb 宾语控制动词
objective case 宾格
oblique 旁语
oblique case 旁格
open sentence 开放句
operator 算子
orthographic word 正字法上的词
overt movement 显性移位
overt syntax 显性句法
paradigmatic relation 聚合关系
parameter setting 参数设置
parasitic gap 寄生空位
passive 被动
passive construction 被动句；被动句式
passive sentence 被动句
passive verb 被动动词
passive voice 被动语态
patient 受事
patient direct object 受事直接宾语
patient subject 受事主语
pattern 型式
perfect 完成体

perfective 完整体
periphery 外围成分
phase 层阶
phase impenetrability condition 层阶不可穿透性限制
phonological status 语音状态
phonological word 音系词
phonological host 语音宿主
phonology 音系学
phrasal affix 短语的词缀
phrase 短语
phrase marker 短语标记
phrase structure rule 短语结构规则
pitch accent 音高重音
placement rule 放置规则
point-time adverbial 点时间状语
polar interrogative 极性问句
possessor 领有者
postpositional language 后置词语言
postposition 后置词
pragmatically neutral 语用中性
precedence 前于关系
predicate 谓词；谓语

417

句法学
100 核心概念与关键术语

predicate complement 谓词补足语
predicate focus 谓语焦点
predicate frame 谓词框架
predication 主谓构式
predicative adjective 谓语形容词
predicative construction 主谓结构
predicator 谓语动词
prefix 前缀
preposition 介词
prepositional language 前置词语言
prepositional phrase 介词短语
presupposition 预设
privilege of occurrence 出现权
probe 探针
process 过程
proclitic 前附词
procrastinate 拖延；拖延原则
progressive 进行体
projection principle 投射原则
projectionist approach 投射论
promotion 句法升级
pronominal affix 代词词缀
pronoun 代词；代词语

proper government 严格管辖
proper governor 严格管辖者
proposition 命题
prototype 原型
pseudo-cleft sentence 准分裂句
P2 clitic 第二位置附缀词
purpose 目的
qualification 限制关系
quantifier 量化词
quantifier raising 量化提升
quasi quantifier 准量词
question 问题；问句
question particle 疑问语气词
raising 提升
raising construction 提升结构
reanalysis 重新分析
receiver 接受者
recognitional use 认同用法
recover 找回
recursion 递归
recursivity 递归性
reduction 缩减操作
reference set 参照集

附录

referential expression 指称语
reflexive anaphor 反身代词
reflexive particle 反身助词
relative clause 关系子句
relative marker 关系标记词
relative-time adverbial 相对时间状语
relativized minimality 相对最小性限制
repetition 重复；重复关系
result 结果
resultant phrase 合成短语
rheme 述位
right-adjunction 右嫁接
right-branching 右分枝
right-branching language 右分枝语言
right dislocation 右侧易位
right-recursion 右递归
root 词根
scope 辖域
scope ambiguity 辖域歧义
S'-deletion S'-删除
selection 选择
selectional feature 选择性特征
selectional restriction 选择性限制

selectional rule 选择性规则
selector 选择者
self-serving last resort 自私的最后一招
semantic criterion 语义标准
semantic focus 语义焦点
semantic function 语义功能
semantic relation 语义关系
semantic representation 语义表达
semantic restriction 语义限制
semantic role 语义角色
semantic valency 语义价
semelfactive 瞬动
sentence 句子
sentence connector 句子连接式
sentence construction 句式
sentence focus 句子焦点
sentence pattern 句型
sentence type 句类
separate lexical subarray 独立的词汇子阵列
sequence 序列
serial verb construction 连动式
short passive 短被句

419

similarity 相似度
simple form 简单形式
simple sentence 简单句
singular reference 单指
situation 情状
situation aspect 情状体
situational use 情境用法
slot 句法槽
sluicing 截省
small clause 小句
social interaction 社会互动
source 来源
specific 特指
specifier 指示语
spell out 拼读操作
split-intransitivity 不及物动词的分裂现象
s-selection 语义选择
S-structure S-结构
state 状态
stative 静态
stem 词干
strong feature 强特征
strong phase 强层阶

structural descriptions 结构描写
structural host 结构宿主
structural identity 结构同一性
structural status 结构身份
structuralism 结构主义
structure 结构
structure dependence 结构依存性
subcategorization 子范畴化
subcategorization frame 子范畴化框架
subcategorization rule 子范畴化规则
subjacency condition 邻接限制
subject 主语
subject clause 主语子句
subject complement 主语补足语
subject control 主语控制
subject-control verb 主语控制动词
subject matter 主题
subject selection rule 主语选择规则
subject-verb concord 主谓一致
subordinate clause 从属子句
subordination 从属操作
subordinative 从属式

subordinative endocentric construction 从属向心结构

suffix 后缀

superiority condition 优先限制

superordinate construction 上位构式

surface structure 表层结构

symmetric coordination 对称并列

symmetrical c-command 对称性成分统制

syntactic configuration 句法构型

syntactic construction 句法构式

syntactic criterion 句法标准

syntactic function 句法功能

syntactic object 句法体

syntactic pattern 句法型式

syntactic structure 句法结构

syntactic theory 句法理论

syntactic valency 句法价

syntacticization 句法化

syntactics 句法学

syntagmatic relation 组合关系

syntax 句法

synthetic passive 综合型被动句

Systemic Functional Linguistics 系统功能语言学

tag question 附加问句

tail 链尾

telic 终结

tense 时制

terminal language 终端语言

textual adjunct 语篇附加语

textual use 语篇用法

that-trace effect 语迹效应

thematic layer 题元层

thematic relation 题元关系

thematic role 题元角色

thematic structure 题元结构

theme 客体；主位

theta criterion 题元准则

theta-identification 题元等同

theta-marked position 题元标记位置

time 时间

time-stability 时间稳定性

token 实例

topic 话题

topic-prominent 话题突显型

句法学
100 核心概念与关键术语

topicality 话题性

topicalization sentence 话题句

trace 语迹

tracking use 示踪用法

transitivity parameter 及物性参数

tree diagram 树形图

ultimate constituent 最终成分

unaccusative verb 非受格动词

unergative verb 非作格动词

uniformity of theta assignment hypothesis 题元指派一致性假设

uninterpretable feature 不可解释性特征

uniqueness 唯一性

valence increasing 增价

valency 价

value 定值

variable 变量

variation 变异

verb 动词

verb phrase 动词短语

verb-predicate sentence 动词谓语句

verbal predicate 动词性谓语

verbal sentence 动词句

viewpoint aspect 视点体

visibility condition 可见性限制

visible 可见

vocative case 呼格

voice 语态

voice transparent 语态透明

VP-internal subject hypothesis 动词短语内部主语假设

V2-constraint 动词占据句中第二位置限制

weak crossover effect 弱跨越效应

weak feature 弱特征

weight 重量

well-defined 明确定义

well-formedness 合式

wh-clause wh- 子句

wh-island wh- 孤岛

wh-item wh- 成分

wh-question 特指问句

word 词

word class 词类

word formation 构词

word group 词组

word order 语序
word-form 词形
word-token 词例
X-bar theory X'- 理论
yes-no question 是非问句
zero 零形式
zero anaphora 零形照应

zero article 零形冠词
zero connector 零形连接成分
zero infinitive 零形非限定式
zero morpheme 零形语素
zero plural 零形复数
zero relative pronoun 零形关系代词

汉—英术语对照

D- 结构 D-structure
S- 结构 S-structure
S'- 删除 S'-deletion
that- 语迹效应 that-trace effect
wh- 成分 wh-item
wh- 孤岛 wh-island
wh- 子句 wh-clause
X'- 理论 X-bar theory
伴事 comitative
伴随形式 accompanying form
包含焦点 inclusive focus

包含限制 inclusiveness condition
背景 background
背景信息 backgrounded information
被动 passive
被动动词 passive verb
被动句 passive construction / sentence
被动句式 passive construction
被动语态 passive voice
被省略的动词短语 elliptical verb phrase
崩溃 crash
变量 variable

句法学
100 核心概念与关键术语

变异 variation

标补范畴 complementizer

标补范畴限制 complementizer condition

标补子句 complement clause

标签 label

标签理论 labeling theory

标引 index

表层结构 surface structure

宾格 objective case

宾语 object

宾语补足语 object complement

宾语控制 object control

宾语控制动词 object-control verb

宾语子句 object clause

并列 coordination

并列结构 coordinate construction

并列式 coordinative

并列缩减 coordination reduction

并列向心结构 coordinative endocentric construction

并列项 conjunct

博雷尔-乔姆斯基猜想 Borer-Chomsky Conjecture

补足语 complement

不对称性成分统制 asymmetrical c-command

不及物动词的分裂现象 split-intransitivity

不可解释性特征 uninterpretable feature

布尔齐奥归纳 Burzio's generalization

参数设置 parameter setting

参照集 reference set

层次结构 hierarchical structure

层阶 phase

层阶不可穿透性限制 phase impenetrability condition

长被句 long passive

常规焦点 normal focus

陈述句 declarative sentence

成分 constituent

成分测试 constituency test

成分的重量 constituent's weight

成分统制 c-command

成事直接宾语 created direct object

持续 durative

持续体 continuous aspect

抽象格 abstract Case

出现权 privilege of occurrence

处所 locative

处所格 locative case

处所直接宾语 locative direct object

词 word

词典词 dictionary word

词干 stem

词根 root

词汇范畴 lexical category

词汇体 lexical aspect

词汇完整性假设 Lexical Integrity Hypothesis

词汇型致使式 lexical causative

词汇阵列 lexical array

词汇主义假设 lexicalist hypothesis

词基 base

词库 lexicon

词库论 lexicalist approach

词类 word class

词例 word-token

词条 lexical entry

词位 lexeme

词项 lexical item

词形 word-form

词缀 affix

词缀特征 affixal feature

词缀跳转规则 affix hopping

词组 word group

次要范畴 minor category

从属标记语言 dependent marking language

从属操作 subordination

从属成分 dependent

从属式 subordinative

从属向心结构 subordinative endocentric construction

从属子句 subordinate clause

存现句 existential construction

代词词缀 pronominal affix

代词；代词语 pronoun

单句构式 monoclausal construction

单指 singular reference

道义情态 deontic modality

递归 recursion

递归性 recursivity

第二位置附缀词 P2 clitic

425

句法学
100 核心概念与关键术语

典型结构体现 canonical structural realization

点时间状语 point-time adverbial

定类语素 category-assigning morpheme

定语 attribute

定语形容词 attributive adjective

定语子句 attributive clause

定值 value

动词 verb

动词短语 verb phrase

动词短语内部主语假设 VP-internal subject hypothesis

动词句 verbal sentence

动词谓语句 verb-predicate sentence

动词性谓语 verbal predicate

动词占据句中第二位置限制 V2-constraint

动静态对齐 active-stative alignment

动力情态 dynamic modality

动力；语势 force

动名词 gerundive nominal

独立的词汇子阵列 separate lexical subarray

独立形式 independent form

独立子句 independent clause

短被句 short passive

短语 phrase

短语标记 phrase marker

短语的词缀 phrasal affix

短语结构规则 phrase structure rule

断言 assertion

堆叠 iterate

对比焦点 contrastive focus

对称并列 symmetric coordination

对称性成分统制 symmetrical c-command

发音－感知系统 articulatory-perceptual system

反复问句 A-not-A question

反身代词 reflexive anaphor

反身助词 reflexive particle

反向的准分裂子句 inverted pseudo-cleft

范畴 category

范畴标签 category label

范畴化 categorization

范畴特征 categorial feature

范畴选择 c-selection

范畴中立的 category-neutral

放置规则 placement rule

非动词性谓语 non-verbal predicate

非对称的并列 asymmetric coordination

非构型语言 non-configurational language

非核心论元 non-core argument

非句 non-sentence

非离散性 nondiscreteness

非论元位置 A'-position

非论元移位 A'-movement

非论元语链 A'-chain

非施事性致事 non-agentive causer

非受格动词 unaccusative verb

非完整体 imperfective

非限定式 nonfinite

非限定子句 nonfinite clause

非终端节点 non-terminal node

非主谓句 non-subject-predicate sentence

非作格动词 unergative verb

分布 distribution

分布标准 distribution criterion

分布框架 distributional frame

分布式形态学 Distributed Morphology

分裂构式 cleft construction

分裂句 cleft sentence

分裂子句 cleft clause

分析型被动句 analytical passive

分析型致使式 analytic causative

否定语气 negative mood

否定子句 negative clause

附加；嫁接操作 adjunction

附加问句 tag question

附加语 adjunct

附加语孤岛 adjunct island

附加状语 adjunct

附置词 adposition

附缀词 clitic

附缀词攀爬 clitic climbing

复合句 compound sentence

复杂句 complex sentence

复杂名词短语孤岛 complex NP island

复杂体 complex

复杂谓词 complex predicate

复制 copy

复制理论 copy theory

句法学
100 核心概念与关键术语

副词 adverb

概念–意图系统 conceptual-intentional system

感事 experiencer

感事直接宾语 experiencer direct object

感事主语 experiencer subject

感叹句 exclamatory sentence

感叹式 exclamatory

格 case

格标记 case marker

格过滤限制 case filter

格角色 case role

格理论 case theory

格式 format

工具 instrument

工具格 instrumental case

工具主语 instrument subject

功能成分 functional element

功能词 function word

功能范畴 functional category

功能核心 functional head

功能角色 functional role

功能性状语 functional adverbial

功能语法 Functional Grammar

功能语素 functional morpheme

构词 word formation

构式 construction

构式论 constructionist approach

构式语法 Construction Grammar

构型语言 configurational language

关涉 aboutness

关系标记词 relative marker

关系子句 relative clause

冠词 article

管辖 government

管辖范畴 governing category

管辖与约束理论 Government and Binding Theory

管辖者 governor

惯用的句子形式 favorite sentence-form

光杆短语结构 bare phrase structure

光杆短语结构理论 bare phrase structure theory

过程 process

函子 functor

汉语式话题 Chinese-style topic

合并 merge

合成短语 resultant phrase
合式 well-formedness
核查 checking
核心 head
核心标记语言 head marking language
核心参数 head parameter
核心论元 core argument
核心名词 governing noun
核心移位 head movement
核心在后 head-final
核心在后语言 head-final language
核心在前 head-initial
核心在前语言 head-initial language
后附词 enclitic
后盖后限制 final-over-final constraint
后指 cataphora
后指主语 cataphoric subject
后置词 postposition
后置词语言 postpositional language
后缀 suffix
呼格 vocative case
互指 cross-reference
话题 topic

话题句 topicalization sentence
话题突显型 topic-prominent
话题性 topicality
话语标记 discourse marker
话语结构 discourse structure
话语小品词 discourse particle
活动 activity
活跃 active
基本语序 basic word order
及物性参数 transitivity parameter
极性问句 polar interrogative
计量词 measure word
计算系统 computational system
继承 inheritance
寄生空位 parasitic gap
价 valency
间接宾语 indirect object
简单句 simple sentence
简单形式 simple form
焦点 focus
焦点信息 focal information
接受者 recipient
节点 node

429

句法学
100 核心概念与关键术语

结构 construction; structure
结构描写 structural descriptions
结构身份 structural status
结构宿主 structural host
结构同一性 structural identity
结构依存性 structure dependence
结构主义 structuralism
截省 sluicing
介词 preposition
介词短语 prepositional phrase
界限节点 bounding node
进行体 progressive
经济 economy
经验附加语 experiential adjunct
静态 stative
旧信息 given information
局部语域 local domain
局域关系 local relation
局域性 locality
句法 syntax
句法标准 syntactic criterion
句法槽 slot
句法功能 syntactic function

句法构式 syntactic construction
句法构型 syntactic configuration
句法化 syntacticization
句法价 syntactic valency
句法降级 demotion
句法结构 syntactic structure
句法理论 syntactic theory
句法升级 promotion
句法体 syntactic object
句法型式 syntactic pattern
句法学 syntactics
句类 sentence type
句式 sentence construction
句型 sentence pattern
句子 sentence
句子焦点 sentence focus
句子连接式 sentence connector
聚合关系 paradigmatic relation
绝对位置 absolute position
开端符号 initial symbol
开放句 open sentence
可及性概念 accessible concept
可见 visible

可见性限制 visibility condition
可解释性特征 interpretable feature
可识别性 identifiability
客体；主位 theme
肯定语气 affirmative mood
空词 empty word
空范畴 empty category
空范畴原则 empty category principle
空格 null Case
空算子移位 null operator movement
空位 gap
空语素 empty morpheme
空主语 empty subject
空主语参数 null subject parameter
空主语语言 null subject language
控制结构 control structure
控制理论 control theory
控制语 controller
跨范畴和谐原则 cross-category harmony principle
宽焦点 broad focus
扩展操作 expansion
扩展的投射原则 extended projection principle, EPP

扩展投射 extended projection
括号悖论 bracketing paradox
来源 source
类指 genericity
离格 ablative case
离心结构 exocentric construction
例示 instantiation
例外格 exceptional Case
例外格标记动词 exceptional Case marking verb
连词 conjunction
连动式 serial verb construction
连接操作 conjoining
连系词 linking word
联加状语 conjunct
链脚 foot
链首 head
链尾 tail
量词 classifier
量化词 quantifier
量化提升 quantifier raising
邻接限制 subjacency condition
零句 minor sentence

431

句法学
100 核心概念与关键术语

零形非限定式 zero infinitive
零形复数 zero plural
零形关系代词 zero relative pronoun
零形冠词 zero article
零形连接成分 zero connector
零形式 zero
零形语素 zero morpheme
零形照应 zero anaphora
领有者 prossessor
论元 argument
论元焦点 argument focus
论元结构 argument structure
论元位置 A-position
论元移位 A-movement
论元语链 A-chain
蔓越莓语素 cranberry morpheme
描写性形容词 descriptive adjective
名词 noun
名词短语 noun phrase
名词短语可及性等级 noun phrase accessibility hierarchy
名词短语内部主语假设 NP-internal subject hypothesis
名词句 nominal sentence

名词谓语句 nominal-predicate sentence
名词性参与者 nominal participant
名词性谓语 nominal predicate
名物化 nominalization
名物化转换 nominalization transformation
明确定义 well-defined
明晰 explicit
命题 proposition
母句 matrix clause
目标 goal
目的 purpose
内部合并 internal merge
内部论元 internal argument
内部位置 included position
内递归 center-recursion
内核 core
内嵌 embedding
逆被动语态 antipassive
逆反句 inverse construction
逆致使 anticausative
黏附词根 bound root
黏附形式 bound form

黏附性 boundedness
黏附语素 bound morpheme
排除焦点 exclusive focus
派生词缀 derivational affix
派生名词 derived nominal
旁格 oblique case
旁价语 circumstant
旁语 oblique
配列 arrangement
毗邻 adjacency
毗邻要求 adjacency requirement
匹配 match
偏正结构 attributive construction
拼读操作 spell out
评价性状语 evaluative adverbial
祈使句 imperative sentence
前附词 proclitic
前景操作 foregrounding operation
前景信息 foregrounded information
前于关系 precedence
前指性省略 anaphoric ellipsis
前置词语言 prepositional language
前缀 prefix

强层阶 strong phase
强特征 strong feature
轻成分 light constituent
轻动词 light verb
情感 affectedness
情境用法 situational use
情境子句 circumstantial clause
情态 modality
情状 situation
情状体 situation aspect
穷尽焦点 exhaustive focus
屈折词缀 inflectional affix
屈折形态 inflectional morphology
去范畴化 de-categorization
人际附加语 interpersonal adjunct
认定焦点 identificational focus
认同用法 recognitional use
认知情态 epistemic modality
认知性状语 epistemic adverbial
任意控制 arbitrary control
融合 incorporation
弱跨越效应 weak crossover effect
弱特征 weak feature

433

句法学
100 核心概念与关键术语

删除 deletion

删除的外化原则 externalization principle of deletion

上位构式 superordinate construction

社会互动 social interaction

涉用后缀 applicative suffix

涉用结构 applicative construction

涉用语态 applicative

深层格 deep case

深层结构 deep structure

生成 generative

省略 ellipsis

施事 agent

施事被动句 agentive passive

施事主语 agent subject

时段状语 duration adverbial

时间 time

时间稳定性 time-stability

时体 aspect

时制 tense

实例 token

实体 entity

实义词 content word

使役动词 factitive verb

示踪用法 tracking use

式子 formula

视点体 aspect

是非问句 yes-no question

收敛 convergence

受格 accusative case

受格对齐 accusative alignment

受描主语 described subject

受事 patient

受事直接宾语 patient direct object

受事主语 patient subject

熟悉性 familiarity

述题 comment

述位 rheme

树形图 tree diagram

数词 numeral

数据集 numeration

双宾句 double object construction

双分枝结构 binary-branching

双分枝原则 binarity principle

双重标记语言 double marking languages

瞬动 semelfactive

附录

算子 operator

缩减操作 reduction

贪婪原则 greed

探针 probe

特异性 idiosyncratic property

特指 specific

特指问句 wh-question

提取域限制 condition on extraction domain

提升 raising

提升结构 raising construction

题元标记位置 theta-marked position

题元层 thematic layer

题元等同 theta-identification

题元关系 thematic relation

题元角色 thematic role

题元结构 thematic structure

题元指派一致性假设 uniformity of theta assignment hypothesis

题元准则 theta criterion

添加焦点 additive focus

停顿语调 comma intonation

通格 absolutive case

同标 coindexation

同位语 apposition

同一性 identity

同指 coreference

投射论 projectionist approach

投射原则 projection principle

拖延；拖延原则 procrastinate

外部合并 external merge

外部论元 external argument

外加状语 disjunct

外围成分 periphery

外指性省略 exophoric ellipsis

完成 accomplishment

完成体 perfect

完结 achievement

完全解释原则 full interpretation principle

完整式 completive

完整体 perfective

唯一性 uniqueness

尾焦点 end focus

谓词补足语 predicate complement

谓词框架 predicate frame

谓词；谓语 predicate

句法学
核心概念与关键术语

谓语动词 predicator

谓语焦点 predicate focus

谓语形容词 predicative adjective

问题；问句 question

无施被动句 agentless passive

析取 disjunctive

系表结构 connective construction

系词 copula

系词协助 copula support

系统功能语言学 Systemic Functional Linguistics

辖域 scope

辖域歧义 scope ambiguity

先行语 antecedent

显性句法 overt syntax

显性移位 overt movement

限定动词 finite verb

限定短语 determiner phrase, DP

限定短语假设 DP Hypothesis

限定范畴；限定词 determiner, D

限定性 finite

限定子句 finite clause

限制关系 qualification

线条性 linearity

线性对应公设 linear correspondence axiom

相对时间状语 relative-time adverbial

相对最小性限制 relativized minimality

相似度 similarity

向心规则 endocentric rule

向心结构 endocentric construction

向心性 endocentricity

消除 erasure

小句 small clause

谐和关系 concord

新的所指 new referent

信息焦点 information focus

形类 form class

形容词 adjective

形容词短语 adjective phrase, AP

形容词谓语句 adjective-predicate sentence

形容词子句 adjectival clause

形式词 form word

形式对立 formal contrast

形式主语 dummy subject

形态被动句 morphological passive
形态标准 morphological criterion
形态句法特征 morphosyntactic feature
形态型致使式 morphological causative
形态学 morphology
型式 pattern
性 gender
修饰 modification
修饰语 modifier
虚成分 expletive
虚形式 expletive form
虚主语 expletive subject
虚主语替代 expletive replacement
序列 sequence
选择 selection
选择问句 alternative question
选择性规则 selectional rule
选择性特征 selectional feature
选择性限制 selectional restriction
选择者 selector
循环性 cyclicity
循环移位 cyclic movement
延续 continue

严格管辖 proper government
严格管辖者 proper governor
言外语力 illuctionary force
叶节点 leaf node
一致 agreement
一致操作 Agree
依存格理论 dependent case theory
依存关系 dependency relation
依存性 dependent-existence
依存子句 dependent clause
移位 movement
疑问词 interrogative word
疑问句 interrogative sentence
疑问语气词 question particle
异常 deviant
易位 dislocation
益事 benefactive
音高重音 pitch accent
音系词 phonological word
音系学 phonology
引导结构 directive construction
隐含论元 implicit argument
隐性句法 covert syntax

句法学
100 核心概念与关键术语

隐性移位 covert movement

英语式话题 English-style topic

优先限制 superiority condition

有定 definite

有定性 definiteness

有限状态语言 finite state language

右侧易位 right dislocation

右递归 right-recursion

右分枝 right-branching

右分枝语言 right-branching language

右嫁接 right-adjunction

与格 dative case

与格转换 dative shift

语法词 grammatical word

语法功能 grammatical function

语法构式 grammatical construction

语法关系 grammatical relation

语法性 grammaticalness/grammaticality

语法性层面 level of grammaticalness

语迹 trace

语链 chain

语链限制 chain condition

语链一致性限制 chain uniformity condition

语篇附加语 textual adjunct

语篇用法 textual use

语篇组织 discourse organization

语气 mood

语素 morpheme

语态 voice

语态透明 voice transparent

语序 word order

语序关联 constituent order correlation

语言官能 language faculty

语言型式 linguistic pattern

语义标准 semantic criterion

语义表达 semantic representation

语义功能 semantic function

语义关系 semantic relation

语义价 semantic valency

语义焦点 semantic focus

语义角色 semantic role

语义限制 semantic restriction

语义选择 s-selection

语音宿主 phonological host

语音状态 phonological status

语用中性 pragmatically neutral

语障 barrier

预设 presupposition

原型 prototype

原子主义 atomisticism

约束 binding

约束理论 binding theory

增价 valence increasing

窄焦点 narrow focus

粘合度 cohesion

找回 recover

照应 anaphora

照应代词 anaphoric pronoun

照应语 anaphor

肇始句式 inchoative construction

阵列 array

整句 full sentence

正字法上的词 orthographic word

支配 dominance

直接宾语 direct object

直接成分 immediate constituent

直接成分分析法 immediate constituent analysis

指称语 referential expression

指派 assignment

指示词 demonstrative

指示形容词 demonstrative adjective

指示语 specifier

制图理论 cartographic approach

致使 causative; cause

致使化 causativization

致使式 causative construction

致事主语 causer subject

置放主语 located subject

中动句 middle construction

中动语态 middle voice

中间分枝 mid-branching

中间投射 intermediate projection

中心词 center

中心内嵌 centre-embedding

中心内置 internally headed

中心语 head

中心语内置型关系子句 internally headed relative clause

句法学
100 核心概念与关键术语

中缀 infix
终端语言 terminal language
终结 telic
种类指称 kind reference
重成分 heavy constituent
重成分原则 heavy constituent principle
重复 iteration
重复；重复关系 repetition
重量 weight
重新分析 reanalysis
重音转换 accent shift
主动动词 active verb
主动句 active construction
主动语态 active voice
主格 nominative case
主格-受格语言 nominative-accusative language
主价语 actant
主题 subject matter
主谓构式 predication
主谓结构 predicative canstruction
主谓一致 subject-verb concord
主要动词 main verb

主要述谓结构 main predication
主要语义内容 main semantic content
主要子句 main/superordinate clause
主语 subject
主语补足语 subject complement
主语控制 subject control
主语控制动词 subject-control verb
主语选择规则 subject selection rule
主语子句 subject clause
属格 genitive case
属格成分 genitive
助动词 auxiliary verb
转折 adversative
状态 state
状语 adverbial
状语连词 adverbial conjunction
状语子句 adverbial clause
准分裂句 pseudo-cleft sentence
准量词 quasi quantifier
子范畴化 subcategorization
子范畴化规则 subcategorization rule
子范畴化框架 subcategorization frame
子句 clause

子句类型 clause type

子句性补足语 clausal complement

自然力 natural force

自然序列化原则 natural serialization principle

自私的最后一招 self-serving last resort

自由词根 free root

自由语素 free morpheme

综合型被动句 synthetic passive

组合 combination

组合关系 syntagmatic relation

最大投射 maximal projection

最后一招 last resort

最后一招限制 last resort condition

最简方案 Minimalist Program

最小投射 minimal projection

最小系联限制 minimal link condition

最小性 minimality

最终成分 ultimate constituent

左侧易位 left dislocation

左递归 left-recursion

左分枝 left-branching

左分枝语言 left-branching language

左嫁接 left-adjunction

左置成分 left-dislocated constituent

作格 ergative case

作格对齐 ergative alignment

作格 – 通格语言 ergative-absolutive language